Anton De Waal

Unseres heiligen Vaters Papst Leo XIII Leben

Anton De Waal

Unseres heiligen Vaters Papst Leo XIII Leben

ISBN/EAN: 9783743304734

Hergestellt in Europa, USA, Kanada, Australien, Japan

Cover: Foto ©Lupo / pixelio.de

Manufactured and distributed by brebook publishing software
(www.brebook.com)

Anton De Waal

Unseres heiligen Vaters Papst Leo XIII Leben

Am Sterbelager Papst Pius IX.

Erzbischof Martinelli.　Cardinal Martinelli.　Cardinal Sitio
Nachfolger Pius IX.

Cardinal Monaco
Geheimsekretär Pius IX.

Hus der Große auf dem letzten Ehrenbett.

Erster Theil.

Tod Pius des Großen.
Wahl und Thronbesteigung des neuen Papstes Leo XIII.

1878.

Vorwort.

Noch flossen die Thränen, welche der katholische Erdkreis um seinen geliebten, unvergeßlichen Pius
weinte, und schon stieg der Mann die Stufen des
apostolischen Thrones empor, der das im Schmerze
über den päpstlichen Sarg niedergebeugte Haupt der Kirche aufrichten, ihr Trauergewand in Festkleider und die Weheklagen in
Jubelrufe verwandeln sollte.

Cardinal Joachim Pecci, Kämmerer der heil. Römischen
Kirche, ging am Mittwoch den 20. Februar 1878 als Papst
Leo XIII. aus dem Conclave hervor. Ehe der Abend jenes Tages
hereinbrach, hatte der Telegraph die Nachricht schon über den
ganzen Erdkreis verbreitet; bereits am nächsten Tage brachten die
öffentlichen Blätter, welcher Richtung immer sie angehören mochten,
kurze Nachrichten über sein Leben, die in der Folge durch weitere
Mittheilungen, zum Theil in eigenen Abhandlungen und Broschüren, vervollständigt worden sind.

Trotzdem kennt das katholische Volk unsern heil. Vater, sein Leben und Wirken, sowie die Fügungen des Himmels, die ihn auf den Stuhl Petri emporgeführt haben, nur aus sehr unvollkommenen und vielfach ungenauen Schilderungen; eine eingehende Lebens= beschreibung auf Grund zuverlässiger und sorgfältiger Forschungen ist der allgemeine Wunsch aller Katholiken.

Diesem Wunsche für unsere deutschen Landsleute zu entsprechen, das ist der Zweck der folgenden Blätter.

Seit Jahren in Rom ansässig, vermochten wir, wie kaum ein anderer, unmittelbar an der Quelle zu schöpfen, und wenn wir unsererseits nichts glauben unterlassen zu haben, um das Bild in möglichster Anschaulichkeit dem Leser vorzuführen, so verdanken wir dazu das reiche Material theils den Mittheilungen der An= gehörigen Sr. Heiligkeit, sowie derjenigen Personen, die mit ihm je in näherer Beziehung standen, theils den gewissenhaftesten Nachforschungen in seiner Heimath und an den Orten seiner Wirksamkeit.

Wir wollen gerne gestehen, die Arbeit ist uns nicht immer leicht gewesen. Aber wie derjenige, der einen Berg emporsteigt, mit der sich dehnenden Fernsicht über Thäler und Höhen ringsumher, sich unwiderstehlich höher gezogen fühlt, um das herrliche Bild immer vollkommener zu genießen, so hat jede, auch die kleinste neue Nachricht, die wir über das Leben des heil. Vaters erhielten, uns neue Lust an der Arbeit gegeben.

Zugleich hat jeder Pinselstrich, den wir dem Bilde hinzufügen durften, uns mit innigerer Liebe und lebhafterer Bewunderung zu der erhabenen Persönlichkeit selber erfüllt, die wir zu schildern uns vorgenommen hatten. Denn was sonst dem Geschichtsschreiber so

leicht widerfährt, daß er bei seinem Helden, je tiefer er in die Ge=
heimnisse seines Lebens, in die Falten seines Herzens eindringt,
um so mehr Schatten und menschliche Armseligkeiten entdeckt und
um so mehr den Glanz erbleichen sieht, der die Gestalt bisher
umleuchtete, diese schmerzliche Ernüchterung und Enttäuschung
haben wir bei unserer Arbeit nicht nur nicht erfahren, nein,
je sorgfältiger wir nachforschten, um so heller begann das
Bild zu strahlen, um so höher wuchs die erhabene Erschei=
nung, um so bewunderungswürdiger erschien uns der Mann,
in dessen Hand der Herr den Hirtenstab über die Heerde Jesu
Christi gelegt hat.

Aus einer Fülle von Blumen, einer blütenreichen Flur,
mag die eine Hand einen schöneren Strauß zu winden verstehen,
als die andere; der Duft bleibt doch immer derselbe. Und dieser
Wohlgeruch, der uns aus dem Leben des heil. Vaters entgegen=
strömt, das ist es, was wir unsern Lesern bieten. Den be=
scheidenen Strauß aber, den wir aus all' den duftigen Blumen zu
winden versucht, ihn legen wir in tiefster Verehrung und kind=
licher Liebe zu den Füßen Sr. Heiligkeit nieder, mit der demüthigen
Bitte um seinen väterlichen Segen für uns und für unser theueres
deutsches Vaterland.

Rom, am Sonntag Laetare 1878.

Erstes Kapitel.

Pius IX.

Pius IX., unſer heil. Vater, iſt nicht mehr! Dieſe Kunde traf wie ein Donnerſchlag am 7. Februar die ganze katholiſche Welt. Man hatte ſeit Jahren von des Papſtes nahem Ende geſprochen und geleſen; gerade in dem jetzigen Augenblicke erwartete man es am allerwenigſten. Noch wenige Tage vorher, am Feſte Mariä Lichtmeß, hatte er die Geiſtlichkeit Roms in großer Zahl — ſeit drei Monaten zum erſten Male wieder — um ſich verſammelt; es war wieder derſelbe Pius, der in ſeiner herzlichen, väterlichen Liebe zu ihnen redete, ihnen dankte für die Gebete, welche ſie vereint mit den Gläubigen für ihn zum Himmel geſandt hatten, ihnen dann als letztes, heiliges Vermächtniß die Sorge für die Jugend und ihren Unterricht ans Herz legte und ſie endlich mit ſeinem Apoſtoliſchen Segen entließ. An demſelben Tage hatte der heil. Vater das fünfundſiebenzigjährige Jubiläum ſeiner erſten heil. Communion gefeiert, das letzte unter den vielen und herrlichen Jubiläen, die dem erlauchten Greiſe zu begehen vergönnt worden.

Gerade in diesen Tagen, gerade an jenem Feste war so inbrünstig für ihn und seine Wiederherstellung gebetet, waren so viele heil. Communionen für ihn aufgeopfert worden, — wer hätte glauben mögen, daß all unsere Freude, daß all unsere Hoffnung auf nahe Genesung, wie eine Blume in kalter Winternacht, plötzlich und unerwartet vernichtet werden sollte!

Tags nach jenem Feste, einem Sonntage, hatte der Papst zum ersten Male versucht, wieder umherzugehen. Wohl vermochte er nur elf Schritte, wie er selber gezählt, zu thun; allein es war doch ein weiterer erfreulicher Beweis, daß die Besserung zunehme. Merkwürdiger Weise aber hatte er am Abende den Cardinal Simeoni, seinen Staatssecretair, in einer ganz ungewöhnlich langen Audienz, fast gegen zwei Stunden, bei sich behalten; — war es vielleicht doch eine geheime Ahnung der nahen Katastrophe, die den heil. Vater mahnte, seine letzten Dispositionen zu treffen?

Am Montag, mehr noch am Dienstag, war das Befinden weniger gut; allein selbst die Aerzte fanden darin keine nahe Gefahr. Da trat am Mittwoch das Fieber auf, und schon am Abend fühlte der heil. Vater sich so schwach, daß er die Herren seines Hofes, die er vor der Nacht um sich zu versammeln und nach der Unterredung mit seinem Segen zu ent-lassen pflegte, diesmal nur für einen Augenblick empfing.

In der Frühe um drei Uhr traf den hohen Kranken ein Lungen-schlag. Der Wache habende Arzt erkannte sofort die entscheidende Schwere des Augenblickes; der Beichtvater, sowie der Staatssecretair, Cardinal Simeoni, und der Generalvicar für die päpstliche Diöcese Rom, Cardinal Monaco, wurden unverzüglich von der höchst bedenklichen Wendung in Kenntniß gesetzt. Während man in den Kirchen das Allerheiligste aussetzte, brachte der Beichtvater, Bischof Marinelli, gegen 8 Uhr die letzte Weg-zehrung. Die Päpste empfangen die heil. Communion nicht von Anderen, sondern spenden sie sich immer selber. Der heil. Vater war schon so schwach, daß der Bischof ihm den Arm stützen mußte, um die Hostie an den Mund zu bringen. Nachher spendete ihm Marinelli die letzte Oelung. Pius empfing beide Sakramente der Sterbenden mit einer Andacht und Innigkeit, welche alle Umstehenden zu Thränen rührte. Unterdessen hatten sich sämmtliche in Rom anwesende Cardinäle in der Nähe des heil. Vaters versammelt; er erkannte sie noch alle; das Bewußtsein war ununterbrochen klar und hell. Gegen zwölf Uhr spendete er ihnen den Apostolischen Segen mit dem Crucifixe; die Worte der Benediction vermochte er noch deutlich auszusprechen. Als aber kurz nach zwei Uhr die Cardinäle aus der Kapelle des heil. Vaters zurückkehrten, wo sie für ihn die Litanei von allen Heiligen gebetet hatten, und Cardinal Bilio, der Groß-Pönitentiar, ihn abermals um den Segen bat, konnte der Kranke nur noch mit der Hand das Kreuz= zeichen über die ringsumher Knieenden machen. Gegen drei Uhr begannen die Cardinäle Bilio und Martinelli die Sterbegebete zu sprechen. Man sah, wie der heil. Vater dieselben mitzusprechen sich bemühte, und verstand deutlich die Worte, in welchen er sich den Heiligen und ihrer Fürbitte empfahl: „Con vostro santo aiuto, unter euerem heil. Beistande." Ebenso wiederholte er die Worte: „In domum Domini ibimus, wir werden in das Haus des Herrn eingehen." Und als dann der Cardinal die ergreifende Commendatio animae oder die Scheidegebete mit den Worten begann: „Proficiscere, anima christiana, scheide hin, christliche Seele", und die innere Rührung seine Stimme erstickte, wiederholte der Kranke ruhig und fest: „Ja, proficiscere!" Dies waren seine letzten Worte. — Wie schön! Pius stirbt mit dem Rufe: „Ihr Heiligen, von Euch geleitet, unter Euerem Beistande will ich eingehen in das Haus des Herrn; ja, meine Seele, gehe hinüber!" —

Kurz darauf begann der schwere Todeskampf. Aber der Kranke lag ruhig und gelassen da; nicht einmal ein Zucken des Schmerzes veränderte seine friedlichen Züge; sein Auge war unverwandt auf das Crucifix geheftet, das über seinem Bette hing; später richtete er den Blick gerade in die Höhe und schaute unaufhörlich zum Himmel, bis das Auge brach und die Hand des nahenden Todes es verschleierte.

Es war gegen 5 Uhr 40 Minuten, als das Röcheln plötzlich auf= hörte. Die Athemzüge waren während einiger Minuten leicht und ruhig; dann bemerkte man ein flüchtiges Zucken auf seinen Wangen, — noch drei kurze Athemzüge — und die heilige Seele hatte sich von der sterblichen Hülle gelöst. Pius war nicht mehr. — In demselben Augenblicke erschollen von St. Peter her die ersten Glockenschläge des Ave=Mariä= Geläutes, und so schied der heil. Vater hinüber unter dem Gruße der= jenigen, deren treuester Diener er sein Lebelang gewesen war. Mit dem Gruße des Engels: „Ave Maria" trat er ein in die Pforten des Paradieses. —

Wenn diese Blätter in die Hände der Leser gelangen, werden wir längst einen neuen Papst haben; allein Pius wird uns unvergeßlich bleiben. 32 Jahre lang hat die katholische Welt in ihm und für ihn gelebt; in Pius war uns gleichsam die Idee des ganzen Katholicismus verkörpert. Von ihm gestärkt kämpften wir den Kampf wider Irrthum und Ruchlosig= keit, mit ihm theilten wir die Freude, wie den Schmerz, die beide in gleicher Fülle diesem großen Papste beschieden waren. Er war unser Stolz, unsere Glorie; sein Zuspruch begeisterte uns; ein Wort des Trostes, des Lobes, aus seinem Munde ließ uns Alles dulden, Alles ertragen.

Ein heiliger Sauerteig, hat Pius die ganze katholische Welt durch= drungen, alle Herzen, alle Geister mit himmlischer Gewalt ergriffen, das religiöse Denken und Fühlen der Gläubigen mit einer Lebendigkeit beseelt, mit einer Energie erfaßt und zu sich, zu Gott emporgezogen, daß die Wirkung seiner großartigen Erscheinung noch auf Geschlechter und

Papst Pius IX.

Geschlechter dauern wird. So groß der menschliche Undank und so kurz unser Gedächtniß für em= pfangene Wohlthaten sein mag, was Pius gethan und gewesen, das wird unvergeß= lich bleiben.

Unter dem Ju= bel der Welt und den Thränen seiner Demuth wird er auf den Stuhl Petri er= hoben; er stirbt unter dem Rufe: „Wir werden eingehen in das Haus des Herrn", während die Welt in Thränen um sein Sterbelager kniet.

Pius begann seine Regierung, indem er den Verbrechern die Pforten des Kerkers er= öffnete; er endigte sie, indem er einem Könige das Wort der Verzeihung und Gnade zurief; so befolgte er, großmüthig und milde, was er von seinem Meister am Kreuze gelernt hatte.

Während der Undank und die Bosheit der Menschen ihm so manche schmerzensreiche Thräne auspreßte, sah er zu seinen Füßen nur Thränen des Dankes, der Rührung, der seligsten Freude fließen, und während Ruchlosigkeit und Verrath ihm den Kelch bitteren Wehes bis zum Rande

mischten, streckte er die Hände voll von Segen und Gnade aus bis zu
den fernsten Völkern. Selbst beraubt und verfolgt, unterstützte und tröstete
er in allen Welttheilen die Bischöfe, die für Glauben und Gerechtigkeit
Kerker und Verbannung trugen. Von den Almosen seiner Kinder lebend,
hat er mit unerschöpflichem Reichthum gespendet und gegeben; seiner Herrschaft beraubt, hat er einer Welt geboten, und die Welt gehorchte ihm,
mit einer Liebe, mit einer Hingebung und Begeisterung, wie sie größer
keinem Herrscher entgegen gebracht worden.

Die Verherrlichung der seligsten Jungfrau, die Verurtheilung der
Irrlehren unserer Zeit durch Syllabus und Encyclica, in welchen er das
vergessene Programm der christlichen Weltordnung den Völkern wiederum
vor Augen stellte, die zahlreichen Heiligsprechungen, die Bestätigung vieler
neuer Orden und Congregationen, die Ausbreitung und Festigung des
Glaubens durch Gründung einer ganzen Reihe neuer Bischofssitze, das
vatikanische Concil, die Weihe der Kirche an das Herz Jesu, die Erwäh-
lung des heil. Joseph zum Schutzpatron der Kirche, endlich die hohen Verdienste um Künste und Wissenschaften, um Unterricht und Krankenpflege ...
das Alles wird Pius IX. einen Platz unter den größten Päpsten für ewige
Zeiten sichern. Die Säcularfeier des Todes der Apostelfürsten, seine
Priester-, Papst- und Bischofsjubiläen, das Jubeljahr, die Ueberschreitung
der Jahre Petri sind glänzende Sterne auf dem dunkeln Hintergrunde
der Beraubung, Entthronung und Gefangenschaft, sind duftige Blumen,
die sich unverwelklich um „das Kreuz vom Kreuze" schlingen.

Es hat Männer gegeben, die vor der Welt groß und gewaltig da-
standen, aber in den Augen Derjenigen, welche zu ihrer näheren Umgebung
gehörten, kleine Charaktere waren. Pius war nicht so. Für sich selber
schlicht und anspruchslos, bewohnte er ein kleines Gemach, das mit gewöhnlichen Ziegelsteinen belegt, dessen Wände mit alten, verschossenen
Tapeten bedeckt waren; aber die Kapelle neben seinem Zimmer, wo er
vor dem heiligsten Sacramente zu beten pflegte, war mit einer Schönheit
und einem Reichthum ausgeschmückt, die es uns beim ersten Anblicke sagten,
hier, nicht in dem Gemache nebenan, wohnt der Herr des Hauses. In
seinen Mahlzeiten war Pius äußerst frugal, mäßig und einfach. Seine
gesunde Constitution ertrug außerordentliche Arbeiten und Anstrengungen;
aber für die Ehre Gottes, für das Heil der Seelen muthete er seiner
Gesundheit, seinen Körperkräften auch das Aeußerste zu, nicht weniger in
seinen alten Tagen, als in den früheren Jahren. — Mit einem ungemein
treffenden Witze begabt, geistreich, von durchdringendstem Verstande und

sicherstem Blicke in allen Verhältnissen und Fragen; milde und sanft, und doch, wo es sich um die Sache Gottes und der Kirche handelte, gegen Könige, wie gegen Kirchenfürsten, die ihrer Pflicht vergaßen, voll heiligsten Ernstes; offen und ohne Rückhalt, ohne diplomatische Finessen; leicht und heiter und dabei immer groß und königlich; mitleidig und voll der innigsten Theilnahme, während das eigene Leid ihn beugen, aber niemals brechen konnte; zum Geben und Vergeben allezeit bereit, von bewunderungswürdigem Gedächtnisse, mit einer Rednergabe ausgestattet, die an einen Leo den Großen erinnerte; — — so steht Pius auch als Mensch, als Charakter in einer Glorie da, die ihn selbst seinen Feinden bewunderungswürdig machte, Alle aber, welche das Glück hatten, in seine Nähe berufen zu sein, mit hingebendster Liebe und glühendster Begeisterung erfüllte. — —

Am siebenten Tage nach dem Tode, Mittwoch, den 13. Februar, wurde die einbalsamirte Leiche vorläufig in St. Peter beigesetzt. Es war eine Trauerfeier, ja; denn wir begruben ja unseren Vater, unseren Heer= führer, unseren obersten Hirten, und unvergeßlich wird uns der Moment bleiben, in welchem der Deckel des Sarges uns auf immer seinen Anblick raubte. Allein die Trauer hatte eine süße Mischung ahnungsvoller Freude: Jeder fühlte es, wir bestatteten einen Heiligen. Wir verrichteten die Ge= bete, wie und weil die Kirche sie vorschreibt; allein es geschah mit dem steten Gedanken: Pius bedarf unserer Fürbitte nicht; selig thront er in der Herrlichkeit Gottes; aber er wird auch diese unsere Gebete für ihn als einen Beweis der Liebe genehmigen, den unsere Herzen ihm dar= bringen.

In rothe Pontificalgewänder gekleidet, da die Päpste, weder, wenn sie ein Seelenamt halten, noch wenn sie begraben werden, schwarze Ge= wänder tragen, das Pallium, das Abzeichen der Erzbischöfe, Primaten und Patriarchen um die Schulter, auf dem Haupte eine goldene Mitra, die Hände, die ein Crucifix hielten, über der Brust gekreuzt, so wurde die Leiche zu St. Peter in den Sarg von Cypressenholz gelegt. Ein Prälat aus seiner nächsten Umgebung deckte über das Antlitz eine weiße Hülle, ein anderer breitete über den ganzen Leichnam ein Tuch von rother Seide — noch ein Blick des Abschiedes — und unter unseren Thränen und Seufzern schließt sich der Deckel des Sarges. Nachdem derselbe mit vier Wachssiegeln durch den Stellvertreter des Papstes, seinen obersten Kammer= herrn, den Cardinal und das Capitel von St. Peter versiegelt worden, wird der Sarg in einen zweiten von Blei eingeschlossen, den dann wiederum ein dritter Sarg von Nußbaumholz umgiebt, und unter dem Gesange des

Benedictus wird nunmehr die Leiche an ihrer vorläufigen Ruhestätte beigesetzt. Es befindet sich nämlich, links im Seitenschiffe der Peterskirche, über der Thüre zur Orgelbühne der Chorkapelle eine Nische oder Vertiefung in der Wand, wo die Leiche des verstorbenen Papstes vorläufig beigesetzt wird, bis sein Grabmal fertig gestellt ist. Diese Nische ist vorne durch einen Verschluß von weißem Marmor verdeckt, der die Gestalt eines Sarkophags hat, über welchem auf einem Kissen die Tiara oder dreifache päpstliche Krone ruht. Als man am nächsten Morgen den Petersdom betrat, las man auf der Vorderseite jenes Sarkophags die schlichte Inschrift: PIVS IX. P. M., d. h. Pontifex maximus, der herkömmliche, dem Alterthum entlehnte Titel für die Päpste. Gleich vom ersten Tage der Beisetzung an sah man hier die Gläubigen im Gebete knieen; könnte man zu der Stätte hinzutreten, wie würde man sie mit Küssen kindlicher Liebe bedecken und mit den duftigsten Kränzen schmücken!

Vor mehreren Jahren hatte der heil. Vater, so vernahm man wenigstens allgemein, sich sein Grab in der Kirche von Maria maggiore ausgewählt. Diese Basilika besitzt eine überaus kostbare Reliquie, nämlich einen bedeutenden Theil der Krippe des Heilandes. Zur würdigeren Aufbewahrung derselben hatte Pius unter dem Hochaltare jener Kirche eine Confessio oder Krypta erbauen lassen und diese in edelster Freigebigkeit mit einem seltenen Reichthum an kostbaren Steinen ausgeschmückt. Dort, so sagte man, habe er sich seine letzte Ruhestätte erkoren. Als jedoch das Testament eröffnet wurde, fand sich eine andere Bestimmung. Jene herrliche Confession mit ihrer strahlenden Pracht war dem heil. Vater zu schön für sein Begräbniß erschienen; er hatte das Alles ja einzig für das göttliche Christkindlein schaffen und ausstatten lassen, und Pius war zu bemüthig, als daß er gleich einem heil. Hieronymus sich sein Grab vor der Krippe von Bethlehem erkoren hätte. Das Testament bestimmte vielmehr, daß seine Leiche in der Kirche des heil. Laurentius vor den Mauern, an der Straße, die nach Tivoli führt, beigesetzt werden solle. Diese Basilika hatte Pius IX. in umfassender Weise restauriren lassen. Der alte Bau des Constantin, bisher halb verschüttet, war wieder ausgegraben und so unter dem Chore eine Unterkirche geschaffen worden, durch deren, freilich niedrige Halle man zu dem Gitter hinzutritt, welches den Sarkophag des heil. Leviten Laurentius umgiebt. Vor diesem Gitter nun, so bestimmte der Papst, solle seine Leiche beigesetzt werden. Nach seiner Anordnung darf ferner der Grabstein nicht über 400 Scudi (etwas über 500 Thaler) kosten. Statt des Wappens mit den päpstlichen Abzeichen soll dasselbe einen Todtenschädel mit zwei sich kreuzenden Knochen tragen; die Inschrift aber, vom Papst selber verfaßt, wird unter Hinzufügung der Jahreszahlen also lauten:

OSSA·ET·CINERES·PII·P·IX.
SVM·PONT·VIXIT·ANN.....
IN·PONTIFICATV·ANN.....
ORATE·PRO·EO.

Gebeine und Asche des Papstes Pius IX.; er lebte .... Jahre, als Papst .... Jahre. Betet für ihn.

Man kann diese Anordnungen nicht ohne tiefste Rührung und ohne die lebhafteste Bewunderung des Hingeschiedenen lesen. In dem Dunkel einer unterirdischen Kirche; er, als Papst, zu den Füßen eines Diakons; den Todtenschädel als Wappen, und in der Inschrift statt irgend einer Erwähnung dessen, was er gethan, die bemüthige Bitte: „Betet für ihn" — fürwahr, in diesen Bestimmungen liegt so viel Frömmigkeit, ein so tiefer, echt christlicher Geist, daß dieselben ein Denkmal sind, kostbarer und herrlicher, als das prächtigste Monument, das Künstlerhand aus Marmor meißeln könnte. — Ueber der Gruft des Königs Victor Emanuel im Pantheon soll ein Grabmal errichtet werden, das mit verschwenderischer Pracht von Statuen, Reliefs und symbolischen Figuren in Marmor und vergoldetem Erze geschmückt sein wird; die Kosten sollen sich auf mehrere Millionen belaufen. Allein welchen Berg von Marmor und Metall man auch über den Gebeinen des Königs aufthürmen mag, der schlichte Grab= stein vor der Ruhestätte des heil. Laurentius wird das stolze Monument weit, weit überragen. Victor Emanuel war im Leben klein neben Pius, er, als König, neben seinem beraubten Gefangenen; im Tode wird er noch viel kleiner neben dem großen Papste sein. Das stolze Monument im Pantheon wird zahlreiche Begaffer finden; aber an dem schlichten Grabstein in der Unterkirche des heil. Laurentius werden die Schaaren der Beter knieen.

Schließen wir mit den Worten, mit welchen sein Nachfolger Leo XIII. im ersten Consistorium der Cardinäle Pius IX. schilderte: „In der That der Beherrscher des Katholischen Erdkreises, hat er immerbar heldenmüthig für Wahrheit und Gerechtigkeit gestritten, in der Leitung der Kirche die staunens= würdigsten Mühsale ertragen. So hat er nicht nur diesen Apostolischen Stuhl durch den Glanz seiner Tugenden verherrlicht, sondern auch die Welt mit der höchsten Bewunderung und Liebe gegen ihn erfüllt. In demselben Maße, in welchem er alle Römischen Päpste durch die Dauer seines Pontificates übertraf, hat er sich fürwahr auch vor allen die leuch= tendsten Beweise allgemeinster und ununterbrochener Verehrung erworben."

Zweites Kapitel.

— —

Das Cardinals-Collegium.

Während seiner zweiunddreißigjährigen Regierung hat Papst Pius IX. nicht weniger als 160 Cardinäle creirt, nicht weniger als 116 ins Grab steigen sehen, unter diesen 53, welche von ihm den rothen Hut erhalten hatten; bei seinem Tode betrug die Gesammtzahl der noch lebenden Eminenzen 64, von denen 39 Italiener, 25 aus anderen Ländern sind. Von den ersteren sind sieben aus Rom, sechs aus der Provinz Rom, drei aus den Marken, vier aus der Romagna, fünf aus dem Neapolitanischen, zwei aus Sicilien, einer aus Sardinien, drei aus der Lombardei, vier aus Umbrien, zwei aus Piemont und je einer aus Toscana und aus Venetien gebürtig. Von den übrigen sind in Oesterreich-Ungarn fünf geboren, acht in Frankreich, drei in England, vier in Spanien, und je einer in Deutschland, Belgien, Polen, Nord-Amerika und Süd-Amerika. Nur noch vier von den Cardinälen sind durch Gregor XVI. ernannt: Amat, Schwarzenberg, Asquini und Carafa; alle übrigen sind von Pius IX. erhoben worden. Fünf Eminenzen sind 80 Jahre und darüber alt; 22 stehen zwischen 70 und 80; 25 zwischen 60 und 70; zehn zwischen 50 und 60 und nur zwei sind unter 50 Jahre alt. Der älteste an Jahren ist der 83jährige Erzbischof von Bordeaux, Cardinal Donnet; der jüngste, 44 Jahre alt, ist Parocchi, Erzbischof von Bologna. Der Würde nach sind 6 Eminenzen Cardinal-Bischöfe, 47 Cardinal-Priester, 11 Cardinal-Diaconen. *)

Das Cardinals-Collegium ließ durch den Cardinal-Vicar Monaco noch am Abend des Hinscheidens in der vaticanischen Druckerei das Circular

---

*) Es kann Jemand dem Range nach Cardinal-Priester oder -Diacon, der Weihe nach aber Bischof sein, wie z. B. der Erzbischof von Wien zu den Cardinal-Diaconen gehört.

2*

fertig stellen, welches den Römern den Tod Sr. Heiligkeit anzeigte. Als der Cursor oder der Beamte, der den Auftrag hatte, die Bekanntmachung an den Thüren der Hauptkirchen anzuheften, den Vatican verließ, wurde er von der italienischen Sicherheitswache angehalten und auf das Amt geführt. Die Herren mochten in ihrer Einfalt glauben, es handele sich um Beiseiteschaffung wichtiger Documente, ohne zu bedenken, daß man im Vatican doch hinlängliche Klugheit besitze, nöthigenfalls solche Actenstücke auf einem, vor Häscherhänden absolut sichern Wege hinaus zu befördern. So mußte denn jener Beamte wieder entlassen werden, nachdem man er= kannt hatte, daß man sich höchst unnützer Weise die Finger verbrannt habe. Heben wir aus jenem, in ungemein edler Sprache geschriebenen Circular wenigstens die Hauptstelle heraus: „Der Wille des allmächtigen Gottes hat den Papst Pius IX. seligen Angedenkens zu sich gerufen. Diese Trauerkunde wird bis zu den fernsten Enden des katholischen Erdkreises mit Thränen in den Augen vernommen werden. Allein, wenn Alle die großen und apostolischen Tugenden des unsterblichen Papstes und seine fürstliche Hochherzigkeit verehrten, dann empfinden wir Römer den Schmerz doppelt, daß heute leider ein Pontificat abgeschlossen ist, wie es wunderbarer, glorreicher und länger keinem Stellvertreter Gottes auf Erden bewilligt worden. Sein Leben als Papst und als Herrscher war eine ununter= brochene Kette reichster Wohlthaten, in geistiger wie in natürlicher Be= ziehung, von Wohlthaten, die Pius über alle Kirchen, über alle Nationen ausgegossen hat, vor allem aber über sein Rom, wo uns auf jedem Schritte Denkmale der Freigebigkeit des Papstes und Vaters begegnen, den wir beweinen."

Am Morgen nach dem Hinscheiden Pius' IX. versammelten sich die Cardinäle in dem großen Consistorialsaale des Vaticans zu einer ersten Berathung über die jetzt dem heil. Collegium obliegenden Pflichten. Die Zahl der beim Tode des Papstes in Rom anwesenden Eminenzen belief sich auf neununddreißig. Von diesen ist der zweiundachtzigjährige Amat seit Jahren bettlägerig und konnte daher an den Vorberathungen zum Conclave nicht Theil nehmen. — Im Vorsaale harrend, lassen wir die nach und nach eintretenden Kirchenfürsten an uns vorüberschreiten, indem wir auf dem Einen und Andern unsere Aufmerksamkeit für einen Augenblick ruhen lassen.

Unter den zur Sitzung sich versammelnden Eminenzen nimmt während der Erledigung des Päpstlichen Stuhles der Cardinal=Erzbischof Bischof Joachim Pecci von Perugia als der von Pius IX. ernannte Kämmerer die erste Stelle ein. Er vertritt jetzt das Oberhaupt der Kirche; ihm zur Seite stehen drei weitere Cardinäle, nämlich je der älteste aus den Rangordnungen der Bischöfe, Priester und Diaconen. Es waren dieses jetzt Di Pietro (in Vertretung Amat's), Schwarzenberg, bis zu dessen Ankunft Asquini das Amt führte, und Caterini. Pecci ist eine große und hagere Gestalt, von blassen aber einnehmenden Zügen; der Charakterkopf mit dem durchdringenden Auge verräth auf den ersten Blick den Mann der Energie, dem die Milde und Güte nicht angeboren, aber anerworben ist. Cardinal Dechamps schildert ihn in einem Briefe an einen Freund also: „Nach seiner physischen Erscheinung ist Leo XIII. ein zweiter Alexander VII., groß, mager, majestätisch; die Physiognomie ist scharf und ent-

schieden; dabei besitzt er aber doch einen reichen Fond an Güte." Seiner großartigen Thätigkeit verdankt es die Diöcese von Perugia, daß sie vielleicht die beste, daß ihr Clerus der tüchtigste und gebildetste aus allen Diöcesen der italienischen Halbinsel ist.

Prosper Caterini, der älteste Cardinal-Diacon, ein Greis von 82 Jahren, ist sehr gebrechlich, aber in seinem Silberhaar um das freundliche Antlitz eine liebenswürdige Erscheinung. Nur gestützt auf den Arm seines Caplans kann er in die Versammlung gehen.

Cardinal Caterini.

Camillus Di Pietro, im Jahre 1806 in der ewigen Stadt geboren, gilt als ein Mann von ungewöhnlicher Begabung; trotz seiner 72 Jahre hat er sich eine merkwürdige Frische des Geistes und Rüstigkeit des Körpers bewahrt.

Fabius Asquini, einer der vier noch von Gregor XVI. ercirten Cardinäle, zeigt uns eine hohe, hagere, aber etwas gebückte Figur; aus seinem Antlitz spricht eine lautere, kindliche Seele, „die schöner kleidet, als der

Cardinal Di Pietro.

Purpur, und die mit dem Purpur doppelt schön ist." Leider ist er seit mehreren Jahren in Folge einer Krankheit sehr ängstlich und scrupulös.

Als Cardinal-Vicar für die Diöcese Rom waltet Raphael Monaco
la Valetta auch während der Erledigung des Stuhles Petri seines

Cardinal Monaco la Valetta.

Amtes. Er zählt erst 51 Jahre, ist
von mittlerer Größe und hat eine
frische, blühende Gesichtsfarbe, angenehme, aber zugleich markirte und
geistreiche Züge. Ein würdiger Nachfolger des unvergeßlichen Cardinals
Patrizi lebt er in stiller Zurückgezogenheit ganz den Pflichten seines
heil. Amtes mit unermüdlicher und
bewunderungswürdiger Thätigkeit.

Ludwig Bilio, der als Groß-
Pönitentiar dem sterbenden Papste
den letzten geistlichen Beistand zu
leisten hatte, ein Jahr jünger als
der vorher Genannte, zeigt in seinem Antlitze
eine fromme und sanfte Milde, die nicht vermuthen läßt, daß der „Syllabus" wesentlich aus
seiner Feder geflossen ist. Beim vaticanischen
Concil war er Vorsitzender der dogmatischen
Commission.

Cardinal Bilio.

Carl Morichini, Jugendfreund Pius IX.,
war im Jahre 1845 Nuntius in München;
1860 warfen die Piemontesen ihn in's Gefängniß zu Fuligno; dasselbe geschah 1864 zu Ancona, weil er seinen bischöflichen Pflichten nicht
untreu werden wollte. Er hat zahlreiche Werke
geschrieben. Heute ist er halb blind; ein Schlag-
anfall hat ihn gelähmt; der Geist ist jedoch unberührt davon geblieben.

Anton Panebianco, aus dem Orden der
Conventualen, weshalb er auch als Cardinal statt
des rothen ein graues Kleid trägt, war bis vor
zwei Jahren Groß-Pönitentiar, wo er seiner

Cardinal Panebianco.

geschwächten Gesundheit wegen das Amt in die
Hände des Papstes zurückgab. Ehemals nannte man ihn neben dem
verstorbenen Cardinal Erzbischof Riario Sforza von Neapel gerne als

künftigen Nachfolger Pius' IX. und erwartete von ihm in diesem Falle ein Pontificat, ähnlich demjenigen eines Sixtus' V.

Johann Simeoni wurde nach dem Tode Antonelli's Staats= secretär, welches Amt jedoch für ihn mit dem Hinscheiden des Papstes er= losch. Er ist eine kräftige, wenn auch etwas bleiche Gestalt, in seinem Wesen schlicht und einfach, karg in seinem Reden, im Helfen freigebig, soviel es nur die eigene Armuth gestattet. Zu seiner Charakteristik genügt es, die Worte anzuführen, welche Pius IX. in den Mund gelegt werden, als er ihn zum Staatssecretär ernannte:

Cardinal Simeoni.

„Wir haben bisher einen feinen Po= litiker an der Spitze der Geschäfte gehabt, und waren nicht sehr glücklich dabei; jetzt habe ich einen erkoren, der mir beten helfen soll."

Eingehender müssen wir über Cardinal Alexander Franchi reden, da derselbe unter dem neuen Papste Staatssecretär wurde. Zu Rom geboren am 25. Juni 1819, verrieth er von frühester Kindheit einen eben so frommen Sinn, als ungewöhnliche Begabung, zumal als er bereits in seinem achten Jahre in das Römische Seminar aufgenommen wurde. Am Schlusse seiner Studien erwarb er sich den Doctor=Grad in der Philo= sophie und in beiden Rechten und zeichnete sich zugleich in einer öffent= lichen theologischen Disputation der= art aus, daß ihm sofort nach seiner Priesterweihe die Professur der Kir= chengeschichte am Seminar und an der Römischen Universität der Sapienza übertragen wurde. Bald darauf

Cardinal Franchi.

gründete er den Lehrstuhl der Diplomatie in der Academia ecclesiastica, in jenem kirchlichen Institute, in welchem die dereinstigen Nuntien ihre Ausbildung erhalten. Selbst mit einem ungemein feinen diplomatischen

Talent begabt, wurde er zuerst in die Staatssecretarie berufen, dann 1853 als Internuntius nach Spanien gesandt, wo er bis zum Jahre 1856 blieb. Pius IX. consecrirte ihn mit eigenen Händen zum Bischof und sandte ihn als Nuntius an die Höfe von Florenz und Modena. Nach dem Sturze der dortigen Regierungen nach Rom zurückgekehrt, wurde er Secretär von der Congregation der kirchlichen Angelegenheiten, bis ihn der Papst 1868 als Nuntius abermals nach Spanien sandte. Dort von der Revolution vertrieben, reiste er im Jahre 1871, in außerordentlicher Sendung an den Sultan, nach Constantinopel, und wurde dann, in Anerkennung seiner trefflichen Dienste, die er dem heil. Stuhle auch dort geleistet hatte, am 22. December 1873 zum Cardinal-Priester creirt mit dem Titel von St. Maria in Trastevere. Zugleich ward ihm das wichtige Amt eines Präfecten der Propaganda zur Ausbreitung des Glaubens und zur obersten Verwaltung sämmtlicher Missions-Länder übertragen. Leo XIII. machte ihn zu seinem Staatssecretär. Franchi, jetzt 59 Jahre alt, ist eine schöne und gewinnende Erscheinung und von liebenswürdigen, gefälligen Manieren, ein feiner Kopf von seltener Klugheit und Gewandtheit, an diplomatischer Begabung Antonelli nicht nachstehend, aber glatter und gefälliger, als jener. Mit den deutschen Verhältnissen ist er auf einer im Auftrage des heil. Stuhles nach Berlin gemachten Reise 1865 bekannt geworden, wo er für die Wiederbesetzung der Erzstühle von Cöln und Gnesen thätig war.

Cardinal de Luca.

Antonin de Luca gilt als einer der tüchtigsten Kenner des kirchlichen Rechtes. Als Vice-Rector der Academie der Abeligen gab er eine gelehrte Quartalschrift „die katholische Religion“ heraus, deren Verdienst selbst Döllinger laut anerkannte. Zum Bischof von Anversa ernannt, trat er dem Könige von Neapel in der Frage des Constitutions-Eides mit kühnem Freimuth entgegen. Als Nuntius in München und Wien erlernte er die deutsche Sprache und ist jetzt Protector der deutschen Nationalstiftung der Anima, sowie des deutschen Cäcilien-Vereins. Klein von Gestalt, mit sehr ausgeprägtem Gesichtsschnitte, ist er in seinem Wesen herablassend und freundlich und zugleich voll edelster Würde.

Der einzige in Rom residirende deutsche Cardinal ist Gustav Fürst Hohenlohe, 55 Jahre alt, ein schöner und freundlicher Mann. In deutschen Blättern ist er vielfach mit wenig Recht und mit noch viel weniger Takt angegriffen und beschimpft worden. Er war erst dienstthuender Kammer= herr, dann geheimer Almosenspender Pius' IX., der ihn 1866 mit dem Purpur bekleidete. Um die deutsche Nationalstiftung von Campofanto hat er sich besondere Verdienste erworben; er ist der Gründer des dortigen Priestercollegiums.

Johannes Pitra gehört dem Benedictiner=Orden an und trägt daher auch als Cardinal schwarze Kleidung. Eine ziemlich große Figur, mit schwarzen, dichten Augenbrauen und scharf geschnittenen Zügen verräth er sofort den Mann der Wissenschaft, der zwischen Folianten und ver= gilbten Handschriften alt geworden ist. Wegen seiner Gelehrsamkeit er= nannte ihn Pius IX. nach dem Tode des berühmten Cardinals Angelo Mai zum Vorsteher der vaticanischen Bibliothek.

Thomas Martinelli ist Augustiner.*) Obschon Professor an der Römischen Universität der Sapienza und in der dogmatischen Commission des vaticanischen Concils mit Peronne und Anderen thätig, versah er doch zugleich das bescheidene Amt eines Seelsorgers an der Kirche des heil. Augustin zu Rom. In demüthiger Frömmigkeit eben beschäftigt, die Kerzen für das dortige hochverehrte Muttergottesbild zu besorgen, er= hielt er durch Cardinal Bilio im Auftrage Pius' IX. die Ernennung zum Cardinal.

Dominicus Bartolini ist ein Freund der Wissenschaften und zumal auf dem Gebiete der christlichen Alterthumskunde sehr bewandert; unter anderm sind seine Forschungen über die heil. Agnes von bleibendem Werthe. Auf seinen Reisen durch Deutschland, Frankreich, England und selbst nach Jerusalem vermehrte er sein reiches Wissen; er hat, wie wenige, im Dienste der Kirche gearbeitet. Mit Cardinal Pecci war er innigst befreundet. Den Deutschen ist er sehr gewogen.

Johannes Franzelin aus der Gesellschaft Jesu, ist aus Kaltern in Tirol gebürtig, eine hagere, ascetische Erscheinung, eben so fromm, als gelehrt. Bis zum Jahre 1876, wo Pius IX. ihn unerwartet und ganz wider des Pater's Wunsch zum Cardinal machte, war er Professor der Dogmatik an der Römischen Academie; damals ist er bei den Vor= arbeiten zum Concil in hervorragender Weise thätig gewesen. Als am Morgen nach seiner Erhebung zum Cardinal ihn Jemand besuchte, um

---

*) Portrait auf dem Bilde: „Am Sterbelager Pius' IX."

Cardinal Ledochowski.

ihm Glück zu wünschen, fand er ihn beschäftigt, seine Schuhe zu putzen, während die Thränen aus seinen Augen rannen.

Miecislaus Graf Ledochowski, Erzbischof von Gnesen und Posen, ist allen unseren Lesern hinreichend bekannt. Nach zweijähriger Haft in der Heimath mit Pius IX. die unfreiwillige Gefangenschaft theilend, ward er der Gegenstand allgemeiner Verehrung.

Eduard Howard, mit dem englischen Königshause verwandt, zieht durch seine hohe, fürstliche Gestalt voll blühender Gesundheit die Aufmerksamkeit auf sich. Mit einem seltenen Sprachtalent ausgestattet, spricht oder versteht er ziemlich alle europäischen und mehrere orientalische Sprachen.

Theodulf Mertel ist von deutscher Abstammung; sein Vater hatte sich als Bäcker in Allumiere in der Diöcese Civitavecchia niedergelassen. Mertel besaß das besondere Vertrauen Pius' IX. und verdiente es; er ist ein Mann von ausgezeichnetem Talent, im kirchlichen und weltlichen Rechte gleich erfahren.

Eduard Borromeo, aus der berühmten Familie des heil. Carl, ist in seinem Gesichtsausdruck weniger gewinnend, als in seinem Umgange. Für den Aufschwung des Vereinswesens in Rom hat er Großes geleistet. Als Erzpriester von St. Peter nimmt er dort an hohen Festen die Functionen vor.

Lucidus Parocchi, der jüngste unter den Cardinälen, zählt erst 44 Jahre. Er wurde vom einfachen Pfarrer in Mantua in Laufe von sechs Jahren zum Erzbischof von Bologna und zum Cardinal befördert. Seine Erscheinung hat etwas überaus Anmuthiges und Gewinnendes; seine Frömmigkeit und die Lauterkeit seiner Seele haben dem Antlitze ihr Siegel aufgeprägt; die ruhigen, regelmäßigen Züge lassen es kaum glauben, daß der hohe Kirchenfürst einer der gefürchtetsten Bekämpfer des Liberalismus ist.

Von den auswärtigen Cardinälen nennen wir zunächst Friedrich Fürst Schwarzenberg, ältesten Cardinal-Priester und Erzbischof von Prag. Er wurde von Gregor XVI. bereits im 33. Lebensjahre zum Cardinal creirt; damals war er noch Fürst-Erzbischof von Salzburg und Primas von Deutschland. Er ist Cardinal-Protector der deutschen National-

stiftung von Camposanto. Eine hohe, imponirende Gestalt, mit wohl=
wollendem und freundlichem Wesen, von innigster Liebe zur Kirche beseelt,
hat er für die Wiederbelebung des religiösen Geistes weit über die Grenzen
seiner Erzdiöcese hinaus auf das segensreichste gewirkt.

Cardinal Fürst Schwarzenberg.   Cardinal Kutschker.

Johannes von Kutschker, Erzbischof von Wien, zählt 67 Jahre,
ist aber noch sehr rüstig. Bis zum Tode des Cardinals Rauscher war er
Weihbischof desselben und wurde dann sein Nachfolger. Mit großer Ge=
schäftsgewandtheit und ungewöhnlichen Kenntnissen im Kirchenrecht ver=
bindet er ein überaus gewinnendes und herzliches Wesen.

Cardinal Manning.

Heinrich Manning, Erzbischof von West=
minster (London), gab Namen und Amt in der
englischen Hochkirche auf, verzichtete auf Familie,
Ehre und Glück, und wurde katholisch. In Rom
zum Priester geweiht, begann er in London sein
Apostolat mit unglaublichem Erfolge. Nach dem
Tode des Cardinals Wiseman ward er 1865 Erz=
bischof von Westminster, 1875 Cardinal. Manning
ist eine hohe, hagere Gestalt, ein Mann voll
unermüdlichen Seeleneifers und von hinreißender Beredtsamkeit. Die
Neuerrichtung der schottischen Hierarchie erfolgte wesentlich unter seiner
Einwirkung.

Cardinal Mac-Closkey.

Außer dem erkrankten Cardinal-Erzbischof von Rennes und dem erst nach der Wahl des neuen Papstes eingetroffenen Cardinal-Erzbischof von New-York, Mac-Closkey, haben sämmtliche Eminenzen, einundsechszig an der Zahl, am Conclave Theil genommen, so viele, wie seit Jahrhunderten sich nicht an einer Papstwahl betheiligt haben.

Die oberste Leitung und Führung aller auf das Conclave bezüglichen Berathungen und Vorarbeiten lag in den Händen des Cardinal-Camerlengo Joachim Pecci von Perugia. Er hatte gleich nach dem Tode Pius' IX. Wohnung im Vatican genommen, da die vielen und schwierigen Geschäfte seine stete persönliche Gegenwart im Palaste dringendst forderten. Sein Amt war um so schwerer, da in Folge des langen Pontificates Pius' IX. keiner der Cardinäle oder Prälaten sich genau und als Zeuge erinnern konnte, wie es bei dem damaligen Conclave zugegangen war.

Am ersten Morgen nach dem Hinscheiden des heil. Vaters versammelte Pecci die sämmtlichen in Rom weilenden Eminenzen zu einer Berathung, welche von zehn bis drei Uhr dauerte. Zunächst wurden diejenigen Punkte erledigt, welche sich auf das Begräbniß Pius' IX. bezogen. Dann kam die hochwichtige Frage zur Erörterung, wo das Conclave abgehalten werden solle, ob nämlich die Cardinäle die Wahl in Rom vornehmen, oder aber die Stadt verlassen, und, in letzterem Falle, an welchem Orte das heil. Collegium zur Wahl des Nachfolgers zusammen kommen solle. Pius IX. hatte in einer eigenen Constitution dem heil. Collegium die volle Freiheit der Entschließung in dieser Angelegenheit gegeben und die Cardinäle angesichts der schwierigen Zeitverhältnisse von den Vorschriften entbunden, welche die alten päpstlichen Constitutionen über den Ort des Conclaves aufstellen, indem er ihnen nur dringend ans Herz legte, die Wahl des Nachfolgers zu beschleunigen. Das ganze Document war in einer so väterlich herzlichen Weise verfaßt, daß Alle bei Verlesung desselben bis zu Thränen gerührt wurden.

Ueber die Debatte in Betreff des Conclaves ist von liberalen Blättern mit dem Anscheine genauester Information eine Menge kühnster Dichtungen in die Welt hinaus gesandt worden. Cardinal Manning „mit seinem heißspornigen Anhange" hätte der überwiegenden Mehrzahl der „besonnenen Cardinäle" gegenüber aus allen Kräften für die Abreise gestimmt; die

Königin von England sollte indirect die Insel Malta zur Abhaltung des Conclave angeboten und jede Sicherheit für die Freiheit der Wahl verbürgt haben; es sei in der Debatte zu den heftigsten Auftritten gekommen, man wußte sogar zu berichten, in welchen Worten dieser und jener Cardinal seiner Aufregung Luft gemacht habe. Auch in den Berathungen an den folgenden Tagen seien die Leidenschaften heftig an einander gerathen, bis doch endlich die Majorität die Widerstrebenden zum Schweigen und Nachgeben gebracht habe. Was ist an diesen Berichten wahr? — Zunächst können wir auf das bestimmteste versichern, daß eine heilige Liebe und Eintracht alle Berathungen beherrscht hat, wie es ja auch sozusagen angesichts der Leiche des heil. Vaters und in einem so hochernsten Zeitpunkte gar nicht anders sein konnte. Man braucht nicht bei den Berathungen zugegen gewesen zu sein, um zu wissen, daß ein Theil der Carbinäle es für das Heil der Kirche ersprießlicher erachtete, das Conclave nicht in Rom zu halten. Ja, anfangs war sogar die Mehrzahl dieser Ansicht; aber ein besonderer Umstand bestimmte die Cardinäle, sich einmüthig für die Wahl in Rom zu entschließen. Uebrigens ist an ein Conclave auf Malta kaum gedacht worden. Mehr darüber zu sagen, verbietet uns das uns auferlegte Geheimniß. — Was die Glaubwürdigkeit jener liberalen Berichte überhaupt betrifft, die ziemlich alle aus der „Italie", einem Organ der italienischen Regierung, geschöpft haben, so genügt es, Folgendes anzuführen. Der Cardinal von Lyon war bei einem hohen Diplomaten zur Tafel geladen, wo die Rede auf jene Berichte kam. Se. Eminenz erklärten, durch den Eid gebunden zu sein, sich weder über die Richtigkeit noch Unrichtigkeit jener Angaben zu äußern; doch möge man ihm die Artikel vorlesen. Es geschah, und nun sagte der Cardinal: „Ohne meinen Eid auch nur im Geringsten zu verletzen, darf ich erklären, daß jene Berichte pure Erfindung sind."

Nach der bekannten Constitution des Papstes Gregor X., erlassen auf dem Concil zu Lyon im Jahre 1274, sollen nach dem Tode eines Papstes die bei der Curie anwesenden Carbinäle zehn Tage warten und dann in das Conclave eintreten; die etwa später ankommenden auswärtigen Carbinäle werden nachträglich in das Conclave aufgenommen. Schon als der Zustand des heil. Vaters Pius' IX. jede Hoffnung ausschloß, waren durch den Telegraphen die auswärtigen Eminenzen hierüber benachrichtigt worden; auf gleichem Wege wurde ihnen sofort das Abscheiden des Papstes angezeigt. So trafen bereits am zweitfolgenden Tage einzelne fremde Carbinäle ein; dieselben nahmen alsbald an den Vorberathungen Theil, welche regelmäßig jeden Tag gehalten wurden und selten unter drei Stunden dauerten.

Auf die unmittelbar nach dem Tode Pius' IX. gestellten Anfragen der Höfe von Spanien, Oesterreich, Frankreich, England u. a. erklärte die italienische Regierung, daß sie die vollste Freiheit des Conclave sichern werde, wie dies in den Garantie=Gesetzen ausgesprochen sei. Unter andern gab der italienische Botschafter in Wien, General Robillau, in einer eigenen Note die bündigsten Erklärungen in dieser Hinsicht ab. Die königliche Regierung beorderte sogar während all dieser Tage bis zur geschehenen Neuwahl Truppen nach dem Petersplatze, gleich als wenn die Freiheit des Conclave von irgend Jemand anders, als gerade von ihr selber, hätte bedroht werden können.

Am 14. erließ der Cardinal=Vicar ein Rundschreiben an die Geistlichkeit Roms, in welchem er für die Dauer des Conclave die Gebete aus der Messe für die Papstwahl, sowie besondere Andachten, und Tag um Tag die Aussetzung des Hochwürdigsten Gutes in den größeren Kirchen der Stadt anordnete. Mit dem Gebete wurde das Almosen verbunden, um die Gnade des Heils auf die Entschließung der Cardinäle herabzu= flehen, indem das heilige Collegium Tags vor dem Eintritt in das Conclave die von Pius IX. den Armen der Stadt vermachten 100,000 Fr. dem Cardinal=Vicar zustellte, der die Hälfte den verschiedenen frommen In= stituten der Wohlthätigkeit, die andere Hälfte den Pfarrern zur Verthei= lung an die Hülfsbedürftigen überwies. — Die Epistel der Messen für die Papstwahl ist aus dem Hebräerbriefe des heiligen Paulus entnommen. Dieselbe hebt an mit der Aufforderung: „Treten wir mit Vertrauen zum Throne der Gnade, damit wir Barmherzigkeit erlangen und Gnade finden in willkommener Hülfe", — und schildert dann in den herrlichsten Zügen den Hohenpriester, wie er nach der erhabenen Auffassung des Völkerapostels sein soll: „Aus den Menschen entnommen, ist er für die Menschen hin= gestellt in Allem, was sich auf Gott bezieht, daß er Gaben darbringe und Sühnopfer für die Sünden; daß er mitleide mit den Irrenden und Un= wissenden, da er selber von Schwächen ganz umgeben ist. Und Keiner maßt sich jene Würde an, sondern wer von Gott, gleich Aaron dazu be= rufen ist u. s. w." Als Evangelium wird ein Theil der Abschiedsrede des Herrn verlesen: „Ich will den Vater bitten, daß er euch einen anderen Tröster sende; ich werde euch nicht als Waisen lassen. Wer mich liebt, der wird von meinem Vater geliebt werden, und ich werde ihn lieben und mich ihm offenbaren." „Deine überschwängliche Erbarmung", so lautet das Gebet nach dem Offertorium, „verleihe uns, daß uns um der heiligen Gaben willen, die wir dir in Ehrfurcht opfern, die Freude werde, der Kirche, unserer heiligen Mutter, einen deiner Majestät wohlgefälligen Hohenpriester vorgestellt zu sehen."

An den drei letzten Tagen vor Beginn des Conclave empfing das heilige Collegium in feierlicher Sitzung, welche im Consistorialsaale ge= halten wurde, die Botschafter und Gesandten der katholischen Mächte, um von denselben den Ausdruck der schmerzlichen Theilnahme entgegen zu nehmen, welchen die Fürsten und Völker über den Verlust Pius' IX. empfänden. Am ersten Tage wurden nach einander zunächst der Bot= schafter Oesterreichs, Graf Paar, mit seinen Räthen empfangen; nach ihm der Botschafter von Spanien; darauf die Gesandten von Bayern, von Belgien, von Brasilien, von Costarica und Bolivia. Am zweiten Tage erschienen der Botschafter Frankreichs und der von Portugal mit ihrem Gefolge; am dritten Tage wurden der Ballei des souveränen Malteser= ordens, der außerordentliche Gesandte des Fürsten von Monaco und der Geschäftsträger von Peru empfangen. Auf die von den hohen Herren an das heilige Collegium gerichteten Worte erwiederte jedesmal im Namen der Versammlung der Cardinal=Decan Di Pietro. Unter dem 19. Februar erließ das heil. Collegium ein Circular an das beim heil. Stuhle accre= ditirte diplomatische Corps, von den Cardinälen Amat, Schwarzenberg und Caterini unterschrieben und vom Secretär des heil. Collegiums, Lasagni, gezeichnet, um den Vertretern der auswärtigen Höfe die Mittheilung von dem in Rom beginnenden Conclave zu machen. Wir entnehmen dem wichtigen Actenstücke folgende Stelle: „Alle Welt weiß, daß die Eide, welche jedes einzelne Mitglied des heil. Collegiums bei seiner Erhebung zur Cardinalswürde geschworen hat, ihm die heiligste Pflicht auferlegen, die Ansprüche, Vorrechte und nicht minder das weltliche Besitzthum der Kirche zu schützen und zu vertheidigen, und zwar um jeden Preis, sei es auch mit dem eigenen Blute. Jene Eide haben heute eine feierliche Be= stätigung erhalten, indem die zur General=Congregation versammelten Cardinäle einmüthig vor Gott jenen Eidschwur erneuert haben. Sie haben dabei zugleich ihre Zustimmung zu all' den Vorbehalten und Protesten des verstorbenen Souveräns wiederholt, die derselbe sowohl gegen die Wegnahme des Kirchenstaates, als gegen die Gesetze und Erlasse erhoben hat, durch welche die Rechte der Kirche und des heil. Stuhles verletzt worden sind..... So sind die Cardinäle entschlossen, auf dem Wege voran zu schreiten, den der verstorbene Papst ihnen vorgezeichnet hat, was auch immer für Prüfungen im Verlaufe der Ereignisse ihrer warten mögen."

In einer jener Sitzungen kam auch eine Zuschrift des Erzbischofs Paulus von Cöln zur Mittheilung, der dem Collegium seinen Schmerz und seine Theilnahme wegen des Hinscheidens Sr. Heiligkeit, Papst Pius IX. in seinem Namen und im Namen der ganzen Kirchenprovinz ausdrücken ließ. Diese Aufmerksamkeit machte einen um so tieferen Eindruck, als man sich die bedrängte Lage des Erzbischofs und der übrigen Oberhirten vergegenwärtigte. Stehend nahmen die Cardinäle die Condolenz entgegen und sie beschlossen, dieselbe in dem Protokolle ihrer Sitzungen ausdrücklich zu erwähnen. Zugleich wurde Cardinal Bartolini, welcher dem Schmerze des Erzbischofs Ausdruck verliehen hatte, beauftragt, demselben den Dank des heil. Collegiums auszusprechen. So viel wir wissen, ist dies das einzige in der Versammlung der Cardinäle zur Mittheilung gekommene Condolenzschreiben eines Bischofs gewesen. — Wir wollen hier zum Schlusse eine Aeußerung des Cardinals Manning nicht unterdrücken, in welcher er die Gesichtspunkte aufstellte, die ihn bei der Wahl leiten würden. Er verlangte von dem Candidaten drei Eigenschaften: gründliche Kenntnisse in der heil. Wissenschaft, einen tadellosen und heiligen Lebenswandel, und daß er ein Italiener sei, der sein Vaterland liebe, ohne die Rechte und Grundsätze der Kirche darüber zu vergessen.

Erzbischof Paulus.

Drittes Kapitel.

Vorbereitungen zur Papstwahl.

Nachdem die Cardinäle am Freitag, Samstag und Sonntag in der sixtinischen Capelle feierliche Exequien für den verstorbenen Pius IX. gehalten hatten, wurde der Beginn des Conclave auf den Montag Abend, den 18. Februar, festgesetzt. Zwar hieß es noch am Tage vorher, die Schreiner= und Maurerarbeiten, sowie die Herrichtung der Zellen für die Cardinäle würden bis zu der festgesetzten Frist unmöglich beendigt sein können und man werde daher noch einen Tag zusetzen müssen; allein der Cardinal=Camerlengo legte den Architecten die Beschleunigung so dringend und ernstlich an's Herz, daß das Conclave wirklich am Montage anfangen konnte.

Am Morgen wurde zur Anrufung des heil. Geistes ein feierliches Amt durch den Cardinal Schwarzenberg gesungen, dem alle Eminenzen, sowie das diplomatische Corps beiwohnten. Wegen der Vorbereitungen, die in der Sixtina für die Sitzungen des Conclave gemacht wurden, mußte die Feier am Morgen in der kleineren, paulinischen Capelle stattfinden. Nach derselben versammelten sich die Cardinäle noch einmal zu einer letzten Vorberathung im Consistorialsaale, welche bis gegen ein Uhr währte. So kam es, daß die ursprünglich auf drei ein halb Uhr festgesetzte Zeit zum Eintritt in das Conclave um eine Stunde hinausgeschoben werden mußte.

Vor Beginn der Feier, welche die Einleitung zum Conclave bildet, machen wir einen Gang durch den Vatican, und besuchen dann die sixtinische Capelle, welche in den nächsten Tagen, vielleicht Wochen, der Schauplatz der ernstesten und bedeutungsvollsten Verhandlungen sein wird.

Von dem Augenblicke an, wo der Papst die Augen schließt, bis zur Wiederbesetzung des Stuhles Petri durch einen neuen Oberhirten bleibt das große Bronzethor am Eingange zum Palaste verschlossen und der Eintritt ist nur durch eine kleine Thüre möglich, an welcher die Schweizer=

garde Wache hält. Wir steigen die prächtige Treppe hinauf, welche Pius IX. angelegt hat. Schon auf der Hälfte derselben werden wir auf das Con= clave hingewiesen. Der Oberhofmeister hat seine dortige Wohnung räumen und dem Marschall des Conclave, dem Fürsten Chigi, abtreten müssen. So sieht es denn in der sonst so schmucken Wohnung gar desolat aus; doch sind die Arbeiter auf das angestrengteste thätig, die neue Möbelirung in Ordnung zu bringen.

Das Amt des Marschalls ist von großer Bedeutung. Er bewahrt die zwei Schlüssel, mit welchen die Eingangsthür zum Conclave von Außen geschlossen wird; vor seiner Wohnung hat er eine Wache von zwölf Schweizersoldaten; es steht ihm sogar das Recht zu, während der Sedis= vacanz Münzen mit seinem Bildniß zu prägen. Die des jetzigen Mar= schalls zeigt auf der einen Seite sein Wappen und das seiner Gemahlin, einer gebornen Fürstin Sayn=Wittgenstein, auf der Kehrseite in lateinischer Inschrift die Worte: Marius, Fürst Chigi, der heil. Römischen Kirche immerwährender Marschall.

✿
MARIVS
PRINCEPS
CHISIVS
S·R·E·
MARESCHALLVS
PERPETVVS
MDCCCLXXVIII

Verfolgen wir nunmehr unseren Weg die Treppe hinauf, welche zu dem großen inneren Hofe des Palastes, zu dem sog. Cortile di Damaso, emporführt! Von der Stunde an, wo der Entschluß feststand, das Con= clave in Rom und zwar im vaticanischen Palast zu halten, ist daselbst ununterbrochen Tag und Nacht, selbst am Sonntage, gehämmert, gemauert und gearbeitet worden. Die offene Säulenhalle, welche sich um jenen Hof hinzieht, ist geschlossen; es blieb nur ein schmaler Gang, durch welchen man in den letzten Tagen über Bretter und Balken und an den Hobel= bänken der Schreiner vorüber in die sixtinische Capelle gelangte. Der zweite Stock wurde ganz, der dritte zum Theil abgesperrt und die Thüren und Hallenbogen durch Mauerwerk oder Bretterverschläge geschlossen. Die

Prälaten und Familien, welche in jenem Gebiete wohnten, hatten dieselben räumen und theilweise in den dritten Stock oder in andere Theile des Palastes übersiedeln müssen; die also frei gewordenen Räumlichkeiten waren durch spanische Wände, Vermauerung der Thüren oder Verschluß derselben mit Brettern in eine Menge von kleinen Wohnungen zu je drei Zimmerchen hergerichtet worden. Die Thüre zu einer jeden Wohnung trägt die laufende Nummer und den Namen des Cardinals, welcher dieselbe während des Conclave bewohnen wird. Von den drei Zimmerchen ist eines für die Eminenz, eines für seinen Secretair und das dritte für den Diener bestimmt. Die Einrichtung ist überall so einfach, daß z. B. Cardinal Ledochowski sich wieder lebhaft in seine Gefängnißzelle von Ostrowo zurückversetzen konnte. Den ganzen letzten Morgen über und selbst noch unmittelbar bis vor Thorschluß wurde an die Herrichtung der Ge= mächer gearbeitet. Die Kürze der Zeit hatte trotz der Menge der Arbeiter und ihrer ununterbrochenen Thätigkeit doch Alles kaum halb fertig stellen lassen.

Die mächtigen Glasfenster, welche im zweiten Stockwerke rings nach dem Hof des Damasus die herrliche Halle der Loggien schließen, waren bis zur halben Höhe geblendet worden; ebenso hatte man sämmtliche auf den Petersplatz oder die Straße gehenden Fenster der Cardinalswohnungen durch vorspringende Bretterverschläge zur Hälfte verschlossen. Durch die überall in Lichtöffnungen und Thürbogen aufgeführten Mauern waren einzelne Gänge vollständig dunkel geworden und mußten auch bei Tage mit Gas beleuchtet werden. In kaum acht Tagen waren die Räume für das Conclave vollständig abgesperrt, die Zellen der Cardinäle eingetheilt und die Wohnungen mit einer, freilich theilweise mehr als klösterlichen Einfachheit hergerichtet. Zum Messelesen standen in der großen Halle, welche der Herzogssaal heißt, zwölf ganz schlichte Altäre, aus Brettern in Eile zusammengezimmert und mit Wasserfarbe bemalt.

Nicht wenige der getroffenen Vorkehrungen und Einrichtungen dürften unserer Zeit antiquirt und überflüssig erscheinen; allein man hielt sich streng an die bezüglichen Constitutionen und Verordnungen, und das war gewiß gut. In einer so hochwichtigen Sache, wie die Papstwahl ist, kann man kaum zu viel thun, und es ist sicherlich besser, die alten Statuten bis auf den Buchstaben zu beobachten, als durch ein modern= fortschrittliches Sich=hinweg=setzen über dieselben einem etwaigen Vorwurfe der Unregelmäßigkeit auch nur den geringsten Vorschub zu leisten. — Uebrigens ist auf Grund der gemeinsamen Beschlüsse der Cardinäle doch in manchen rein unwesentlichen und nebensächlichen Dingen von den früheren Anordnungen Abstand genommen worden, z. B. von der Bestimmung, daß vor der Wohnung eines jeden Cardinals das Wappen desselben angebracht sein soll; auch der früher den Cardinälen unmittelbar vor dem Beginn des Conclave gestattete Empfang der glückwünschenden Familienglieder, Freunde, Gesandten u. dergl. wurde abgeschafft.

Nachdem wir unsere Wanderung durch die Räume des Conclave beendigt haben, wenden wir uns der sixtinischen Capelle zu. Der hohe und prächtige Katafalk, der während der Exequien für Pius IX. dort errichtet worden war, ist verschwunden. Ueberhaupt hat mit dem vorhergehenden Tage die äußere Trauer um den Verstorbenen aufgehört; die Officiere haben die schwarze Schleife auf ihrer goldenen Schärpe, die Geheimkämmerer das Trauerband abgelegt.

Die sixtinische Capelle hat ihren Namen vom Papste Sixtus IV., der sie um 1270 erbaute. Die Wände und die Decke sind von den größten Künstlern mit den kostbarsten Fresken geschmückt. Zu der Reihe testamentalischer Bilder auf den beiden Langseiten, die von verschiedenen Meistern ausgeführt worden sind, malte Michel Angelo die Scenen aus dem alten Testamente und die gewaltigen Figuren der Propheten im Deckengewölbe. Die großartige einheitliche Idee, welche uns in all diesen Bildern entgegentritt, die Offenbarung Gottes an die Menschheit, fand dann ihren Abschluß durch denselben Meister in der Darstellung des jüngsten Gerichts auf der Rückwand der Capelle. Das Presbyterium oder der Raum für die Geistlichkeit ist durch eine Balustrade oder Marmorschranke mit ungemein feiner Sculptur abgeschlossen. Dieser Theil, in welchem die großen kirchlichen Feierlichkeiten in Gegenwart des Papstes und der Cardinäle vorgenommen werden, nimmt die größere Hälfte der ganzen Capelle ein; der untere, kleinere Theil ist für die Gläubigen bestimmt.

Hier nun werden sich die Cardinäle während des Conclave täglich Morgens gegen elf Uhr und Abends gegen vier Uhr zum Scrutinium, d. h. zur Abgabe ihrer Wahlzettel versammeln; hier wird der neue Papst erkoren werden und die erste Huldigung empfangen. An den beiden Langseiten des Presbyteriums, sowie rückwärts an der Marmorschranke hin stehen hart neben einander die Throne für sämmtliche Cardinäle, dreiundsechzig an der Zahl.*) Ueber jedem ziemlich schmalen Sitze erhebt sich eine

---

*) Der Cardinal von Rennes hatte, als schwererkrankt, sein Nichtkommen angezeigt; für den unterwegs befindlichen Cardinal Mac=Closkey von New=York war ein Thron mit aufgeschlagen.

etwa drei Fuß hohe Rückwand, aus welcher oben ein kleiner Baldachin vorspringt. Dieser ist mittels Charnieren beweglich an der Rückwand befestigt, so daß er durch eine auf der Hinterseite des Thrones herunter= gehende Schnur herabgelassen werden kann. Der Name eines jeden Cardinals ist auf der Rückwand seines Sitzes angeheftet. Vor jedem Throne steht ein Tisch, auf demselben Dintenfaß, Sandfaß und Feder= behälter von versilbertem Metall. Andere Tische sind durch den inneren Raum auf beiden Seiten zur Abgabe der Stimmzettel und für die Secretäre vertheilt. Die sämmtlichen Sitze, Baldachine und Tische sind mit violettem Tuche ausgeschlagen und behangen; nur vier Throne sind von grüner Farbe; es sind das die Plätze für jene Cardinäle, welche noch von Gregor XVI. creirt wurden. Der Fußboden ist mit einem dunkel= grünen Teppich ohne Muster bedeckt. Diese gesammte, für das Conclave geschaffene Einrichtung mit ihren dreiundsechzig Fürstenthronen für den erlauchten Senat der heil. Römischen Kirche, im Hintergrunde der Altar mit den gewaltigen Figuren des jüngsten Gerichts, an den Wänden die herrlichen Gemälde, und darüber ausgespannt das Deckengewölbe, von wo die mächtigen Gestalten der alttestamentalischen Propheten hernieder= schauen, das Alles macht einen ungemein erhabenen und großartigen Eindruck; ja, das ist eine Stätte, würdig des großen Actes, der hier vor sich gehen soll.

In dem unteren Theile der Capelle, links in der Ecke, steht ein großer Ofen, schlicht und einfach auf drei hohen Füßen. Dort werden jedesmal die Stimmzettel verbrannt. Falls die Wahl nicht die erforder= liche Mehrheit von Zweidrittel Stimmen ergiebt, fügt man behufs Er= zeugung eines dunklen Rauches etwas feuchtes Heu hinzu, wohingegen wenn der neue Papst erkoren, die Zettel allein verbrannt werden. Ein von dem Ofen in die Höhe geleitetes Rohr, daß nach Außen an der Hinterwand der Capelle bis über das Dach emporgeführt ist, wird durch die Rauchwolke, welche von den verbrannten Stimmzetteln emporsteigt, den Neugierigen auf dem Petersplatze jedesmal das Resultat verkündigen. Das ist die einzige Kunde, welche aus dem tiefen Geheimniß des Conclave in die Außenwelt bringt. Sieht man das dunkle Wölkchen aufsteigen, so zerstreut sich die Menge, um am Nachmittage oder am nächsten Morgen wiederzukommen, bis endlich der leichte, weiße Rauch darauf schließen läßt, daß der Papst gewählt worden ist.

Es wäre nun noch recht Vieles zu berichten über die Bewachung des Conclave und die Personen, welche mit derselben betraut sind, über

die Beamten und Bedienten, und welche Functionen die Einzelnen aus-
zuüben haben. Allein dies ist unseren Lesern zum großen Theil schon
aus den Zeitungen bekannt, zum Theil wird sich noch Gelegenheit bieten,
das Eine oder Andere nebenbei zu erwähnen. Bei der ungemeinen Kürze
des Conclave ist diesmal gar Manches nicht in Ausübung gekommen, was
in den päpstlichen Constitutionen für eine längere Dauer desselben vor=
gesehen ist. Es sei nur erwähnt, daß die Bewachung von vier Gruppen von
Prälaten ausgeübt wird; der wichtigste Posten ist der an dem vermauerten
Haupteingange, wo nur ein kleines Fenster offen gelassen ist, um im Falle
dringender Nothwendigkeit mit der Außenwelt verkehren zu können. In
dieses Fenster ist eine hohe drehbare Kapsel eingefügt, wie man sie in
dem Sprechzimmer jener Frauenklöster findet, welche strenge Clausur
beobachten. Und hier können die Cardinäle, wofern es erforderlich ist,
Besuche, z. B. von Botschaftern irgend einer Regierung, empfangen, die an
sie gerichteten Briefe entgegennehmen und ihrerseits Briefe hinausspediren.
Letztere müssen jedoch offen den Wächtern des Conclave eingehändigt
werden, und ebenso werden die Schriften und Zeitungen, welche an die
Cardinäle adressirt sind, vor der Einhändigung einer Prüfung unterworfen.
Ueberhaupt ist alle nur denkbare Vorsicht angewendet und durch alte
päpstliche Verordnungen unter Androhung schwerster Strafen eingeschärft,
um jeden äußeren Einfluß auf die Entschließungen der Cardinäle zu ver=
hindern und die vollste Freiheit der Wahl sicher zu stellen, damit einzig
die Ehre Gottes und das Heil der Kirche die Richtschnur sei, welche die
Thätigkeit des Conclave bestimme.

Zu der Abstimmung trägt ein jeder Cardinal seinen mit vier Siegeln
verschlossenen Wahlzettel zum Altare hin und legt ihn unter der eidlichen
Versicherung, bei seiner Wahl nach bestem Gewissen zu handeln, auf einen
mit dem Bilde des heil. Geistes geschmückten goldenen Teller. Von den
drei nebenan stehenden Cardinälen überreicht der erste den Zettel dem
zweiten, der zweite dem dritten, und dieser legt ihn in die auf dem Altare
stehende Wahlurne, ein Gefäß, welches die Form eines Kelches mit weiter
Kuppel oder Schale hat. Je drei Cardinäle oder Scrutatores haben dann
nachher von den Zetteln die Namen derjenigen zu verlesen, welche Stimmen
erhalten haben. Der ganze Act der Abstimmung ist ein ungemein compli=
cirter, um jede Möglichkeit eines Formfehlers auszuschließen; doch wollen
wir hier auf eine genauere Beschreibung desselben nicht weiter eingehen.

Viertes Kapitel.

Der Eintritt der Cardinäle in das Conclave.

Der Act der Neuwahl eines Papstes ist zu allen Zeiten einer der wichtigsten Momente im Leben der Kirche gewesen, ein Moment, von welchem für die Folgezeit, nicht bloß für die Dauer der Regierung des Neugewählten, sondern auf ganze Generationen, für die gesammte Weltstellung der Kirche unendlich viel abhängt. Wie wichtig ist es schon, daß eine verwaiste Gemeinde einen guten Pfarrer erhalte; wie viel mehr noch liegt daran, daß ein tüchtiger Bischof für eine Diöcese gewählt werde; aber von welch weittragender Bedeutung ist erst die Wahl eines Ober= hirten für die gesammte Heerde Jesu Christi! Er ist ja das Haupt, er ist das Herz und Centrum des ganzen Organismus der Kirche. Wehe zumal aber uns, wenn in der Gegenwart, wenn nach einem Pius IX. ein Mann den Stuhl Petri bestiegen hätte, der nicht ganz und gar vom Geiste Gottes beseelt gewesen wäre! Darum war das jetzige Conclave von so immenser Bedeutung; darum schaute die ganze katholische Welt mit gespanntester Erwartung auf jene Versammlung, und mit sehnsüch= tigem Harren, freilich voll höchster Zuversicht, erwartete man den Augen= blick, der den Namen des neuen Oberhirten verkündigte. —

Und wenn je, dann sind sich diesmal die Cardinäle des gewaltigen Ernstes und der höchsten Verantwortlichkeit bewußt gewesen, mit welcher sie zur Wahl schritten. Sie hatten jetzt ja nicht bloß den Führer zu wählen, der in dem Riesenkampfe der Gegenwart an die Spitze der christ= lichen Heerschaaren treten sollte, in dessen Hände das heil. Collegium die Vollgewalt Apostolischer Oberhirtensorge, die Schlüssel zu dem gesammten Heilsschatze der Kirche legen, den es zum Haupte, zum Vater, zum höchsten Richter über zweimalhundert Millionen setzen sollte. Nein, die Zeitver= hältnisse liegen in der Gegenwart ähnlich, wie in den ersten Jahrhunderten der Kirche, wo die Berufung auf den Stuhl Petri zugleich die Berufung zum Martyrium in sich schloß. Denn wenn Pius IX. „Kreuz vom Kreuze" hieß und war, sein Nachfolger wird wahrlich nicht statt der Dornen Rosen auf seinem Wege finden. Auch seine Regierung wird ein ununterbrochener Kampf sein; mit dem Tode unseres unvergeßlichen Pius hat das Toben

der Stürme, hat der Andrang der Feinde und die Wuth der Höllen=
pforten nicht aufgehört.*)

Nächst der Eröffnungsfeier des vaticanischen Concils haben wir keiner
kirchlichen Handlung beigewohnt, die so sehr das Herz ergriffen, die einen
so gewaltigen Eindruck gemacht hätte, als jene Feier — am Montag Abend,
den 18. Februar — mit welcher das Conclave eingeleitet wurde. Mußte
denn nicht die unermeßliche Wichtigkeit dieses Augenblickes, der uns von
dem Sarge Pius IX. an die Schwelle eines neuen Pontificats führte,
die Seele mit jener heiligen Bewegung durchschauern, die jeden Menschen
ergreift, wenn er aus dem hellen Tageslichte einer eben abgeschlossenen
großen Vergangenheit sich plötzlich vor einen, für die Zukunft unbeschreib=
lich folgeschweren, und doch so dunkeln Moment gestellt fühlt? Die
Geschicke der Kirche, das Heil von zweimalhundert Millionen, das Wohl
und Wehe des Apostolischen Stuhles, unser Alles liegt in den Händen
dieser sechzig Greise! — Doch nein, nicht allein in ihren Händen! Niemals
fühlte man das Wehen und Walten des göttlichen Geistes so nahe; niemals
schaute das Auge so vertrauensvoll und zuversichtlich in innigstem Flehen
nach oben. Ueber den berathenden Versammlungen jener Männer sah
der Glaube im Lichtglanze die Hand des Ewigen, die mit ihrem Finger
auf den von Gott Erkorenen hinwies: „Diesen wählet!"

Zum Einzuge in das Conclave begannen die Cardinäle sich gegen
vier Uhr zu versammeln. Am Fuße der Treppe, die zur sixtinischen
Capelle im ersten Stockwerke des vaticanischen Palastes emporführt, hatte
sich eine ziemliche Anzahl von Personen eingefunden, um dem seltenen
Schauspiele wenigstens insofern beizuwohnen, daß man die Cardinäle
gleichsam bis zum Eingange des Conclave begleitete, und um besonders
diejenigen mit Aufmerksamkeit zu betrachten, welche die Volksstimme als
die muthmaßlichen Candidaten für den Stuhl Petri bezeichnete.

Am Aufgange zur Treppe hielten vier Schweizersoldaten, die Helle=
barde im Arm, Wache, damit nur die zum Conclave Berufenen einträten.

---

*) Es ist abzuwarten, ob und inwiefern sich an Leo XIII. die immerhin sehr
zweifelhaften Werthes bleibende Prophezeiung „Licht am Himmel" bestätigt; ob wir sie
in dem Wappen des neuen Papstes schon erfüllt sehen müssen, oder ob sie in einer
höheren Beziehung ihre Verwirklichung findet, sei es, daß er selber wie ein Licht am
Himmel die Welt mit dem Glanze seiner apostolischen Wirksamkeit erleuchten wird, sei
es, daß das Walten Gottes über die Kirche gerade unter diesem Pontificate in besonders
hellem Lichte sich bethätigen soll; sei es, daß das Papstthum und die Kirche bis in die
tiefste Nacht der Bedrängniß geführt, dann aber durch ein großartiges Eingreifen von
oben aus der Finsterniß zum Lichte und zum Triumphe gelangen werde.

Wir verdankten es der Gunst eines uns befreundeten Officiers der Schweizer=
garde, daß auch wir hinaufsteigen durften.

Die Treppe mündet auf eine weite und prächtige Halle im länglichen
Viereck, welche man den Königssaal nennt. Dem Aufgange gegenüber
liegt die Thüre zur sixtinischen Capelle; beim Eintritt in die Halle hat
man rechts oben ein großes Fenster, welches den ganzen Raum erhellt,
links in der gegenüberliegenden Schmalseite den Eingang zu der pauli=
nischen Capelle. In letzterer sollten sich zunächst die Carbinäle versammeln,
um von da in Procession in die Sixtina und dann später in die Räume
des Conclave zu ziehen. Da die paulinische Capelle nicht sehr groß
ist, so durften nur die Carbinäle und ihre Secretäre, so wie die Bischöfe,
deren etwa dreißig erschienen waren, eintreten; für das diplomatische Corps
war eine Bühne von mäßigem Umfange errichtet.

Kaum oben angelangt und flüchtig orientirt, vernahmen wir die
Schritte der päpstlichen Nobelgarde, welche fünfzig Mann stark, die Treppe
herauf stiegen. In ihrer reichen, goldgestickten Uniform, den Helm mit
wallendem Roßschweife auf dem Haupte, den Degen in der Hand, zog die
prächtige Schaar in die Vorhalle ein und stellte sich, Spalier bildend, vor
der Paulina auf. An diese schlossen sich Soldaten der Schweizer= und
der Palatin=Garde an und bildeten mit ihnen eine breite Gasse von der
einen Capelle zur anderen.

Nach und nach erschienen die Carbinäle, das rothe Käppchen auf
dem Haupte, unter dem violetten Seidenmantel das weiße Röcklein von
einfachem Leinen ohne jede Spitzenverzierung. Alle, auch die Cardinal=
Diakonen, tragen das Bischofskreuz offen auf der Brust, während in
Gegenwart des Papstes selbst der Bischof das Pectorale im Busen ver=
bergen muß. Bei ihrem Erscheinen werden die Eminenzen von den zahl=
reich versammelten Prälaten, die mit ihnen in irgend einer Beziehung
oder Bekanntschaft stehen, begrüßt; man sagt ihnen Lebewohl und empfiehlt
ihnen in ehrfurchtsvoller Bitte, die Wahl bald zu treffen. Die Carbinäle
sind heute ungewöhnlich herzlich und liebenswürdig. Nach kurzem Aus=
tausch einiger freundlichen Worte schreiten sie durch die Doppelreihen der
Nobelgarde hindurch der paulinischen Capelle zu. Der Cardinal Amat,
schon seit Jahren bettlägerig, wird von zwei Männern auf einem Sessel
die Treppe herauf und dann sofort in die für ihn bestimmte Zelle ge=
tragen; Cardinal Morichini muß sich auf zwei Diener stützen, um in die
Capelle zu gelangen; noch ziemlich rüstig erscheint der Senior der
Carbinäle, der 83jährige Erzbischof Donnet von Bordeaux. Unter

den Bischöfen bemerken wir den blinden Tizani, den der Verlust seines Augenlichtes nicht an der Fortsetzung seiner gelehrten Studien und Arbeiten hinderte, und den ebenfalls blinden Ségur, der durch seine zahlreichen Schriften auch in Deutschland bekannt und allgemein verehrt ist. — Noch während die hohen Kirchenfürsten sich versammeln, werden ununterbrochen Koffer und Möbel für die Wohnungen der Cardinäle hereingetragen; dieselben müssen alle den Herzogssaal passiren, da der untere Eingang zum Conclave bereits vermauert und geschlossen ist. Auch in der sixtinischen Capelle sind die Tapezirer auf das eifrigste beschäftigt, die letzte Hand anzulegen; im letzten Augenblicke wird noch das große Fenster der Halle verhängt, weil man von den gegenüberliegenden Wohnungen aus in dieselbe hinein sehen konnte.

Endlich erscheint der von Allen ehrfurchtsvoll gegrüßte Cardinal-Camerlengo Pecci, dem vier Soldaten der Schweizergarde voraufgehen. Voll gebieterischer Würde schreitet die hohe, hagere Gestalt durch die Reihe der Nobelgarde der paulinischen Capelle zu. An der Schwelle derselben macht der Cardinalkämmerer einen Augenblick Halt und wirft zurückschauend einen prüfenden Blick durch die Halle. „Das ist er", flüstert Einer dem Anderen zu, „das ist der neue Papst!" Wenige Minuten später schlägt die Glocke vom St. Peter halb fünf Uhr, und von der paulinischen Capelle her erschallt der Gesang des Veni Creator: die Procession setzt sich in Bewegung.

An ihrer Spitze schreiten, in schwarzer spanischer Tracht, den silbernen Kolben im Arme, die Ordner und Führer des Festzuges; ihnen folgt der Gesangchor der Sixtina, dann der Kreuzträger mit dem goldenen päpstlichen Processionskreuz; ihm zur Seite gehen zwei Akolythen in violetten Gewändern. Nunmehr kommen die Cardinäle, je zwei und zwei, begleitet oder gestützt von ihren geistlichen Secretären, die jedoch am Eingange zur sixtinischen Capelle zurücktreten müssen. An die lange Reihe der Cardinäle, die nach dem Alter ihrer Ernennung auf einander folgen, so daß die erst im December vorigen Jahres creirten Eminenzen Moretti und Pellegrini den Schluß bilden, fügen sich die Bischöfe und andere zur hohen Prälatur zählende Herren an. Nachdem Alle in die Capelle eingetreten sind, wird der Gesang des Veni Creator durch das Kirchengebet zum heil. Geiste geschlossen.

Es gelingt uns, mit in die Capelle eintreten und so einen Blick über die Versammlung werfen zu können. Der Eindruck war ein unbeschreiblich erhabener, unaussprechlich hehr und königlich. Die scheidende Abend-

sonne ergoß ihre Strahlen in die gewaltigen Räume der Sixtina und
über den erlauchten Senat der Fürsten der Kirche, die ringsumher auf
ihren Thronen unter den Baldachinen dasaßen: Wo gäbe es einen Königs-
hof, eine Regierung irgend eines Volkes, die sich an Hoheit und Majestät
mit dieser Versammlung auch nur vergleichen ließen?

Als das Gebet beendigt war, wurden Alle außer den Cardinälen
aus der Capelle entlassen und die Thüre ward geschlossen. Die Nobelgarde verließ ihren Platz und bildete nunmehr Spalier vom Eingange der
Sixtina hinüber zu dem großen Herzogssaale, durch welchen die Cardinäle
in das Conclave einziehen sollten.

In der Capelle erfolgte zunächst eine kurze Ansprache durch den
Cardinal-Decan Di Pietro, darauf die Vorlesung der päpstlichen Constitutionen über den Gang des Conclave, über das zu beobachtende Geheimniß u. s. w., und nun traten die Cardinäle einzeln nach einander an
den Altar, um jene Verfügungen zu beschwören. Alsdann wurde der
Marschall des Conclave, Fürst Chigi, zur Eidesleistung berufen. In
einem kostbaren Anzuge im Charakter der Zeit Carl's V., den Mantel
aus feinsten schwarzen Spitzen um die Schulter, das Großkreuz des Pius-
Ordens auf der Brust, den Degen an der Seite, das Birret in der Hand,
umgeben von vier Cavalieren und dem übrigen Gefolge, trat derselbe in
die Versammlung und schritt durch die weite Halle zum Altar vor. Nachdem er den Degen abgelegt und ihn Einem aus seiner Begleitung übergeben hatte, welcher denselben auf einem Kissen entgegennahm, legte der
Fürst, die Hand auf dem Evangelium, den feierlichen Schwur ab. Wie
uns später einer der Cardinäle versicherte, ging diese Scene mit einer
Würde vor sich, welche auf alle Anwesenden den tiefsten Eindruck machte.
Nach dem Fürsten leisteten die Wächter des Conclave und die übrigen
Beamten, welche außerhalb ihre Thätigkeit zu entwickeln hatten, ihren
Eid. Die sog. Conclavisten, d. h. diejenigen, welche mit den Eminenzen
im Innern verbleiben, sind erst um acht Uhr Abends, ebenfalls in der
Sixtina, durch Cardinal Pecci, den Cardinal Di Pietro begleitete, ver-
eidigt worden.

Nunmehr erhoben sich die Eminenzen von ihrem Throne und zogen,
ein jeder von einem Nobelgardisten begleitet, aus der sixtinischen Capelle
durch den Herzogssaal in die Räume des Conclave. Nachdem dann beim
Einbruche der Dunkelheit der Cardinal-Camerlengo der Vorschrift gemäß
sorgfältig untersucht hatte, ob sich kein Unberufener eingeschlichen habe,
erschien gegen halb sieben Uhr auf die an ihn ergangene Meldung hin

der Marschall mit seinem ganzen Gefolge, unter Vorauftragung von Fackeln, vor dem Haupteingange des Conclave. Dort fand sich gleich= zeitig von Innen der Cardinal Pecci mit anderen Eminenzen ein, denen ebenfalls Diener mit brennenden Fackeln voranschritten. Der Camerlengo ersuchte den Marschall, die Schließung hinauszuschieben, um die zweite Untersuchung vorzunehmen. Dieselbe dauerte bis gegen neun Uhr, und nunmehr wurde zuerst die Hauptthüre, dann der zweite Eingang, beide gleichzeitig von Innen und Außen geschlossen. Der Marschall band seine Schlüssel an einer grün=goldenen Schnur zusammen, legte sie in einen Beutel von rothem Sammt, der mit Gold gestickt war, und zog sich dann in seine Gemächer zurück. Ueber den ganzen Vorgang wurde ein nota= rieller Act aufgenommen. — Endlich machte der päpstliche Hausmeister, Msgr. Ricci, als Gubernator des Conclave, beim Scheine der Fackeln, begleitet von den Marchesen Sacchetti und Vitelleschi und umgeben von Soldaten der Schweizergarde die Runde an allen äußeren Zugängen, um so in nochmaliger Prüfung die vollständige Abschließung zu constatiren. Die gesammten Feierlichkeiten waren um halb zehn Uhr beendigt.

So waren denn also sechzig Cardinäle im Conclave versammelt; es fehlten nur vier: der Cardinal von Lissabon, der jedoch am folgenden Tage in dasselbe eintrat, der Cardinal Cullen und der von Rennes, und endlich der Cardinal=Erzbischof von New=York.

Fünftes Kapitel.

Die Wahl.

u der Wahl Pius IX. hatte das Conclave nur wenige Tage, zu der Wahl Leo XII. hatte es mehrere Wochen, in früheren Zeiten ist es einmal vorgekommen, daß dasselbe drei Jahre gedauert hat. Daß man diesmal bald zu einer Entscheidung kommen werde, war allge= meine Ansicht. Der am meisten genannte Candidat war der Erzbischof von Perugia; allein das Sprichwort der Römer ist bekannt: Wer als Papst in das Conclave einzieht, tritt als Car= dinal aus demselben heraus. Außer Pecci wurden noch gar manche andere Namen genannt; der eine wünschte diesem, der andere jenem die Tiara. Uebrigens waren die auswärtigen Cardinäle der größten Mehrzahl nach von vornherein entschlossen, Pecci ihre Stimme zu geben. Um einem möglichen Mißverständniß vorzubeugen, sei hier ausdrücklich bemerkt, daß nach geschehener Wahl die Cardinäle nicht mehr an das Geheimniß gebunden sind.

Nachdem in der Frühe des nächstens Morgens die Eminenzen in dem zu einer Art Capelle hergerichteten Herzogssaale an zwölf Altären, sowie in der sixtinischen und paulinischen Capelle das heil. Opfer dargebracht hatten, versammelten sie sich um zehn Uhr zu dem ersten Wahl=acte in der Sixtina. Zunächst wurde die Messe vom heil. Geiste celebrirt, die für jeden Morgen während der ganzen Dauer des Conclave vor=geschrieben ist, während die Mittagssitzungen mit dem Gebete des Veni Creator eröffnet werden sollen.

Nachdem Cardinal Di Pietro eine Ansprache gehalten, begann die erste Abstimmung oder das Scrutinium. Ein Jeder schreibt den Namen desjenigen, dem er seine Stimme gibt, auf einen Zettel, der in besonderer Weise gefaltet und durch ein fremdes Siegel verschlossen wird.*) Gleich bei dieser ersten Abstimmung nun ereignete es sich, daß einer der fremden Cardinäle ein Siegel mit einem Cardinals=Wappen anwandte. Der Umstand wurde sofort bei der Prüfung der Stimmzettel bemerkt, und nun erhob sich die Frage, ob die jetzige Wahl als gültig zu betrachten sei oder nicht. An der Erörterung dieser Schwierigkeit betheiligten sich besonders die Cardinäle Bilio und Franchi; endlich einigte man sich auf den Antrag des Car=dinals S i m o r dahin, diese erste Stimmenabgabe nicht als einen eigentlichen Wahlact, sondern mehr nur als eine Probe und als Versuch zu betrach=ten, um im Allgemeinen zu erkennen, auf welche Candidaten sich zunächst das Augenmerk der Cardinäle richte.

Cardinal Simor.

Das Resultat ergab sofort für Pecci achtzehn Stimmen, während Bilio sechs, Franchi fünf, Panebianco zwei Stimmen ·erhielt, eine Anzahl weiterer Stimmen aber sich zersplitterten. Nachdem dieses Er=gebniß festgestellt worden war, wurden die Stimmzettel zugleich mit feuchtem Heu in dem Ofen verbrannt.

---

*) Wir enthalten uns hier der genauen Beschreibung des Einzelnen, da für ein Volksbuch uns dies zu weit führen würde.

Auf dem Petersplatze harrten unterdessen viele hundert Menschen seit elf Uhr, um das Aufsteigen des Rauches, die sogenannte sfumata zu sehen. Das hätte gegen Mittag stattfinden können; durch den erwähnten Zwischenfall verzögerte es sich jedoch. Erst kurz vor zwei Uhr verkündigte das leichte Wölkchen aus dem Schornsteine über der sixtinischen Capelle den Harrenden, daß der erste Wahlgang noch nicht der Kirche den neuen Oberhirten gegeben habe.

Die zweite Sitzung am Nachmittage begann um halb vier und schloß um sieben Uhr. Beim ersten Wahlgang, dem Scrutinium, erhielten Pecci 26 Stimmen, Bilio 7, Panebianco und Monaco je 4, Simeoni 2. Im zweiten Wahlgange oder dem Accessus erhielt Pecci 8 Stimmen hinzu; Bilio und Panebianco bekamen beide je 2, Monaco 1 und Simeoni 3 weitere Stimmen. Da aber nach der bekannten Verordnung Alexander's III. die Wahl erst dann als vollzogen gilt, wenn einer der Gewählten mindestens zwei Drittel der Stimmen auf sich vereinigt, so war auch am Abend noch kein Resultat erzielt worden; da 60 Cardinäle anwesend waren, so betrug die erforderliche Majorität 40 Stimmen. Als das Ergebniß der Wahl verkündigt worden, nahm Cardinal Pecci das Wort und bat die Cardinäle, ihr Augenmerk doch auf einen Anderen zu richten; er fühle sich so schwach und leidend, daß er fürchten müsse, daß im Falle seiner Wahl das heil. Collegium in Monatsfrist zu einem neuen Conclave zu= sammen treten müsse.

Nach Schluß der Sitzung begaben sich sämmtliche Cardinäle an die eine Eingangsthüre des Conclave, um den Cardinal von Lissabon zu empfangen und zu begrüßen, der unterdessen in Rom eingetroffen war und der jetzt unter den vorgeschriebenen Ceremonien in das Conclave eintrat.

Am Schlusse jener zweiten Sitzung also hatten sich als Resultate für Pecci 34, für Bilio 9 Stimmen ergeben; die übrigen 17 Stimmen hatten sich auf verschiedene Candidaten zersplittert. Es war mithin klar, daß zwischen jenen beiden die Entscheidung schwankte. Beide Candidaten waren mit den hervorragendsten Eigenschaften geschmückt, beide hatten in gleicher und vorzüglicher Weise das Vertrauen Pius IX. genossen. Für Pecci mochte im Besondern noch der Umstand sprechen, daß er mehr Erfahrung und zumal in den jetzigen schwierigen Verhältnissen größere Gewandtheit und eine allbekannte Entschiedenheit besaß. Bei Bilio war es der mildere, dem seines Vorgängers ähnliche Charakter, was die römischen Cardinäle, sein geringeres Alter mit der Aussicht auf ein längeres Pontificat, was die auswärtigen Cardinäle auf seine Seite führen konnte. Gerade in letzterer Beziehung wurde von mehreren Eminenzen bereits vor Beginn des Conclave die Ansicht ausgesprochen, es sei, abgesehen von anderen Gründen, schon deßhalb ein jüngerer Papst vorzuziehen, damit die fremden Cardinäle nicht zu oft genöthigt würden, die weite, mühsame und kostspielige Reise zum Conclave zu machen.

Während so das Zünglein der Wage schwankte, gab Bilio selber den Ausschlag. Er besuchte die einzelnen Cardinäle, besonders diejenigen, von welchen er vermuthete, daß sie zu seinen Gunsten votirt hätten, und erklärte unter Hinweis auf seine schwächliche Gesundheit, welche leidender sei, als sein Aeußeres vermuthen lasse, daß er unter keiner Bedingung die Wahl annehmen werde.

Unterdessen suchte aber auch Pecci denjenigen Cardinal auf, der, wie er wußte, für seine Wahl bei den Uebrigen thätig war; er beschwor ihn, seine Bemühungen einzustellen, die seine Schultern mit einer Last bedrohten, von welcher er allen Grund habe zu besorgen, daß er ihr nicht gewachsen sei.

„Ich fürchte, sprach er, daß das heil. Collegium einen Mißgriff begeht. Man rühmt mich als einen besonderen Gottesgelehrten von großem Wissen; ich bin es nicht; man glaubt, ich besitze die erforderlichen Eigenschaften, um Papst zu werden; ich habe sie nicht. Ich bitte Sie, dieses den Cardinälen zu sagen." — Jener antwortete: „Was Ihre Gelehrsamkeit betrifft, so wollen Sie nicht selber darüber urtheilen, wir werden das thun; was Ihre Befähigung, Papst zu werden, angeht, so lassen Sie Gott walten, der Sie kennt."

Da Simeoni als Präfect der Apostolischen Paläste die Wohnung des neuen Papstes herzurichten hatte und es unzweifelhaft war, daß der nächste Tag die Entscheidung bringen werde, so gab er noch am Abend Befehl, während der Nacht die bisher von Pius IX. bewohnten Gemächer in Stand zu setzen. Nun lagen aber die Zimmer Pecci's gerade über jenen, und als er erschöpft und ermüdet von allen den Anstrengungen und der Aufregung den Schlaf suchte, verscheuchte ihm diesen der Lärm und das Hämmern und Poltern unten. Der Cardinal raffte daher sein Bett zusammen und siedelte in sein Nebenzimmer über. Dort war er nun freilich durch die Arbeiter weniger gestört; allein in dem Nachbarzimmer schlief Jemand einen so lauten Schlaf, daß der Cardinal sich endlich zu einer abermaligen Uebersiedelung in sein drittes Gemach entschließen mußte, wo er das Bett auf den Boden legte und so endlich einige Stunden der Ruhe genießen durfte. Selten mag ein Papst die Nacht vor seiner Erhebung auf den Stuhl Petri in solcher Weise zugebracht haben.

Am nächsten Morgen fühlte er sich, noch zudem an Zahnschmerzen leidend, so angegriffen, daß es ihm unmöglich war, der stillen heil. Messe beizuwohnen, welche um halb zehn Uhr dem Beginn des Wahlactes vorausging. Mit Mühe raffte er sich auf, um an der Abstimmung Theil zu nehmen. — Bevor das heil. Collegium jedoch zu dieser überging, wurde berathen, in welcher Weise die öffentliche Proclamation des Papstes stattfinden solle, wenn die Wahl die erforderlichen Zweidrittel Stimmenmehrheit ergebe. Als man sich hierüber geeinigt und das Erforderliche festgestellt hatte, schritt man zur Abstimmung. Dieselbe ergab für Pecci 44 Stimmen von 61; er hatte also die verlangte Mehrheit: der neue Papst war gewählt. Bilio hatte 5, Panebianco, Monaco und Simeoni hatten je 2 Stimmen erhalten. — Das war am Mittwoch den 20. Februar.

Cardinal Donnet.

Cardinal Dechamps.

Welchen Eindruck der Moment der Wahl auf den Erkorenen machte, mögen uns die Briefe zweier Cardinäle sagen. Donnet, der Erzbischof von Bordeaux, schildert die Scene des entscheidenden Augenblickes im Conclave also: „Ich hatte meinen Sitz neben demjenigen des Cardinals Pecci, und was ich berichte, habe ich mit eigenen Augen gesehen. Als bei der Verlesung der Wahlzettel immer wieder sein Name erscholl und mit jeder Minute die Wahrscheinlichkeit größer wurde, daß Pecci der erkorene Nachfolger Pius' IX. sein werde, sah ich einen Strom von Thränen aus seinen Augen brechen und die Feder entfiel seiner Hand. Ich hob sie auf und gab sie ihm zurück mit den Worten: „Muth! Es handelt sich in diesem Augenblicke nicht um Sie! Es handelt sich um die Kirche und die Zukunft der Welt!" Und Pecci erhob die Augen zum Himmel, um im stummen Gebete die Hülfe von oben zu erflehen." — Cardinal Dechamps schrieb an einen Freund in Mecheln: „Als das Resultat der Wahl bekannt gemacht wurde, ward Cardinal Pecci blaß wie die Wand. — Heute Morgen stiegen mir die Thränen in die Augen, als Leo XIII. mir in den demüthigsten Worten die menschliche Ohnmacht schilderte, welche so ganz unvermögend sei, die schwere Bürde des Papstthums zutragen."

Krönungszug Leo XIII.

Die Verbrennung des Werks

Das Conclave.

Eid des Marschalls Fürsten Chigi.

Sobald durch die Zusammenzählung der Stimmen die Wahl Pecci's festgestellt worden war, wurden sogleich die Ceremonienmeister des Conclave, sowie die Secretäre in die Capelle berufen, die Baldachine über den Sitzen der anderen Cardinäle niedergelassen mit Ausnahme des neunten auf der Evangelienseite, welcher derjenige des Erwählten war. Dann traten die drei ältesten unter den Bischöfen, Priestern und Diakonen des Cardinalscollegiums zum Throne des neuen Papstes und richteten an ihn die Frage, ob er die Wahl annehme.

Als Gott dem Moses am Berge Horeb erschien und ihm befahl, an die Spitze seines Volkes zu treten, um es aus der Knechtschaft Aegyptens hinauszuführen; als der Herr den Isaias zum Prophetenamte berief, da zitterten jene wie dieser vor der gewaltigen Bürde und beide flehten, Jehovah möge Andere, Befähigtere dazu auserwählen. — Der durch die Stimmen der Cardinäle Erkorene darf mit Recht in der Wahl den Ruf Gottes erkennen; aber ist heute die Aufgabe eines Papstes nicht ähnlich derjenigen des Moses, nur in einem viel größeren und umfassenderen Sinne? Soll nicht auch er das ewige Gesetz Gottes den Fürsten und Nationen verkündigen und als oberster Hirt und Führer die Völker aus der Sclaverei der Sünde und des Irrthums hinausgeleiten; soll nicht auch er seine Prophetenstimme mitten in einer Welt des Unglaubens und des Hasses erheben, und darf er sich auch nur einen Augenblick der Ueber=zeugung verschließen, daß die gewissenhafte Ausübung seines Amtes ihm die Tiara zur Dornenkrone machen werde? Und wenn je, mußte nicht in der Gegenwart der Erkorene die bürdevolle Würde neidlos lieber auf jede andere, denn auf seine Schulter gelegt sehen? Cardinal Pecci hatte in den verflossenen Tagen als Kämmerer der heil. Kirche die Schwere und Last der oberhirtlichen Pflichten aus Erfahrung kennen gelernt. Was anders konnte ihm den Muth und die Kraft ver=leihen, das „Ja" auszusprechen, dessen entschei=dende Tragweite er vor Allen kannte, als der Hinblick und die Hoffnung auf die Hülfe von oben? —

Cardinal Guibert.

Cardinal Pecci richtete seinen Blick in kurzem, aber innigstem Gebete zum Himmel und sprach dann das entscheidende Wort: „Ich bin nicht würdig, das Amt zu übernehmen; al=lein im Gehorsam gegen das heilige Collegium erkenne ich in Ihrer Stimme Gottes Stimme."

Sofort warfen sich nun mehrere Cardinäle vor ihm nieder, ihm ihre Huldigung zu bringen, als einer der ersten der Cardinal Guibert von Paris, der ihn um den Apostolischen Segen für sich, seine Diöcese und ganz Frankreich bat.

Während der Ceremonienmeister über die Annahme der Wahl ein Protocoll aufnahm, stellte nunmehr der Cardinal-Decan die weitere Frage, welchen Namen der Er-wählte als Papst annehme. Pecci hat immer eine besondere und kindliche Verehrung gegen den Papst Leo XII. im Herzen getragen; diejenigen, welche ihm näher standen, wußten schon vor dem Zusammentritt des Conclave und sprachen es aus, daß, wenn die Wahl auf ihn fallen sollte, er sich gewiß den Namen jenes Papstes als Leo XIII. beilegen würde, und so geschah es auch wirklich.

Papst Leo XII.

Schon am Vorabende des Conclave hatten wir in drei mit rothem Leder ausgeschlagenen Kisten die Kleidung für den nächsten Papst in die sixtinische Capelle bringen sehen, wo sie in der anstoßenden Sacristei einst-weilen niedergelegt wurde. Es ist nämlich alter Brauch, daß man diese Kleidung schon vor Beginn der Wahl und zwar in drei verschiedenen Größen anfertigen läßt, weil man ja nicht weiß, welcher von den Car-dinälen aus der Wahl hervorgehen wird, und weil der Erkorene sofort in den Abzeichen seiner neuen Würde erscheinen soll. Die päpstliche Kleidung besteht aber in weißer Toga und weißen Strümpfen, rothen Schuhen mit eingesticktem Kreuze, leinenem Chorröcklein, dem Schultermantel aus rothem Sammt, mit Hermelin besetzt, Stola und weißem Käppchen. Während nun der Erwählte, begleitet von den beiden Cardinal-Diaconen Mertel und Consolini, sich in die Sacristei begab und mit den bereit gehaltenen Gewändern bekleidet wurde, stellten sich die Cardinäle in einer Procession auf, dem neuen Papste ihre Huldigung darzubringen. Nachdem der heil. Vater auf der sella gestatoria oder dem päpstlichen Tragsessel auf der obersten Stufe des Altars Platz genommen hatte und Cardinal Schwarzen-berg ihm den Fischerring an den Finger gesteckt hatte, nahm er die erste Huldigung der Cardinäle entgegen, die jetzt auch sofort das Kreuz auf ihrer Brust im Busen verbargen, weil mit der geschehenen Wahl des neuen Oberhauptes nunmehr Einer Herr und Hirte ist. Vor einer Stunde noch den Uebrigen gleich, steht er jetzt hoch über ihnen; mit dem Augenblicke, wo er die Wahl angenommen hat, ist auf ihn die Vollgewalt des Stellvertreters Christi, das oberste Hirtenamt über die gesammte Heerde, über Lämmer und Schafe, die höchste und unfehlbare Lehrauctorität übergegangen. Jetzt steht in ihm Petrus da, der die Brüder stärken soll, der jener Fels ist, welcher die Kirche trägt; seiner Hand ist das Steuer des Schiffleins anvertraut, und die Cardinäle sind die Ersten, welche sich in freudiger Bereitwilligkeit ihm und seinen Befehlen unterordnen, Eins mit ihm und in ihm im Glauben und in der Liebe.

Sechstes Kapitel.

Die Proclamation und der päpstliche Segen.

Ueber das Conclave verordnen die Constitutionen, daß alsbald das Ergebniß der Wahl durch den Cardinal=Diacon dem harrenden Volke verkündigt werde. Wurde das Conclave im Quirinal gehalten, so geschah die Proclamation vom Balcon des Palastes aus; wird es im Vatican gefeiert, so wird der Neugewählte von der Loggia über dem Hauptportale von St. Peter ausgerufen. Es begab sich daher sofort nach geschehener Huldigung der Cardinäle Se. Eminenz, der greise Caterini, unter Vorauftragung des päpstlichen Kreuzes und von zwei Prälaten begleitet, in die Halle über dem Vorhofe des Domes, und nachdem die weiten Fenster der Loggia geöffnet worden waren, verkündigte er dem Volke die glückliche Botschaft mit den Worten: „Annuntio vobis gaudium magnum: habemus Papam Eminentissimum et Reverendissimum Dominum Joachim Pecci, qui sibi nomen imposuit Leonis XIII." „Ich verkündige euch eine große Freude: wir haben einen Papst, den erlauchtesten und hochwürdigsten Herrn Joachim Pecci, der sich den Namen Leo XIII. beigelegt hat." Da die Stimme des Cardinals nicht so stark war, um von der bedeutenden Höhe aus klar verstanden zu werden, so wiederholte einer seiner Begleiter die Nachricht. Zugleich wurde alter Vorschrift gemäß ein Blatt Papier, auf welchem die obigen Worte geschrieben standen, von der Loggia aus dem Winde anvertraut, der es langsam niedertrug, während hunderte von Händen ausgestreckt waren, es aufzufangen.

4*

Sofort begannen nun die Glocken von St. Peter mit ihrem vollen Festgeläute die frohe Kunde hinaus zu rufen; bald stimmten von Thurm zu Thurm die Glocken der übrigen Kirchen der ewigen Stadt in froh= lockenden Klängen ein, und wie ein jubelndes Halleluja erklang es viel= hundertstimmig durch die Lüfte: „Habemus Papam!" — Wer sich bei der Proclamation gerade auf dem Petersplatze befand, sowie Alle, welche durch das zu so ungewöhnlicher Stunde anhebende volle Domgeläute auf= merksam gemacht worden waren, eilten in erwartungsvollster Hast der Peterskirche zu, und nun lief es in fieberhaftester Freude von Mund zu Mund: „Pecci, Pecci, Leo XIII!" Es war ein Hin= und Herrennen, ein Fragen und Rufen, ein Jubeln und Frohlocken über alle Beschreibung; das leidenschaftliche Temperament der Italiener gab der Freude und der Erregung den lebhaftesten Ausdruck; Thränen in den Augen, die Hände zum Himmel erhoben, riefen die Einen den Namen des Erwählten, Andere eilten zur Confessio, um am Grabe Petri dem Himmel für die Wahl zu danken, Andere stürmten hinaus, um den Ihrigen die frohe Nachricht zu melden. Kaum eine halbe Stunde später drängten sich am Central=Bureau der Telegraphen Schaaren auf Schaaren, um die Kunde schneller wie der Wind über die ganze Erde zu tragen. Ein Jeder, Freund und Feind, fand die Wahl eine überaus glückliche; so groß war die allgemeine Ver= ehrung und Bewunderung, welche sich Pecci erworben hatte*).

Fast zugleich mit der Kunde über die Erhebung verbreitete sich die Nachricht, der neue Papst werde sich gegen vier Uhr dem Volke zeigen und zum ersten Male die apostolische Benediction spenden. Selbst nicht zur Zeit des Concils haben wir eine so unermeßliche Menschenmenge in St. Peter und auf dem weiten Platze vor dem Dome zusammen strömen sehen. Wir befanden uns kurz vorher in der Stadt und bestiegen, um schneller nach St. Peter zu kommen, einen Wagen; aber bereits weit jenseits der Engelsbrücke mußten wir langsamsten Schrittes fahren. In allen Straßen, die nach dem Vatican führten, folgten sich, hart einer hinter dem anderen, Wagen an Wagen in endloser Reihe, so daß wir es für

---

*) Die Liberalen und die Anhänger der italienischen Regierung kannten die erhabene Gesinnung im heil. Collegium vollkommen; auf einen an Alter oder gar an Charakter schwachen Papst hatten sie sich keine Hoffnung gemacht. Pecci aber war der Mann, der durch seine ausgezeichneten Eigenschaften selbst bei ihnen eine solche Hoch= achtung genoß, daß ihre Zeitungen gleich von Anfang an in erster Reihe ihn unter den Candidaten nannten. Alle Welt erwartete seine Wahl; die Erfüllung dieser Erwartung befriedigte Alle.

gerathener hielten, auszusteigen, und in dem Menschenstrom vorwärts zu
dringen, der, Kopf an Kopf gedrängt, sich nach dem Vatican wälzte.

Für die vor und in St. Peter harrenden Schaaren, die man auf
80,000 geschätzt hat, kam Alles auf die Entscheidung der Frage an, ob
der heil. Vater die Benediction von der äußeren Loggia aus spenden
werde, wie die Päpste es bis zum Jahre 1870 zu thun pflegten, oder
aber, ob er den Segen im Inneren der Kirche ertheilen werde. Das
erstere wünschten besonders alle Diejenigen, welche darauf hofften, daß
der neue Papst weniger starr an dem von Pius beharrlich vertretenen
Standpunkte festhalten werde; dieses öffentliche Erscheinen Leo's hätte sich
ja sofort, gleichviel ob mit Recht oder Unrecht, als eine Erklärung deuten
lassen, daß nunmehr andere Grundsätze im Vatican maßgebend werden,
eine Aussöhnung mit den liberalen Principien zu hoffen sein würden.
Allein es bedurfte doch nicht eines ungewöhnlichen Scharfsinnes, um zumal bei dem Charakter Pecci's jene Erwartung von vorne herein als eine
sehr zweifelhafte zu erkennen, und wir begaben uns daher direct in die
Kirche hinein, überzeugt, daß von der inneren Loggia die Benediction erfolgen werde. Gerade in dem Moment, wo wir in die Vorhalle eintraten, erhob sich auf einmal ein unermeßlicher Jubel unter den Tausenden,
welche den Dom füllten: der Papst war da! Wir eilten hinein: da
stand der heil. Vater hoch oben, er allein vorn an der mit rothen Teppichen
ausgeschmückten Brüstung der Loggia, in weißem hohepriesterlichen Gewande, welches die blasse Farbe seines Antlitzes noch blasser erscheinen
ließ, eine mehr überirdische, als der Erde angehörende Erscheinung. Im
Hintergrunde stand das Gefolge der Cardinäle und Prälaten. Mit der
Hand winkend suchte er den Jubel und das Zurufen zu beschwichtigen,
was denn auch allmählich gelang, und nun erhob der Papst seine Stimme,
um die der Segenspendung vorausgehenden Gebete zu sprechen. Wie
lauschte mit verhaltenem Athem jedes Ohr! Klar und voll erklang
die Stimme dahin durch die weiten Hallen: „Adjutorium nostrum in
nomine Domini, Unsere Hülfe ist im Namen des Herrn", — welch'
schöneres Wort hätte der neue Papst bei seinem ersten Erscheinen vor
den Gläubigen aussprechen können! Und jetzt streckte Leo seine Hände
zum Himmel und breitete sie dann, dreimal das Kreuzzeichen machend,
über die auf die Knie niedersinkende Menge aus. Aber kaum war
nun das Amen gesprochen, da brach der Jubel in unendlichem Frohlocken hervor; das Evviva, Evviva wollte kein Ende nehmen; man
schwenkte die Taschentücher, streckte die Arme nach dem Papste aus,

lachte und weinte zugleich in der überwältigenden Fülle der Freude, — es war ein Augenblick, eine Scene, die allen Zuschauern stets unvergeßlich bleiben wird; daß wir so glücklich waren, dem erhabenen Akte beiwohnen zu dürfen, das erachten wir dankbarst als eine ganz besondere Gnade, derer der Himmel uns gewürdigt hat.

Am Abend waren die Häuser rings um den Petersplatz festlich er= leuchtet; wie gern hätte man seiner Freude noch in anderer Weise Aus= druck gegeben! Heute kam der Druck der fremden Regierung den guten Römern schwerer und schmerzlicher, denn je, zum Bewußtsein. Der deutsche Leseverein aber hielt sofort an demselben Abend eine General= Versammlung, an welcher auch manche von den gerade in Rom wei= lenden Landsleuten Theil nahmen. Die Stimmung war eine ungemein gehobene, und als nun der Präsident die Versammelten aufforderte, im Namen des katholischen Deutschlands, das aus allen seinen Gauen Ver= treter hier habe, Leo XIII. die ganze Fülle der kindlichen Liebe und Er= gebenheit entgegen zu bringen, die wir bisher für Pius IX. gehegt, da erscholl aus vollster Brust ein dreifaches Hoch der höchsten Begeisterung: „Ja, heil. Vater, bis zum letzten Mann stehen die Katholiken aller deutschen Gaue zu Dir mit unentwegbarer Treue, mit unbegrenzter Hin= gebung; mit Dir beten, mit Dir leiden, mit Dir streiten wir, bis mit Dir wir triumphiren!"

Siebentes Kapitel.

Bis zur Krönung.

Die Oeffnung des Conclave wurde erst nach der Proclamation des neuen Papstes in einem feierlichen Acte vorgenommen. Dies geschah, während der heil. Vater im St. Peter den Apostolischen Segen spendete, indem der Fürst Chigi, um= geben von reichem Gefolge, sich an das Hauptportal des Conclave begab und dasselbe von außen aufschloß. Zu gleicher Zeit knarrten die Schlösser im Innern, und das Conclave war geöffnet. Fürst Chigi und der päpstliche Hausmeister, Msgr. Ricci, waren die Ersten, welche eintraten

und sofort dem Papste entgegeneilten, der eben von der Segenspendung zur
sixtinischen Capelle zurückkehrte. Beide warfen sich vor ihm nieder, indem sie
Sr. Heiligkeit die Gefühle ihrer treuesten Ergebenheit aussprachen, beseelt
von dem Vertrauen, daß Gott sie bis zu ihrem Tode in dieser Treue
erhalten werde.

Nachdem der Papst in der Sacristei die hohenpriesterlichen Gewänder
angelegt hatte, schritt er zwischen den beiden Cardinal-Diaconen Mertel
und Consolini in glänzender Procession zum Altare. An den Stufen nieder-
knieend, betete er einige Augenblicke, setzte sich dann auf dem päpstlichen
Throne vor dem Altare nieder und empfing die zweite Huldigung und
Obedienzleistung des heil. Collegiums. Es wurde das von der Kirche vorgeschriebene Gebet gesprochen, welches auf den Neuerwählten den Segen
des Himmels herabfleht, und der Papst spendete den Cardinälen die
Apostolische Benediction. In die Sacristei zurückgekehrt, ließ der heil.
Vater die Prälaten und andere vornehmen Personen zum Fußkusse zu,
worauf er sich zurückzog. Ueber den Act der Eröffnung des Conclave
wurde in den Gemächern des Marschalls ein Protocoll aufgenommen. —
Einige von den Cardinälen verließen noch am Abende den Vatican; die
meisten blieben bis zum folgenden Tage.

Am nächsten Morgen gegen zehn Uhr empfing der Papst den Besuch
einiger Cardinäle, sowie die Huldigung der Nobelgarde und begab sich
hierauf in glänzendem Gefolge zur sixtinischen Capelle, wo außer den
Cardinälen eine große Anzahl von Prälaten, der römische Abel und andere
vornehme Personen ihn erwarteten. Der Gesangchor der sixtinischen Capelle
sang das Te Deum, während die Cardinäle die dritte Huldigung leisteten.
Die Spendung des Apostolischen Segens schloß die erhabene Feier. In
seine Gemächer zurückgekehrt, empfing der heil. Vater die Botschafter von
Oesterreich, Frankreich, Spanien und Portugal, welche mit ihrem Gefolge
in großer Gala erschienen, um ihre Glückwünsche darzubringen.

Das einstündige Geläute der Glocken der ganzen Stadt und das Te
Deum in allen Kirchen, welches von dem Cardinalvicar für den zweitfolgenden Tag vorgeschrieben war, gab der Freude und dem Danke gegen
Gott Ausdruck, daß die verwaiste Heerde einen neuen Hirten erhalten
habe. Die Theilnahme der Gläubigen war eine außerordentliche; zumal
in der Peterskirche hatten sich Tausende zu der Andacht eingefunden.
Gegen Mittag empfing der Papst die Glückwünsche der Gesandten von
Bayern, Belgien und den übrigen Staaten und ertheilte darauf einer
großen Schaar von Einheimischen und Fremden Audienz. Die ungemeine

Güte, mit welcher der heil. Vater sich zu jedem Einzelnen herabließ, erfüllte alle Herzen mit der lebhaftesten Begeisterung für ihn. Den empfangenen Eindruck schildert uns die Aeußerung: „Pius IX. war ein Vater, der es fast vergessen ließ, daß er auch Herrscher sei; in Leo haben wir einen Herrscher, der uns fühlen läßt, daß er zugleich unser Vater ist." — Am Samstage und ebenso am Sonntage empfing der Papst eine ansehnliche Zahl deutscher Pilger theils in einer gemeinsamen Audienz, theils privatim. Mit huldreicher Liebenswürdigkeit trat der heil. Vater in den Kreis seiner ihn erwartenden Kinder; für Jeden hatte er ein liebes Wort. Er erinnerte sich seiner Reise durch Deutschland im Jahre 1845, seines breitägigen Aufenthaltes in Aachen, und seines Besuches bei dem Erzbischof Geißel von Cöln; mit lobendster Anerkennung gedachte er der entschiedenen Standhaftigkeit des Centrums, ermunterte die aus Westfalen gebürtigen Pilger, in ihrer bekannten Hingebung an die Kirche auszuharren, und spendete endlich Allen seinen väterlichen Segen. Leo hatte sich vollständig die Herzen erobert; die grenzenlose Hingebung, die sich in einer langen Reihe von Jahren für Pius gebildet hatte, sie war in Einem Augenblicke ganz und voll auf den neuen Oberhirten übertragen.

Den auswärtigen Höfen, mit welchen der heil. Stuhl in Beziehung steht, wurde die Wahl Leo's XIII. amtlich angezeigt. Die italienische Regierung hatte eine gleiche Mittheilung erwartet, jedoch umsonst. Auf die hämischen Bemerkungen, welche sich ihre Blätter dieserhalb erlaubten, erhielten sie die Antwort, der neue Papst mache seine Wahl in Rom nur von der Loggia der Peterskirche den Gläubigen bekannt.

Die tief erschütternden Ereignisse, die nahezu übermenschlichen Anstrengungen der letzten Wochen, die ergreifenden Vorgänge der jüngsten Tage, die unaufhörliche fieberhafte Anspannung aller geistigen Kräfte während dieser ganzen Zeit hatten den Papst sichtlich angegriffen. Als er nach der Wahl die sirtinische Capelle verließ und im Herzogssaale den Conclavisten seinen Segen ertheilte, erschien er so schwach, daß man eine Ohnmacht befürchtete. So hätte er also, zumal bei seinen 68 Jahren, gewiß einiger Tage der Ruhe und Erholung bedurft. Allein das ist ja einmal Aufgabe und Bestimmung Aller, die der Herr hoch auf den Leuchter gestellt hat, daß sie Anderen Licht geben, indem sie sich selber verzehren. — Der Empfang der Römischen Fürsten, welche in glänzendem Aufzuge im Vatican erschienen; die Entgegennahme der Glückwünsche von Vereinen und kirchlichen Genossenschaften aller Art; die Beantwortung unzähliger Adressen von Regenten und Bischöfen, Landesvertretungen und Volks=

verſammlungen; die Neubildung des päpſtlichen Hofes, dies und tauſend andere Anliegen, Sorgen und Geſchäfte nahmen den Papſt ununterbrochen in Anſpruch und ließen es ihn nur zu lebhaft empfinden, wie ſchwer der Hirtenſtab ſei, der ihm über die ganze Heerde Chriſti anvertraut worden war. Aber mit eiſerner Thatkraft und rückhaltsloſer Hingabe opferte Leo ſich den ſchweren und unzähligen Pflichten ſeines erhabenen Amtes. So erfüllte es ſeine Umgebung, wie die Welt mit Staunen, wie der Papſt ein Auge für Alles, für das Große und Kleine, für das Nächſte und Fernſte hatte und über den Anliegen der geſammten Chriſtenheit auch die geringfügigſten Anliegen ſeiner Kinder nicht vergaß. Seine gewaltige Energie und geiſtige Spannkraft hielten ſich unveränderlich auf der Höhe, ohne zu erſchlaffen. Die Regierung Pius' IX. war eine ſo glänzende geweſen, daß es ſcheinen konnte, der Nachfolger, wer immer es ſein möge, würde neben der erhabenen und leuchtenden Geſtalt ſeines großen Vor= gängers eine beſcheidene Figur machen. Man hatte ſich in dieſer Vor= ſtellung getäuſcht. Die neue Regierung war eine andere, von der vorher= gehenden in mannichfacher Beziehung verſchieden, ebenſo wie die Er= ſcheinung beider Päpſte. Aber während die Principien durchaus dieſelben blieben und die Bahn ſich um keines Haares Breite änderte, fühlte man, daß es eine jugendfriſchere, kräftigere Hand ſei, welche das Steuer ergriffen hatte und das Schiff dirigirte. Mit ſchlecht verhehltem Aerger meldeten die Zeitungen der Liberalen und der Regierung, daß Leo „einſtweilen“ den Vatican nicht verlaſſe, daß die Krönung nicht nach der Seite des Petersplatzes, ſondern in den Loggien nach dem Innern des Domes vor= genommen werde u. ſ. w.

Nirgendwo hatte die Erhebung des Cardinals Pecci auf den Stuhl Petri eine ſolche Bewegung hervorgerufen, als in ſeinem bisherigen Bis= thum Perugia, wo er während 32 Jahre ſo ſegensreich gewirkt hatte. An der feſtlichen Illumination betheiligte ſich die ganze Stadt; beim Te Deum war der weite Dom bis zum letzten Platze gefüllt; zahlreiche Tele= gramme des Weihbiſchofs und des Capitels, der Seminariſten und der Bürger brachten dem heil. Vater die Glückwünſche ſeiner bisherigen Diöceſanen dar. Der Papſt antwortete auf demſelben Wege mit folgenden Worten: „Dem Herrn Weihbiſchofe, der Geiſtlichkeit und der geſammten Bevölkerung von Perugia ſende ich als Erweis meiner dauernden väter= lichen Liebe den Apoſtoliſchen Segen, der Alle in dem alten Glauben befeſtigen möge.“ Am 2. März, dem Geburtstage Sr. Heiligkeit, erſchien dann eine große Deputation von Geiſtlichen und Bürgern aus Perugia im Vatican, dem heil. Vater ihre Glückwünsche zu Füßen zu legen. Der Papst hatte zu der Audienz einen besonderen Saal angewiesen, wo seine Kinder ihn mit wachsender Ungeduld erwarteten. Als der heil. Vater erschien, jetzt im weißen, päpstlichen Gewande, da leuchtete die süßeste Freude aus Aller Augen: es war ja ihr hochverehrter Bischof, den sie nunmehr als höchstes Oberhaupt der ganzen Christenheit vor sich erblickten. Allein eben dies erfüllte sie neben dem freudigen Stolze mit ehrfurchts= voller Scheu, die dann aber alsbald schwand, als der Papst mit herab= lassender Milde sich zu den Einzelnen wandte und für Jeden ein Wort väterlicher Liebe und Güte hatte. Der Vertreter des Domcapitels über= reichte Sr. Heiligkeit die mit prächtigen Miniaturen verzierte, auf Pergament geschriebene und in einen kostbaren Einband gefaßte Adresse; ebenso wurden von den Pfarrern, vom Priesterseminar und von der Redaction der in Perugia erscheinenden Kirchenzeitung Adressen dargebracht. Der heil. Vater richtete eine herzliche Ansprache an die Deputation; er betonte insbesondere, wie die Geistlichkeit stets der Gegenstand seiner liebevollsten Sorge gewesen sei, wie er stets und vor Allem im Auge gehabt habe, die Diöcese durch einen wohl unterrichteten und musterhaften Priesterstand zu beglücken. Endlich entließ er die Deputation mit seinem Segen, indem er zugleich für den Weihbischof die Vollmacht mitgab, den Gläubigen in Perugia die Apostolische Benediction zu spenden.

Zwei Tage vorher, am 28. Februar, hatte der Papst eine Deputation der katholischen Universitäten Frankreichs empfangen. Sauvé, der Rector der Universität zu Angers, las die Adresse vor. Der heil. Vater hielt darauf seine erste öffentliche Ansprache, aus der wir wenigstens einzelne Stellen herausheben wollen: „Frankreich hat heute einen Theil seiner Macht verloren; geschwächt durch Spaltungen und Parteiwesen fühlt es sich in dem freien Schwunge seiner edeln Bestrebungen gehemmt. Und trotzdem, was hat es, auch nach dem Unglücke, für den heil. Stuhl gethan! . . . . . Eine solche Hochherzigkeit wird ihre Belohnung finden; Gott wird eine Nation segnen, die solch edler Opfer fähig ist, und die Geschichte wird noch manches herrliche Blatt über die gesta Dei per Francos, über das schreiben, was Gott durch das Frankenvolk wirken wird. — Ein Unter= pfand dieser glücklichen Zukunft haben wir in den Universitäten, als deren Vertreter ihr hier erschienen seid. Durch sie wird die gesunde Lehre, diese Grundbedingung des Völkerglückes, in den Geistern sich ausbreiten. Die von den Bischöfen ausgewählten Lehrer, die mit der Tiefe der Wissen= schaft die Reinheit des Glaubens verbinden, werden ein Geschlecht von

Chriſten heranbilden, das im Stande iſt, ſeinen Glauben zu vertheidigen und geehrt zu machen. Die Familien werden gar bald den Vorzug eines ſolchen Unterrichts erkennen, und die katholiſchen Univerſitäten, obgleich einzig auf die Opferwilligkeit der Gläubigen beruhend, werden mit Erfolg den anderen Anſtalten ſich an die Seite ſtellen, mögen dieſe auch viel reichere Mittel und den Schutz der Regierung beſitzen."

Unter den Allerhöchſten Perſonen, welche perſönlich in Rom erſchienen, dem heil. Vater ihre Huldigung darzubringen, nennen wir den Herzog Robert von Parma und deſſen erlauchte Gemahlin, Se. Königliche Hoheit den Grafen von Barbi, Se. Königliche Hoheit Dom Miguel di Braganza. Außerdem brachte eine ganze Anzahl auswärtiger Biſchöfe, — von Deutſch= land der Hochwürdigſte Oberhirt der Diöceſe Regensburg — perſönlich die Glückwünſche ihrer Diöceſanen dar. Kaum aber verging ein Tag, wo nicht Deputationen von Vereinen, Genoſſenſchaften und Inſtituten im Vatican erſchienen, ſo daß der Papſt wiederholt zweimal am Tage, zur Mittagsſtunde und gegen Abend, Audienz ertheilen mußte. Als nach der oben erwähnten deutſchen Pilgerſchaar ſpäter noch eine zweite vor dem heil. Vater erſchien, und einer der Geiſtlichen auch um den Segen für mehrere aus Deutſchland vertriebene Ordensleute bat, wandte ſich Leo mit leb= hafteſter Theilnahme an den Prieſter, erkundigte ſich in Näherem über den Aufenthalt der Verbannten und ſchloß mit der Ertheilung ſeines ganz beſonderen väterlichen Segens für jene Ordensleute.

So nahte denn unter endloſen Geſchäften und Anſtrengungen der zur Feier der Krönung auserſehene Sonntag, der dritte März. Der heil. Vater hatte die Abſicht, das päpſtliche Amt zwar in der ſixtiniſchen Capelle des Palaſtes zu halten, dann aber ſich in feierlicher Proceſſion zu der weiten Halle über dem Vorhofe der Peterskirche zu begeben und hier angeſichts der im Dome verſammelten Gläubigen die Krönung vornehmen zu laſſen. Zu dieſem Zwecke wurde in den letzten Tagen des Februar ununterbrochen an den erforderlichen Zurichtungen gearbeitet; es wurden Tribünen in St. Peter aufgeſchlagen, das große Fenſter der oberen Halle eröffnet und im Hintergrunde der päpſtliche Thron errichtet. Die Vor= arbeiten waren ziemlich beendigt, als plötzlich und unerwartet vom heil. Vater der Befehl eintraf, Alles wieder abzubrechen, da die Feier nicht im Dome ſtattfinden könne. Die italieniſche Partei hatte nämlich Demon= ſtrationen vorbereitet, um das Feſt zu einem Feſte der Verſöhnung zwiſchen dem Papſtthum und Italien zu ſtempeln; die Rothen hatten in gleicher Weiſe ihrerſeits ſich gerüſtet; die Regierung endlich beging den, ihr von allen Parteien einstimmig zum Vorwurf gemachten Mißgriff, daß sie die Erklärung in den Vatican gelangen ließ, sie sehe sich nicht veranlaßt, für die Ordnung in St. Peter zu sorgen, da die Wahl des Papstes dem Könige nicht persönlich angezeigt worden sei. Wollte daher der heil. Vater es nicht auf Störung der Feier und voraussichtliches Blutvergießen ankommen lassen, so mußte er seine wohlwollende Absicht ändern. Man sieht nun aber aus diesem Vorfalle neuerdings, wie falsch die Behauptung ist, der Papst sei frei in Ausübung seiner kirchlichen Rechte. Nein, er darf nicht einmal eine der bedeutsamsten Acte seiner hohenpriesterlichen Würde vornehmen, ohne fürchten zu müssen, daß es vor seinen Augen im Dome von St. Peter vielleicht sogar zu blutigen Auftritten komme.

Ist so nun auch die Krönungsfeier auf das Innere des Vaticans und auf einen ausgewählten Kreis der Treuesten und Ergebensten beschränkt worden, so ist sie doch in einer so großartigen und erhebenden Weise vor sich gegangen, wie sie großartiger vielleicht, aber gewiß nicht erhebender und erbaulicher in der Peterskirche hätte stattfinden können. Andererseits wurde, so gern alle Römer und die zahlreich eingetroffenen Fremden Zeugen der Krönung gewesen wären, die Weisheit jener Anordnungen allgemein anerkannt. Um so mehr, als am Krönungstage der Pöbel, dessen Pläne in Betreff der Feier in der Peterskirche vereitelt worden waren, seiner Bosheit am Abende dadurch Luft machte, daß er an mehreren Häusern, welche zur Verherrlichung des heil. Vaters illuminirt waren, die Fenster einwarf und die ruchlosesten Excesse verübte. Nur durch Heran= ziehung einer bedeutenden Truppenzahl und Absperrung der Straßen durch Militär konnte noch Aergeres verhütet werden.

Achtes Kapitel.

Die Krönungsfeierlichkeit.

Am Vorabende wurde durch ein ausgegebenes Circular an alle Berufenen die Feier auf Sonntag Morgen, den 3. März, anberaumt; dieselbe sollte gegen neun Uhr ihren Anfang nehmen.

Theils um einen günstigen Platz zu erhalten, theils um mit Muße die näheren Vorbereitungen in Augenschein zu nehmen, welche für die Functionen gemacht worden, begaben wir uns schon recht früh zum Vatican, mehr denn eine Stunde vor Beginn der Feier. Die verschiedenen Acte der gesammten Ceremonie sollten heute im Herzogssaal, in der paulinischen Capelle und in der sixtinischen vor sich gehen. Der Herzogssaal besteht eigentlich aus zwei gewaltigen Sälen, und da er der größte Raum im Palaste ist, so wurden hier unter Pius IX. diejenigen Pilgerzüge empfangen, für deren Menge der Consistorialsaal nicht ausreichte. Im Hintergrunde der oberen Hälfte zieht sich eine Erhöhung hin, zu welcher man auf vier Stufen hinaufsteigt. Dort war heute der Altar errichtet. Der Baldachin von rothem Sammt über demselben beschattete ein herrliches gewebtes Gemälde (Gobelin), welches die seligste Jungfrau darstellt, das göttliche Kind auf dem Arme, umgeben von Engeln, zu ihren Füßen die sich windende Schlange. Die sechs Leuchter sammt dem Kreuze in der Mitte waren aus dem Schatze von St. Peter entnommen; sie sind von der Meisterhand Benvenuto Cellini's in gelbem Kupfer gemeißelt und von vorzüglicher Schönheit. Der Vorsatz des Altar= tisches zeigte in Goldstickerei auf Silbergrund rechts und links das Mar= tyrium der beiden Apostelfürsten und in der Mitte ihre Verherrlichung im Himmel. — Auf der Evangelienseite erhob sich der Thron des Papstes, zu welchem man auf fünf Stufen emporstieg und der ebenfalls von einem Baldachin überschattet war. Dieser bestand aus rothem Sammt und zeigte in achtmaliger Wiederholung das eingestickte Wappen des neuen Papstes. Der Hintergrund des Thrones war aus Silberstoff mit eingestickten goldenen Blumen. Die beiden Langseiten des Saales hinunter stand das Chor= gestühl für die Cardinäle, das sich über zwei Stufen erhob und mit kost= baren gewebten Stoffen in bunten Farben behangen war. Hinter den Sitzen der Cardinäle zogen sich, hart an der Wand hin, die Plätze für die Bischöfe, Aebte und Prälaten. Die untere Hälfte des Saales war für die Gläubigen bestimmt; dort hatte man auch die Bühne für den Gesangchor aufgeschlagen.

Auf der Evangelienseite, neben dem Altare, befindet sich die Thüre zu einem Vorsaale, der heute zur Sacristei hergerichtet worden war. Einer der dienstthuenden Prälaten gestattet uns freundlich den Eintritt. Da steht schon der päpstliche Tragsessel, die Sedia gestatoria, bereit, mit rothem Sammt ausgeschlagen und mit reichster Verzierung in Goldschnitzerei geschmückt; das Wappen auf dem Sessel ist noch dasjenige Pius' IX. Auf dem nebenstehenden Tische erblicken wir auf einem weißen Seidenkissen, das mit Gold gestickt ist, drei größere Flocken Werg, die später ihre Ver= wendung finden sollen. Ferner stehen dort die päpstlichen Schuhe aus weißer Seide mit feinster Goldstickerei, und zwei goldene Weihrauchsfässer mit ihrem Schifflein. Nebenan erblicken wir das päpstliche Processionskreuz von Gold, sowie sechs goldene Leuchter, auf denen Kerzen stehen, die mit Blumen bemalt und mit Silberbändern verziert sind. Unsere besondere Aufmerksamkeit nehmen die beiden sogenannten Flabella in Anspruch. In der alten, und jetzt noch in der morgenländischen Kirche pflegt neben dem Priester am Altare ein Diener zu stehen, der mit einem aus feinen Federn gebildeten Fächer oder Wedel Mücken und Fliegen von der heil. Opfergabe fern hält. Einem ähnlichen Zwecke dienen die päpstlichen Flabella. Auf einer hohen Stange wachsen aus einem mit dem päpstlichen Wappen in Gold bestickten fächerförmigen Halter weiße Straußfedern heraus, mit denen dem Papste Kühlung zugefächelt werden soll, wenn zumal im Sommer bei den langen Feierlichkeiten und der zum Gottesdienst sich zusammendrängenden Menschenmasse die Schwüle gar zu drückend würde. Diesem eigentlichen und ursprünglichen Zwecke dienen übrigens die Flabella längst nicht mehr; sie bilden vielmehr einen Schmuck des päpstlichen Festzuges.

Aus dem Herzogssaale begeben wir uns in die paulinische Capelle. Dort wird der Papst vor Beginn der Messe eine kurze Anbetung des Allerheiligsten vornehmen, und daher ist der Altar zu diesem Zwecke in herrlichster Weise ausgeschmückt. Für das vierzigstündige Gebet, bei welchem in Rom stets ein Wald von Kerzen um das hochheilige Sacrament brennt, pflegt man in den Kirchen eigene Leuchterträger, die thurmartig um den hohen Tabernakel empor steigen, über dem Altare aufzurichten. Diese Zurichtung, welche die Römer machina nennen, ist in der paulinischen Capelle nach einer Zeichnung von Bernini aus vergoldetem Metall und prismatisch geschliffenen Crystallplatten zusammengestellt und kann über 300 Kerzen tragen. Sind dieselben angezündet, so spiegeln sich die Flammen tausendfach in dem Crystall wieder, und das Allerheiligste erscheint mit einer förmlichen Gluth von Licht ganz und gar umgeben. Als wir jetzt in die Capelle traten, brannten die Kerzen noch nicht. — Mitten vor dem Altare stand eine Kniebank für den Papst, welche mit einer kostbaren Decke von rothem Sammt bedeckt war. Das Kissen zeigte, in Gold gestickt, den Namen Pius' IX.; der herrliche Behang war also von ihm der Capelle geschenkt worden. Vom Altare zog sich rechts und links bis hinunter zur Thüre eine lange mit gewebten Teppichen verhüllte Bank hin, vor welcher je 25 Kissen von rother Seide lagen. Hier werden die Cardinäle nieder=knieen, wenn sie im Gefolge des Papstes das Allerheiligste anbeten.

Gehen wir nunmehr in die sixtinische Capelle. Das Altarbild unter dem Baldachin zeigt, ebenfalls in kostbarer Weberei, die Uebergabe der Schlüssel an Petrus. Der Vorsatz vor dem Altartische ist aus lauter Perlmutter in herrlichster Arbeit gebildet. Auf dem Altare stehen sieben Leuchter, drei zu beiden Seiten des Crucifixes, einer hinter demselben. So ist es Vorschrift für die päpstliche Messe. Auf der Evangelienseite ist auch hier der Thron für den heil. Vater, durchaus so wie im Herzogs=saale, aufgerichtet, während die beiden Langseiten des Chores hinunter

die Plätze für die Cardinäle und dahinter die für die Prälatur be=
reitet sind.

Kehren wir jetzt zum Herzogssaale zurück, wo die Feier ihren Anfang
nehmen soll. Allmählich treten die zu den Functionen Berufenen ein
und schreiten durch den Saal hindurch der Sacristei zu, von wo Se. Hei=
ligkeit erscheinen wird. Da kommen die Cardinäle in ihren rothen Ge=
wändern und die Bischöfe, gefolgt von ihren Bedienten, welche den Ornat für
die Function nachtragen. Die Festordner in ihrer schwarzen spanischen Tracht,
um den Hals die weiße Krause, den Degen an der Seite, den silbernen
Kolben im Arme, stellen sich am Eingange der Sacristei auf, während
Soldaten der Nobelgarde und der Schweizergarde in glänzender Uniform
ihren Platz an der Chorbrüstung einnehmen. Die Domherren in ihren
Hermelinpelzen, die Prälaten, die Beichtväter von St. Peter schreiten an
uns vorüber; wir bewundern die prächtigen Trachten der Römischen
Fürsten, die als Thronassistenten, als Mundschenk und in anderen Aemtern
die nächste Umgebung des Papstes bilden; die weltlichen Geheimkämmerer
mit ihren goldenen Ketten auf der Brust, die Commandeure des Pius=
und des Gregoriusordens sammeln sich; — kurz, vor unseren Augen
entfaltet sich ein Bild mannichfachster Pracht und reichsten Glanzes, wie
kein Thronsaal eines weltlichen Herrschers Aehnliches aufzuweisen vermag.
Und so ist es recht; wird ja heute der Papst in der ganzen Glorie seiner
erhabensten Würde als Stellvertreter Gottes auf Erden, als Herrscher und
geistiger König von zweimalhundert Millionen auftreten.

Gegen halb zehn Uhr setzt sich die Procession von der Sacristei aus
in Bewegung. Nach den Festordnern und einer Schaar niederer Hof=
beamten wird zunächst die goldene bischöfliche Mitra auf einem eigenen
Gestelle dahergetragen; dann folgt, von sechs brennenden Kerzen umgeben,
das päpstliche Kreuz, darauf die Tiara oder die dreifache Krone, strahlend
in Gold, Perlen und Edelsteinen. Nun erscheinen die Cardinäle. Auf
dem Haupte tragen sie eine bischöfliche Mitra von einfacher weißer Seide
mit eingewebtem Muster. Ihrem Range nach sind die Cardinal=Diaconen
mit der Dalmatik, die Cardinal=Priester mit der Casel, die Cardinal=Bischöfe
mit dem Chormantel bekleidet; sämmtliche Gewänder sind aus Silberstoff
mit reicher Goldstickerei. Jede Eminenz hat ihren Caplan im Gefolge,
der in violetter Tracht, das Chorröcklein darüber, gekleidet ist und einen
langen Streifen von weißer Seide um die Schultern bis herab auf die
Hände trägt, um, wenn es nöthig ist, die Mitra seines Cardinals auf den
mit diesem Schleier verhüllten Händen entgegen zu nehmen und zu be=

wahren. Dann folgen die Bischöfe und Aebte, etwa sechszig an der Zahl; unter ihnen mehrere orientalische in reichen Pontificalgewändern, sowie die Beichtväter von St. Peter, welche weiße Meßkleider tragen. Und nun erscheint, von Prälaten und von Nobel= und Schweizergarden umgeben, von den höchsten Hofbeamten, von Fürsten und Rittern gefolgt, der heil. Vater, eine weiße, mit Brillanten reich verzierte Mitra auf dem Haupte.

Zunächst kniet er an den Stufen des Altars zu einem kurzen Gebete nieder, während die Cardinäle und Bischöfe ihre Plätze einnehmen, der Kreuzträger mit den ihn begleitenden sechs Kerzenträgern zu der Epistel= seite geht, und die goldene Mitra, sowie die Tiara auf derselben Seite auf den Altar gestellt werden. Nachdem Alle ihre Plätze eingenommen haben, begiebt sich der Papst zum Throne, der Gesangchor der sixtinischen Capelle stimmt ein vierstimmiges Lied an, und nun stellen sich die Car= dinäle und nach ihnen die Bischöfe in langer Procession je zwei und zwei nach einander auf, um allmählich vorschreitend sich dem Throne zu nahen, wo sie dem Papste ihre Huldigung darbringen. Sie besteht darin, daß jeder Cardinal an den Stufen des Thrones niederkniet, dann zum Papste hinantritt und ihm die Hand küßt. Dieser Act hat etwas ungemein Er= habenes. Die Cardinäle sind die höchsten Fürsten der Kirche, der ehr= würdige Senat, aus dessen Mitte durch Wahl der Papst hervorgegangen ist, die mit ihm die Regierung über die zweimal hundert Millionen Katholiken auf dem ganzen Erdkreise theilen. Ihnen schließen sich die Bischöfe an, die Oberhirten der Heerde Jesu Christi, die Nachfolger der Apostel, die der heil. Geist gesetzt hat, die Kirche Gottes zu regieren. Allein so groß ihre Macht, so hoch ihrer Aller Würde ist, was sie sind, das sind sie nur in der gehorsamen Unterordnung unter das höchste Haupt, in der festen Vereinigung mit demjenigen, auf dessen Schultern die Fülle aller kirchlichen Gewalt und Würde ruht.

Nachdem die Huldigung beendigt war, trat eine kleine Pause ein und nun stimmte der Papst mit lauter und wohlklingender Stimme die zweite der kleineren Tageszeiten, die Terz, an, welche dann vom Gesangchor weiter gesungen wurde. Die Stimme des heil. Vaters hat etwas sehr Liebliches und Angenehmes, und obschon er kein besonderer Kenner der Musik ist, so singt er doch mit einem Wohlklang des Organs, der ungemein sympathisch ins Ohr fällt. Das Schlußgebet der Terz, wieder vom Papst gesungen, lautete: „O Gott, der du auf den heil. Petrus, deinen Apostel, durch die Uebertragung der Schlüssel des Himmelreichs die Gewalt, zu binden und zu lösen, übertragen hast, verleihe uns auf seine Fürbitte, daß wir von den Ketten unserer Sünden gelöst werden." So hoch der Papst vorhin in dem Acte der ihm dargebrachten Huldigung dastand, vor Gott ist und bleibt er ein armer Sünder, der gleich uns Andern der Fürbitte der Heiligen bedarf, der vor den Cardinälen, Bischöfen und allem Volke sich als Sünder bekennt und mit und für uns um Lösung von den Ketten der Sünde flehen muß. —

Nunmehr werden dem Papste die Pontifical-Gewänder angelegt, die er bei der Feier der heil. Geheimnisse zu tragen pflegt. Sie liegen auf dem Altare bereit; eine Schaar von Geistlichen, von denen jeder eins jener vielen Gewänder in den Händen hält, welche die hohepriesterliche Kleidung des Stellvertreters Christi bilden, stellt sich in Procession hinter einander auf; nach der Reihe treten sie dann zum Throne, wo zwei Cardinäle nebst einigen Prälaten den Papst mit den heil. Gewändern bekleiden. Nachdem ihm darauf die weiße Mitra mit den Brillanten auf das Haupt gesetzt worden, stieg er vom Throne nieder, während sich der gesammte Festzug in Bewegung setzte, in derselben Reihenfolge, in welcher anfangs die Procession in den Herzogssaal getreten war. Der Papst selber schritt bis zum Ausgange des Chores vor und wartete hier einen Augen= blick, bis die Sedia gestatoria herbeigebracht wurde. Da wir hart an den Schranken standen, so hatten wir jetzt volle Muße, das Antlitz des heil. Vaters zu betrachten. Es liegt ein ruhiger Ernst und eine entschlossene Festigkeit in seinen Zügen. Wohl sind sie nicht so mild und anmuthig, als die Pius' IX., aber dieser Kopf mit seinen markigen Linien sagt auf den ersten Blick, daß ein ganz ungewöhnlicher Geist diesem Antlitze sein Gepräge aufgedrückt hat. Zufällig traf sein Blick den unsrigen; es war nur für einen Moment; aber welch ein Auge! Wir möchten um keinen Preis der Welt, daß wir je vor ihm erscheinen müßten, wo er Ursache hätte, uns einen zürnenden Blick zuzuwerfen! Nichts destoweniger ist die ganze Erscheinung des Papstes bei aller Hoheit und fürstlichen Majestät eine gewinnende und freundliche. Man sieht es ihm an, daß da, wo es nöthig ist, er seinem Namen als Leo, Löwe, vollkommen zu entsprechen im Stande wäre; aber man fühlt auch, daß er, seiner inneren Kraft be= wußt, lieber den Vater, als den Gebieter zeigt.

Als der heil. Vater auf den Tragsessel sich langsam niedergelassen hatte, traten die zwölf, in rothen Sammet gekleideten Träger hinzu, be= festigten die beiden langen Stangen unten an den Fuß des Sitzes, und auf ein gegebenes Commandowort hoben sie gleichzeitig die verehrte Last in die Höhe. Wir haben noch nie eine so majestätische Erscheinung ge=

sehen, und der Eindruck tiefster Ehrfurcht schwand kaum auch da, als Leo die Rechte erhob und stillschweigend mit der Hand nach beiden Seiten den auf die Kniee Sinkenden den Segen ertheilte. Die beiden Fächer= träger stellten sich rechts und links neben dem Papst auf, so daß die wallenden Straußfedern gleichsam die Einfassung für die Figur des Papstes bildeten, und nun ging der Zug langsam und feierlich vorwärts aus dem Herzogssaale und durch den Königssaal auf die paulinische Capelle zu. Vor dem Eingange derselben wurde der Tragsessel auf die Erde niedergelassen, der Papst erhob sich und schritt nun unbedeckten Hauptes in die Capelle hinein, wo das Allerheiligste inmitten einer überwältigenden Lichtfülle auf dem Altare aufgestellt war. Wir warteten vor der Thüre, bis der Act der Anbetung vorüber war, und als dann die Cardinäle und Bischöfe die Capelle zu verlassen begannen, stellten wir uns dem päpst= lichen Tragsessel gegenüber auf, um den weiten Verlauf der feierlichen Handlung recht aus der Nähe beschauen zu können. Unser gutes Glück stand uns auch hier freundlich zur Seite, indem Niemand uns hinwegwies, obgleich hier eigentlich unser Platz nicht war. Unmittelbar, bevor der heil. Vater aus der Capelle zurückkehrte, wurde von acht Prälaten, welche mit weißen Röcklein mit übergeworfenem violetten Schultermantel bekleidet waren, der Baldachin herbeigetragen, unter dessen Schatten der Papst seinen Einzug in die sixtinische Capelle halten sollte.

Als der heil. Vater wieder auf der Sedia Platz genommen hatte und diese in der gleichen Weise, wie vorhin, in die Höhe gehoben worden war, stellten sich die Träger des Baldachins wie die beiden Hofbedienten mit den Flabella zu beiden Seiten auf, und der Zug setzte sich wieder in Bewegung. — Und wie nun so der Papst in all seiner Herrlichkeit dahergetragen wurde, hoch über allem Volke, das rings umher auf den Knieen lag, da traten zwei Ceremonienmeister vor ihn hin, der eine mit einer brennenden Kerze, der andere mit einem Stabe in der Hand, der oben in drei Arme ausläuft. Eines der Bündel Werg wurde auf der Gabel befestigt, über die Kerze gehalten, und als es Feuer fing, hielt der Träger den Stab dem Papste vor Augen, indem er ihm laut zurief: „Sancte Pater, sic transit gloria mundi, heiliger Vater, so vergeht die Herrlichkeit der Welt!" Zu dieser ergreifenden Ceremonie, die dem auf die höchste Höhe der Ehre Erhobenen die Vergänglichkeit alles Irdischen in so greller Form vor Augen hält, hatte der Zug einen Augenblick Halt gemacht, um sich dann langsam wieder, auf den Eingang der sixtinischen Capelle zu, weiter zu bewegen. Da traten abermals jene Beiden vor den

Papst hin, und indem zum zweiten Mal die Flocke Werg an der Flamme aufloderte, wiederholte sich jener ernst mahnende Zuruf: „Heiliger Vater, so vergeht die Welt mit ihrer Herrlichkeit!" Nunmehr hielt der Papst seinen Einzug in die sixtinische Capelle, wo das gesammte diplomatische Corps in glänzendster Uniform, die Damenwelt des höchsten Adels, und eine Schaar vornehmer Personen aus den verschiedensten Ländern des katholischen Erdkreises Leo erwarteten. Und abermals traten jene beiden ernsten Mahner vor den heil. Vater hin und verbrannten zum dritten Male das Werg unter dem erneuerten Zuruf: „Sancte Pater, sic transit gloria mundi!" Dann trat der Zug in das Chor der sixtinischen Capelle ein.

Es sind heute vierzehn Tage, da stand inmitten dieses Raumes ein hoher Katafalk und die ernsten Töne des Dies irae erklangen durch diese Hallen. Leo war nach Pius auf den Stuhl Petri gefolgt; allein die eben verbrannte Handvoll Werg gemahnte den neuen Papst an den Tag, wo auch für ihn hier statt der Jubellieder die Todtengesänge er= klingen werden, während seine Seele vor Gottes Richterstuhle stehen werde. Wir zwar hoffen und beten, daß dieser Tag noch :in jahrelanger Ferne liegen möge; allein der tiefe Ernst, der sich auf dem Antlitze des heil. Vaters ausprägte, schien uns zu verrathen, daß er inmitten all dieser Huldigung und Herrlichkeit jener Stunde gedachte, wo auch er die Flüch= tigkeit und Nichtigkeit alles Irdischen an sich selber erfahren wird, und wo von all der Größe nichts bleibt, als die Größe der Verantwortlichkeit.

Vor dem Altare wurde die Sedia gestatoria zur Erde gelassen und der Papst trat an‧die Stufen, um das Staffelgebet zu beten. Nach Be= endigung desselben setzte sich der heil. Vater wieder auf die Sedia inmitten des Chores und nun folgte die Anlegung des Palliums, welches der erste der anwesenden Cardinal=Diacone, Mertel, durch goldene, mit Edelsteinen geschmückte Nadeln auf den Schultern befestigte, mit den Worten: „Nimm hin das heil. Pallium, die Fülle des hohenpriesterlichen Amtes, zur Ehre des Allmächtigen Gottes und der glorreichen Jungfrau Maria, seiner Mutter, sowie zur Ehre der seligen Apostel Petrus und Paulus und der heil. Römischen Kirche." Dann nahm der Papst auf dem Throne Platz, und nun stellten sich abermals die Cardinäle, Bischöfe und die Beichtväter von St. Peter in einen Zug auf, dem heil. Vater die zweite Huldigung zu leisten. Dieselbe bestand für die Cardinäle jetzt in einer doppelten Umarmung des Papstes, der Jedem den Friedenskuß reichte, — unmittelbar im Beginn des heil. Opfers eine gewiß ungemein sinnige Ceremonie.

Den weiteren Verlauf der heil. Handlung wollen wir nur insoweit schildern, als sich besonders bemerkenswerthe Umstände dabei darbieten. Das päpstliche Meßbuch hat eine eigene Krönungsmesse, in welcher das Evangelium aus Matthäus 16 entnommen ist und welches mit der Verheißung schließt: „Du bist Petrus und auf diesen Felsen will ich meine Kirche bauen u. s. w. Die Gebete der heil. Messe sind diejenigen, welche die Priester für den Papst zu beten pflegen, aber mit einer kleinen Abänderung. Das vor der Epistel lautet: „O Gott, Hirt und Lenker aller Gläubigen, schaue gnädig herab auf mich, deinen Diener, den du deiner Kirche als Hirten vorgestellt hast; gib mir, ich bitte dich, daß ich durch Wort und Beispiel denen vorleuchte, denen ich vorgesetzt bin, damit ich zugleich mit der mir anvertrauten Heerde zum ewigen Leben gelange." — Nachdem der heil. Vater dieses Gebet sichtlich tief ergriffen gesprochen hatte, trat der erste Cardinal-Diacon, vom Ceremonienmeister und anderen Prälaten begleitet, an den Altar und stimmte die Krönungslitanei an mit den Worten: „Erhöre uns, Christus!" Darauf antwortete der gesammte Chor in dreimaliger Wiederholung und in jedesmal gesteigertem Tone: „Unserem Herrn Leo XIII., dem von Gott erwählten Hohepriester und allgemeinen Papst langes Leben!" Dann fuhr jener fort: „Erlöser der Welt!" und der Chor antwortete: „Sei du seine Hülfe!" — „Heilige Maria!" „Sei du seine Hülfe!" — „Heiliger Michael". „Sei du seine Hülfe!" — In dieser Weise wurden zuerst die drei Erzengel, dann Johannes der Täufer, darauf die Apostel Petrus, Paulus und Andreas, der heil. Stephanus, die beiden Päpste Leo und Gregorius, die Heiligen Benedictus, Basilius und Sabba, und endlich die drei heil. Jungfrauen Agnes, Cäcilia und Lucia um ihre Hülfe angerufen.*) Alsdann nahm die Messe ihren weiteren Verlauf. Wie vorhin die Epistel, so wurde jetzt das Evangelium zuerst in lateinischer, dann in griechischer Sprache gesungen, um die Einheit der morgenländischen mit der römischen Kirche auszudrücken. Ungemein ergreifend ist in der päpstlichen Messe der Act der heil. Wandlung. Nach der Consecration des Brodes hebt der Papst die heil. Hostie in die Höhe und wendet sich so im Kreise zum Volke, Allen den Heiland auf seinen Händen zu zeigen. Aehnlich geschieht es auch mit dem Kelche. Die heil. Communion empfängt der Papst nicht am Altare,

---

*) Es sei hier nebenbei bemerkt, daß eine ähnliche Litanei bei der Krönung der deutschen Kaiser gesungen wurde. (Siehe solche uralte Litaneien bei Höfler, die deutschen Päpste. S. 285.)

sondern auf dem Throne. Nachdem der Papst hier, von seinem ganzen priesterlichen Gefolge umgeben, sich aufgestellt hat, nimmt einer der Diaconen die heil. Hostie auf eine Patene und nachdem er sie dem Volke ringsum gezeigt hat, trägt er die Patene hoch in den Händen die Stufen des Altars hinunter und nähert sich dann dem päpstlichen Throne, wo bei seinem Kommen Alle zugleich mit dem heil. Vater auf die Kniee sinken. In gleicher Weise wird der Kelch übertragen, und jetzt communicirt der Papst zuerst selbst und reicht dann auch den beiden Cardinal-Diaconen den Leib des Herrn.

Nachdem die heil. Messe beendigt war, begann alsbald der eigentliche Act der Krönung mit dem besonderen Festgesange der sixtinischen Capelle. Es ist seit uralter Zeit das Vorrecht des Cardinalbischofs von Ostia, das Krönungsgebet zu sprechen. Dies geschah jetzt durch den Cardinal Di Pietro, da der Cardinal Amat, dem dies eigentlich zugekommen wäre, durch Krankheit verhindert war, an der Feier Theil zu nehmen. Dasselbe lautet: „Allmächtiger, ewiger Gott, in dem alle Würde des Priesterthums und alle Macht des Königthums beruht, verleihe deinem Diener Leo, unserem Papste, die Gnade, deine Kirche fruchtbringend zu regieren, damit durch ihn, der nach deiner Milde zum Vater der Könige und zum Lenter aller Gläubigen aufgestellt und gekrönt wird, nach deiner heilsamen An= ordnung Alles wohl regiert werde." Nunmehr nahm der zweite Cardinal= Diacon die bischöfliche Mitra vom Haupte des Papstes, und der erste setzte ihm die dreifache Krone, die Tiara oder das Triregnum, auf, mit den Worten: „Nimm hin die mit drei Kronen geschmückte Tiara, und vergiß nicht, daß du der Vater der Fürsten und Könige, das Oberhaupt des Erdkreises, der Stellvertreter unseres Erlösers Jesus Christus bist, dem Ehre und Herrlichkeit sei in alle Ewigkeit." Die Krone auf dem Haupte, sprach jetzt der heil. Vater sitzend drei Gebete über das Volk, in denen er die Fürbitte der seligsten Jungfrau und anderer Heiligen anrief; dann erhob er sich, breitete seine Arme zum Himmel aus und während Alles auf die Kniee sank, spendete er den dreifachen Apostolischen Segen. Darauf setzte sich der Papst wieder und die beiden Cardinal=Diaconen verlasen in lateinischer und italienischer Sprache das Formular, durch welches Se. Heiligkeit allen Anwesenden vollkommenen Ablaß verlieh.

Nunmehr stieg der heil. Vater vom Throne nieder, um auf der Sedia gestatoria hinausgetragen zu werden, wobei er noch rechts und links mit der Hand stillschweigend den Segen ertheilte. Der Zug ging zur sixtinischen Capelle hinaus, durch den Herzogssaal in einen anstoßenden

Saal, wo der Cardinal Di Pietro dem heil. Vater im Namen des heil. Collegiums die gemeinsamen Glückwünsche aussprach, die der heil. Vater mit einer herzlichen Ansprache erwiederte. Kurz vor zwei Uhr war die erhebende Feier beendigt.

Neuntes Kapitel.

Feind und Freund.

ir Katholiken sind immer mit Recht stolz darauf gewesen, daß selbst die erbittertsten Feinde der Kirche in der Anerkennung der hohen Tugenden und der ungemeinen persönlichen Liebenswürdigkeit Pius' IX. mit uns über= einstimmen mußten. Wir hätten uns gewiß nicht wundern dürfen, wenn sie den neuen Papst mit Gift und Galle überschüttet und alles Böse wider ihn geredet hätten. Allein die Erscheinung Leo's XIII. steht so hoch und hehr da, sein vergangenes Leben und Wirken ist so rein von jeder Makel, sein Charakter ist so edel, so reich an seltenen Vorzügen, daß auch die Gegner wider Willen sich vor ihm beugen und ihm Gerechtigkeit widerfahren lassen mußten.

Und so sind wir in der angenehmen Lage, das Characterbild unseres heil. Vaters dem Leser vorzuführen, nicht etwa, wie es fromme Verehrung und kindliche Begeisterung gemalt hat, sondern wie die Feinde der Kirche es in Privatbriefen und in öffentlichen Blättern gezeichnet haben.

Der erste Minister Victor Emanuels, Urban Rattazzi, den Thiers den scharfsinnigsten Kopf Europa's nannte, schrieb einer ihm nahestehenden, geistreichen Dame also*): „Dieser Pecci ist ein Mann von unleugbarer Bedeutung, von großer Willenskraft und von seltenster Strenge in der Verwaltung seines Amtes; dabei besitzt er die angenehmsten Formen von der Welt. In seinem Verhalten zu Benevent hat er große Fähigkeiten, und zugleich einen entschiedenen und unbeugsamen Character an den Tag gelegt.

---

*) Es ist die liberale Gazzetta d'Italia, welche diese Briefe in ihrer Nummer vom 7. März veröffentlichte.

Wiederholt habe ich über ihn mit dem Könige Leopold gesprochen, welcher einen klaren Blick besitzt, wie kein anderer König in Europa und der ihn, als er Nuntius in Belgien war, ebenso genau studirt, als schätzen gelernt hat. Wir sprachen von seiner großen Ueberlegenheit, von seiner Unbestech= lichkeit, und von der Hoheit, welche unseren Regierungsbeamten eine un= überwindliche Scheu vor ihm einflößt. Seine Ergebenheit gegen den heil. Stuhl ist eine unbegrenzte, seine Grundsätze sind von größter Entschieden= heit, und seine unbeugsame, beinahe starre Festigkeit läßt den Gedanken an eine Schwäche nicht einmal aufkommen. Man muß in der That gestehen, er ist einer von jenen Priestern, die man achten und bewundern muß, ein Mann von großem politischen Blick und von noch größerer Gelehrsamkeit."

Ruggero Bonghi, der ehemalige Unterrichtsminister, jetzt Deputirter des italienischen Parlaments, äußert sich über den Cardinal Pecci also: „Er ist unzweifelhaft einer der hervorragendsten Geister des Collegiums, von einem maßvollen und doch wahrhaft thatkräftigen Character, wie kaum einer seiner Standesgenossen. Er hat treffliche Studien gemacht, trefflich sein Amt verwaltet, und ist ein vorzüglicher Bischof gewesen. Das Ideal eines Cardinals ist gewiß ein sehr erhabenes; von Pecci kann man sagen, er habe es an sich selber zur Wirklichkeit gemacht."*)

Der „Avvenire d'Italia" ebenfalls ein liberales Blatt, brachte nach dem Tode Pius' IX. Schilderungen einiger Cardinäle und urtheilte dabei über Pecci folgendermaßen:

„Nicht nur als „Kämmerer der heil. Römischen Kirche" ist er eines der bedeutsamsten Glieder des heil. Collegiums, sondern auch durch seinen Character, durch seine Energie, durch seine Klugheit, durch hervorragende Tugenden und die vorzüglichen Dienste, die er der Kirche geleistet hat. Indem er die Milde eines Apostels mit der Strenge eines Verwalters in geschickter Weise verbindet, flößt er ebenso sehr Liebe, wie Furcht ein. Er ist hoch von Gestalt, und mager wie ein Einsiedler. Sein Kopf ist sehr schön, seine Züge sind fest und scharf, sogar ein wenig eckig. Wenn er redet, ist seine Stimme wohlklingend und angenehm. Einfach, liebens= würdig, geistreich im Privatleben, wird er voll Ernst, Würde und Majestät, wenn er im Purpur und in der bischöflichen Gewandung öffentliche Funktionen vornimmt; da sieht man ihm an, wie tief er von der Größe und Heiligkeit seines Amtes durchdrungen ist."

---

*) Pio IX. e il Papa futuro, pag. 155.

Unmittelbar dann nach der Erhebung Pecci's auf den Stuhl Petri brachten die hervorragendsten liberalen Blätter Italiens Character=schilderungen über ihn, aus welchen wir einige anführen wollen. Der „Pungolo" von Mailand schreibt: „Wir wissen, daß Pecci ein Mann der Abtödtung und des Eifers ist; ist dieser sein Eifer lauter, dann muß er nothwendig nichts wissen wollen von einem Ausgleich, welcher mit der Verleugnung aller seiner Grundsätze gleichbedeutend wäre. Nach der günstigsten Annahme kann es der Fall sein, daß der neue Papst einem zu offenen Kampfe mit der jetzigen Staatsordnung in Italien entsagt und seine Sorge auf die Ordnung und die innere Erneuerung der Kirche richtet; es kann der Fall sein, daß er, von den religiösen Interessen ganz in Anspruch genommen, ein wenig die weltlichen Interessen des Papstthums aus den Augen verlöre."

Die „Italie", Organ der italienischen Regierung, sagt: „Man muß gestehen, daß die Tiara heutzutage eine sehr schwere Last und daß die Aufgabe des neuen Papstes keine leichte ist. Leo XIII. ist nach ein=stimmigem Urtheile Aller ein Mann von festem Sinne, von erleuchteter Frömmigkeit, ebenso achtungswerth als geachtet wegen seines Characters und seiner Tugend."

Die „Riforma" schildert ihn „als einen ebenso rechtlichen, als gelehrten Mann, in politischer Beziehung milde in seiner Auffassung, un=gemein streng in Bezug auf die geistliche Regierung der Kirche", und sie wünscht dann, „daß er seine apostolische Thätigkeit auf das genaueste innerhalb der Grenzen der Religion und Nächstenliebe beschränke, indem er es der bürgerlichen Gesellschaft überlasse, unbekümmert um die Zu=stimmung der Kirche, die neuen Bahnen der Wissenschaft und der Freiheit zu verfolgen." (!)

Als dann die Absicht des Papstes, sich in St. Peter krönen zu lassen, durch eine Lächerlichkeit des früheren Ministers Crispi vereitelt wurde, fielen alle Blätter der liberalen Partei erbarmungslos über diesen her. Man liest aus jeder ihrer Zeilen die Achtung und den Respect, den sie vor einem solchen Gegner haben. Die Minister aber vereinigten sich in der Frühe des Sonntags=morgens, wo die Krönung stattfand, zu einer außerordentlichen Sitzung, um Hals über Kopf Anordnungen zu treffen, den unverzeihlichen Miß=griff ihres Collegen möglichst vor der Welt zu vertuschen. Den Aerger voll zu machen, kam am Abend die gewaltsame Störung der Illumination dazu, und nun mußte die Polizei den Sündenbock abgeben. Die Blätter der Regierung, wie der Liberalen aber verrathen in dem Zorne, mit welchem sie den Vorgang besprechen, wie unermeßlich viel ihnen daran liegt, daß man diesen Papst nicht reize; sie fühlen es alle, sie haben einen „Löwen" vor sich, der für sie nichts von der Milde eines Pius hat.

Von auswärtigen Blättern bringen wir nur das Urtheil der „Times" und das des „Journal des Débats", von denen das erstere also sagt: „Der Cardinal Pecci wird der beste Papst von der Welt sein, wenn Fähigkeit im Regieren, Energie, untadelhafter Lebenswandel, tiefe Frömmigkeit, Liebe, Talent, Bildung, Gelehrsamkeit, Mäßigung und moralische Tugenden einen Menschen zu jenem so erhabenen Amte befähigen können." Das andere Blatt bringt von seinem römischen Correspondenten folgende Schilderung des Papstes: „Leo XIII. ist groß, hager, von aristokratischem Wesen; seine Züge, wenngleich sehr markirt, zeigen einen wohlwollenden Ausdruck. Den Kopf pflegt er auf die eine Schulter geneigt zu tragen. Man versichert, der neue Papst sei sehr gebildet und sogar Dichter. Sein Character ist zugleich fest und gemäßigt; er besitzt einen umfassenden Verstand. Ich hätte diesem so schmeichelhaften Bilde gerne irgend einen Schatten aufgetragen; allein vergebens habe ich selbst bei den erklärtesten Feinden der Kirche Nachfrage gehalten; es war mir unmöglich, auch nur den geringsten Tadel aufzutreiben." —

Wenn schon die Gegner der Kirche von dem neuen Papste mit solcher Hochachtung vor seinem Character, seinen Eigenschaften und seinen Grund=sätzen sprachen, dann begreift sich doppelt, wie durch ganz Italien in allen kirchlich gesinnten Kreisen, in welchen man Pecci kannte, seine Erhebung auf den apostolischen Stuhl mit ungetheiltestem Beifall und herzlichster Freude begrüßt wurde. — Den Gläubigen in den übrigen Ländern waren die großen persönlichen Eigenschaften, welche Pecci mit auf den Stuhl Petri brachte, zwar unbekannt; aber ihre Freude über seine Erhebung ist darum keine geringere gewesen; sie hatte vielleicht einen noch edleren und erhabenern Character. Was die Kirche in Pius besessen und verloren hatte, das wußten wir alle; wir alle waren von dem lebendigsten Glauben durchdrungen, daß, wenn je, so bei dem jetzigen Conclave die Einwirkung des heil. Geistes thätig sein werde, und daß daher derjenige, welcher aus der Wahl der Cardinäle hervorgehen werde, der von Gott selbst Erwählte sei. Keiner von uns zweifelte auch, daß der Erkorene ein Mann sein werde, den die Vorsehung, im Hinblick auf seine dereinstige Berufung also in seinen Lebensschicksalen geleitet, also mit Geist und Tugend ausgerüstet haben müsse, wie die Erhabenheit des Amtes und und der Ernst der Zeit=verhältnisse es erfordern. Von dieser echt katholischen Gesinnung auf das tiefste durchdrungen, hat die katholische Welt nach dem Tode Pius' IX. nichts anderes gethan, als ihre heißen Gebete zum Himmel für die Wahl des Nachfolgers emporgesendet; als die Wahl erfolgt war, hatte sie nichts anderes zu thun, als dem Himmel zu danken, überzeugt, daß Leo XIII. der würdigste von Allen sei, die Heerde Christi zu leiten. Wenn dann nachher die Nachrichten aus Italien, die Urtheile selbst der erbittertsten Feinde der Kirche ihn uns als ein wahres „Licht am Himmel" der Kirche schilderten, so ist unsere Freude dann allerdings vollkommen geworden, indem jenes Gottvertrauen eine so herrliche Bestätigung erhalten hat. Es ist aber wahrhaft erhebend, wie diese Gesinnung nicht bloß die des einen oder anderen Volkes, sondern die der gesammten katholischen Christen= heit gewesen ist. Als sie erfuhr, daß der neue Papst gewählt worden sei, da hat sie nicht gefragt, was ist es für ein Mann, welche Eigenschaften, welche Verdienste hat er; es genügte, daß er Papst und Nachfolger Pius' IX. war, um alsbald zweimal hundert Millionen Herzen für ihn, den Unbekannten, zu erobern. Von einem Ende der Erde bis zum anderen stieg das jubelnde Te Deum des Dankes zum Himmel empor, und Alles wetteiferte mit einander, den Erkorenen durch Ehrenbezeugungen, die ihm nicht einmal bekannt wurden, zu verherrlichen.

Wie das deutsche Volk in allen katholischen Gauen die Wahl Leo's XIII. gefeiert hat, wie Alt und Jung, Abel und Volk, der Bettler mit dem König und Kaiser in urkatholischer Einmüthigkeit seiner Erhebung zugejubelt haben, das ist unseren Lesern bekannt. Es genügt, darauf hinzuweisen, daß neben Italien Deutschland es war, welches vor allen anderen Nationen die meisten Glückwunschtelegramme in den Vatican gesandt hat. Aber die Huldigung der deutschen Katholiken war nur eine einzelne Blume in dem ganzen herrlichen und duftigen Kranze, mit welchem die katholische Liebe aller Nationen das Haupt des neuen Papstes gekrönt hat, ehe noch die goldene Tiara auf seine Stirne gesetzt wurde. So erhebend eine vollständige und erschöpfende Schilderung dieser katholischen Festfreude auch sein würde, wir müssen uns nur auf einige wenige Züge beschränken.

Am glänzendsten ist die Erhebung Leo's XIII. wohl in Belgien ge= feiert worden, das ihn in gewisser Beziehung als den seinigen betrachtete, insofern er dort während dreier Jahre Nuntius gewesen ist. Kaum war die Nachricht von der Wahl am Hofe bekannt geworden, so sandte die königliche Familie den Oberhofmarschall Grafen van der Straten im Galawagen zum Nuntius, die Glückwünsche zu überbringen. In allen Städten, wohin die Nachricht am Tage selbst noch früh genug gelangte, wurden an demselben Abend die Häuser, Kirchen und Institute illuminirt; überall sah man die Fahnen in den päpstlichen und in den Landesfarben flattern. Am Dankgottesdienste in den einzelnen Kirchen nahmen Tausende und Tausende Theil; an vielen Orten wurde für den Sonntag nach der Wahl oder für den Tag der Krönung General=Communion beschlossen. Die Städte Frankreichs wetteiferten mit denen in Belgien. Die Notre=Dame=Kirche zu Paris war am Tage des Te Deum gedrängt voll Gläubigen. Nachdem der Chor die Festcantate Christus vincit, Christus regnat, Christus imperat (Christus ist unser Sieger, er ist unser König, unser Kaiser) gesungen hatte, stimmte der Apostolische Nuntius das Gebet für den Papst und den ambrosianischen Lobgesang an, der abwechselnd vom Priesterchor und vom ganzen versammelten Volke gesungen wurde. Der Eindruck muß ein überwältigender gewesen sein.

Einige Tage darauf wies im Abgeordnetenhause der Graf de Mun mit folgenden Worten auf jene Feier hin: „In Notre=Dame hat Frank=reich das Schauspiel einer wunderbaren nationalen Demonstration gegeben, ein Schauspiel, das sich von Stadt zu Stadt wiederholte und Frankreich an jenem Tage mit allen katholischen Nationen in Verbindung gesetzt hat. Wie ein Kranz umschlingt die Freude und die Hoffnung die ganze Welt; denn unsere Trauer ist beendigt: in Leo XIII. begrüßen wir die ewige Jugend der Kirche Gottes."

In Poitiers traf die Kunde gegen Abend ein; trotzdem war bei Ein=bruch der Nacht die ganze Stadt, vor allem der bischöfliche Palast und die Kathedrale auf das glänzendste illuminirt. Vom Gewölbe des Domes hing ein riesiger, aus lauter Flammen gebildeter Schild herunter, Schlüssel und Tiara darstellend mit dem Kreuze darüber. Um zehn Uhr Abends sang der Bischof das Te Deum, wobei die Kathedrale zum Erdrücken voll war. Nach Beendigung der Function wurde der Dom mit benga=lischem Feuer beleuchtet. — In Lille, wo die französischen Katholiken ihre vorzüglichste Universität besitzen, nahm die gesammte Studentenschaft in ihren Abzeichen, die Professoren in Amtstracht an der Spitze, an dem Dank=gottesdienste Theil; alle Häuser prangten in den päpstlichen Farben; zu Ehren des Papstes wurden sämmtliche Armen der Stadt gespeist. — Es sei noch erwähnt, daß in Frankreich eine Subscription veranstaltet wurde, um dem heil. Vater eine Tiara zu schenken, die nicht weniger, als eine Million an Werth haben soll.

Großartig verlief die Feier in der spanischen Hauptstadt. Am ersten Tage nach der Wahl, wo der Senat des Königreichs seine Sitzung hielt,

wurde einstimmig folgende Tagesordnung angenommen: „Durch Vermitt=
lung der Regierung Sr. Majestät möge telegraphisch dem heil. Vater die
ehrfurchtsvolle Beglückwünschung dieses hohen Hauses übermittelt werden."
Es wurde zur Anordnung der Festlichkeiten ein eigenes Comité gebildet;
auf seine Anfrage bei der Regierung erhielt es die vollste Genehmigung
zu allen Beschlüssen, indem die Erklärung beigefügt wurde, auch die
Regierung theile den Jubel, den die Wahl Leo's XIII. in der ganzen
Christenheit verursacht habe. An den drei Abenden, am Freitag, Sams=
tag und Sonntag, war ganz Madrid auf das prächtigste beleuchtet; am
letzten Tage fand in allen Kirchen, zumal aber in der des heil. Franziscus
Generalcommunion statt. Um zehn Uhr fuhren die Granden Spaniens
vor dem Palaste des Apostolischen Nuntius in den glänzendsten Karossen
auf, den hohen Prälaten zum Dom zu begleiten, wo das Pontificalamt
gesungen wurde. Nach demselben begab sich die vornehme Welt in den
Palast des Nuntius zur Beglückwünschung, während in allen Kirchen
Bruderschaften, Vereine und Institute abwechselnd vor dem ausgestellten
Hochwürdigsten Gute ihre Anbetung hielten. Um vier Uhr Nachmittags
versammelten sich in der Kirche des heil. Sacraments die gesammte Geist=
lichkeit aller Pfarreien, die Bruderschaften, die Schulen, die katholischen
Vereine und eine unzählige Menge Volkes, um mit flatternden Fahnen
und unter den Tönen der Musik in Procession zur Kirche des heil. Fran=
ziscus zu ziehen, wo das Te Deum gesungen wurde.

In Holland rief im Bunde mit den Hirtenbriefen der Bischöfe der
jugendliche Dichter Schaepman in begeisterten Versen seine Landsleute zur
Feier der Thronbesteigung „des Löwen" auf, und seine Worte fanden den
mächtigsten Wiederhall im katholischen Volke Hollands überhaupt, wie im
Besondern in den zahlreichen Vereinen des Landes. Die Feier wurde
durch den Umstand erhöht, daß gerade in jenen Tagen das 25jährige
Jubiläum der Wiederherstellung der Hierarchie in Holland begangen wurde.

Nicht geringer waren die Aeußerungen der Freude in Portugal sowie in
England, wo der Waffenlärm der Kriegsrüstungen für einige Tage von
dem friedlichen Jubel der Katholiken übertönt wurde, und gleich glänzend
lauten die Berichte von jenseits des Oceans, aus New=York, Cincinnati
und anderen Städten Amerika's. So ist die Freude eine durchaus katho=
lische, allgemeine gewesen; sie war zudem eine so begeisterte, innige und
herzliche, daß in ihr das erhebendste Zeugniß für das lebendige Glaubens=
leben liegt, welches gegenwärtig die katholische Welt durchströmt. Es
fehlte nur noch der Tod Pius' IX. und die Erhebung seines Nachfolgers,

um die liberale Phrase von dem Absterben des Katholicismus in ihrer ganzen, namenlosen Lächerlichkeit bloßzustellen. Nein, nein! Wo so Millionen und Millionen Herzen in wetteifernder Begeisterung für Einen Gedanken schlagen, Millionen und Millionen Stimmen in Einem Rufe zum Himmel klingen, Millionen und Millionen Hände den Einen Eid der Treue schwören, in Ost und West und Süd und Nord, diesseits und jenseits der Berge und der Meere, nein, da darf man nicht von Absterben reden; da pulsirt volle, frische Lebensgluth. Die tiefe Trauer um Pius IX., wie der Schwung jubelnder Begeisterung, der Leo XIII. entgegenbrauste, haben in Einer Woche die Macht der katholischen Ueberzeugung, die Tiefe des katholischen Bewußtseins in den Nationen in einer Weise offenbart, daß darin der herrlichste Triumph unserer heil. Kirche liegt. Es ist wahr, Leo XIII. tritt an die Spitze der christlichen Heerschaaren in einer Zeit, wo die Feinde von allen Seiten gegen die Felsenfeste anstürmen; aber bei Gott! er kann sich auf seine Krieger verlassen! Noch niemals stand die katholische Phalanx so festgeschlossen Mann an Mann da; noch niemals hatte sie solch' erprobte Führer an ihrer Spitze; noch niemals zählte sie in ihren Reihen so viele heldenmüthige Streiter. Nun hat Gott uns auch noch einen „Löwen" als obersten Kriegsherrn gegeben; kann da uns der Löwenmuth fehlen, zu streiten und zu ringen, unter dem Banner des Kreuzes zu dulden und auszuharren, bis der Tag kommt, wo „das Licht am Himmel" im Siegesglanze die Welt durchstrahlt? —

Wir können diesen ersten Theil unserer Schrift nicht besser abschließen, als mit den Worten des heil. Vaters selber, mit denen er in seiner ersten feierlichen Allocution an das Cardinals-Collegium seine Gesinnung schilderte: „Sobald Wir durch Eure Abstimmung Uns berufen sahen, an das Steuerruder der ganzen Kirche zu treten und die Stellvertretung des Fürsten aller Hirten, Jesu Christi, zu übernehmen, ergriff Unser Herz die tiefste Beklommenheit und Beängstigung. Auf der einen Seite erschreckte Uns die lebhafteste Ueberzeugung von Unserer Unwürdigkeit und von Unserer gänzlichen Ohnmacht, um solche Bürde zu tragen, zu der Wir Uns um so weniger stark fühlten, je lauter und ruhmvoller der Name Unseres unsterblichen Vorgängers, Pius' IX., die Welt erfüllte . . . .; auf der anderen Seite erschreckte Uns die unsäglich jammervolle Lage, in welcher sich in Unseren Tagen fast in allen Theilen der Welt die menschliche Gesellschaft überhaupt, und insbesondere die katholische Kirche befindet . . . . Aber so sehr Wir aus diesen Gründen Uns gedrängt fühlen mußten, die so große Ehre abzulehnen, wie hätten Wir das Herz haben können, dem Willen

Gottes zu widerstehen, der sich in so deutlicher Weise in der Einstimmig=
keit Eurer Wahl zu erkennen gab? — Wir haben Uns dem göttlichen
Willen unterworfen, indem Wir all Unser Hoffen auf den Herrn setzten,
in dem festen Vertrauen, daß Derjenige, der Uns zu so erhabener Würde
erhob, Unserer Armseligkeit seine Kraft verleihen werde .... Und so er=
klären Wir denn vor Allem, daß Uns in diesem Amte des Dienstes der
Kirche nichts mehr am Herzen liegen kann, als mit des Himmels Hülfe
all unser Sinnen auf die gewissenhafte Bewachung des Schatzes des
katholischen Glaubens, auf die unverletzliche Erhaltung der Rechte der
Kirche und des heil. Stuhles zu richten. Um Allen das Heil zu bringen,
sind Wir bereit, keine Mühe, kein Ungemach zu scheuen; niemals soll
auch nur der Gedanke aufkommen können, als nähmen Wir mehr Rück=
sicht auf Unsere eigene Person, als auf Unser heiliges Amt. Wir hegen
aber das feste Vertrauen, daß zu der Erfüllung Unserer Pflichten Ihr
Euren Rath und Beistand Uns nie, nein, niemals vorenthalten werdet.
Darum bitten und ersuchen Wir Euch von ganzem Herzen. Wie Moses,
beängstigt durch die schwere Bürde, das ganze Volk Israel zu regieren,
auf Gottes Geheiß siebenzig Aelteste sich zugesellte, daß sie die Last mit
ihm theilten, so werdet Ihr, darum bitten Wir Euch, in der Kirche Gottes
jene siebenzig Aelteste aus Israel sein, die Unsere Arbeiten theilen, Unseren
Muth befestigen werden."

Zweiter Theil.

Lebensgeschichte unseres heiligen Vaters

bis zu seiner

Erhebung auf den Bischofsstuhl von Perugia.

Erstes Kapitel.

Carpineto, der Geburtsort Leo's XIII.

Nach etwa dreistündiger Fahrt auf der Eisenbahn in der Richtung auf Neapel zu hält der Zug bei den Stationen Segni und Anagni. Allein, wohin man ausschaut, außer den Stationsgebäuden sieht man weit und breit kaum eine Hütte; von einem Dorf oder gar von einer Stadt ist keine Spur zu finden. Jene beiden Orte liegen der eine zwei, der andere über eine Stunde von der Station entfernt tief im Gebirge, das hier von allen Seiten Höhe über Höhe in wilder, öder Größe dem Auge entgegentritt. Tief in den Bergen zu unserer Rechten, wo im Alterthum die Volsker und Herniker wohnten, von denen das Gebirge noch heute den Namen trägt, liegt Carpineto; es bedarf vier Stunden angestrengten Marsches, bis wir es erreichen. Der Weg geht bergauf, bergab; allein die frische Frühlingsluft und der herrliche Morgen machen uns die Wanderung leicht, und als Begleiter hat sich uns ein junger Bursche aus Carpineto zugesellt, der mit seinen beiden Maulthieren von der Station Anagni heimkehrt.

Nachdem wir mehr als die Hälfte des Weges zurückgelegt haben, zeigt uns Mastr' Antonio, so heißt unser Begleiter, ferne vor uns auf einem vorspringenden Hügel das Dorf Montelanico, das wir zu passiren haben. Wie alle Städtchen Italiens aus graugelbem, durch die Zeit schwärzlich gebräuntem Gestein aufgebaut, liegt der Ort höchst malerisch inmitten von Waldesgrün und Rebengeländen; die Heiligenhäuschen in der Nähe des Dorfes gewinnen uns zum Voraus für die Einwohner; die uns begegnenden Männer, Frauen und Kinder zeigen einen gesunden, frischen, kernigen Menschenschlag. Wohl ist das Gasthaus, in welchem wir zu kurzer Rast

6*

einkehren, eine von Rauch geschwärzte Kneipe, und nur der frische Zweig an der Thüre sagt uns, daß wir vor einer Osteria oder Wirthschaft stehen; allein die Leute sind so schlicht, einfach und gutherzig, daß wir uns hier hundertmal heimischer fühlen, als in einem Hotel mit seinen geschniegelten Bedienten im Frack.

Von Montelanico haben wir noch eine gute Stunde bis Carpineto. Der Weg ist keine Landstraße mehr, sondern führt über Stock und Stein auf und nieder, aber immer höher emporsteigend. Mächtige Eichen und Kastanienbäume machen im Sommer die Straße schattig und angenehm; jetzt standen sie noch in winterlicher Oede da, und kaum sah man an dem Schwellen der Knospen das neu sich regende Leben der Natur.

Je mehr wir uns Carpineto näherten, desto gesprächiger wurde unser Begleiter; selbstverständlich drehte sich unsere Unterhaltung vorwiegend um den neuen Papst und dessen Familie. „So weit Ihr hier rings umher sehet", sagte er, „und hinter Carpineto auf fünf und sechs Stunden fraget: Wem gehören jene Oelberge, jene Weingärten, jenes Landhaus? — immer werdet Ihr zur Antwort erhalten: den Pecci. Dort jenes Casale oder Landgut links am Wege gehört ihnen ebenfalls. Es sind gar reiche, aber brave und höchst gescheidte Leute. Wer hätte gedacht, daß aus unseren öden Bergen einmal ein Papst hervorgehen werde!" Und als wir nun bemerkten, daß jetzt Carpineto, von dem bisher Niemand etwas gewußt habe, in der ganzen Welt so bekannt sei, wie Paris oder Berlin, da leuchteten dem Burschen die feurigen Augen vor stolzer Freude, und mit frischem Peitschenknall trieb er seine müden Saumthiere zu schnelleren Schritten an, um nur recht bald mit uns dorthin zu gelangen, ohne zu beachten, wie uns bei dem scharfen Marsche in der Mittagssonne und auf dem holprigen Wege der Schweiß von der Stirne rann.

Endlich bog die Bergstraße um einen Hügelvorsprung, und nun lag Carpineto auf einer Anhöhe vor uns, grau aus dem grauen Gestein heraus= wachsend, eine Reihe der Straßen über der anderen emporsteigend bis hinauf zum Stadthause, das mit seinem hohen Glockenthurm den ganzen Ort überragt. Es ist ein ansehnliches Städtchen von 4200 Einwohnern, aber in sich abgeschlossen und vom Verkehr mit der Außenwelt abgeschieden. Mastr' Antonio lebte der festen Ueberzeugung, der neue Papst werde in den nächsten Wochen den Befehl nebst der erforderlichen Summe geben, um eine regelrechte Fahrstraße anzulegen, welche seinen Geburtsort mit der Eisenbahn in Beziehung setze. Es giebt nur wenig wohlhabende Leute im ganzen Städtchen; die überwiegende Mehrzahl muß sich in schwerer

Arbeit ihr kärgliches Brod verdienen. Einer der ersten Acte des neuen Papstes bestand darin, daß er den Armen seiner Vaterstadt ein Geldgeschenk von 1000 Frs. übermitteln ließ. Männer und Frauen tragen noch die Landestracht, die zumal an Feiertagen eine durch die Mannichfaltigkeit der Farbe höchst malerische ist.

Volkstracht in Carpineto.

Bevor wir die eigentliche Höhe hinaufsteigen, auf deren Spitze die Stadt erbaut ist, liegt rechts vom Wege eine alte verfallene Kirche, deren Portal im romanischen Stile aus dem Anfange des elften Jahrhunderts erbaut ist; die Fenster sind etwa zwei Fuß hoch und kaum eine Hand breit. Bis zur Franzosenzeit besorgten Augustinermönche den Gottesdienst in dieser Kirche; seit der Säcularisation der Klöster liegt der alte, ehrwürdige Bau öde. — Etwas weiter links kommen wir an einer Muttergotteskirche vorüber, welche, wie eine Inschrift am Eingange beweist, im Jahre 1483 unter Sixtus IV. erbaut worden ist. Die viereckige Vorhalle, an deren Pilaster der in Stein ausgehauene Kopf eines Pferdes und eines Esels vorspringen, ist mit sehr interessanten Ornamenten geschmückt; das Innere liegt ungemein verwahrlost da. Spuren alter Gemälde, die unter der aufgetragenen Tünche zum Theil wieder hervorkommen, sowie der in schöner Marmorsculptur ausgeführte Altar des heil. Rochus sind wehmüthige Zeugen einer früheren Pracht. In der Chornische des Hochaltars sind die alten Gemälde restaurirt, aber leider in einer ganz entsetzlichen Weise, so daß man nur kaum mehr die Composition wieder erkennt. Oben erblickt man die Krönung der seligsten Jungfrau; darunter die Figuren der zwölf Apostel. In der Mitte ist ein aus Holz geschnitztes und bemaltes Madonnenbild in der Nische über dem Altare angebracht. Ein besonderer Umstand erhält im Volke eine hohe Verehrung gegen diese Kirche trotz ihres Verfalles. Es war im Jahre 1657, als in Carpineto die Pest furchtbar wüthete. Da gelobten die Einwohner hier in dieser Kirche der seligsten Jungfrau, sie würden, wenn die Seuche aufhöre, zu Ehren der Unbefleckten auf ewige Zeiten Familie um Familie einen Tag in der Woche bei Wasser und Brod fasten und zugleich an diesem Tage die heil. Sacramente empfangen. Das Gelübde wurde angenommen; die Krankheit hörte alsbald auf, und bis auf den heutigen Tag sind die Einwohner ihrem Versprechen treu geblieben.*)

Alsdann stiegen wir auf einem ziemlich steilen Wege zum Orte selber empor. Nachdem wir uns ein wenig erquickt hatten, beschlossen wir, zunächst den Probst der Collegiatkirche aufzusuchen, an welchen uns Empfehlungen mitgegeben worden waren. Unterdessen aber hatte schon unser Führer, Mastr' Antonio, Lärm im Orte geschlagen, daß aus Rom zwei

---

*) Durch die Güte des Pfarrers erhielten wir einen Zettel, auf welchem sich die Familien zu jener frommen Uebung durch Eintragung ihres Namens zu verpflichten pflegen. Der Text lautet: „Ich .... weihe mich zu getreuem Dienste der unbefleckten Jungfrau, auf deren Fürbitte diese Gemeinde von Carpineto im Jahre 1657 von der Pest befreit wurde, und ich gelobe, daß zu ihrer Ehre ich und Alle, oder wenigstens Einer aus meinem Hause strenges Fasten beobachten werden am .... Tage des Monats ...., und daß wir zu gleicher Zeit beichten und communiciren wollen. Und ebenso werden wir mit der ganzen Bevölkerung am Vorabende ihres Festes Fasten halten, gemäß dem Gelübde, welches im öffentlichen Gemeinderath am 6. December 1657 gemacht worden ist, damit die seligste Jungfrau uns Alle beschütze und vor den göttlichen Heimsuchungen bewahre."

Monsignori gekommen seien, den Geburtsort des Papstes zu besuchen. Wir waren nicht wenig erstaunt, als ein Polizeibote sich bei uns meldete, vom Syndicus oder Bürgermeister gesandt, um uns höflichst einzuladen, das von ihm bestellte Abendessen und Nachtquartier annehmen zu wollen. Zugleich hatte der Bote den Auftrag, uns überall umher zu begleiten. Das war doch eine ganz außerordentliche Aufmerksamkeit, die uns selbst= verständlich von vornherein vollständig für die Carpinetaner gewann. Uebrigens haben wir von allen Seiten die größte Zuvorkommenheit und Freundlichkeit erfahren, von Laien, wie von Geistlichen, und wenn in Montelanico das Volk uns gefiel, so zeigte uns Carpineto nicht weniger einen durchaus gesunden, schönen und kernhaften Menschenschlag. Abge= schlossen im Gebirge, durch keine moderne Cultur beleckt, in schwerer Arbeit abgehärtet, zu ausdauernder Thätigkeit gezwungen, sind die Leute brav und fromm, gesund an Leib und Seele geblieben, und wenn wir von dem neuen Papste gar nichts wüßten, so dürften wir daraus, daß er in diesem Gebirgsorte geboren worden, schließen, daß er ein Mann von Kraft und Charakter, ebenso offen als entschieden sein müsse.

Sehenswerthes bietet der Ort selbst sehr Weniges, und so fanden wir uns nach den beiden, doch immerhin bemerkenswürdigen Kirchen, die wir vorher besucht hatten, ziemlich enttäuscht. Am meisten interessirte uns natürlich jene Kirche, wo Leo getauft worden ist. Sie ist klein und niedrig, und da sie mit ihrer Rückseite an den Felsen angebaut ist, so leidet sie, zumal im Winter, ungemein durch die Feuchtigkeit. Vergebens suchten wir nach irgend Etwas, was durch Kunst oder Alterthum Beachtung verdient hätte. Der Nebenaltar auf der Epistelseite hat ein leidliches Bild des heil. Nicolaus, welchem die Kirche geweiht ist. Der Taufbrunnen, roh aus Travertinstein gemeißelt, steht nebenan in einer Nische; er war für uns das einzig Merkwürdige in diesem Gotteshause; hier hatte ja unser heil. Vater vor achtundsechszig Jahren die heil. Taufe empfangen. Als am 2. März des Jahres 1810 der Neugeborene hierher gebracht wurde, da haben aller= dings die Umstehenden gewiß die Frage gestellt, die sich bei jeder Taufe so nahe legt: „Was wird wohl aus diesem Kinde werden?" Allein wer von Allen hätte es geglaubt, wenn ihnen geantwortet worden wäre: „Dieses Kind wird einst Bischof und Cardinal und Papst werden."

Mit der Schilderung der schmalen und steilen, dunkeln und schmutzigen Straßen wollen wir unsere Leser nicht behelligen; unser Gang geht zum Pfarrer von St. Nicolaus, um das alte Taufbuch vom Jahre 1810 ein= zusehen. Da fanden wir denn ziemlich in der Mitte des Buches auf der rechten Seite oben folgende Angabe in lateinischer Sprache, die wir ganz genau hier wiedergeben:

Anno Dni 18·10 Die·v° 4: Martii hora 16:

Rᵐᵘˢ Dⁿᵘˢ Canᶜᵘˢ Michael Catoni de mei infrãpti licentia baptizavit infantem natum nudiustertius hora 1. noctis ex Illᵐⁱˢ Dˢ. Ludovico Pecci et Anna Prosperi Coniug. cui imposita fuere nomina Vincentius, Joachimus, Raphael, Aloysius. Compatres fuerunt Illᵐᵘˢ et Rᵐᵘˢ Dⁿᵘˢ Joachimus Episcopus Ananic cuius nomine de sacro fonte levavit R. P. Hyacinthus Canᶜᵘˢ Caparossi ut. ex m̄tō procure mihi exhibito, et Illᵐᵃ D. Candida Pecci-Caldarozzi In fidem Zephyrinus Cima, Viᶜⁿˢ Cū̄ˢ m̄ū pp̄a. *)

Daraus ergeben sich folgende Daten. Unser heil. Vater ist am 2. März 1810 Nachts um Ein Uhr geboren. Sein Vater war Ludwig Pecci, seine Mutter Anna Prosperi, aus dem nahen Cori gebürtig. Zwei Tage nach der Geburt, am 4. März, wo die Kirche das Fest des heil. Papstes und Marthyrers Lucius feiert, wurde er gegen Abend getauft. Mit Erlaubniß des stellvertretenden Pfarrers nahm der Domherr Michael Catoni von Anagni die heilige Handlung vor. Der Taufpathe war der damalige Bischof Joachim Tosi von Anagni, der jedoch durch den Dom= herrn Hyacinth Caparossi vertreten wurde; die Pathin war eine Verwandte der Eltern, Candida aus der Seitenlinie der Pecci=Caldarozzi. Von dem bischöflichen Taufpathen erhielt das Kind den Namen Joachim; den zweiten Namen Raphael dürfte es von dem taufenden Domherrn er= halten haben**); außerdem wurden ihm noch in den beiden Heiligen Vincentius und Aloysius besondere Patrone gegeben. Nach dem ersten derselben benannte ihn stets seine Mutter, und er selber führte ihn

---

*) Im Jahre des Herrn 1810 und zwar am 4. März um die 16. Stunde. Der Hochwürdige Herr Canonicus Michael Catoni [aus Anagni] hat mit des Unterschriebenen Erlaubniß das vorgestern, Nachts um 1 Uhr geborene Kind aus der Ehe des erlauchten Herrn Ludwig Pecci und Anna Prosperi getauft: dasselbe erhielt die Namen Vincenz, Joachim, Raphael, Aloysius. Pathen waren der Erlauchteste und Hochwürdigste Herr Joachim, Bischof von Anagni, in dessen Namen, wie das mir vorgelegte Mandat aus= wies, der Hochwürdige Herr Canonicus Caparossi [aus Anagni] das Kind aus der Taufe hob, und mit ihm die erlauchte Frau Candida Pecci=Caldarozzi. Zum Zeugniß dessen u. s. w. Zephyrinus Cima, Pfarrverwalter. Eigenhändig.

**) Wir vermuthen nämlich hier einen Schreibfehler; statt Raphael sollte es Michael heißen.

gleichfalls bis über sein zwanzigstes Lebensjahr hinaus, wie sich unter andern aus den Zeugnissen des Römischen Collegiums ergiebt, an welchem er später studirte.

Indem wir in dem Taufbuche weiter blätterten, fanden wir noch folgende nähere Notizen über die Familie. Der Papst hatte vier Brüder und zwei Schwestern. Der älteste, Carl, war am 25. November 1793 geboren; er ist unverheirathet geblieben und lebt jetzt in Rom, von Alter und Krankheit gebrochen. Dann folgte am 25. Mai 1798 Anna Maria,

Colonel Ludwig Pecci, Vater Papst Leo's XIII.　　Anna Pecci geb. Prosperi, Mutter desselben.

und am 4. November 1800 Catharina, die sich mit einem Lolli verheirathete. Am 26. October 1802 wurde Johann Baptist geboren, welcher am 7. Februar 1830 sich mit Angela Salina vermählte. Am 15. September 1807 wurde Joseph geboren, dessen Leben wir unten eingehender zu schildern haben werden. Am 2. März 1810 erblickte dann Joachim, unser jetziger Papst, das Licht der Welt, und am 7. Januar 1816 folgte der letzte Sohn, Ferdinand, der jedoch jung als Zögling des Römischen Seminars in Rom starb. Der gegenwärtige Stammhalter des Hauses ist also der 1802 geborene Johannes, welcher drei Söhne und zwei Töchter hat.

Eins dieser Kinder, Richard, dient gegenwärtig sein einjähriges freiwilliges
Jahr in der italienischen Armee ab. Das unserem Buche beigefügte Bild
zeigt uns die Familie vor zehn Jahren; in ihrer Mitte unsern heil. Vater
als Cardinal-Bischof von Perugia, in jener Kleidung, wie sie damals
die Hoftracht für die Carbinäle war, mit offenem, langem Rock, kurzen
Beinkleidern und rothen Strümpfen; auf der Brust trägt er den Leo-
poldsorden, den ihm der König von Belgien nach seiner Nuntiatur in
Brüssel verliehen hat. Die Familie wohnt seit Jahren ebenfalls meistens
in Rom; nur im Hochsommer pflegt sie auf einige Wochen nach dem
frischeren, gesunderen Carpineto überzusiedeln. Der Großvater des
Papstes hieß Carl, geboren am 26. October 1733; sein Urgroßvater
war Antonius Pecci.

Weiterhin erfuhren wir noch Folgendes. Der Vater des Papstes,
Ludwig, bekleidete zur Zeit der Franzosenherrschaft das Amt eines Colonels
oder Regierungscommissars. Er war nahe befreundet mit dem damaligen
Bischof Joachim Tosi von Anagni, einem Manne von ungewöhnlicher Begabung, der in der stürmischen Zeit der französischen Herrschaft durch sein
kluges Vorgehen die Wogen der Verwüstung von seiner Diöcese abzulenken
wußte. Seiner Vermittelung verdankte es auch die Familie Pecci, daß
der älteste Sohn Carl bei der zwangsweisen Aushebung im Jahre 1815
verschont blieb.

Von dem Pfarrer von St. Nicolaus und zwei anderen Priestern des
Ortes begleitet, begaben wir uns nunmehr in das elterliche Haus des
Papstes. Das große, unmittelbar aus dem Felsen emporsteigende Gebäude
bietet von Außen nichts Merkwürdiges. Da, wie gesagt, die ganze Familie
sich seit mehreren Jahren in Rom niedergelassen hat und nur im Hochsommer auf ein oder zwei Monate in Carpineto weilt, so fanden wir
auch das Innere in jenem Zustande, in welchem ein nur selten bewohnter
Palast zu sein pflegt. Im Vorhause hing an der Wand ein altes, ge-
schwärztes Bild irgend eines Ahnherrn des Geschlechts. Im Familiensaal
waren an den Wänden zehn Portraits angebracht; auf der einen Wand
in der Mitte das unseres heil. Vaters als Cardinal, eine ungemein an-
sprechende Gestalt; daneben das Portrait seines Vaters in der Kleidung
eines französischen Colonels; gegenüber die Mutter, eine schöne Frau mit
anziehenden, milden und geistreichen Zügen. Zwei andere Portraits waren
die von Prälaten, die dem Geschlecht der Pecci entsprossen sind. Aus dem
Familiensaal traten wir in einen zweiten, langen Saal, dessen Wände mit
bemalten Leinentapeten behangen waren, welche in Nachahmung flandrischer

Webereien oder Gobelins Scenen aus der heil. Schrift darstellten. Ringsum
an den Wänden hingen kleine Spiegel mit Armleuchtern zu je zwei Kerzen;
auf einem, mit einer Marmorplatte bedeckten Tische stand eine antike Uhr;
die mit rothem Damast überzogenen altmodischen Sessel waren zum Schutze
der Seide mit ledernen Ueberzügen bedeckt. An diesen Saal stößt rechts
das Schlafgemach, welches der Papst benutzte, als er zum letzten Male
im Jahre 1857 seine Vaterstadt besuchte. Die Wände sind mit rothen
Papiertapeten überzogen; der Betthimmel ist aus blauer und weißer Seide.

Das Stammhaus der Pecci's in Carpineto.

An der Wand hängt ein kleines Gemälde, welches den heil. Franz von Assisi
in der Extase darstellt. Gegenüber liegt die Hauscapelle. Der Estrich ist
aus bunten Porcellan-Ziegeln gebildet; der an Reliquien sehr reiche Altar
hat ein Gemälde, auf welchem Maria zwischen dem heil. Dominicus und
dem heil. Ludwig von Toulouse dargestellt ist. Der letztere ist der Schutzpatron des Hauses, und die Familie feiert sein Fest in dieser Capelle
am 19. August. An den Wänden der Capelle hängen die Bilder der
vierzehn Stationen. -- Durch einige weitere Räume gelangten wir dann in
einen kleinen Garten, von wo sich eine herrliche Aussicht darbietet. In der
Mitte desselben ist ein ziemlich tiefer Brunnen mit Marmoreinfassung, von
einem eisernen Gerüste überragt, in dessen Mitte die Rolle zum Wasser-

schöpfen befestigt ist und über welchem sich ein Kreuz erhebt. Die Vorder- seite der Brunnenbrüstung zeigt in Stein ausgehauen das Familienwappen,

wie es scheint aus dem siebzehnten Jahrhundert, und da dasselbe sicherlich das älteste ist, so haben wir es möglichst genau an Ort und Stelle abgezeichnet.

Am Tage vorher hatten wir Ge- legenheit gehabt, das Sterbezimmer Pius' IX. zu besuchen; jetzt durch- wandelten wir die Räume, in welchem sein Nachfolger, Leo XIII., die Jahre seiner Kindheit zugebracht hatte; die Capelle, wo er an den Stufen des Altars im Lallen der zartesten Jugend seine ersten Gebete verrichtete; den Garten, in welchem er gespielt und

Wappen der Familie Pecci.

wo er gewiß, wie wir es jetzt thaten, das laute Echo des Brunnens wachgerufen hatte. Wir konnten uns nicht enthalten, einige Frühlings- blumen, die in dem Garten sproßten, zu pflücken und als liebe Erinnerung mitzunehmen.

Ehe wir das Geburtshaus unseres heil. Vaters verlassen, treten wir noch einmal in die Capelle, um nochmals das Altarbild zu betrachten. Welche Beziehung hat die Familie zum heil. Ludwig von Toulouse, daß sie ihn als Schutzpatron ihres Hauses feiert und verehrt? Wir erfuhren darüber folgende interessante Nachricht. Die Großeltern unseres heil. Vaters hofften jahrelang vergebens auf einen Sprößling; endlich wandte sich die Gattin an einen im Rufe der Heiligkeit stehenden Pater des Franziskaner- klosters in Carpineto, und dieser, ein besonderer Verehrer des heil. Ludwig, rieth ihr, sich mit vollem Vertrauen an ihn zu wenden und zu seiner Ehre eine neuntägige Andacht zu halten. Der Heilige gehört dem Franziskaner- orden an und starb, ein Engel im Fleische, in seinem zweiundzwanzigsten Jahre als Bischof von Toulouse im Rufe der Heiligkeit; zahlreiche Wunder, die an seinem Grabe geschahen, hatten schon bald nach seinem Tode seine Seligsprechung zur Folge. Die Frau folgte dem Rathe des frommen Paters und gelobte, wenn der Himmel ihr einen Erben schenke, ihm den Namen des Heiligen zu geben. Und Gott erhörte ihr Gebet; sie gebar einen Knaben, den Vater unseres Papstes, und nannte ihn, ihrem Gelübde getreu, Ludwig. Zugleich wurde auf dem Altare der Hauscapelle sein Bildniß angebracht und sein Fest seitdem alljährlich mit besonderer Andacht gefeiert.

Mit dem Besuche im Palaste Pecci war unsere Wanderung durch Carpineto abgeschlossen; es war unterdessen dunkel geworden und unsere müden Glieder verlangten nach Ruhe. So begleiteten uns denn der Pfarrer von St. Nicolaus und ein anderer Geistlicher, sowie der Herr Amtmann zu dem Franziskanerkloster, welches wir am Mittag rechts am Wege auf einer dem Orte gegenüberliegenden Anhöhe erblickt hatten. Dort war für uns Quartier bestellt worden; denn in dem abgelegenen Städtchen giebt es keinen eigentlichen Gasthof. Der Pater Guardian empfing uns mit aller Freundlichkeit und geleitete uns in das Refectorium, wo die Tische gedeckt waren. Die Küche hatte sichtlich Alles aufgeboten, uns gut zu bewirthen: Maccaroni, Salat, Parmesankäse und dergleichen; vor einem Jedem stand eine mächtige Flasche Wein: die Quantität sollte offenbar die Qualität ersetzen. Die Brüder betteln sich nämlich im Herbst den Wein bei den Winzern zusammen, und im Bunde mit den Carpinetanern hatte der Bruder Kellermeister dafür gesorgt, daß die Patres sich nicht dem Bacchus ergeben. Zum Schlusse der Mahlzeit ging der den Tisch be= dienende Bruder von Gast zu Gast und bot uns, auf einem Teller die offene Schnupftabaksdose, eine Prise als Dessert an.

In der Frühe des nächsten Morgens standen zwei Maulthiere an der Klosterpforte gesattelt, und nachdem wir von unseren freundlichen Wirthen herzlichen Abschied genommen hatten, sagten wir Carpineto Lebewohl.

Bevor wir zur Schilderung der Jugendjahre unseres heil. Vaters übergehen, möge hier noch eine kurze Zusammenstellung der die Familie Pecci betreffenden Nachrichten älterer Zeit folgen. Zeitungen und Broschüren haben das Geschlecht der Pecci in Carpineto gräflich gemacht, allein irr= thümlich, es ist nicht einmal adelig. Aber sie sind eine sehr alte, seit mehr denn dreihundert Jahren in dem Orte ansässige Familie, die zu den angesehensten und reichsten des ganzen Districts gehört. Wie man ver= muthet, stammt sie aus Siena, wo die Pecci's im 14., 15. und 16. Jahr= hundert eine nicht unbedeutende Rolle spielten (vgl. Hieron. Gigli). Ein Zweig dieser Familie, dessen Haupt Antonio Pecci war, soll zur Zeit des Papstes Clemens VII., also um 1523, von dort nach Carpineto aus= gewandert sein. Das mächtige Geschlecht der Mediceer zu Florenz nämlich, aus welchem der genannte Papst entsprossen ist, suchte damals die Herr= schaft über die freie Stadt Siena an sich zu bringen; Antonio Pecci wurde von seinen Mitbürgern an den Papst als Gesandter geschickt, die

Interessen Siena's zu vertreten. Da er bei Clemens VII. nichts aus=
richten konnte und das Schicksal seiner Vaterstadt entschieden sah, so mochte
er nicht mehr dorthin zurückkehren und ließ sich daher, so sagt man, im
päpstlichen Gebiete nieder. — Ein drittes Geschlecht dieses Namens findet
sich in Umbrien, in der Stadt Gubbio (zwischen Perugia und Ancona).
Der Cardinal Joseph Pecci, 1776 daselbst geboren, wurde Bischof seiner
Vaterstadt und 1850 von Pius IX. mit dem Purpur bekleidet. Er starb
1855 und fand im Dome von Gubbio sein Grab. Da unser jetziger
heil. Vater 1853 zum Cardinal creirt wurde, so gab es also von 1853
bis 1855 zwei Cardinäle gleichen Namens. Endlich gab es auch in
Mailand eine Familie Pecci, wie sich aus einer Inschrift in der Kirche des
heil. Franciscus a Ripa zu Rom ergiebt, wo ein Ambrosius Pecci aus
Mailand im Jahre 1641 die Capelle ausmalen ließ.

Das Wappen der Familie zeigt, wie der Leser aus der oben an=
geführten Zeichnung ersehen hat, eine Cypresse zwischen zwei Lilien, während
oben rechts von dem Baume eine Art Rose mit einer bandartigen Schleife
oder ein Komet mit seinem Lichtschweife erscheint. Auf jenem Steine sind
die Farben nicht bezeichnet, und selbst gegenwärtig schwanken dieselben in
Beziehung auf Lilien und Sterne, indem man dieselben bald golden, bald
silbern abgebildet sieht. Im Uebrigen ist der Grund blau, der Quer=
balken weiß, und letzterer legt sich auf den jetzigen Abbildungen über den
Baum, während er auf dem Brunnen in Carpineto sich hinter demselben
herzieht. Auf welchen geschichtlichen Grund hin die Familie dieses Wappen
führt, haben wir nicht ermitteln können. Wir bemerken noch, daß die
Pecci in Siena ein anderes Wappen führen, als die von Carpineto, und
dadurch wird die Abstammung aus Siena sehr zweifelhaft. Ob das Wappen
der Pecci zu Gubbio oder das der Pecci zu Mailand mit demjenigen der
Pecci von Carpineto übereinstimmt, haben wir nicht feststellen können.
Die Familiengruft auf dem Friedhofe in Carpineto wurde 1733 durch
Dominicus Pecci angelegt, als dessen Bruder, der Priester Joseph Andreas,
im vorhergehenden Jahre, 62 Jahre alt, gestorben war.*)

Das einsame, von allem Verkehr abgelegene Gebiet der Volsker Berge
bietet begabteren und strebsamen Geistern gar wenig Gelegenheit, sich einen

---

*) Die Inschrift lautet: D. O. M. | Josepho Andreae Pecci | Sacerdoti piissi-
mo ac | viro pietate omnique | virtutum genere | clarissimo | qui obiit die
XXVII | Januarii MDCCXXXII | aetat. suae an. LXII. | Dominicus Pecci | et
amantissimus eius frater | ex gratitudine sibi et | toti suae familiae posuit |
monumentum | anno Dñi MDCCXXXIII.

großen Wirkungskreis zu schaffen; so wandten sich von jeher alle tüchtigeren Kräfte jener Gegend nach Rom. Aus der Familie Pecci finden wir in der Mitte des vorigen Jahrhunderts, zur Zeit des Papstes Benedict XIV., einen Ferdinand daselbst als sehr geachteten Rechtsgelehrten, der sogar beim Papste in hohem Ansehen stand. In die Fußstapfen desselben trat gegen Ende des Jahrhunderts Joseph Pecci, der Großoheim unseres heil. Vaters, geboren zu Carpineto im Jahre 1736, der eines solchen Rufes als Rechtskundiger genoß, daß Papst Pius VI. in einem berühmten Processe, den seine Familie, die Braschi, gegen einen Marchese wegen gewisser Besitzungen zu führen hatte, ihn zum Advocaten seines Hauses berief. Eine Anzahl von Briefen des Papstes aus jener Zeit werden noch im Archiv der Familie Pecci aufbewahrt. Auch Pius VII. schätzte den Mann sehr, machte ihn zum Prälaten und übertrug ihm unter Andern die Stelle eines Commissars am päpstlichen Finanzministerium (Commissario della Camera Apostolica). Er starb im Jahre 1806 und fand sein Grab zu Rom in der Kirche „delle Stimate, zu den Wundmalen des heil. Franciscus", wo man noch heute im Mittelschiffe seinen Grabstein sieht.*) — Ein Oheim unseres heil. Vaters, der auch, wie der Großonkel, Joseph hieß, lebte in den ersten Jahrzehnten unseres Jahrhunderts ebenfalls in Rom, wo er als Junggeselle im Palaste Muti am Fuße des Capitols ein zurückgezogenes Dasein führte.

Zweites Kapitel.

Die Jugendgeschichte unseres heil. Vaters.

Joachim Pecci ist in einer äußerst sturmbewegten Zeit geboren. Napoleon hatte seit Jahren die Brandfackel des Krieges über ganz Europa geschwungen; in Italien zumal waren alle früheren staatlichen Verhältnisse über den Haufen geworfen worden; mehr aber, als alle anderen Districte der Halbinsel hatte der Kirchenstaat den Druck der eisernen Hand des Gewaltherrschers zu erfahren. Die blühendsten Provinzen waren verloren; ungeheure Kriegscontributionen, dazu Ueberschwemmung und Miß-

---

*) Er war auch Primicerius oder geistlicher Vorsteher einer bei jener Kirche blühenden Bruderschaft; die Inschrift seines Leichensteins rühmt von ihm Folgendes:

wachs hatten das Land in die tiefste Armuth gestürzt. Zu Anfang 1799 erfolgte der Staatsbankerott; Pius VI. starb am 29. August desselben Jahres als Gefangener Napoleon's in Valence. Nunmehr rückten vom Süden her neapolitanische Truppen gegen Rom vor, und die Freischaaren, welche Cardinal Ruffo gesammelt hatte, entzündeten in den Delegationen von Velletri und Frosinone den Aufstand; die Franzosen mußten den Kirchen= staat räumen, und der am 14. März 1800 neu gewählte Papst Pius VII. konnte am 3. Juli seinen Einzug in das wieder frei gewordene Rom halten. Er fand Stadt und Land in grenzenlosem Elend. Allerdings bot die päpstliche Regierung Alles auf, die geschlagenen Wunden zu heilen; allein kaum hatten die ersprießlichen Maßregeln ihre ersten Früchte zu zeitigen begonnen, als Napoleon abermals seine Hand nach dem Kirchenstaate aus= streckte. Der Papst war in Zugeständnissen bis an die äußerste Grenze gegangen; als er dieselbe nicht überschreiten, die Grundsätze der Kirche und die Rechte des heil. Stuhles nicht verrathen wollte, wurde am 10. Juni 1809 die Tricolore auf der Engelsburg aufgepflanzt, während der Donner der Geschütze die Vereinigung des Kirchenstaates mit dem französischen Kaiserreiche verkündigte; in der Nacht auf den 6. Juli wurde der Papst gefangen weggeführt.

Vom Jahre 1809 bis 1814 bildete nun der südliche Theil des Kirchenstaates zwei Departements des Kaiserreiches; das Departement Rom umfaßte außer anderen Theilen auch die Districte Sabina und Marittima, also jene Gegenden, in welchen Carpineto liegt. Die neue Regierung unter dem Präfecten Tournon war thätig, vorsorglich, rücksichtsvoll; sie fand unendlich viel zu thun, aber wenn sie auch zahlreichen Uebelständen abhalf, so war doch die Noth zu groß. Im Besonderen vermochte sie nicht des Banditenwesens Herr zu werden, das während der politischen Unruhen mit entsetzlicher Schnelligkeit zugenommen hatte und den südlichen Theil des Landes in anhaltender Bewegung hielt.

Da kam mit dem russischen Feldzuge die große Wendung für Napoleon. Am 24. Mai 1814 hielt Pius seinen Einzug in Rom, während Napoleon schon als Gefangener auf Elba weilte. Aber bereits am 1. März des folgenden Jahres mußte der Kaiser nach Frankreich zurückzukehren, und der

---

„In Urbe a prima pueritia amplissimum duxit sibi clientum fortunas sine dolo et ambitione defendere; ob praeclaras animi ingeniique dotes Pontificii Aerarii actus procuratione atque Signaturae gratiae Colleg. accitus Camerae Com- missauris." Ludwig, der Vater unseres jetzigen Papstes, und Anton Pecci hatten ihm den Grabstein gesetzt.

Gute, wache Mcht. Feet s Butch Oeppe Oaz-westnd. Stat kucken Oeppe XVI

Kirchenstaat sah sich von Neuem in den Strudel der politischen und kriegerischen Wechselfälle geworfen. Als die französischen Truppen von Süden her unter König Joachim Murat in Terracina, wenige Stunden von Carpineto, einrückten, verließ der Papst am 22. März die ewige Stadt. Doch der Sturm, „der nur drei Monate währen" sollte, wie der Papst vorausgesagt, nahm für den Kirchenstaat ein Ende, als Joachim Murat bei Tolentino in der Nähe von Ancona von den Oesterreichern geschlagen wurde. Am 7. Juni war der Papst wieder in Rom. Der Wiener Congreß gab dem heil. Stuhle den Kirchenstaat ziemlich in seinen alten Grenzen zurück.*)

Das ist in flüchtigen Linien der dunkle Hintergrund, auf welchem sich das Bild der Kinderjahre unseres heil. Vaters abhebt. Sein Geburts= jahr fällt in die Zeit der französischen Gewaltherrschaft; auf den Rath des Bischofs Tosi von Anagni hatte sein Vater das Amt eines Colonels oder Districtvorstehers über Carpineto und Umgegend übernommen. Die ersten Erzählungen, welche das Kind hörte, waren die Berichte über un= aufhörliche Greuelthaten der Banditen; seine frühesten Erinnerungen knüpfen sich an die Truppenzüge, welche unter König Murat auf der Straße von Terracina nach Velletri über Carpineto marschirten. Allein neben diesem Bilde der Gewalt und des Krieges steht in der Erinnerung des Kleinen das heitere Bild der Feste, in welchen die Bevölkerung die Wiederherstellung der päpstlichen Herrschaft feierte.

Bei dem großen Reichthum, den die Familie besaß, war sie in der allgemeinen Noth die Zuflucht der Armen und Hülfsbedürftigen; so lernte der kleine Joachim in frühester Kindheit das Elend kennen, aber auch die Freude des Wohlthuns und der Barmherzigkeit. Die Erzählungen von den gewaltigen Kriegsereignissen, die Berichte der heimkehrenden Soldaten, welche in Frankreich, in Spanien und Rußland dem corsischen Eroberer hatten dienen müssen, malten vor dem erwachenden Geiste des Knaben sofort eine Fülle großartiger Bilder. Die wunderbare Fügung des Himmels, welche wider alles menschliche Erwarten den Papst aus fünfjähriger Ge= fangenschaft wieder nach Rom, seinen Bedränger nach St. Helena geführt hatte, ergriff sein empfängliches Gemüth und erfüllte ihn mit der leben= digsten Ueberzeugung von dem göttlichen Walten über den Geschicken der Kirche und des heil. Stuhles.

Es ist ein ungemein lieblicher Kranz von Geschwistern, welcher die

---

*) Vgl. zu dem Vorhergehenden Reumont, Gesch. der Stadt Rom, III, 665 ff.

erften Jahre der Kindheit unferes heil. Vaters im elterlichen Haufe umgiebt. Sein Bruder Joseph war reichlich zwei, Johannes acht Jahre älter, als er; von den beiden Schweftern war Catharina bei feiner Geburt zehn, Anna Maria zwölf Jahre alt. Der ältefte Bruder Carl befand fich feiner weiteren Ausbildung wegen nicht mehr im väterlichen Haufe. In diefem Kreife der Jhrigen wirkte die fromme und edle Mutter; mit ihr knieten die Kinder am Altare der Hauscapelle, und mit welcher Andacht mag der kleine Joachim feine Augen und feine Händchen zu dem Muttergottesbilde erhoben und fein Herz der Himmelskönigin geweiht haben! Mit der tugendhaften Gattin Hand in Hand wachte der Vater, ein Mann voll Feftigkeit und Entfchiedenheit, über die gute Erziehung der Kinder. Der Bifchof Tofi von Anagni und andere durch Geift, wie Frömmigkeit aus= gezeichnete Priefter verkehrten häufig im elterlichen Haufe und fenkten in das Herz des Knaben Hochachtung und Verehrung gegen die Religion und ihre Diener.

Was die päpftliche Regierung Pius' VII. auch thun mochte, die Nach= wehen der fchrecklichen Kriegszeiten ließen fich nur allmählich heilen. Am ärgften aber litt das Land durch die Banditen, und gerade das Volsker= gebirge war der Hauptfitz der Räuberbanden. Im Jahre 1816 und wiederum im Jahre 1819 mußte ein förmlicher Krieg gegen fie geführt werden; die Regierung befchloß fogar die Zerftörung von Sonnino, welches das Hauptneft der Freibeuter war. Selbftverftändlich blieben die Be= fitzungen der Familie Pecci von den Brandfchatzungen nicht verfchont; hatten die Banditen ja auch in Carpineto felbft ihre Helfer und Hehler. Aber durch folches, wenn auch recht unliebfames Lehrgeld lernte der junge Joachim das Banditenwefen und feine Verbindungen, feine Schliche und Schlupfwinkel kennen und verabfcheuen; wir werden fehen, wie er die in feinen Knabenjahren gemachten Erfahrungen fpäter verwerthete.

Der Colonel konnte für die Ausbildung feiner Kinder in dem be= fcheidenen Bergftädtchen nicht die gewünfchten und nothwendigen Lehr= kräfte finden. Nun war es einer der erften Acte des nach Rom zurück= gekehrten Papftes Pius VII. gewefen, daß er durch die Bulle Sollicitudo omnium am 7. Auguft 1814 die Gefellfchaft Jefu wieder ins Leben rief, und fofort hatten die Söhne des heil. Ignatius angefangen, Schulen zu gründen, um der Jugend eine ebenfo gediegene, als chriftliche Ausbildung zu geben. In kurzer Zeit vertrauten von allen Seiten her die Eltern ihre Kinder diefen Anftalten an; im Kirchenftaate erlangte befonders das vom Cardinal Severoli neu begründete, von einigen Adeligen der Stadt

dotirte Jesuitencolleg zu Viterbo einen hervorragenden Ruf und eine außer=
ordentliche Blüthe. — Um dieselbe Zeit wirkte ein im Rufe der Heiligkeit
stehender Jesuitenpater, Capelloni, mit wunderbarem Erfolge in den Volks=
missionen, und eine solche hielt derselbe auch im Jahre 1817 mit noch
einigen anderen Vätern aus der Gesellschaft Jesu in Carpineto ab, wo er
im Hause des Colonels Pecci mit seinen Gefährten die gastlichste Auf=
nahme fand. Das hohe Vertrauen, welches die Väter dem Colonel
einflößten, veranlaßte diesen, ihnen die seinem Herzen so wichtige Frage
betreffs der weiteren Ausbildung und Erziehung seiner Kinder vorzulegen,
und auf ihren Rath entschloß er sich, die beiden Knaben, den zehnjährigen
Joseph und den zwei Jahre jüngeren Joachim, dem Jesuitencollegium zu
Viterbo zu übergeben. Er hätte sie zwar irgend einem anderen Institute
mehr in der Nähe anvertrauen können; allein wer bürgte ihm dafür, daß
die Banditen ihm die Knaben nicht von dort entführten, um sie nur gegen
ein ungeheueres Lösegeld frei zu geben?*) Wohl war Joachim kaum den
ersten Kinderjahren entwachsen, und wie ihm selber die Trennung von
Haus und Heimath, von Eltern und Geschwistern, so mußte der Mutter
zumal es schwer fallen, ihr geliebtes Kind scheiden zu sehen. Allein der
Knabe mit seinem klaren Kopfe und seinen weit über seine Jahre hinaus=
gehenden Fassungsgaben bedurfte anderer Lehrer, als Carpineto sie bieten
konnte; das Opfer mußte gebracht werden. Dasselbe war um so schwerer,
als Viterbo von Carpineto so weit entfernt liegt, daß bei der mangelhaften
Verbindung und zumal in jenen unsicheren Zeiten, selbst in den Ferien
die Rückkehr in das elterliche Haus kaum möglich war. Zudem war
Joachim ein keineswegs robuster Knabe, sondern hager und schwächlich;
über den reichen Gaben des Geistes, mit denen der Himmel ihn aus=
gestattet hatte, schien die körperliche Mitgift fast zu spärlich aus=
gefallen zu sein.

So wurde denn von der Mutter und den Schwestern während des
Sommers 1818 alles an Wäsche u. s. w. Erforderliche hergerichtet, damit
die beiden Knaben zum Beginne des Schuljahres im Herbste in das
Collegium eintreten könnten.

Der Weg nach Viterbo führte über Rom. Bis dahin hatte Joachim
wohl die Verwandten mütterlicher Seits in Cori und ebenso die Familien=
freunde in Anagni besucht: allein, was waren diese verfallenen Ortschaften

---

*) In der That haben sie im Jahre 1821 das ganze Collegium im Franziskaner-
kloster zu Terracina, im Mai das Camaldulenserkloster bei Frascati ausgehoben.

neben der ewigen Stadt! Unsere Leser kennen vielleicht das Bild, welches uns eine Schaar Pilger aus dem Süden Italiens in dem Augenblicke darstellt, wo sie von der Höhe der Albanerberge Rom erblicken. Frohlockend rufen die Vordersten es den Nachfolgenden zu; die Männer wie die Frauen sinken auf die Kniee und breiten grüßend ihre Arme nach der heiligen Stadt aus; die Mütter heben ihre Kinder in die Höhe und zeigen ihnen Rom mit seinen Kuppeln und Thürmen, von der stillen Oede der Campagna umfriedigt, im Glanze der Morgensonne. Mit ähnlicher Freude mag unser junger Pilger damals zum ersten Male Rom erschaut und mit seinen Blicken den Petersdom und die Kirche des Lateran gesucht haben; den frommen Eltern aber mag es um's Herz gewesen sein, wie Maria und Joseph, als sie den zwölfjährigen Jesusknaben nach Jerusalem führten.

In Rom selbst war es eine neue, unendlich großartige Welt, die sich vor den Augen des geweckten Knaben aufschloß, und wenn er allerdings noch nicht befähigt sein konnte, Alles zu verstehen, was sich ihm hier darbot, so war der Eindruck, den Rom auf ihn machte, doch ein unaus= löschlicher. Bei seinem zarten Alter dürfte sich jedoch wohl am leb= haftesten die Erinnerung an das Grab seines Oheims Joseph in der Kirche delle Stimate seinem Gedächtniß eingeprägt haben. Erst seit wenigen Wochen hatte zu seiner Rechten dessen leibliche Schwester Rosa im October 1818 ihre Ruhestätte gefunden.*) Joachim besuchte mit den Seinigen diese Gräber; — wenn er gewußt hätte, daß er das nächste Mal nach Rom kommen werde, um neben dem Oheim und der Tante die eigene Mutter beizusetzen!

Nach fünf Tagereisen war endlich das Ziel, Viterbo, erreicht. Die Stadt zählte damals gegen 10,000 Einwohner; gegenwärtig mag die Zahl das Doppelte betragen. Die Geschichte des Ortes ist mit der des Papstthums enge verknüpft. Um nur Einzelnes hervorzuheben, so floh im Jahre 1228 Papst Gregor IX. vor dem ihn bedrängenden deutschen Kaiser Friedrich nach Viterbo; in den sturmbewegten Zeiten des Jahres 1257 weilte Papst Alexander IV. dort längere Zeit und starb daselbst am 25. Mai; er liegt in der Kirche des heil. Laurentius begraben. In Viterbo

---

*) Wie die Inschrift besagt, hatte sie nach sechsmonatlicher Ehe ihren Gatten ver= loren und seitdem in christlichem Wittwenstande ihr Leben bis zu ihrem sechsundsieben= zigsten Jahre in steter Uebung der Tugend zugebracht, sexto post mense orbata viro Jo. Ant. Ottaviani vere vidua in exercitatione virtutum assidua vixit.

wurde 1261 der Papst Urban IV. gewählt; Clemens IV. starb hier 1268 und wurde in der Dominikanerkirche beigesetzt. Das nach seinem Tode im bischöflichen Palaste abgehaltene Conclave vermochte sich zur Wahl eines neuen Papstes nicht zu einigen, so daß die unruhigen Bürger, als die Sache sich schon in das dritte Jahr hinzog, endlich das Dach des Palastes abtrugen, um die Cardinäle durch den Druck der Ungunst der Witterung, welcher sie auf diese Weise ausgesetzt wurden, zur Beschleunigung der Entscheidung zu zwingen. Durch die Einwirkung des heil. Bonaventura wurde endlich 1271 Greger X. gewählt. Im Jahre 1276 starb Hadrian V. zu Viterbo, worauf dann Johannes XXI. und nach dessen baldigem Tode Nicolaus III. dort gewählt wurde. Als Urban V. im Jahre 1367 aus Avignon nach Rom zurückkehrte, wurde er in Viterbo festlich empfangen; dort traf er auch im folgenden Jahre mit Kaiser Carl IV. zusammen. Im Jahre 1405 bot die Stadt dem bedrängten Innocenz VII., 1413 Johann XXIII., 1527 nach der gräßlichen Verwüstung Roms durch die Landsknechte dem Papste Clemens VII. eine Zuflucht. So ist Viterbo für den heil. Stuhl Jahrhunderte hindurch nächst Rom der bedeutsamste Ort gewesen; — jetzt sollte ein zukünftiger Papst dort seine erste wissenschaftliche Ausbildung erhalten. Allein der achtjährige Knabe hatte keine Ahnung von seinem dereinstigen Berufe, und mehr als die geschichtlichen Erinnerungen der Stadt zog ihn ein wunderbar liebliches Heiligthum an, das Grab der heil. Rosa von Viterbo, die in der ihr geweihten Kirche bis heute unverwest daliegt. Vor der herrlichen Capelle, in welcher die jungfräuliche Heilige ruht, fehlt es selten an Betenden; ihr Fest am 4. September wird alljährlich von der Bevölkerung durch Festzüge und Illumination der Stadt auf das glänzendste begangen.

Mit dem Eintritte Joachims in das Collegium der Jesuiten schließt der erste Lebensabschnitt unseres heil. Vaters ab. Die Jahre der heitern, sorglosen Kindheit waren vorüber; auf die Freiheit des elterlichen Hauses folgte die ernste Zucht des Instituts; geschieden von den Angehörigen sah er sich in eine neue Umgebung, in eine neue Lebensordnung versetzt.

Das Schuljahr nahm seinen Anfang in den höheren Lehranstalten des Kirchenstaates am Feste des heil. Martinus, also am 12. November, und das ist mithin der Tag, wo Joachim und sein Bruder Joseph in das Institut zu Viterbo eintraten. Das Jesuitencollegium liegt an der Straße, welche von dem heiligen Ignatius ihren Namen trägt, dessen Kirche mit dem Collegium verbunden ist. Ein Theil der Zöglinge genoß Freistellen; andere waren Convictoristen, welche für Wohnung, Kost und Unterricht bezahlten, und zu diesen gehörten auch die beiden jungen Pecci. Der Cursus des Unterrichts begann mit der Grammatica und schritt dann fort zur Humanität. In diesen unteren Classen wurde der Zögling mit der lateinischen Sprache und mit den leichteren klassischen Schriftstellern und Dichtern bekannt gemacht; dazu kam die Unterweisung in den übrigen Fächern, in der Geographie, Geschichte, Mathematik u. s. w. Am Ende eines jeden Jahres fand die Einzelprüfung der Schüler vor dem gesammten Lehrercollegium statt; hatte der Zögling in jenen beiden Abtheilungen die Reife erlangt, so ging er zur Rhetorik, dann zur Philosophie und endlich zur Theologie über. Die Studien bis zur Philosophie entsprachen unseren Gymnasialstudien, und verlangten zu ihrer Absolvirung bei guten Anlagen und regelmäßigem Fleiße sieben Jahre; nur ungewöhnlich reiche Talente vermochten diesen Cursus in kürzerer Frist zu durchlaufen. Trotzdem Joachim erst acht Jahre alt war, als er in das Collegium eintrat, hatte er, als er im Jahre 1824 dasselbe verließ, die Rhetorik schon zum Theil absolvirt und ging im folgenden Jahre zu Rom in die Philosophie über, so daß er also, um deutsch zu reden, mit seinem fünfzehnten Jahre sein Abiturienten-Examen machte. In der That bestätigten unsere in Viterbo eingezogenen Erkundigungen, daß der Knabe seine Studien mit höchstem Lobe absolvirt und einen ungemein geweckten Geist an den Tag gelegt habe. Ein alter Canonicus daselbst, der sich rühmt, damals sein Mitschüler gewesen zu sein, erinnert sich ebenso seines ausgezeichneten Fleißes und seiner außerordentlichen Leich= tigkeit im Studium, wie seines sittsamen, bescheidenen und erbaulichen Wandels.

Das wichtigste Ereigniß im Leben des jungen Pecci während seines Aufenthalts in Viterbo war die Feier seiner ersten heil. Communion am 21. Juni 1821, am Feste des heil. Aloysius, wo er in der Kirche des heil. Ignatius zum ersten Male zum Tische des Herrn treten durfte. Wie mag sich der fromme Knabe auf diese hehre Stunde vorbereitet, mit welcher Andacht mag er den Heiland in sein reines unschuldiges Kindesherz aufgenommen haben!

Die Eltern unterließen es nicht, ihre beiden Kinder öfters in Viterbo zu besuchen, um sich persönlich von ihrem Befinden und von ihren Fortschritten in den Wissenschaften zu überzeugen. Das waren dann jedesmal wahre Festtage in dem stillen Gange der Studien. Uebrigens hatten die Knaben auch noch einen besonderen Anhalt an einer mit den Pecci's innigst be= freundeten Familie Celli, die zu den ersten der Stadt zählte und die mit liebevoller Sorgfalt Elternstelle an den beiden Kindern vertrat.

Den Convictoristen war es gestattet, in den Ferien zu den Ihrigen zurückzukehren; doch konnten sie auch gegen eine angemessene Entschädigung die Villeggiatur oder den Sommer-Aufenthalt auf dem Lande mit den übrigen Zöglingen theilen. Das Collegium zu Viterbo besaß zu diesem Zwecke ein Landgut in der Nähe des etwa eine Stunde von der Stadt entfernten Wallfahrtsortes „Unserer lieben Frau von der Eiche" (Madonna della Quercia), deren höchst interessante Kirche nach dem Entwurfe von Bramante erbaut worden ist. Die beiden jungen Pecci sind während ihrer Studienzeit zu Viterbo in den Ferien nicht zu ihren Eltern zurückgekehrt, sondern theilten den Aufenthalt auf dem Lande. So blieb Joachim, fort-während unter der Leitung und Aufsicht seiner Lehrer, vor all' den vielen Gefahren und Verführungen bewahrt, welche so manche Tugendblüthe schon in frühem Alter knicken und zerstören. Ueberhaupt läßt sich nicht verkennen, daß die Vorsehung mit besonderer Huld über die Jugend des künftigen Papstes wachte und in weiser Anordnung die Umstände zusammen-fügte, wodurch Geist und Herz des Knaben, Verstand und Wille ihre von keinem Mißton schwerer Verirrung getrübte, harmonische Ausbildung er-hielten. Die Erlebnisse seiner Kindheit im väterlichen Hause, die strenge Zucht des Jesuitencollegiums, das Grab der heil. Rosa, der Wallfahrtsort an der Quercia, der Verzicht auf Eltern und Heimath, Alles mußte zusammenwirken, jenes durch und durch solide Fundament zu legen, auf dem sich die große Zukunft aufbauen ließ, zu welcher der Knabe aus dem wilden Volksgebirge von Gott berufen und erkoren war.

In die letzte Zeit des Aufenthalts zu Viterbo fallen zwei Ereignisse, welche für die weiteren Geschicke Joachims von hoher Bedeutung waren. Das war zunächst der Tod Pius VII. und die Neuwahl seines Nachfolgers: am 28. September 1823 bestieg der Cardinal Hannibal della Genga als Leo XII. den Stuhl Petri. Das zweite Ereigniß berührte ihn persönlich. Seine Mutter, seit längerer Zeit kränkelnd, war aus dem abgelegenen Carpineto nach Rom zu ihrem dortigen Schwager übergesiedelt, in der Hoffnung, unter der Behandlung erfahrener Aerzte ihre Gesundheit wieder zu erlangen. Diese Erwartung erfüllte sich leider nicht; die Krankheit nahm von Tag zu Tag einen bedenklicheren Charakter an, und als man endlich den nahen Tod voraussah, wurden Joachim und sein Bruder aus Viterbo an das Sterbe-bett der Mutter berufen, um ihren letzten Segen zu empfangen. Es war im Sommer 1824, und Joachim also damals vierzehn Jahre alt. So vermochte er die ganze Größe des Verlustes zu ermessen, als er am 5. August die sterbliche Hülle seiner geliebten Mutter neben derjenigen des Onkels in die Gruft senkte. Sein Bruder Joseph verfaßte ihr die Grabschrift; die kindliche Liebe übertrieb nicht, wenn sie die Verstorbene als Muster einer Hausfrau, als zärtliche Mutter ihrer Kinder, als Pflegerin der Armen, als ein Weib von erprobter Frömmigkeit rühmte.*)

Drittes Kapitel.

Die Studien in Rom.

apst Leo XII. hatte durch Breve vom 27. Mai 1824 das Jesuitencollegium in Rom wieder ins Leben gerufen und ihm das mächtige Gebäude bei der Kirche des heil. Ignatius als Studienhaus zurückgegeben. Der Colonel, der sich nach dem Tode seiner treuen Gattin doppelt nach seinen Kindern sehnte, beschloß nunmehr, Joachim und Joseph dem Römischen Collegium der Jesuiten anzuvertrauen, wodurch es ihnen ermöglicht wurde, öfter den Vater im elterlichen Hause zu besuchen und zumal die Ferienzeit in Carpineto zuzubringen. Die Obhut der Knaben übernahm der Oheim Anton Pecci, bei welchem sie im Palast Muti Wohnung nahmen. Diese Uebersiedelung von Viterbo nach Rom

---

*) Die Inschrift, die der erst sechszehnjährige Sohn ihr verfaßte, lautet also:

$$A \quad \mathbf{X} \quad \Omega$$

ANNA · ALEX · F · PROSPERIA
EGENORVM · ALTRIX · FILIORVM · AMATISSIMA
DOMO · CORA
FEMINA · VETERIS · SANCTITATIS
FRVGI · MVNIFICA
H · S · E
QVAE · OMNI · MATRISFAMILIAS
MVNERE
NITIDE · ET · IN · EXEMPLVM · PERFVNCTA
DECESSIT · CVM · LVCTV · BONORVM
NON · AVG · AN · M · DCCC · XXIV
VIX · DVLCISS · CVM · SVIS · AN · LI · M · VII · D · XI
LVDOVICVS · PECCIVS · CONIVX · CVM · LIBERIS · MOERENTIBVS
MVLIERI · RARISSIMAE · INCOMPARABILI
M · P
AVE · ANIMA · CANDIDISSIMA
TE · IN · PACE

war für die geistige Entwickelung Joachims von weittragendster Be=
deutung. Jetzt war er hinlänglich ausgebildet, um die erhabene Sprache
zu verstehen, die in der ewigen Stadt aus jedem Steine zu uns redet.
Die Denkmäler des klassischen Alterthums in ihren gewaltigen Ruinen,
wie die großartigen Werke, welche die christliche Kunst geschaffen, mußten
den Geist des Jünglings mit mächtiger Gewalt ergreifen; die Kirchenfeste
mit ihrem strahlenden Glanze, die unzähligen Heiligthümer und ehr=
würdigen Stätten über und unter der Erde boten seinem frommen
Herzen täglich neue Nahrung. Zugleich entwickelten sich, unter der An=
leitung der vortrefflichen und ausgezeichneten Lehrer, Benvicini und Minini,
seine Kenntnisse um so herrlicher, als er mit bewunderungwürdigen Talenten
einen unermüdlichen Fleiß verband. Im Beginn des Jahres 1825 hielt er
in einem feierlichen öffentlichen Schulacte im großen Saale des Römischen
Collegiums die lateinische Festrede über das Thema: Das christliche Rom
verglichen mit dem heidnischen. Am Ende des Jahres empfing er Preise in
sämmtlichen Lehrfächern, und trat nun in den dreijährigen Cursus der Philo=
sophie über. Wie sich aus den Schulnachrichten des Collegiums ergibt, trug
Joachim im Jahre 1827 in der Physik den ersten Preis davon; in der
Mathematik war er unter denjenigen, welche den Preisträgern zunächst
kamen, der erste. Am Schlusse des philosophischen Cursus wurde er dazu
auserkoren, in der Kirche des heil. Ignatius eine öffentliche Disputation
über die gesammte Philosophie zu halten, eine Aufgabe, die nur den hervor=
ragendsten und ausgezeichnetsten Zöglingen zugemuthet wurde. In Folge
der angestrengten Studien erkrankte er jedoch, und so mußte auf die Forderung
der Aerzte jener Act ausfallen. Ein Studiengenosse aus jener Zeit urtheilt
über ihn heute also: „Ich kann bezeugen, daß von dem Tage an, wo er in
das Collegium zu Viterbo eintrat, Pecci wegen seines ausgezeichneten
Talentes, und mehr noch wegen seines ungemein tugendhaften Wandels von Allen
bewundert wurde. Ich habe mit ihm die unteren Classen besucht, wo wir
Nebenbuhler waren, und so oft ich ihn sah, erschien er mir voll Leben, voll
Geist. Während seiner Studienzeit in Rom wollte er nichts von Gesellschaften,
Unterhaltungen, Vergnügungen und Spielen wissen. Sein Studiertisch, das
war seine Welt; sein Himmel, sich in die Studien zu versenken. Schon mit
seinem zwölften oder dreizehnten Jahre schrieb er ein klassisches Latein in
Prosa und in Versen mit einer Leichtigkeit und Eleganz, die für sein Alter
bewunderungswürdig waren."

In seinen Studien hatte Joachim seinen älteren Bruder Joseph fort=
während als Vorbild wissenschaftlichen Strebens wie echter Frömigkeit neben

sich, und in heiligem Wetteifer bemühten sich beide, in dieser, wie in jener Hinsicht Fortschritte zu machen. Joseph zeigte nicht minder, wie sein jüngerer Bruder ganz ungewöhnliche Anlagen. Im ersten Jahre, als beide von Viterbo nach Rom übergesiedelt waren, mußte Joseph nebst den übrigen Schülern seiner Classe zum Feste des heil. Aloysius ein lateinisches Gedicht nach einem bestimmten Versmaße in der Schule zu Papier bringen. Seine Arbeit fiel so trefflich aus, daß die Lehrer beschlossen, dieselbe — und diese allein — drucken zu lassen. — Am Schlusse des Jahres, im Herbste 1823, wurde bei der öffentlichen Prüfung denjenigen Schülern, welche eben nicht examinirt wurden, aus den Zuhörern ein beliebiges Thema gestellt, über welches sie lateinische Verse machen sollten, während gleichzeitig die Prüfung der übrigen Schüler, einer nach dem andern, vor sich ging. Joseph Pecci er= hielt als Aufgabe die Schilderung des Brandes der Basilika von St. Paul, welche kurz vorher in Asche gesunken war. Binnen einer Stunde machte er gegen 200 lateinische Hexameter, ungestört durch das Sprechen um ihn her; er mußte sie dann vorlesen, und dieselben fanden einen solchen Beifall, daß sie als die beste Leistung im Schularchive aufbewahrt zu werden für werth erachtet wurden. — So linderte der Himmel dem Vater den Schmerz um den Verlust seiner Gattin durch die süßesten Freuden, die er ihm an diesen seinen Kindern gewährte; reich mit Prämien und Ehrenpreisen beschenkt kamen sie am Schlusse eines jeden Schuljahres nach Hause, und wie über ihren Fleiß, so erhielten sie auch über ihren Wandel stets die lobendsten Zeugnisse. Mit stolzer Freude durfte der Vater auf seine beiden Söhne hinschauen und dem Himmel danken für den Schatz, den er in ihnen besaß. Auch die übrigen Kinder wuchsen zu seinem herzlichsten Troste zu braven und tüchtigen Menschen auf; Keines gab ihm Veranlassung zur Klage; bei allen hatte der Same, den er und die hingeschiedene Gattin voll treuer Sorgfalt in die zarten Herzen gestreut hatten, Wurzel gefaßt und die hoffnungs= reichsten Keime getrieben.

Nach Beendigung seiner philosophischen Studien trat an Joachim die Frage heran, welcher Laufbahn er sich nunmehr für die Zukunft widmen wolle: allein diese Frage war längst entschieden. Joachim hatte von seiner Kindheit an die bestimmteste Neigung geäußert, in den priesterlichen Stand zu treten. Dieser Entschluß war zu keiner Zeit in ihm wankend ge= worden; schon mit seinem fünfzehnten Jahre hatte er, wie dies in Rom für die Zöglinge von Collegien gestattet wird, das geistliche Kleid angelegt; seine Studien, wie sein ganzes vergangenes Leben waren in seinen Augen ein= zig die Vorbereitung auf den Dienst des Altars, zu welchem er sich dem Himmel geweiht hatte. So ging er denn also nach Absolvirung der Philosophie im Jahre 1829 zur Theologie über.*) Unter den Lehrern, deren Vorlesungen er während der vier Jahre hörte, die er auf dieselbe zu verwenden hatte, nennen wir die durch ihre literarische Thätigkeit allgemein bekannten Patres Johannes Perrone und Franz Xaver Patrizi. Letzterer lebt noch, ein Greis von mehr denn achtzig Jahren, und hat so am späten Abend seines Lebens noch die Freude, einen seiner Schüler auf den Stuhl Petri erhoben zu sehen. Außer diesen verehrte er insbesondere die Patres Franz Manera, Anton Kolmann und Johannes Curi als seine Lehrer.

Im dritten Jahre seiner theologischen Studien, also im Jahre 1830, hielt er unter der Leitung Perrone's eine öffentliche und feierliche Disputation und zwar in so glänzender Weise, daß ihm der erste Preis zuerkannt wurde. Die Register des Römischen Collegiums berichten darüber also: „Vincenz Pecci hat über ausgewählte Fragen vom Ablasse und von den Sacramenten der letzten Oelung und der Priesterweihe in dem großen Hörsaale des Collegiums eine öffentliche Disputation gehalten, wobei ihm drei Gegner gegenübergestellt, alle übrigen Anwesenden aber eingeladen wurden, ihm ihre Einwendungen zu machen. Bei dem Acte war eine große Zahl von Bischöfen und anderen hervorragenden Männer zugegen. In dieser Disputation hat der junge Mann einen solchen Beweis seines Talentes gegeben, daß man schließen darf, daß er zu Höherem berufen sei." Und in dem Verzeichniß der Preisgekrönten dieses Jahres liest man vor der Nennung des ersten Preises, den Pecci in der Theologie errungen hatte, folgende Stelle: „Vincenz Pecci hat in dem großen Hörsaale vor den Professoren des Collegiums und anderen durch Gelehrsamkeit hervorragenden Männern mit glänzendem Erfolge über die Lehre vom Ablasse disputirt. Und da bei diesem öffentlichen Acte, der nach Art einer Academie vorgenommen wurde, der begabte junge Mann ebenso große Schärfe des Geistes als Fleiß an den Tag gelegt hat, so wurde beschlossen, daß sein Name hier ehrenhalber erwähnt werde." **)

---

*) Vergl. zu dem Folgenden die Civiltà cattolica vom 16. März 1878.

**) Die beiden Stellen lauten wörtlich also: Vincentius Pecci de selectis quaestionibus ex tractatu de Indulgentiis, nec non de Sacramentis Extremae Unctionis atque Ordinis, in aula Collegii maxima, publice disputavit, facta omnibus, in frequenti Praesulum aliorumque insignium virorum corona, post tres designatos, arguendi potestate. In qua disputatione idem adolescens tale ingenii sui specimen praebuit, ut ad altiora proludere visus sit. — Inter theologiae academicos, Vincentius Pecci strenue certavit de Indulgentiis, in aula

Unter den Studenten der Theologie bestand damals ein gelehrter Zirkel, eine sogenannte Academie, deren Mitglieder durch die Professoren unter den eifrigsten und besten Schülern ausgewählt wurden. Sie kamen an allen Tagen der Vacanz zusammen und übten sich in Disputationen, oder lasen die von ihnen verfaßten Abhandlungen über theologische Fragen vor. Ein oder zweimal im Jahre hielten sie auch im großen Saale des Collegiums öffentliche Acte in Form von Dialogen, wobei der eine die katholischen Lehren anzugreifen hatte, der andere die dagegen erhobenen Einwendungen widerlegen mußte. Die Disputationen fanden in lateinischer Sprache statt. Pecci war zwei Mal Präsident dieser Academie, und zweimal wurde er in jenen Disputationen als Vertheidiger der katholischen Lehre berufen.

Im Jahre 1832, dem letzten Jahre seiner Studien am Römischen Collegium, wurde ihm auf Grund eines Privilegiums, welches Papst Leo XII. aus einer besonderen Stiftung für Studenten von ungewöhnlichen Leistungen bewilligt hatte, eine jährliche Pension von 30 Scudi zuerkannt. In seinem zweiundzwanzigsten Lebensjahre hatte der junge Pecci den philosophischen und theologischen Cursus mit höchster Auszeichnung absolvirt.

Noch ehe Joachim seine theologischen Studien beendigt hatte, empfing er die Tonsur und die vier niederen Weihen. Dieselben spendete ihm der Bischof Lais von Ferentino, Administrator der Diöcese Anagni, ein Mann, der im Rufe der Heiligkeit gestorben ist. Bevor er dem Jünglinge die Weihen ertheilte, ließ er ihn zu sich kommen und ermahnte ihn in liebevollster und eindringlichster Weise, Gott mit ganzem Herzen zu dienen, „denn", sagte er, „Der Herr hat Großes mit Dir vor!" Es drängte den ehrwürdigen Bischof, seine Ermahnungen noch einmal zu wiederholen, und abermals fügte er hinzu: „Gott hat seine besonderen Absichten mit Dir!" — „Man darf schließen, daß er zu etwas Hohem berufen sei", hatten seine Lehrer im Jahre 1830 aus dem ungewöhnlichen Talente geurtheilt, das er an den Tag legte.

Aus jener Zeit seiner theologischen Studien dürfen wir einen Umstand nicht unerwähnt lassen. Das Collegium Germanicum, jene vom heil. Ignatius selber gestiftete Anstalt zur Heranbildung deutscher Jünglinge für das Priesterthum, die für unser Vaterland so unendlich viel

---

maxima, coram doctoribus Collegii aliisque viris doctrina spectatissimis. Quum vero in hac publica exercitatione, academico more peracto, industrius adolescens non parvam ingenii vim et diligentiam impenderit, placuit eius nomen honoris causa heic recensere.

Segensreiches gebracht hat, besaß damals noch nicht den Palast, in welchem es jetzt eingerichtet ist, sondern hatte seinen Sitz in einem Flügel des Jesuitenklosters bei der Jesukirche. Die Studien der neu angekommenen Zöglinge, im Besondern die Repetitionen in der Logik und Metaphysik zu leiten, pflegte der Rector den einen oder andern der hervorragendsten Studenten aus dem theologischen Cursus auszuwählen. Damals war Aloysius Taparelli Rector, und seine Wahl fiel auf den erst achtzehn= jährigen Pecci und einen anderen Namens Barnabas Tortolini. Unter denen, welche in jener Periode der philosophischen Abtheilung des Ger= manicums angehörten, war auch der selige Bischof Georg Anton Stahl von Würzburg, der ehemalige General=Vicar Diehl von Limburg u. a. Leider sind die Meisten aus dem betreffenden Cursus schon gestorben; allein noch Manche von denen, welche damals Zöglinge des Collegiums waren, müssen sich Pecci's erinnern. So begegnet uns unser jetziger heil. Vater in seiner Beziehung zur deutschen Nation zum ersten Male in jener segensreichen Thätigkeit, in welcher er die dereinstigen Priester unseres Volkes für ihren späteren Beruf ausbilden half; jene Wirksamkeit als Lehrer der gesammten katholischen Kirche, die er heute ausübt, sie hat in einer deutschen Stiftung ihren Anfang genommen.

Wir haben nicht unterlassen, an mehrere damalige Zöglinge des Germanicums zu schreiben, und es wird unsere Leser gewiß freuen, das Urtheil derselben über den jungen Pecci zu vernehmen. Herr Domcapitular Koch aus Hildesheim berichtet uns also: „Der damalige Papst Leo XII. war dem Collegium außerordentlich gewogen und vertraute ihm sogar seinen eigenen Neffen Ludwig Ancajani zur Erziehung an, der später Benedictiner wurde. Die Vorlesungen wurden an der Universität gehört; über das Erlernte fanden dann im Hause die regelmäßigen Repetitionen statt, die ein Repetitor leitete. Dies war später einer der Zöglinge aus einem älteren Cursus; früher wurde dazu ein Scholasticus aus der Gesellschaft Jesu oder ein anderer besonders begabter Student, damals Pecci, aus= gewählt. Ich erinnere mich nun noch sehr wohl, mit welcher Meisterschaft er uns die schwierigsten Aufgaben der Mathematik und Physik klar machte, mit einer Leichtigkeit, daß wir oft darüber staunten. Dabei war die ganze äußere Erscheinung freundlich, tactvoll und nobel." — Herr Domcapitular Willi aus Chur schreibt: „Wenngleich nach so vielen Jahren und Wechsel= fällen manche Eindrücke der Jugend verwischt sind, so steht die Persönlich= keit unseres damaligen Repetitors mir doch um so klarer vor der Seele, weil ich unter meinen Mitschülern wohl am meisten Gelegenheit hatte, mit ihm zu verkehren, da ich eine größere Geläufigkeit in der lateinischen und italienischen Sprache besaß. Sein erstes Auftreten, als er uns durch den Pater De Lacroix vorgestellt wurde, war bescheiden, fast schüchtern. In der Folge zeigte er sich sehr liebevoll und zuvorkommend, in seinem Charakter gemessen, in seinen Erläuterungen ungemein klar und ver= ständlich. Wenn er nicht verstanden wurde, was wegen seiner italienischen Aussprache des Latein bei den neuen Zöglingen öfters der Fall war, so wiederholte er mit aller Geduld das Gesagte. Um uns das Studium zu erleichtern, stellte er aus den Collegien=Heften eine Reihe von Thesen zu= sammen, an deren Hand eine größere Ordnung und Klarheit in die Uebungen kam." — Herr Dechant Küstner in Dessau schildert den da= maligen Repetitor als einen schlanken, hübschen und vornehmen jungen Mann, der von allen Alumnen geliebt und hochgeachtet wurde. — Pfarrer Bertram in Steinweiler hat mit Pecci die Vorlesungen gehört und berichtet über ihn Folgendes: „Unser Professor hatte die Gewohnheit, gegen Schluß der Vorlesung etwa zehn Minuten zu Fragen und Erörterungen zu ver= wenden. Da war es uns denn immer eine besondere Freude, wenn er Pecci aufrief; denn mit wohlklingender Stimme entwickelte dieser seine Antworten und seine Auseinandersetzungen mit einer solchen Schärfe und Klarheit, daß Alle ihn als den Begabtesten unter den Zuhörern betrachteten."

So groß aber auch die Hingebung sein mochte, mit welcher Pecci sich den Studien widmete, und so sehr er Lehrer wie Mitschüler durch seinen frommen Wandel erbaute, so war er doch keineswegs ein Kopf= hänger. In Carpineto erinnert man sich sehr wohl, wie er sich in den Ferien ein Vergnügen daraus machte, auf die Jagd zu gehen, um Vögel, Hasen, Füchse und anderes Wild zu erlegen, und wer ihn da, die Flinte über dem Rücken, mit seinem Hunde dahin ziehen sah zum fröhlichen Waidmannswerk, der hätte gewiß sehr ungläubig gelächelt, wenn ihm Jemand gesagt haben würde, daß der heitere Bursche dereinst Papst und Oberhaupt der ganzen Christenheit sein werde.

Bisher hatte Joachim seinen älteren Bruder Joseph als Genossen seiner Studien, wie als Beschützer und Rathgeber an seiner Seite gehabt; jetzt sollte er diesen treuen Freund verlieren, indem sich Joseph entschloß, in die Gesellschaft Jesu einzutreten. Es mag hier der passendste Ort sein, Einiges über die Lebensgeschichte und die Persönlichkeit desselben mitzu= theilen, nicht nur, weil er unter den Brüdern Sr. Heiligkeit am meisten durch hohe Begabung hervorragt, sondern auch darum, weil er durch die geheimnißvollen Fügungen der Vorsehung auch in der Folge uns im Leben unſeres heil. Vaters wiederholt begegnen wird. Sowohl in den Jahren ſeiner Vorbereitung zum Prieſterthum, als auch nachdem er 1836 die heil. Weihen empfangen hatte, wirkte Joſeph in verſchiedenen Collegien des Ordens als Profeſſor der Rhetorik und der Philoſophie; er trug über die Geſchichte der Philoſophie vor, als die Jeſuiten 1848 aus Rom vertrieben wurden. Im Jahre 1850 zurückgekehrt, übernahm er wiederum ſeine Lehrerſtelle als Erzieher der Jugend, bis er im folgenden Jahre ſich veranlaßt fühlte, aus der Geſellſchaft Jeſu auszutreten. Sein Bruder Joachim, damals ſchon Biſchof von Perugia, berief ihn nun zu ſich und übertrug ihm die Pro-

Prof. Joſeph Pecci.

feſſur der Philoſophie an ſeinem Prieſterſeminar. Dort war er zehn Jahre lang thätig; unter Anderem bereitete er die Grün-dung der Academie des heil. Tho-mas vor, welche der Cardinal von Perugia 1859 ins Leben rief. Im Jahre 1861 überwies ihm der Papſt eine Profeſſur an der römiſchen Univerſität der Sa-pienza, wo er Nachfolger des un-glücklichen Paſſaglia wurde und zumal durch ſeine geiſtreiche Er-klärung der Philoſophie des heil. Thomas ſich die allgemeine Be-wunderung erwarb. Bei den Vorbereitungen zum vaticaniſchen Concil ward er der dogmatiſchen Commiſſion zugewieſen. Als die Piemonteſen in Rom einrückten, ſetzte er nebſt den übrigen geiſtlichen Profeſſoren auf die aus-drückliche Weiſung des Papſtes einſtweilen noch ſeine Lehrthätigkeit an der Univerſität fort, bis 1871 die Regierung von den Profeſſoren den Eid auf die Verfaſſung Neu-Italiens verlangte. Dieſen Eid durfte und wollte Keiner von ihnen leiſten und ſo nahmen ſie ſämmtlich ihre Entlaſſung. Joſeph lebt ſeitdem zu Rom in ſtiller Zurückgezogenheit einzig ſeinen Studien. Trotz ſeiner ſiebenzig Jahre iſt er heute noch ein friſcher, rüſtiger Greis, ein Mann von bewunderungswürdigem Talent und philoſophiſchem Scharfſinn, wie wenige. Daß ſein Bruder Papſt geworden, hat ihn in ſeiner liebenswürdigen Einfachheit ſo wenig verändert, als wenn derſelbe

Mönch geworden wäre. Seinen freundlichen Mittheilungen verdanken wir eine Menge von Nachrichten zumal über die Jugend unseres heil. Vaters und über die Zeit seines bischöflichen Wirkens in Perugia von 1851 bis 1860.

Unterdessen hatte sich Pecci um eine Stelle in der Accademia bei nobili beworben, also um Aufnahme in jenes adelige Institut, welches früher mehr noch als gegenwärtig die Vorschule zum kirchlichen Staatsdienste war und in welchem die Nuntien, die Delegaten zur Verwaltung des Kirchenstaates und überhaupt die höheren Beamten der Curie ihre Ausbildung erhielten. Dasselbe war im Jahre 1701 durch drei vornehme junge Leute gegründet worden, unter denen einer, der Canonicus Arnold Thiele, ein Deutscher war. Um sich ganz ungestört ihren Studien widmen zu können, hatten sie sich eine gemeinsame Wohnung im Palast Gabrielli (nahe bei der Engelsbrücke) gemiethet, wo sie am 25. April jenes Jahres ihr gemeinsames, einzig der Pflege der Wissenschaft und der gegenseitigen Ausbildung geweihtes Leben begannen. Das Vorbild fand schnelle Nach= ahmung, und schon im August hatten sich so viele andere adelige Jüng= linge ihnen angeschlossen, daß es nöthig erschien, einen Oberen zu wählen. Papst Clemens XI. (1700—1721) sah mit großer Freude den Eifer der jungen Cavaliere und gab ihnen in dem Cardinal Renatus Imperiale den ersten Protector. Durch reiche Schenkungen bildete sich bald ein ansehn= liches Vermögen; im Jahre 1745 wurde der Palast Severano am Minerva= platz angekauft, wo seitdem die Academie ihren Sitz hat. Papst Clemens XIII. war vom Januar 1714 bis December 1715, Leo XII. von 1783 bis 1790 Zögling der Anstalt. Jetzt sollte der dritte dereinstige Papst in dieselbe eintreten.

Zur Aufnahme in die Academie war aber die Vorweisung eines Adels= briefes erforderlich, und die Familie Pecci war nicht adelig. Cardinal Sala wußte Rath. Bis in die neueste Zeit besaßen alle hervorragenden Städte Italiens einen sogenannten libro d'oro, das goldene Buch, in welchem die patricischen Geschlechter der Stadtgemeinde eingetragen waren. Nur die dort verzeichneten Familien hatten das Recht zum Municipal=Rath und der Verwaltung der städtischen Angelegenheiten; sie waren aber darin, soweit es den Kirchenstaat betrifft, der in Rom residirenden Congregazione del buon governo, d. h. einer aus Cardinälen und Prälaten zusammengesetzten Commission verantwortlich, die über die ordnungsmäßige Führung der Ver= waltung die Aufsicht hatte. Jene Municipalräthe besaßen weiterhin die Befugniß, das Patriciat ihrer Stadt einzelnen Personen oder auch Familien

zu verleihen, indem sie deren Namen in den libro d'oro eintrugen und
dem Betreffenden das Adelsdiplom ausstellten. Nun erinnert sich der Leser
der vielfachen Beziehungen, welche die Familie Pecci zu der Stadt Anagni
hatte, und da auch diese ein „goldenes Buch" besaß, so war es nicht
schwer, für Joachim die Eintragung in dasselbe zu erwirken. Daher stand
nun der Aufnahme in die Accademia ecclesiastica nichts mehr im Wege;
im Verzeichnisse der Zöglinge der Anstalt lesen wir die Worte: „Der
Hochwürdige Herr (l'abbate) Joachim Pecci, Patricier von Anagni, 22 Jahre
alt, ist am Abende des 15. November 1832 in die Academie eingetreten."

Heute können nur Priester, oder Solche, welche es werden wollen, in
dieselbe aufgenommen werden; damals bestand die größere Zahl der Zöglinge aus Laien. Von Denen, welche gleichzeitig mit Pecci in der Academie
studirten, sind zwei Cardinäle geworden, d'Andrea († 1868) und der noch
lebende Bartholomäus Pacca. Der Bischof Malou von Brügge war von
1831 bis 1832, Montpellier, Bischof von Lüttich, von 1831 bis zum
1. August 1832 in der Academie *); außerdem sind noch acht von Pecci's
damaligen Genossen Prälaten geworden.

Der Geist, der in jener Zeit in der Academie herrschte, entsprach
keineswegs in allen Beziehungen den Absichten ihrer Gründer; allein Pecci
wußte durch persönlichen Eifer zu ersetzen, was die Anstalt selber ihm nicht
bot. Unter Anleitung des Prälaten Fornari, dem wir später als Nuntius
in Paris begegnen werden und der als Cardinal 1854 starb, wiederholte
er zunächst seine theologischen Studien; das bürgerliche Recht erlernte er
in der Academie unter den beiden Professoren Capogrossi und dem späteren
Cardinal Brunelli und machte dann unter dem Professor Carl Villani an
der Universität der Sapienza den Cursus im Kirchenrechte durch. Zugleich
besuchte er die dort bestehende theologische Academie. Im Jahre 1834
bestand er im Concurs mit anderen ausgezeichneten Zöglingen des römischen
Klerus ein Examen in der Erklärung der heil. Schrift, im Kirchenrecht, in
der Dogmatik und Kirchengeschichte; seine Abhandlung wurde als die beste
erfunden und ihm das dafür ausgesetzte Prämium von 60 Zecchini oder
Goldgulden zuerkannt. Im folgenden Jahre hielt er zu Ehren des Cardinals
Sala, eines der Protectoren der Academie, in Gegenwart sämmtlicher
Professoren, einen öffentlichen Act, in welchem er über die juristische

---

*) Es ist also unrichtig, wenn belgische Blätter Montpellier und Pecci Mit-
schüler in jenem Institut sein lassen. Ersterer war bereits abgereist, als dieser eintrat;
doch waren Beide von ihren Studien her mit einander bekannt und innig befreundet.

Frage der Appellation an das höchste richterliche Urtheil des Papstes
disputirte, ein Vortrag, durch den er sich die allgemeine Bewunderung
erwarb.*)

Es konnte nicht ausbleiben, daß der junge Mann mit den ausgezeich=
neten Talenten und dem liebenswürdigen Wesen die Aufmerksamkeit und
Gewogenheit der höchsten Kreise auf sich zog. In der That durfte er schon
damals sich der besonderen Gunst mehrerer der hervorragendsten Cardinäle
erfreuen, vor allen des Cardinalvicars Odescalchi, des Cardinals Castracane,
damals Präfecten der Propaganda, Paul Polidori's, welcher Präfect der
Congregation des Concils war, und des Staatssecretairs Lambruschini.
Der Cardinal Sala wollte ihn nach jenem öffentlichen Acte fast täglich
bei sich sehen und übergab ihm die Verhandlungen der verschiedenen Con=
gregationen, deren Mitglied er war, zum Studiren. Der Cardinal Lam=
bruschini nahm ihn und Alexander Barnabò, der 1874 als Cardinal starb,
als Zuhörer in die Congregation der außerordentlichen kirchlichen An=
gelegenheiten auf, ein Vorrecht, das sonst nur höchst selten gewährt wird.
Ausgerüstet mit seinem reichen philosophischen, theologischen und juristischen
Wissen, wußte der Jüngling aus dem Studium der mannichfaltigen, jenen
Congregationen vorliegenden, Fragen über die philosophischen Irrthümer
eines Lamenais, Bautain, Hermes u. A., über Eherecht, über kirchliche
Riten, über die Beziehungen des heil. Stuhles zu den Staaten u. s. w.
sich eine Fülle neuer Kenntnisse zu erwerben, die ihn befähigten, in jedes
Amt, welches ihm sollte anvertraut werden, nicht als Neuling, sondern mit
Sachkenntniß und Uebung einzutreten.

Leider sollte der Colonel nicht mehr die Freude erleben, seinen Sohn
als Priester am Altare zu erblicken. Im Jahre 1836 ergriff ihn zu
Carpineto eine Krankheit, welche seinem Leben in seinem neunundsechs=
zigsten Jahre ein Ende machte. Mit tiefer Trauer folgte Joachim dem
Sarge seines geliebten Vaters, in welchem er das Theuerste verlor, das
er hienieden besessen hatte. Aber ergeben und gehorsam brachte er dieses
Opfer, das der Herr ihm gerade jetzt aufzuerlegen schien, um die Wahr=
heit der völligen Hingabe seiner selbst zu erproben, in der er sich beim
Eintritt in das Heiligthum dem Himmel zum Opfer gebracht hatte.

Um diese Zeit war es, wo Pecci seinen Taufnamen änderte. Seine
Mutter, welche eine besondere Verehrung zum heil. Vincentius hegte, hatte
ihn stets mit diesem Namen benannt, und er selber hatte, wie wir gesehen,

---

*) Deappellationibus ad Romanum Pontificem.

denselben auch später beibehalten. Es war vorwiegend ein äußerer Um=
stand, der ihn veranlaßte, sich fortan nach seinem Pathen, dem Bischof
von Anagni, zu nennen. Es lebte nämlich damals in Rom ein bei der
Kirche von Sta. Maria Maggiore angestellter und durch seine Beredt=
samkeit berühmter Canonicus, der ebenfalls Vincenz Pecci hieß, im Uebrigen
aber mit unserem Pecci in keiner verwandtschaftlichen Beziehung stand.
Die völlige Gleichheit des Namens gab zu häufigen Verwechselungen Anlaß;
Briefe, die an unseren jetzigen Papst gerichtet wurden, kamen in der Regel
erst bei dem allgemein bekannten Canonicus an u. s. w. So entschloß sich
denn Jener, seinen Namen zu ändern und sich fortan Joachim zu nennen.

Fünf Jahre lang, bis zum 4. März 1837, blieb Pecci in der Academie,
in welcher er in der letzten Zeit die Würde eines Decans bekleidete. Gegen
das Ende seines dortigen Aufenthaltes empfing er die beiden höheren
Weihen des Subdiaconats und Diaconats, und zwar durch den Cardinal
Carl Odescalchi in der Kapelle des heil. Stanislaus Kostka, im Noviziat=
hause der Jesuiten auf dem Quirinal. Cardinal Odescalchi glänzte in
jener Zeit als eine der leuchtendsten Erscheinungen im heil. Collegium.
Am 5. März 1785 war er zu Rom geboren; sein Vater war römischer
und österreichischer Fürst und Herzog von Sirmium in Slavonien. Im
Jahre 1798 siedelte die Familie angesichts der schrecklichen Verhältnisse
im Kirchenstaate nach Wien und dann nach Sirmium über, kehrte jedoch
mit der Thronbesteigung Pius VII. wieder nach Rom zurück, wo sich Carl
den theologischen Studien weihte. Im Jahre 1806 überbrachte er dem
neu creirten Cardinal Colloredo von Olmütz im Auftrage des Papstes den
rothen Hut. Zwei Jahre darauf wurde er zum Priester geweiht, und
entwickelte sofort eine ungemeine Thätigkeit im Unterricht der Jugend, in
der Sorge für die Armen, im Beistande der Sterbenden und in Abhaltnug
von Volksmissionen, unter anderen auch in Perugia. Nachdem er im
Auftrage Pius' VII. ebenfalls dem Erzherzog Rudolph von Oesterreich,
Erzbischof von Olmütz, den Cardinalshut überbracht hatte, zog der Papst
ihn in seine Nähe, creirte ihn bald darauf 1823 auf Bitten des Kaisers
Franz I. von Oesterreich zum Cardinal und machte ihn zum Erzbischof von
Ferrara. Im Jahre 1826 legte Odescalchi jedoch den Hirtenstab nieder,
den zu tragen er in seiner Demuth sich nicht fähig hielt. Gleich bei
seinem Amtsantritte ernannte Gregor XVI. ihn zum Bischof von Sabina
und bald nachher zu seinem Cardinal=Vicar für die Stadt Rom. In
dieser Stellung war er vor Allem auf die Heranbildung eines tüchtigen
Clerus bedacht; mit unermüdlichem Eifer wirkte er für das Heil der

Seelen, opferte sich auf in den Tagen der Cholera während des Jahres 1837 und sorgte für die Waisen. Dann entsagte er im October des folgenden Jahres unter Zustimmung des Papstes allen seinen Würden und trat in die Gesellschaft Jesu, in welcher er am 17. August 1841 im Rufe der Heiligkeit starb. — So lebhaft der junge Pecci die besondere Gnade erkannte, aus der Hand eines so hervorragenden Cardinals die heil. Weihen zu empfangen, so trug auch der Ort, wo er dieselben empfing, nicht wenig dazu bei, sein Herz mit innigster Andacht und den erhabensten Entschlüssen zu erfüllen. Es war ja das Gemach, in welchem der heil. Stanislaus Kostka, dieser engelreine Jüngling, seine lautere, makellose Seele ausgehaucht hatte. An der Stelle, wo das Sterbebett gestanden, sieht man jetzt seine Figur in Stein, das Gewand aus schwarzem, Haupt, Hände und Füße aus weißem Marmor, das Crucifix in der Hand, ein überaus liebliches und rührendes Bild; an den Wänden erblickt man unter Glas und Rahmen Briefe, von ihm geschrieben, sowie in besonderen Behältnissen Reliquien verschiedener Heiligen. Es giebt kaum eine an= muthigere Andachtsstätte in Rom als diese Capelle des heil. Stanislaus. Das Jahr 1837 war das an Ereignissen reichste im Leben Pecci's. Papst Gregor XVI. war längst auf den begabten und frommen Jüngling aufmerksam gemacht worden; er beschloß daher, bevor derselbe das Institut der Accademia ecclesiastica verließ, ihn in besonderer Weise auszu= zeichnen. Es ist herkömmlich, daß der Papst den Zöglingen jenes Hauses bei ihrem Ausscheiden einen Ehrentitel verleiht mit Rücksicht auf die höheren kirchlichen Aemter, zu deren Verwaltung dieselben in der Academie eigens ausgebildet und vorbereitet werden. Pecci erhielt auf den Vorschlag des Cardinals Lambruschini und des Präsidenten der Academie, Pacca, den höchsten Titel, den der Papst ihm jetzt verleihen konnte, indem er unter dem 14. Februar zum Hausprälaten Sr. Heiligkeit ernannt wurde. Bald sollten weitere Erweise der höchsten Huld folgen.

Am 4. März schied Pecci aus der Academie; zehn Tage später erhielt er seine Anstellung als Referendar am kirchlichen Gerichtshofe der Segna= tura. Nach der ursprünglichen Einrichtung sollten diese Referendare an den Papst berichten oder referiren über alle an den heil. Stuhl gerichteten Bittschriften, damit der Papst nach Anhörung ihres Rathes das betreffende Gesuch durch seine Unterschrift oder Signatur genehmige. Da es sich nun aber bei dem größeren Theile jener Gesuche um richterliche Ent= scheidung handelte, indem die Gläubigen von dem Urtheile irgend eines Richters an den Papst selbst appellirten, so wurde bald die Thätigkeit der

Referendare vorwiegend eine rechtliche und richterliche, und auf diese Weise entwickelte sich der Gerichtshof oder das Tribunal der Signatur. Und da es sich bei den Processen theils um kirchliche Angelegenheiten handeln konnte, theils um weltliche, welche von den Unterthanen des Papstes vorgelegt wurden, so unterschied man eine doppelte Signatur. An der Spitze des ganzen Tribunals steht der Cardinal=Präfect, dem sieben Referendare als Gerichtsrath zur Seite stehen, und denen weiterhin eine fernere Anzahl von Prälaten als Referendare beigegeben sind, welche an den Sitzungen Theil nehmen, über einzelne Fälle berichten und ihre Meinung abzugeben haben. Nach einer Verfügung Sixtus' V. muß ein jeder Referendar Doctor beider Rechte und wenigstens fünfundzwanzig Jahre alt sein. Hat der Papst einem Prälaten jenen Titel verliehen, so muß dieser sich einem Examen unterwerfen, welches besonders darin besteht, daß er über zwei ihm vorgelegte Processe Bericht erstatten und sein Urtheil abgeben muß. Erst in Folge einer doppelten geheimen Abstimmung wird der Bewerber als zugelassen erklärt und darf nun den Amtseid ablegen. Nachdem Pecci seine volle Befähigung nachgewiesen hatte, wurde er am 16. März zu diesem Eide zugelassen.

Vier Monate später, am 4. Juli, machte ihn der Papst zum Mitglied der Congregazione del buon governo. Dieses von Sixtus V. eingesetzte Tribunal hatte die ordnungsgemäße bürgerliche Verwaltung der Provinzen zu überwachen und zugleich in nicht geringem Maße sich an den Be= rathungen zu betheiligen, welche das allgemeine Wohl des gesammten Kirchenstaates bezweckten.

Am 15. December erfolgte eine abermalige Beförderung, indem der Papst ihn in die wichtige Congregation des tridentinischen Concils als Consultor oder beisitzenden Rath berief. Die Consultoren dieser Con= gregation theilen sich in zwei Classen. Die erstere hat unter anderem die von den Provinzial=Concilien vorgelegten Acten zu prüfen und weiterhin über besonders schwierige Rechtsfragen, zumal in Ehesachen, in außer= ordentlicher Weise ihr Gutachten abzugeben. Die zweite Classe muß die von den Bischöfen des Erdkreises alle fünf Jahre beim heil. Stuhle ein= zureichenden Berichte über den Stand der Diöcesen prüfen und darüber den Cardinälen und dem Papste berichten. Pecci wurde der ersten Classe zugewiesen.

Die rasche Aufeinanderfolge von Ernennungen ließ nicht daran zweifeln, daß Gregor XVI. höhere Absichten mit Pecci habe; die Gewandt= heit und der Eifer, mit welchen sich dieser allen seinen Pflichten unterzog,

sowie das ungewöhnliche Talent, das er dabei an den Tag legte, berech=
tigten vollkommen jene Absichten des Papstes.

Pecci hatte jetzt endlich das Alter erreicht, um die heil. Priesterweihe
zu empfangen; mit heiligstem Ernste hatte er sich durch Studium und
Gebet auf dieselbe vorbereitet. Am 23. December spendete ihm Cardinal
Odescalchi in der Capelle des Vicariates in Gegenwart seiner nächsten
Verwandten und Angehörigen die heil. Weihe; am folgenden Tage, am Vor=
abende vor Weihnachten, brachte er zum ersten Male das heil. Opfer dar.
Er wählte dazu ein stilles, liebes Plätzchen, die Capelle des heil. Stanislaus,
wo er auch die ersten Weihen empfangen hatte, aus, sowohl um ganz un=
gestört in seiner Andacht zu sein, als auch weil er zu diesem jugendlichen
Heiligen stets eine besondere Vorliebe im Herzen getragen hatte. Ihm
assistirte bei dem ersten heil. Opfer sein Bruder Joseph, der Jesuit.
Gewiß, das war ein unendlich seliger Festtag; mit tiefster Ehrfurcht und
zärtlichster Andacht hielt der junge Priester das göttliche Kindlein auf
seinen Händen und schloß es in sein Herz und vereinte das Opfer seiner
selbst mit dem des Menschgewordenen. Jetzt war das Ziel erreicht, nach
welchem er sich so lange gesehnt hatte; nunmehr kannte er keinen anderen
Wunsch, als sich ganz dem Dienste der Kirche zu weihen und nur für
Gott zu leben und zu wirken.

Wir stehen am Ende des ersten großen Abschnittes im Leben unseres
heil. Vaters. Wie gnadenreich hat die Vorsehung die Geschicke des Knaben,
des Jünglings geleitet, wie mußten alle Umstände zusammenwirken, die
Mission in Carpineto, die Wiederherstellung des Römischen Collegiums
unter Leitung der Jesuiten, die Bekanntschaft mit den Cardinälen Sala
und Lambruschini, selbst der Tod seiner Eltern, um das reiche Talent,
das Gott ihm verliehen hatte, zu entwickeln, zugleich sein Herz auf
der Bahn der Tugend zu festigen, und ihn endlich auf vielverschlungenen
Wegen zu dem Ziele zu führen, wo seinem glänzenden Verstande und
seinem edlen Gemüthe sich die segensreichste Thätigkeit eröffnen sollte.
Der junge Prälat dachte freilich nicht im Entferntesten, was Gott über
ihn beschlossen, zu welcher Würde der Himmel den Sohn der öden Volsker=
berge berufen hatte. Indem er in die Zukunft schaute, erfüllte seine Seele
einzig das heilige Verlangen, recht viel zur Ehre Gottes zu thun, wie
und wo die Vorsehung es wolle.

Viertes Kapitel.

— ·· —

Zeitereignisse.

evor wir in der Lebensbeschreibung unseres heil. Vaters fort=
fahren, haben wir einen Blick auf diejenigen geschichtlichen
Ereignisse zurück zu werfen, welche mittelbar oder un=
mittelbar für die weitere Entwickelung des jungen Pecci von
Bedeutung gewesen sind.

Am 20. August 1823 starb Pius VII.: „Savona, Fontainebleau" *)
waren die letzten Worte, die der ehemalige Gefangene Napoleons aussprach.
So folgten für Joachim zwei schmerzliche Leichenfeiern kurz nach einander,
diejenige seiner Mutter am 5. August, und jetzt die des Papstes, den
er mit kindlicher Liebe verehrt hatte. Vierzig Tage nach dem Tode Pius' VII.,
sechsundzwanzig nach Beginn des Conclaves wurde der Cardinal Hannibal
della Genga gewählt, der den Namen Leo XII. annahm. Seine Erhebung
wurde von allen Seiten freudig begrüßt. Unter anderen Huldigungen seien
die mit Anspielung auf seinen Namen gedichteten Verse erwähnt:

> Einst erschreckte der Ruf: „Vor den Thoren Hannibal!" Alles;
> Drinnen ist Hannibal jetzt — Rom aber jauchzet ihm zu.

Pecci war Zeuge der Proclamation, sowie der großartigen Krönungs=
feier am Sonntage, den 5. October; ein halbes Jahrhundert später sollten
die Jubelrufe, mit welchen jetzt er den neuen Statthalter Christi
begrüßte, ihm selber dargebracht werden! Der wunderbare Glanz
jener Feste machte auf den geweckten, hochbegabten dreizehnjährigen
Knaben einen unauslöschlichen Eindruck; bei seinem tief religiösen
Gemüthe mußte der Anblick des neuen Papstes, wenn er in feierlicher
Procession durch St. Peter daher getragen wurde, ihm fast wie eine
übernatürliche Erscheinung sein; es liegt ja etwas so unaussprechlich
Majestätisches, unbeschreiblich Erhabenes in jener Pracht der Umgebung
und der Ceremonien, in welcher das Oberhaupt der katholischen Welt
vor den Gläubigen erscheint.

---

*) An beiden Orten war er von Napoleon I. in Gefangenschaft gehalten worden.

Die zärtliche Verehrung, welche der junge Pecci vom ersten Tage an für den neuen Papst empfand, steigerte sich in der Folge um so mehr, als er in ihm das Ideal verwirklicht sah, wie er es sich von dem Stellvertreter Christi erhabener und edler nicht denken konnte. Leo feierte den Tag seiner Krönung dadurch, daß er, obgleich von der langen Ceremonie aufs höchste ermüdet und erschöpft, zwölf Arme an seiner Tafel bediente. Die Allocution, welche er im ersten Consistorium am 17. November hielt, war von einer so rührenden Demuth, daß alle Cardinäle davon aufs tiefste ergriffen wurden. Alle Welt theilte die Ueberzeugung, daß die Leiden Pius' VII. von Gott für die Kirche in Leo XII. einen Papst erwirkt hätten, wie Gott solche gerade in Zeiten der Stürme für die Leitung des Schiffleins Petri zu erwählen pflegt *). Wenige Wochen nach seiner Erhebung auf den Stuhl Petri tödtlich erkrankt, wurde er wunderbar wiederhergestellt, indem der im Rufe der Heiligkeit stehende Bischof Strambi sich für ihn zum Opfer brachte.

Am 21. Mai, dem Feste der Himmelfahrt Christi, kündigte der Papst das Jubeljahr 1825 an, das er dann am nächsten Weihnachtsfeste in Person eröffnete. Um die Gläubigen, zumal in Rom, auf das Jubiläum vorzubereiten, erließ Leo eine Reihe von Decreten über die Pflichten der Geistlichkeit, über Gottesdienst und Sonntagsheiligung, wider den Luxus der Frauen in der Kleidung u. s. w. Zu gleicher Zeit erfolgte eine ganze Anzahl trefflichster Verfügungen. So wurde durch Breve am 27. Mai 1824 der Unterricht am Römischen Collegium den Jesuiten zurückgegeben; eine Congregation von Cardinälen erhielt die Aufgabe, die Mittel zu einer christlichen Erziehung der Jugend zu berathen; das Unterrichtswesen wurde neu organisirt; im Kirchenstaate wurden neben den beiden ersten Universitäten von Rom und Bologna fünf Hochschulen zweiten Ranges zu Ferrara, Perugia, Camerino, Macerata und Fermo ins Leben gerufen. In seinem elterlichen Hause zu Spoleto richtete Leo XII. eine große Schule ein, deren Leitung er den Brüdern des christlichen Unterrichts anvertraute; eine andere Schule ebendaselbst hatte sich mit der Erziehung der weiblichen Jugend des Volkes zu beschäftigen. Nach langen und gewissenhaften Vorarbeiten erschien am 5. October eine Verfügung, welche das gesammte Gerichts- und Verwaltungswesen neu organisirte. Eine weitere Verordnung ermäßigte die Steuern, deren Ausfall durch Ver-

---

*) Henrion, Storia universale della chiesa; XIII, 226, aus welchem Werke wir auch die übrigen Nachrichten über Leo XII. entnommen haben.

einfachung in der Verwaltung und in der Hofhaltung ausgeglichen wurde. — Gleich in den ersten Tagen nach seiner Erhebung hatte der Papst sich persönlich zu der städtischen Strafanstalt in den diocletianischen Thermen begeben und dort Alles untersucht; in gleicher Weise erschien er unangemeldet und unerwartet am 26. Juli 1824 in den öffentlichen Gefängnissen, ließ sich jedes Verließ aufschließen, verkostete die Nahrungsmittel der Gefangenen und nahm deren Beschwerden entgegen. Ein Soldat, der im Kerker die Wache hatte, klagte über die schlechte Beschaffenheit des Brodes; Leo ließ es untersuchen, und da er die Klage begründet fand, verurtheilte er den Lieferanten zu einer hohen Geldstrafe, die unter die Soldaten vertheilt wurde. Ein anderes Mal erschien er um zwei Uhr in der Nacht im Spital von St. Spirito, besuchte die Kranken, verkostete die Suppe, welche für sie bestimmt war und vertheilte dieselbe, tröstete die Leidenden und spendete einem Sterbenden die General-Absolution.

So kam das Jubeljahr heran. Statt der in Trümmern liegenden Basilika des heil. Paulus war als vierte Kirche, welche die Gläubigen besuchen sollten, die von Maria in Trastevere bestimmt worden. Auch der fromme Pecci machte die Wallfahrt, ja dieselbe sollte durch einen besonderen Umstand für ihn unvergeßlich werden. An einem bestimmten Tage hielt nämlich die gesammte studirende Jugend Roms, die Zöglinge aller kirchlichen Collegien und Anstalten, nahezu anderthalbtausend Jünglinge an der Zahl, ihren gemeinsamen Bittgang zur Gewinnung des Ablasses. Der Papst, der davon in Kenntniß gesetzt worden war, äußerte den Wunsch, nach Beendigung der Andacht die Jugend vor sich zu sehen, und er bestimmte den Hof des Belvedere im vaticanischen Palaste zu der Audienz. Umgeben von Cardinälen und Prälaten empfing der Papst die jugendliche Schaar, in deren Namen der erst fünfzehnjährige Pecci die lateinische Ansprache an Se. Heiligkeit zu halten auserkoren worden war. Wie klopfte dem Knaben das Herz, als er dem Stellvertreter Christi nahen, im Namen aller seiner Studiengenossen ihn anreden sollte! Endlich durfte er vortreten und, nachdem er ehrfurchtsvoll den Fuß Sr. Heiligkeit geküßt hatte, seine Ansprache halten. Mit den ersten Worten kam ihm sofort Muth und Ruhe, und mit heller, klarer Stimme führte er seine Rede zu Ende, ohne auch nur einmal anzustoßen. Dieselbe gefiel dem Papste sichtlich; auch die ganze Erscheinung des bescheidenen, etwas schmächtigen Jünglings machte auf ihn den besten Eindruck. Er ließ den Knaben zu sich kommen, legte segnend seine Hände auf sein Haupt und zeichnete ihn dadurch aus, daß er ihm zum Andenken an diese Stunde eine schöne,

große Medaille schenkte. Joachim war überglücklich. Er eilte, seinem
Vater die frohe Nachricht mitzutheilen und ihm das kostbare Geschenk zur
Bewahrung anzuvertrauen.

Nachdem der Papst wiederholt privatim zu den vier Hauptkirchen
gewallfahrtet war, nahm er am 26. März einen öffentlichen Besuch der=
selben vor, wobei er sich von zweiundsiebenzig Pilgern aus den verschie=
densten Nationen begleiten ließ. Nach der Messe, die Leo in St. Peter
feierte und wo er diesen Pilgern und einer großen Schaar anderer
Gläubigen die heil. Communion reichte, zog er sich einen Augenblick zurück
und erschien dann mit bloßen Füßen, um so die Wallfahrt zu den vier
Basiliken zu halten. Nach derselben wurden die Pilger in den Palast geführt,
wo die Tafel bereitet war, welche der Papst persönlich bediente. Am Char=
freitag wusch er im großen Hospiz der Trinità den armen Pilgern die Füße;
wenige Tage später besuchte er die Scala santa, die heil. Treppe, die er auf
den Knieen emporstieg; am Feste des heil. Philipp Neri nahm er abermals
barfuß an der Procession Theil. Neben diese Erweise von Liebe, Demuth
und Buße stellten sich dann wieder Acte, in welchen der Papst in der
ganzen Glorie seiner apostolischen Machtfülle erschien, indem er im Mai,
Juni, Juli und December feierliche Heiligsprechungen in St. Peter vor=
nahm. Bei allem dem fand Leo die Zeit, am 13. März eine Bulle wider
die geheimen Gesellschaften zu erlassen; ein Haus zu gründen, in welchem
Frauen nach ihrer Genesung einige Tage bis zu ihrer völligen Wieder=
herstellung verpflegt wurden; die Conservatorien zu reorganisiren, in welchen
die Mädchen der unteren Classen Aufnahme, Unterricht und Erziehung
fanden. — Das folgende Jahr 1826 brachte die Wiederherstellung des
irländischen Collegs in Rom, die Neuordnung des Almosenwesens, die
Gründung von Instituten für verwahrloste Knaben, die Berufung der
Schulbrüder La Salle's für den Volksunterricht u. s. w. Daneben gingen
umfassende Restaurationen am Colosseum, die Ausgrabung des Circus des
Maxentius an der appischen Straße und Arbeiten auf dem römischen
Forum, während für die christliche Alterthumskunde durch die Forschungen
in den Katakomben eine neue Periode anbrach. — Nun, das Alles sah
und erlebte der junge Pecci; Leo besuchte zudem wiederholt das Römische
Collegium, wo Joachim mit den übrigen Schülern vor dem heil. Vater
erscheinen durfte und die hervorragendsten Zöglinge dem Papste insbe=
sondere vorgestellt wurden, — kann es uns da Wunder nehmen, daß der
Knabe mit einer unbegrenzten Hingebung und Verehrung gegen Leo XII.
erfüllt wurde, mit einer Verehrung, welche das ganze Leben hindurch

lebendig blieb und den Nachfolger Pius' IX. veranlaßte, den Namen Leo XIII. anzunehmen? Gewiß sind Gregor XVI. und Pius IX. ebenso ausgezeichnete Päpste gewesen, als Leo XII., und in manchen Beziehungen mögen sie ihn überragt haben; allein für Pecci waren die Jugendeindrücke so tief und unauslöschlich, daß ihm Leo XII. sein Lebenlang als Ideal eines Papstes vor Augen stand.*)

Da die fromme Neugierde die Frage aufgeworfen hat, warum unser jetziger heil. Vater den Namen Leo XIII. angenommen habe, so mußten wir etwas eingehender die Wirksamkeit desjenigen Papstes schildern, nach welchem er sich benannt hat, indem wir uns immerhin doch nur auf wenige Acte aus den ersten zwei Jahren seiner Regierung beschränkten. Ueberhaupt hat der junge Pecci, wie wir aus dem Munde Sr. Heiligkeit selbst wissen, gleich von Anfang an eine außerordentliche Verehrung gegen Leo XII. gehegt. Er bewunderte die Energie, mit welcher derselbe gegen die Mißbräuche in der Verwaltung der staatlichen, wie der kirchlichen Angelegenheiten einschritt, die väterliche Sorge, in der er die Steuerlast des Volkes zu vermindern suchte, und je mehr es den Jüngling schmerzte, sehen zu müssen, daß die Römer die wohlwollenden Absichten des Papstes verkannten, um so größer wurde seine eigene Verehrung und Liebe zu ihm. Darum war es ihm auch stets eine besondere Freude, bei den heil. Functionen und kirchlichen Feierlichkeiten zugegen zu sein, wo der Papst erschien, und er schätzte sich glücklich, wenn er inmitten des Volkes den Apostolischen

---

*) Es möge gestattet sein, das, was Leo XII. insbesondere für die Wissenschaft gethan, hier mit dem Worte des erwähnten Schriftstellers anzuführen: „Selbst gelehrt, ist er zu aller Zeit ein Freund der Gelehrten gewesen. Papst geworden, ermunterte er die Jünglinge, welche die Wissenschaften pflegten, sowie auch junge Künstler durch Prämien und Pensionen. In feierlichem Aufzuge erschien er in der Römischen Academie, wo er in einer tiefdurchdachten Rede den neuen Studienplan auseinandersetzte. Auch besuchte er wiederholt das Römische Seminar, das Collegium Gregorianum und Urbanum, die Propaganda und andere wissenschaftliche Anstalten, indem er sich jedesmal sorgfältig nach den Fortschritten der Zöglinge erkundigte und die fleißigsten durch Lobsprüche und Geschenke auszeichnete. Er verdoppelte die Gehälter der Professoren, bereicherte die Bibliotheken, vor allem die vaticanische, mit einer großen Anzahl werthvoller Bücher, und stellte die vaticanische Druckerei wieder her. An die Spitze der Studien stellte er eine Congregation von Cardinälen, und vermehrte die Einkünfte der Römischen Hochschulen von 10,000 Ducaten auf 15,000. Den Bischöfen des Kirchenstaates legte er die Pflege der Studien nachdrücklichst ans Herz; die Erziehung der Jugend war der Gegenstand seiner zärtlichsten väterlichen Fürsorge. Den jungen Deutschen, welche Studien halber nach Rom kamen, wies er bestimmte Einkünfte zu und gab ihnen besondere Professoren u. s. w.

Segen empfing oder wenn er gar glauben durfte, das Auge des heil. Vaters habe einen Augenblick auf ihm geruht. Leo XII. starb am 10. Februar 1829 und wurde in St. Peter vor dem Altare des heil. Leo I., des Großen, beigesetzt. Seine Grabschrift daselbst hatte er selber verfaßt; sie lautete: „Indem ich Leo dem Großen, meinem himmlischen Schutzpatron, mich flehentlich anbefehle, habe ich hier bei seiner Asche meine letzte Ruhestätte auserkoren, ich, Leo XII., sein armseliger Schutzbefohlener, unter den Erben eines so großen Namens der niedrigste." *)

Der Cardinal Großpönitentiar Castiglioni hatte Leo XII. in der letzten Stunde beigestanden; er war es, der am 31. März 1829 als Pius VIII. den Apostolischen Stuhl bestieg. Seine Regierung dauerte nur etwas über ein Jahr; allein in dieselbe fällt ein Ereigniß von weittragendster Bedeutung, die Julirevolution in Paris 1830, die Mutter all der zahlreichen Staatsumwälzungen, die damals und nachher Europa erschüttert haben. In der That hatte Pius VIII. am 30. November kaum die Augen geschlossen, als überall im Kirchenstaate und in den benachbarten Herzogthümern die Unruhen ausbrachen. Am 10. December sollte die Erhebung in Rom stattfinden, indem die Helden der Freiheit die Engelsburg zu überrumpeln, die Bank von St. Spirito sowie die Waffendepôts zu erbrechen, die Gefängnisse zu öffnen und auf dem Capitol die Republik zu proclamiren gedachten. Wohl scheiterte das Unternehmen hier aus Mangel an Mitteln und Betheiligung, aber bald brach das Feuer auf anderen Punkten in lichterloher Flamme hervor. Inmitten der bedenklichsten politischen Erregung wurde am Lichtmeßtage 1831 Gregor XVI. zum Papste ausgerufen, und schon am folgenden Tage ward in Modena, am 4. Februar in Bologna, am 12. in Parma die Freiheit proclamirt; am 17. desselben Monats fiel Ancona in die Hände der Aufrührer. In Rom wurde ein neuer Versuch der Erhebung, der für die Fastnachtstage geplant war, glücklich unterdrückt. Selten hat ein Papst unter trüberen inneren Verhältnissen die Regierung angetreten, als Gregor XVI. Die Anrufung österreichischer Hülfe, ihr Einmarsch am 5. März, die Niederwerfung des Aufstandes in Bologna am 20. März, die Wiedereroberung Ancona's am 29. März, das waren die Schlag auf Schlag sich folgenden Ereignisse in den ersten Wochen der Regierung Gregor's XVI., wie sie der junge Pecci

---

*) Leoni Magno | patroni coelesti | me supplex commendans | hic apud sacros cineres | locum sepulturae elegi | Leo XII | humilis cliens | haeredum tanti nominis ultimus.

in nächster Nähe mit erlebte. Kaum waren die Gemüther etwas beruhigt, als im Januar und März des folgenden Jahres 1832 die nördlichen Districte des Kirchenstaates, besonders Umbrien, durch furchtbare Erdbeben heimgesucht wurden. In manchen Städten lagen ganze Straßen in Trümmern; in Assisi stürzte die Portiunculakirche ein, wo nur die kleine Capelle unter der Kuppel wunderbar erhalten blieb. Das ganze Land war voll Ruinen; Schrecken und Entsetzen herrschten überall in der obdachlosen Bevölkerung. Dazu gesellte sich nun noch Mißwachs, und um das Unglück voll zu machen, brachen ansteckende Krankheiten aus. Die schreckliche Noth wenigstens einigermaßen zu lindern, bildeten sich überall Hülfscomité's; zu Rom insbesondere ging die Geistlichkeit, der Adel und die studirende Jugend den übrigen Bürgern mit gutem Bei= spiel voran.

Im Juli 1831 räumten auf die französischen Reclamationen hin die Oesterreicher den Kirchenstaat, und alsbald brach das unter der Asche glimmende Feuer der Empörung wieder hervor. So besetzten die Oester= reicher am 28. Januar des folgenden Jahres zum zweiten Male Bologna, während die Franzosen trotz der Proteste des Cardinal Staatssecretärs Bernetti Ancona occupirten. In beiden Orten blieb die fremde Besatzung bis gegen Ende des Jahres 1838. Die Revolution war unterdrückt, nicht erstickt; hatte der junge Pecci jetzt ihr Wuthgeschrei mehr nur aus der Ferne gehört, so sollte der Tag kommen, wo er ihr unmittelbar in's Auge schauen mußte.

Für ihn selbst brachte die erste Zeit der Regierung Gregor's XVI. einige Ereignisse, welche auf seine weitere Lebensgeschichte nicht ohne Einfluß waren. Am 31. September 1831 creirte der Papst zwei Cardinäle, Anton Sala, der in der Folge Pecci's besonderer Gönner, Rathgeber und Be= schützer war, und Ludwig Lambruschini, der ihm nicht minder, wie Sala, gewogen war, und sich ihm besonders, nachdem er am 7. Januar 1836 an Bernetti's Stelle Staatssecretär geworden, in mannichfachster Beziehung huldreich erwies. Von ihm auch hat er später die bischöfliche Consecration empfangen. Um dieselbe Zeit wurde der Cardinal Carl Odescalchi, der ihn zum Priester geweiht hat, zum Bischof von Sabina und darauf zum Cardinal=Vicar für die Stadt Rom ernannt. Fügen wir noch bei, daß am 16. December 1832 Mastai, der spätere Pius IX., den Bischofsstuhl von Imola bestieg.

Auf die außeritalienischen kirchlichen Ereignisse wollen wir nur insofern einen Blick werfen, als sie zu unserem Gegenstande in irgend welcher Be=

ziehung stehen. Im August 1830 war in Brüssel die Revolution aus=
gebrochen, welche die Losreißung der südlichen Provinzen der Niederlande
und die Bildung des neuen Königreiches Belgien zur Folge hatte. Damit
nahm die lange Unterdrückung der Kirche daselbst ein Ende. Am 13. De=
cember 1833 erließ Gregor ein Breve an die belgischen Bischöfe, welche
ihm den Plan der Errichtung einer katholischen Landesuniversität vorgelegt
hatten; am 12. April des folgenden Jahres erfolgte ein weiteres Breve
wegen Ertheilung der academischen Grade. Am 13. September 1838
erhob der Papst den Erzbischof Engelbert Sterckx von Mecheln zum Cardinal.

So erfreulich die kirchliche Entwickelung in Belgien war, so betrübend
waren die Vorgänge in Preußen, zumal in den Rheinlanden, wo in Sachen
der gemischten Ehen der Streit zwischen Kirche und Regierung ausbrach
und am 20. November 1837 Clemens August, Erzbischof von Cöln, auf
die Festung Minden abgeführt wurde. Doch ward mit der Thronbesteigung
Friedrich Wilhelm's IV. im Jahre 1840 ein Ausgleich angebahnt; am
24. September 1841 wurde der seitherige Bischof von Speyer, Johannes
Geissel, Administrator der Erzdiöcese mit dem Recht der Nachfolge, wenn
Clemens August stürbe.

Fünftes Kapitel.

Die Delegatur in Benevent.

Seitdem Joachim Pecci in das Heiligthum eingetreten war,
erwies er sich in jeder Beziehung als Muster eines von
edelster Gesinnung beseelten Priesters. Die Erfüllung
der Pflichten seines heil. Amtes ging ihm über Alles;
zumal am Altare sah man es seinem ganzen Wesen an,
wie lebendig er von der Erhabenheit der heil. Geheimnisse durchdrungen
war, die er feierte. — Nach seinem Austritte aus der Academie der
Adeligen wohnte er bei seinem unverheiratheten Oheim Anton*) im Palaste
Muti, und hier wußte der eifrige Prälat ein gelehrtes Kränzchen gleich=

*) Derselbe starb im Jahre 1848 und ist auf dem allgemeinen Friedhof an San
Lorenzo in agro Verano begraben worden.

begabter und strebsamer junger Priester um sich zu sammeln, um durch
Erörterung von Fragen aus den einzelnen Gebieten kirchlicher Wissenschaft
einander weiter auszubilden. Zu den Mitgliedern dieser kleinen gelehrten
Gesellschaft gehörten De Luca, D'Andrea, Capalti und Riario Sforza,
welche sämmtlich später Cardinäle geworden sind. Durchgehends waren es
Gegenstände des Kirchenrechts und vorzüglich die Rechtsfragen in Betreff
der Concordate, welche zur Besprechung kamen und in denen Pecci einen
ungemeinen Scharfsinn in der Lösung von Schwierigkeiten und in der
Fassung der endgültigen Entscheidung an den Tag legte. Ueberhaupt war
das Kirchenrecht sein eigentliches Fach; einmal Mitglied des berühmten
römischen Gerichtshofes der Rota zu werden, galt ihm als das höchste
Ziel, das er je erreichen zu können hoffte.

Leider sollte sich unser junger Prälat nicht lange des Umgangs mit
seinen trefflichen Gefährten erfreuen. Den außerordentlichen Gnaden-
erweisen, durch welche Gregor XVI. ihn während des Jahres 1837 aus-
gezeichnet hatte, folgte im Anfange des folgenden Jahres ein neuer, größerer,
welcher einerseits von dem besonderen Wohlwollen Sr. Heiligkeit gegen ihn,
andererseits von dem außerordentlichen Vertrauen Zeugniß ablegte, das der
Papst in ihn setzte. Am 15. Februar fand ein Consistorium statt, in
welchem die beiden berühmten Gelehrten Mai und Mezzofanti zu Cardinälen
creirt wurden; von demselben Tage datirt die Ernennung Pecci's zum
Delegaten oder Statthalter von Benevent. So schmeichelhaft für ihn diese
Beförderung war, so schwer wurde ihm der Abschied von seinen gelehrten
Freunden; der Himmel aber hatte schon vorgesehen, daß ihre Wege, die
jetzt auseinander gingen, später auf erhabenerer Höhe wieder zusammen-
treffen sollten.

Unmittelbar nach seiner Ernennung, noch im Februar 1838, mußte
der neue Delegat auf seinen Posten abreisen. Die Fahrt in der rauhen
Jahreszeit und bei ungünstigster Witterung war für ihn ungemein an-
strengend; sie legte den Keim zu einer Krankheit, die ihn gar bald in
Benevent an den Rand des Grabes bringen sollte.

Die Stadt Benevent liegt in einer lieblichen und fruchtbaren,
rings von schönen Bergen eingeschlossenen Landschaft, durch welche
der Caloro, ein Nebenflüßchen des Volturno, an der Stadt vorüberfließt.
— In der alten Geschichte schon spielt Benevent als die Hauptstadt
Samniums eine bedeutende Rolle; um die Mitte des sechsten Jahrhunderts
erscheint es mit dem umliegenden Gebiete als lombardisches Herzogthum,
das jedoch mit dem eigentlichen Longobardenreiche nur in losem Zusammen-

hange stand. Carl der Große vereinigte es mit dem fränkischen Reiche; aber unter dessen schwachen Nachfolgern versuchten die Herzöge wiederholt und nicht ohne Erfolg, sich selbstständig zu machen. In der Mitte des neunten Jahrhunderts litt es schwer unter den Einfällen der Sarazenen; kaum war diese Heimsuchung vorüber, so bedrohte es von Sicilien aus ein nicht minder schlimmer Feind, die Normannen. Um sich gegen die= selben sicher zu stellen, unterwarf sich 1051 die Stadt freiwillig dem heil. Stuhle. Damals saß der heil. Leo IX., ein Papst aus deutschem Geschlechte, auf dem päpstlichen Throne, und dieser zog, das Besitzthum der Kirche zu schützen, mit einem Heere den Normannen entgegen. Nicht weit von Benevent kam es zur Schlacht; aber Leo wurde geschlagen und gerieth sogar selber in die Gefangenschaft der Feinde. Allein diese warfen sich — ein wunderbarer Anblick! — weinend vor ihm nieder, küßten ihm die Füße und geleiteten ihn unter den größten Ehren nach Benevent. Neun Monate verweilte der Papst hier, bis er krank nach Rom zurückkehrte, wo er 1054 starb. — Hundert Jahre später sollte Benevent abermals einen Deutschen vor seinen Thoren kämpfen und erliegen sehen. Manfred, der Sohn Kaisers Friedrich, stand hier im Entscheidungskampfe dem französischen Prinzen Carl von Anjou gegenüber; als er die Schlacht verloren sah, stürzte er sich in das dichteste Gewühl des Kampfes und fand so seinen Tod. Erst nach zwei Tagen wurde die Leiche gefunden und auf dem sog. Rosenfelde bei der Brücke, die über den Caloro führt, bestattet, wobei die Soldaten Anjou's auf dessen Befehl jeder einen Stein auf das Grab werfen mußten. — In den folgenden Jahrhunderten knüpfen sich keine besonders bedeutungsvolle Ereignisse an die Geschichte von Benevent. Unter Clemens XIII. wurde das Herzogthum 1768 von den Neapolitanern besetzt, da die Bourbonen auf diese Weise den Papst zur Aufhebung des Jesuitenordens nöthigen zu können hofften. Unter Napoleon fiel es nebst den übrigen Provinzen des Kirchenstaates an das französische Kaiserreich, bis es 1815 durch den Wiener Congreß dem Papste zurückgegeben wurde. Die Revolution in Neapel 1820 besetzte für eine Zeit lang auch Benevent; doch eroberten die österreichischen Waffen es bald dem heil. Stuhle wieder.

Das Herzogthum lag wie eine Insel rings vom neapolitanischen Gebiete eingeschlossen und umfaßte nur zwei Quadratmeilen, deren Ein= wohnerzahl sich zur Zeit, als Pecci dorthin gesandt wurde, auf 23,000 Seelen belief. Damals hatte Benevent der Kirche zwei Cardinäle gegeben, Bartholomäus Pacca und Carl Pedicini; der Cardinal Bussi war Erz= bischof der Stadt, ein Greis von 83 Jahren, der seit 1824 den Purpur

Einzug in Perugia.

trug. *) Während der Cardinal-Erzbischof die rein geistliche Regierung der Diöcese hatte, die sich weit über die Marken des Herzogthums hinaus erstreckte, lag die weltliche Verwaltung der Provinz in den Händen des Delegaten, oder, wie wir sagen würden, des Regierungspräsidenten. Benevent war bei weitem der kleinste Regierungsbezirk des Kirchenstaates, und so war es für den jungen achtundzwanzigjährigen Delegaten die passendste Schule, um sich in einer Thätigkeit auf einem eng begrenzten Gebiete für einen ausgedehnteren Verwaltungskreis vorzubereiten.

Uebrigens war doch die Stelle eine keineswegs leichte oder angenehme. Mit lüsternem Auge schaute die neapolitanische Regierung nach der fruchtbaren Provinz; als es ihr nicht gelang, Benevent in ihren Besitz zu bringen, suchte sie sich am heil. Stuhle zu rächen, indem sie den Handel und den Wohlstand des Herzogthums nach Kräften zu untergraben bestrebt war. Im Besonderen versagte sie beharrlich die Genehmigung zur Anlage von Landstraßen, welche Benevent mit den benachbarten größeren Städten des Königreichs in Verbindung gesetzt hätten. — Trotzdem so das Land von allem Verkehr nach Außen abgeschnitten war, lastete auf demselben ein System von Staats- und Gemeindesteuern, wie es drückender kaum sein konnte. — Dazu gesellten sich andere Uebel. Als Pecci nach Benevent kam, fand er alle Bande der Ordnung gelöst; die Regierung stand vollständig ohnmächtig den Banditen gegenüber, welche die Herren der Delegation waren und durch Gewalt und Furcht Alles in ihrem Gehorsam hielten. Vom neapolitanischen Gebiete rings umgeben, bot Benevent den Räuberbanden, wenn sie von den königlichen Truppen verfolgt wurden, eine ebenso nahe, als leichte Zuflucht auf fremdes Gebiet, und vergebens beklagte sich die königliche Regierung über die Art von Asylrecht, welches die Briganten auf päpstlichem Boden genossen; umgekehrt war das Herzogthum selber für die neapolitanischen Banden eine stets lockende Versuchung. War die kirchliche Regierung trotz der äußersten Anstrengungen nicht im Stande gewesen, in der unmittelbaren Nähe Roms das Banditenwesen auszurotten, wie hätte sie es in der fernen Delegation unter den viel schwierigeren Verhältnissen vermögen können! Das Uebel schien geradezu unaustilgbar, da die blutigste Rache Jeden selbst und die Seinigen bedrohte, der es gewagt hätte, sogar vor Gericht gegen einen Briganten auszusagen. Was daher auch Polizei und Militär thun mochten,

*) Ihm folgte 1844 Carafa als Erzbischof, der zu den vier noch jetzt lebenden, von Gregor XVI. creirten, Cardinälen gehört.

Leo XIII. 9

die Räuber hatten ihre unfreiwilligen Helfer in der geängstigten Bürger=
schaft selber. Und nicht bloß ihre unfreiwilligen Helfer. Die Versuchung
lag nahe, schon der eigenen Sicherheit wegen mit den Uebelthätern
gemeinsame Sache zu machen und ihnen Hehlerdienste zu leisten. — Mit
den Banditen aber Hand in Hand arbeiteten die Schmuggler, welche
besonders Tabak aus dem Neapolitanischen einführten. — Auch politische
Verbrecher aus dem Königreiche betrachteten Benevent als Freistätte, und so
trieb sich eine Menge verrufener Existenzen in der Provinz umher. Daß nun
bei solcher Lage der Dinge Handel, Gewerbe und Ackerbau darniederliegen,
die Sitten verwildern, das Ansehen der Gesetze zum Gespötte werden
mußte, liegt auf der Hand. Das Unglück voll zu machen, hatte im
Jahre 1837, also unmittelbar vor der Ernennung Pecci's zum Delegaten,
die Cholera Stadt und Provinz heimgesucht und fast unzählige Opfer
gefordert.

So sah es im Herzogthum aus, als Pecci im Februar 1838 sein
Amt antrat. Was ließ sich von dem jugendlichen Beamten zur Hebung,
zur Linderung all des Uebels erwarten; was durfte man von ihm, besonders
den Banditen gegenüber, hoffen, diesen so abgefeimten, im Handwerk
ergrauten, mit allen Schlupfwinkeln bekannten und auf die Hülfe der
gesammten Bevölkerung sich stützenden Gegnern?

Allein dem Delegaten war ein so guter Ruf voraufgegangen, daß
seine Ernennung in Benevent mit allgemeiner Freude vernommen und
ihm sofort eine Hochachtung und ein Vertrauen entgegen gebracht wurde,
wie sonst ein Beamter sich's nur im Verlaufe der Zeit allmählich zu er=
werben vermag. Dem Rufe entsprach vollkommen das erste Auftreten;
Pecci besaß die Herzen der Bevölkerung, ehe er noch etwas für Benevent
gethan hatte. Das zeigte sich offenbar, als er kurz nach seiner Ankunft
in Folge der ungemein anstrengenden Reise in eine so schwere Krankheit
verfiel, daß ihm die Sterbesacramente gereicht werden mußten. Die ganze
Stadt legte die lebhafteste Theilnahme an den Tag; es wurden Bitt=
processionen veranstaltet; die wunderthätige Statue der Gottesmutter, die
Madonna delle grazie, ward ausgestellt, um die Wiedergenesung des
verehrten Governatore vom Himmel zu erflehen. Der Adel theilte mit
den Krankenbrüdern die Nachtwache; man berief von Neapel einen
der berühmtesten Aerzte, Vulpes, u. s. w. Uebrigens ließen auch der Papst
und ebenso der König von Neapel es nicht an Beweisen ihrer Theil=
nahme für den erkrankten Delegaten fehlen. Gregor ließ sich sogar
täglich durch den Cardinal Gamberini, Secretair für die inneren

Angelegenheiten des Staates, Meldung über den Zustand des Patienten machen.

Pecci wurde wieder gesund, und kaum war er einigermaßen zu Kräften gelangt, als er sich mit seiner ganzen Energie auf die Reorganisation seiner Provinz warf. Das Räuberwesen mit der Wurzel aus= zurotten und wieder volle Sicherheit zu schaffen, das war die erste Aufgabe, die er sich stellte. Es war eine Riesenarbeit; aber Pecci fühlte die Kraft und den Muth in sich, sie auszuführen.

Indem er sich persönlich nach Neapel begab, legte er dem Könige Ferdinand II. seine Pläne vor und fand bereitwilligste Unterstützung; sofort wurden Truppen in die Grenzbistricte entsandt, den Banditen, Schmugglern und Verbrechern die Wege zu verlegen. In gleicher Weise fanden seine Anträge in Rom volle Zustimmung. So ging denn der Delegat mit Eifer und Entschiedenheit an's Werk. Zunächst erging ein strenges Verbot, solchen, welche von den Gerichten des Königreichs verfolgt würden, Obdach und Schutz zu gewähren. Zugleich sandte er die Versaglieri oder Jäger und andere Truppen aus, die Verbrecher und Banditen in ihre Schlupf= winkel zu verfolgen, mit der ausdrücklichen Weisung, sie trotz der angeb= lichen Privilegien auch auf den Gütern der Adeligen aufzusuchen und gefangen zu nehmen. Wohl erhob sich über diese vermeintliche Rechts= verletzung ein arges Geschrei, und ein Marchese drohte ihm sogar, er werde sofort nach Rom reisen und sich über den Delegaten beschweren; bei seinem Einflusse daselbst werde es ihm ein leichtes sein, die Abberufung desselben durchzusetzen. Allein Pecci ließ sich durch solche Drohung nicht irre machen; er mochte seine Stellung und seine Laufbahn wagen, aber nicht zum Verräther an seiner Pflicht werden. In wenigen Wochen war im ganzen Gebiete von Benevent kein Bandit und Uebelthäter mehr zu finden; die nicht geflüchtet und entkommen waren, befanden sich in den Händen des Gerichtes; die schlimmsten wurden an die neapolitanische Regierung ausgeliefert.

Nunmehr wandte sich der Delegat seiner zweiten, kaum minder schweren Aufgabe zu, den völlig darnieder liegenden Handel der Provinz zu heben. Seit Menschenaltern war für das Herzogthum von Rom aus fast nichts gethan; das bestehende Zoll= und Steuersystem schien auf eine vollständige Aus= saugung der Provinz berechnet zu sein. Hier mußte zunächst Hülfe geschaffen werden. Pecci ließ nicht nach mit immer neuen Vorstellungen, bis endlich der Oberzolldirector Sterbini, ein Mann von ausgezeichneter Geschäftskenntniß, nach Benevent geschickt wurde, um die Reorganisation

des Mauthwesens in die Hand zu nehmen. Beide arbeiteten nun ge=
meinschaftlich und mit glücklichstem Erfolge, und von jener Zeit datirt die
Freundschaft zwischen Pecci und Sterbini, die sich nicht verminderte, als
jener Bischof und Cardinal wurde und die Leo XIII., sobald er den
Stuhl Petri bestiegen hatte, bewog, Sterbini sofort mit einem der wichtigsten
Vertrauensposten am Hofe zu bekleiden.

Auf Grund seiner nach Rom gerichteten Klagen und Vorstellungen
erhielt der Delegat weiterhin von dem damaligen päpstlichen Finanzminister
Josti den Auftrag, der Regierung seine Vorschläge zu einer radicalen
Reform des Steuerwesens vorzulegen, und so schwer Gregor XVI. sonst
zu Neuerungen zu bewegen war, so wurde doch Pecci's Project vollständig
genehmigt; im Februar 1841 durfte er die neue Steuerordnung den
Beneventanern publiciren. War so die eine Fessel gebrochen, welche die
päpstliche Regierung selber dem Handel angelegt hatte, so blieb nunmehr
noch die zweite, drückendere zu lösen, die von Neapel aus auf der geschäft=
lichen Entwickelung der Provinz lastete. Auch hier wußte Pecci mit seiner
Energie gegen veraltete Vorurtheile siegreich durchzudringen. Um die Ver=
bindung mit den angrenzenden Provinzen und den größeren Städten
des Königreichs Neapel wieder zu eröffnen, reiste er an den Hof von
Neapel und gewann durch seine beredten Worte sowohl den Minister
Sant' Angelo, als auch den König für seine Ideen. Die Anlage neuer Land=
straßen wurde in Angriff genommen, wobei der Delegat mit den königlichen
Intendanten der angrenzenden Provinzen die bezüglichen Verhandlungen
in Ordnung brachte. Auch reiste er zwei Mal nach Rom und erwirkte
vom Papste die unentgeltliche Ueberlassung eines Theiles der Grundstücke,
welche von den neuen Wegbauten in Anspruch genommen wurden. Die
enormen Vortheile, welche sich alsbald für die Finanzen des Staates
herausstellten, erwirkten dem Delegaten von Seiten des Cardinals Josti
im ausdrücklichen Auftrage Sr. Heiligkeit den Ausdruck der allerhöchsten
Anerkennung und als weiteres Zeichen der päpstlichen Huld die Ueber=
sendung von sechs großen goldenen Medaillen.

Nicht geringeren Eifer entwickelte Pecci für die wissenschaftliche und
religiöse Hebung der Bevölkerung. Häufig erschien er in den Schulen
der Jesuiten und anderer Ordensbrüder, welche sich mit dem Unterrichte
beschäftigten. — Sein persönlicher Wandel war ein so musterhafter, daß
die Vorsteher des Priesterseminars ihn den Zöglingen als Vorbild vor
Augen hielten, wie wir aus dem Munde eines Geistlichen wissen, der zu
jener Zeit sich daselbst auf die heil. Weihen vorbereitete. — Da die Kirche

der Madonna delle grazie für die Menge der Besucher viel zu klein war, so hatten die Beneventaner zur Zeit der Cholera 1837 gelobt, eine neue, größere Kirche für das hochverehrte Bild der Gottesmutter zu bauen. Unter Pecci's wesentlicher Mitwirkung kam die Sache im Jahre 1839 zur Ausführung, indem am Feste der heiligsten Dreifaltigkeit der Grundstein zu dem Baue gelegt wurde. Der Cardinal-Erzbischof Bussi befand sich damals in Rom zur Feier einer großen Heiligsprechung; er beauftragte daher den Delegaten, an seiner Statt die Ceremonie vorzunehmen. Der feierliche Act wurde durch das einstündige Festgeläute der Domglocken ein=geleitet: die Predigt eines Paters aus dem Missionshause bereitete die Herzen auf die Handlung vor. Zu der festgesetzten Stunde erschien der Delegat, von der Gemeinde= und Militärbehörde umgeben, in glänzendem Aufzuge auf dem Bauplatze, wo sich eine unzählige Menschenmenge ver=sammelt hatte, und legte dort, wo der Hochaltar errichtet werden sollte, unter den vorgeschriebenen Ceremonien und Gebeten den ersten Stein. Am Abende war die ganze Stadt illuminirt; Pecci aber wußte das Volk mit solchem Eifer für das Unternehmen zu begeistern, daß Vornehm und Gering, Geistliche wie Laien mit Hand anlegten, die Erde zu den Fundamenten auszugraben, und dieselbe auf dem Rücken in Körben fort=trugen; von allen Seiten strömten die Gaben zur Förderung des Baues zu=sammen. Als der Delegat Benevent verließ, gerieth das Werk in's Stocken, und heute noch ist die freilich sehr groß angelegte Kirche nicht ganz vollendet.

Wegen ihrer Lage war es für die Blüthe der Provinz von der höchsten Wichtigkeit, daß der Delegat zur neapolitanischen Regierung und deren Beamten in den Grenzbistricten in freundschaftlicher Beziehung stand. Ereignete es sich ja wenige Jahr später, daß der König von Neapel, um dem Papst seine Verstimmung fühlen zu lassen, einen Militär=Cordon um das Herzogthum zog, welcher jeden Verkehr nach Außen hin absperrte, eine Maßregel, die Benevent mit völligem Ruin bedrohte. Wenn aber der Delegat auf ein gutes Einvernehmen mit dem Nachbar bedacht sein mußte, so hatte er dabei doch auch wiederum den Reibungen und Eifersüchteleien Rechnung zu tragen, welche zwischen den Beneventanern und Neapolitanern bestanden. — Einen freundlichen Vermittler am königlichen Hofe hatte Pecci an dem dortigen päpstlichen Nuntius, dem Prälaten Di Pietro, der seit dem Jahre 1839 bei Ferdinand II. accreditirt war. Nahezu vierzig Jahre später sollte Di Pietro als Cardinal Theil nehmen an der Wahl Pecci's zum Oberhirten der gesammten Christenheit und ihm die dreifache Krone des Papstthums auf das Haupt setzen.

Die ungemeine Geschicklichkeit und Befähigung, welche Pecci nach allen Beziehungen im Verwaltungsfache an den Tag legte, ist um so mehr zu bewundern, als er zu demselben nie Beruf gefühlt hatte. Seine Idee war stets gewesen, in stiller, ruhiger Wirksamkeit zu Rom an den Congregationen zu arbeiten, und nur im Gehorsam gegen den Willen des Papstes hatte er auf diesen Lebensplan verzichtet, um sich in den Strudel der mannichfachsten Geschäfte einer Regierung zu werfen und die Reform einer verlotterten Provinz in die Hand zu nehmen.

Wenn der Delegat seine amtliche Thätigkeit auf das Herzogthum beschränken mußte, so unterließ er es doch nicht, als Priester seine Wirksamkeit über die Grenzen desselben auszudehnen. Es war ihm eine Freude, den Erzbischof auf seinen Rundreisen durch die Diöcese zu begleiten, und so erwarb er sich auch nebenbei eine genaue Kenntniß über den Stand der dortigen kirchlichen Verhältnisse. Es zeugt aber für sein ungemein glückliches Gedächtniß, daß der Papst sich heute nicht nur der einzelnen Orte erinnert, die er damals mit dem Erzbischofe besuchte, sondern auch noch jene Geistlichen mit Namen zu nennen weiß, die durch ihren Eifer oder aber durch die Vernachlässigung ihrer Pflichten ihm aufgefallen waren. Die Erfahrungen, welche er auf diesen Kirchenvisitationen machte, kamen ihm trefflich zu Statten, als er wenige Jahre später zur Leitung einer Diöcese berufen wurde. — Außerdem machte Pecci alljährlich verschiedene weitere Ausflüge in das Neapolitanische, bald in diese, bald in jene Provinz, um Land und Leute, Einrichtungen und Sitten, das kirchliche und sociale Leben der Einwohner in persönlichem Verkehr und aus eigener Anschauung kennen zu lernen.

Als der Delegat sich an den reifenden Früchten seiner Thätigkeit in der Provinz Benevent zu erfreuen begann, wurde er abberufen, um die Ernte einem andern zu überlassen. Seinen Abschied, ihm selber schwer und schmerzlich, betrachteten die Einwohner als ein Unglück für ihre Stadt. Man überhäufte ihn in den letzten Tagen vor seiner Abreise mit Beweisen der Ergebenheit und Verehrung; mit Thränen in den Augen sahen die Bürger ihn fortfahren: wie Vieles hatte er in der kurzen Frist seiner Amtsführung für Benevent gethan, wie hatte er sich alle Herzen gewonnen!

Pecci hat weder als Bischof und Cardinal von Perugia, noch als Papst die Tage vergessen, die er in Benevent zugebracht hatte. Auch nach seinem Scheiden von dort hielt er stets die Beziehungen lebendig, welche ihn mit einzelnen Familien, wie mit der Provinz überhaupt, verbanden;

eine zu seiner Begrüßung nach Rom gekommene Deputation von dort wurde von Leo XIII. überaus gnädig empfangen, und als er unter den Abgeordneten auch einen Krankenbruder bemerkte, gedachte er ausdrücklich der besonderen Theilnahme, die ihm während seiner Krankheit von den Beneventanern bewiesen worden war.

Sechstes Kapitel.

Die Delegatur in Perugia. Ernennung zum Nuntius in Brüssel und bischöfliche Consecration.

Der Hof zu Neapel hatte durch seinen Gesandten beim päpstlichen Stuhle wiederholt der Anerkennung Ausdruck gegeben, welche der König Ferdinand der trefflichen Amtsführung Pecci's zollte, und durch den Cardinal Lambruschini neue Erweise des päpstlichen Wohlwollens für den Delegaten erwirkt. Nachdem Pecci drei Jahre die Provinz verwaltet hatte, glaubte der Cardinal ihn durch Beförderung auf einen wichtigeren Posten belohnen zu müssen und schlug ihn dem Papste für die damals frei gewordene Delegation von Spoleto vor. So wurde Pecci aus Benevent abberufen und durch Decret vom 12. Juni zum Delegaten von Spoleto ernannt. Nebenbei bemerkt, wurde an demselben Tage Antonelli Substitut an der Secretaria oder dem Ministerium für die inneren Angelegenheiten, und so beglückwünschten einander an diesem Tage zwei junge Männer, welche später auf die Geschicke der Kirche den entscheidensten und höchsten Einfluß ausüben sollten. — Allein bevor Pecci noch auf seinen neuen Wirkungskreis abreiste, änderte der Papst durch einen weiteren Act seiner höchsten Huld die getroffene Bestimmung dahin, daß er ihm die viel wichtigere Provinz von Perugia überwies. Die betreffende amtliche Zuschrift datirt vom 17. Juli 1841.

Die Delegation von Perugia in Umbrien war eine bedeutend größere, als diejenige von Benevent; sie umfaßte 51 Quadratmeilen mit 200,000 Einwohnern. Ihre Verwaltung bot insofern ernstlichere Schwierigkeiten, und verlangte daher doppelte Klugheit, als die revolutionären Bewegungen der früheren Jahre auch die Perusiner mit sich fortgerissen hatten. Die unruhigen Elemente in der Stadt waren zwar unterdrückt, aber nicht er= drückt worden, und ein unvorsichtiges Benehmen des Delegaten und seiner Beamten, eine ungebührliche Härte, wie eine schwächliche Nachsicht hätten gar leicht neue Stürme heraufbeschwören können.

Da Papst Gregor XVI. im Begriffe stand, in Begleitung des Car= dinals Mattei, des damaligen Secretärs oder Ministers für die inneren Angelegenheiten, eine Rundreise durch Umbrien und Picenum zu halten, so mußte Pecci seine Abreise nach Perugia möglichst beschleunigen, um Alles für den Empfang Sr. Heiligkeit herzurichten, sowohl in den Städten Foligno, Assisi, Gualdo, und Città della Pieve, wo der Papst übernachten wollte, als besonders in Perugia. Auf steiler Höhe gelegen, war die Stadt bisher zu Wagen nur dadurch erreichbar, daß Ochsen als Vorspann ge= nommen wurden. Zwar war seit längerer Zeit die Anlage einer neuen, ordentlichen Fahrstraße in Angriff genommen, welche von Foligno aus nach Perugia führen sollte; allein man rechnete noch auf mehrere Monate Arbeit, bis sie benutzt werden könne. Mit einer Energie, die noch jetzt lebhaft in der Erinnerung der Perusiner steht, setzte der Delegat es sich zur Aufgabe, die Straße bis zur Ankunft des Papstes fertig zu stellen. Tag und Nacht ließ er arbeiten; unablässig erschien er auf dem Platze, die Werkleute anzufeuern und durch Belohnungen zu verdoppelter Thätig= keit zu ermuntern, und wirklich, was sonst noch vieler Monate bedurft hätte, war in wenigen Wochen beendigt. Als der Papst am 25. September ankam, konnte er die neue Straße einweihen, die von ihm seither den Namen Via Gregoriana trägt. In Perugia selbst hatte der Delegat die Bevölkerung so zu begeistern gewußt, daß sie dem Papste einen über alle Er= wartung feierlichen und enthusiastischen Empfang bereitete. Vier Tage ver= weilte Gregor in der Stadt, und Pecci mußte immer an seiner Seite sein; der Papst legte es darauf an, den Perusinern zu zeigen, wie hoch er ihren neuen Delegaten schätze; diesem aber waren solche Erweise der Huld Sr. Heiligkeit der süßeste Lohn für das, was sein Eifer und seine An= strengungen zu Stande gebracht hatten.

Sobald der Papst abgereist war, widmete sich der Prälat mit ganzer Hingebung der Verwaltung seiner neuen Provinz. Persönlich bereiste er die einzelnen Städte der Delegation und bot Alles auf, die herrschenden Uebelstände in der Administration der Gemeinden abzuschaffen und vor allen ihre Finanzen zu heben. Nicht minder machte er sich um die Reor= ganisation des Gerichtswesens verdient. Was er für die Verbesserung der sittlichen Zustände der Provinz gethan, bezeugt am besten die Thatsache, daß der Delegat eines Tages das Unerhörte verkündigen durfte, daß in allen Gefängnissen seines ganzen Districts sich auch nicht ein einziger Verbrecher oder Angeklagter eingesperrt finde; gegen eine Woche standen sämmtliche Kerkerthüren offen, während gegenwärtig die Zahl der im Arrest befindlichen durchschnittlich 300 bis 400 auf den Tag beträgt. — Ueberall Recht und Billigkeit walten zu lassen, hielt er für eine seiner wichtigsten Pflichten. Man hatte ihm geklagt, daß die Bäcker das Brod zu leicht backten. Daher machte er eines frühen Morgens, von zwei Beamten, zwei Polizisten und einigen Packträgern begleitet, die Runde in alle Bäckerläden, ließ das Brod vor seinen Augen abwiegen und das zu leicht befundene in große Körbe werfen. Die Beute war eine nicht geringe. Das confiscirte Brod wurde alsdann am Thore seines Palastes umsonst an die Armen vertheilt. — In Rom herrschten gewisse, nicht unbegründete Vorurtheile gegen die Perusiner; Pecci unterließ nichts, dieselben zu zerstreuen und vom Papste außerordentliche Gnadenerweise zu erwirken, die im Besonderen der Universität und der Academie der schönen Künste zu Gute kamen. Gregor aber ertheilte ihm persönlich einen neuen Beweis seines Vertrauens und Wohlwollens, indem er ihn im Jahre 1841 zum Apostolischen Visitator des Seminars zu Spello ernannte und ihm damit die Reorganisation dieses Collegiums auftrug, was Pecci denn auch zur vollsten Zufriedenheit des heil. Stuhles zu Stande brachte. — Mit dem damaligen Bischof von Perugia, Carl Cittadini, einem für seine Diöcese hochverdienten Prälaten, stand der Delegat in den freundschaftlichsten Beziehungen, und beide arbeiteten Hand in Hand zur moralischen und physischen Hebung der Bevölkerung. Die Perusiner aber zeigten ihm, gleich den Beneventanern, eine Ergebenheit und Anhänglichkeit, wie sie seit Langem keinem Delegaten der Provinz zu Theil geworden war; der Magistrat setzte ihm sogar eine eigene Denktafel, um die Verdienste desselben um die Stadt der Nachwelt zu überliefern.

Hatte die Delegatur in Benevent über drei Jahre gedauert, so rief der Papst schon nach anderthalb Jahren den Prälaten von Perugia ab, um ihm einen neuen und noch wichtigeren Posten anzuvertrauen, der zugleich die erste Stufe zum Cardinalate bildete. Durch Handschreiben vom 17. Januar 1843 ernannte Gregor ihn zum Nuntius am Hofe des belgischen Königs Leopold I. zu Brüssel.

In der Regel entsendet die Curie nur Bischöfe als ihre Vertreter bei den auswärtigen Regierungen, und so folgte denn der Berufung zum

Nuntius in dem geheimen Consistorium vom 27. Januar die Erhebung zum Erzbischof von Damiette in partibus infidelium, d. h. der Papst er=nannte ihn zum Bischof mit dem Titel einer Diöcese, welche durch die Ungläubigen zu Grunde gegangen ist, für die er aber die Reihenfolge der Oberhirten auf bessere Zeiten fortsetzt. Es soll nicht unerwähnt bleiben, daß die Kirche an jenem Tage das Fest des heil. Papstes Vitalian feierte, der aus Segni gebürtig, also Landsmann Leo XIII. war und der sich für die Reinerhaltung des Glaubens und für die Ausbreitung desselben zumal in England vorzügliche Verdienste erworben hat.

Die Consecration des neuen Bischofs fand statt am Sonntag den 19. Februar 1843 in der Kirche des heil. Laurentius auf dem Vimina=lischen Hügel, nahe bei der Basilika von Maria maggiore. Ein besonderes Fest fiel nicht auf jenen Tag, da es einer der Fastensonntage war. San Lorenzo ist eine kleine, einschiffige Kirche, mit je drei Altarcapellen zu beiden Seiten; außer reichem Marmorschmuck der Pilaster und einem sehr schönen Tabernakel aus lauter edlen Steinen besitzt das Kirchlein nichts sonderlich Bemerkenswerthes. Die flache Wand hinter dem Hochaltare zeigt in einem großen Gemälde das Martyrium des heil. Laurentius; wie die in der Einfassung angebrachten Wappen beweisen, ist das Bild durch einen bayerischen Herzog geschenkt worden. — So bescheiden nun auch das Gotteshaus in seiner äußeren Erscheinung ist, so knüpfen sich an dasselbe doch sehr ehrwürdige Erinnerungen. Denn hier war die Stelle, wo der heil. Erzdiacon auf glühendem Roste den Martertod erlitt. In der Unterkirche bezeichnet der dortige Altar genau den Ort seines stand=haften Bekenntnisses; eine alte Inschrift nebenan besagt, daß dieser Altar am 27. Juli 1386 (von Neuem) consecrirt worden sei. Neben den Stufen des Altars liegt in der Flur ein Grabstein, auf welchem die Figur eines Priesters in seinen heil. Gewändern eingemeißelt ist. Es ist ein Deutscher, der hier schlummert, wie die umlaufende Inschrift in gothischen Buchstaben uns lehrt: „Hier ruht der Priester Nicolaus de Culmen (von Culm), der vierundvierzig Jahre Caplan dieser Kirche war und der ein Spital in der Nähe der Kirche des heil. Blasius für Arme gründete, im Jahre des Herrn 1410." Dieses Spital ist später mit der deutschen Nationalstiftung der Anima vereinigt worden. — Bis vor wenigen Monaten hatten Clarissinnen ihr Kloster bei dieser Kirche des heil. Laurentius, und dort hat auch eine Zeitlang die heil. Brigitta gewohnt, von welcher ein Arm im Reliquien=schatze aufbewahrt wird. Die Nonnen wohnten durch ein hinter dem Tabernakel angebrachtes Gitter dem heil. Opfer bei.

Es mag nicht unbemerkt bleiben, daß also der jetzige Papst seine bischöfliche Weihe in der Kirche des Martyriums des heil. Laurentius empfangen, und daß sein Vorgänger Pius IX. sich sein Grab bei der Ruhestätte dieses hochverehrten Diacons der römischen Kirche auserwählt hat. Die Zukunft muß lehren, ob wir darin bloß zufällige Umstände zu erkennen haben.

Die bischöfliche Consecration vollzog der Cardinal Lambruschini, Pecci's väterlicher Freund. Ihm assistirten bei der heil. Handlung der Prälat Asquini, Erzbischof von Tarsus und Secretär der heil. Congregation der Bischöfe und Ordensleute, jetzt Cardinal, und der Bischof Castellani von Porphyrium, ein Prälat aus der nächsten Umgebung des Papstes. Bei der Feier waren zugegen der damalige Gesandte Belgiens am römischen Hofe, Graf Emil d'Oultremont, welcher seit dem 25. November 1839 diese Funktion bekleidete, sowie das gesammte Personal der Gesandtschaft, Prosper Noyen, Baron Victor von Hooghvorst, Graf Carl d'Oultremont und der Vicomte Ludwig de Jonge. Außer diesen war eine große Zahl von Prälaten und anderen hervorragenden Persönlichkeiten zu der Ceremonie erschienen, um so dem neuen Bischofe ihre Theilnahme und Hochschätzung an den Tag zu legen.

Bald darauf nahm Pecci von den Seinigen Abschied und trat Anfangs März mit dem Segen des heil. Vaters, sowie mit Empfehlungsschreiben des Staatssecretärs Lambruschini und des belgischen Gesandten die Reise nach dem Norden an. Bei seinem Abschiedsbesuche sah er den Papst zum letzten Male; als er von Brüssel zurückkehrte, fand er Gregor bereits auf dem Sterbebette. — Um jene Zeit, wo es nur erst wenige Eisenbahnen gab, war die Reise unvergleichlich mühsamer und anstrengender, als in unseren Tagen. Der Nuntius schiffte sich in Civitavecchia nach Marseille ein und reiste von dort nach Lyon, wo Cardinal Bonald ihn überaus liebevoll aufnahm. Dann setzte er seinen Weg über Rheims und Mezières nach Namur fort, wo er einige Tage bei seinem Freunde, dem Canonicus Montpellier, blieb, besuchte darauf das Schlacht= feld von Waterloo und traf am 11. April 1843 in Brüssel ein. Wenige Tage darauf fand die feierliche Ueberreichung seiner Accreditive an den König Leopold statt; dann reiste der Nuntius nach Mecheln zum Cardinal Sterckx, um ihm ein Breve des Papstes einzu= händigen, das an die sämmtlichen Bischöfe Belgiens gerichtet war und in welchem denselben die Ernennung Pecci's als Nuntius angezeigt wurde.

Pecci hatte sich mit der französischen Sprache früher nur sehr neben=
sächlich beschäftigt; er mußte sie geläufig sprechen, wenn er in Brüssel an=
kam. In den Tagen, welche zwischen seiner Ernennung und seiner Ab=
reise lagen, konnte er nicht daran denken, eine Grammatik in die Hand
zu nehmen; bei einem Festessen, welches ihm zu Ehren der belgische Ge=
sandte veranstaltete, mußte die Conversation in italienischer Sprache ge=
führt werden. Allein sobald der Nuntius das Schiff bestiegen hatte, warf
er sich mit der ihm eigenen Energie auf die Erlernung des Französischen.
In Marseille und andern größeren Städten hielt er sich jedesmal einige
Tage auf; in Lyon mußte er eines Unwohlseins wegen etwas länger ver=
weilen; mit eisernem Fleiße setzte er seine Sprachstudien fort, und als er
in Brüssel ankam, sprach er geläufig französisch. Kaum vierzehn Tage
hatte er zur Erlernung dieser Sprache bedurft.

Mit dem Eintritt in die diplomatische Laufbahn mußte Pecci zum
zweiten Male seinen Lebensplan ändern. Erst hatte er gehofft, in stillem
Wirken bei den römischen Congregationen sich für die Kirche nützlich zu
erweisen, und statt dessen hatte der Papst ihn zum Delegaten zunächst in
Benevent, dann in Perugia ernannt. So hatte er sich in das Verwal=
tungsfach hineingearbeitet, und dies schien fortan die Laufbahn zu sein, die
ihm vorgezeichnet war. Trotzdem folgte nunmehr eine Ernennung, die
ihn abermals in ein ganz neues Gebiet einführte. Und selbst dies sollte
nicht die letzte Enttäuschung in seinen Berechnungen sein, da er nach
einigen Jahren wiederum aus der diplomatischen Carrière zu der Regierung
einer Diöcese berufen wurde, an deren Spitze er stehen sollte, bis er die
Mitra mit dem Triregnum der päpstlichen Würde vertauschte. Gewiß, das
waren damals dunkele Wege, welche die Vorsehung ihrem Liebling bereitete;
— wie klar liegen sie heute vor dem betrachtenden Blicke! Gerade in
dieser Mannichfaltigkeit verschiedenartigster Thätigkeit lag die große Schule,
in welcher der dereinstige Papst und oberste Hirt der gesammten Kirche er=
zogen wurde, um ihm jene allumfassende Erfahrung zu vermitteln, wie sie
in unseren Tagen, mehr denn je, beim Oberhaupt der Christenheit ge=
wünscht werden muß.

Siebentes Kapitel.

Pecci, apostolischer Nuntius in Belgien.

Nach ihrer Wichtigkeit werden die Nuntiaturen in solche erster, zweiter und dritter Classe unterschieden; zu denen der dritten Classe gehört u. a. die am Hofe zu Brüssel, zu denen der zweiten die in München, zu denen der ersten die Nuntiatur in Wien. Die der dritten Classe gelten als die Schule, in welcher die Vertreter des heil. Stuhles bei den auswärtigen Mächten ihre diplomatische Laufbahn eröffnen. Dazu war die Nuntiatur am belgischen Hofe besonders geeignet. Das Land ist klein, die Bevölkerung überwiegend katholisch und der Kirche treu ergeben; die Regierung stand zu Rom in den besten Beziehungen. Als Pecci das Amt übernahm, war die Stellung eine weniger leichte. Belgien war ein Staat, der erst vor Kurzem geschaffen worden war; sein erster König, Leopold I., Herzog zu Sachsen-Coburg-Gotha, welcher am 21. Juni 1831 die Regierung angetreten hatte, war lutherischer Confession; gerade zu der Zeit, wo Pecci in Brüssel eintraf, am 16. April 1843, wurde das gesammte Ministerium, den Minister des Innern ausgenommen, neu gebildet. Die Kämpfe, unter denen der neue Staat ins Leben getreten, waren noch nicht beendet, die gährenden Elemente noch nicht zu harmonischer Ruhe gekommen, und wenn die Strömung bei Regierung und Volk auch eine der Kirche freundliche und gewogene war, so bedurfte es grade hier doppelter Rücksicht und Klugheit, die guten Beziehungen noch fester und dauerhafter zu machen.

Der vorige Nuntius, Fornari, 1783 zu Rom geboren, war nahezu fünfzig Jahre alt, als er die Nuntiatur in Brüssel übernahm, und zudem ein Mann, der sich in den verschiedenen kirchlichen Aemtern, die ihm übertragen worden waren, eine große Geschäftskenntniß und Gewandtheit erworben hatte. Jetzt folgte ihm ein Prälat von erst dreiunddreißig Jahren: wäre das Bedenken so ungerechtfertigt gewesen, ob der junge Nuntius wohl im Stande sein werde, seinen Vorgänger würdig zu ersetzen? Allein, Gregor XVI. wußte, wen er für die Stelle auserkor. Pecci hat es verstanden, in der wenngleich nur kurzen Zeit seiner Amtsführung sich nicht nur die vollste Zufriedenheit des Königs, die Zuneigung des ganzen

Hofes, die Bewunderung der höchsten Kreise, die Begeisterung der studirenden Jugend, die Verehrung des Volkes zu gewinnen, sondern er knüpfte auch so mannichfache und innige Beziehungen zu Land und Leuten an, daß die Zeit seiner Nuntiatur ebenso sehr in Belgien in freundlichem Andenken blieb, als er selber sein Lebenlang eine besondere Vorliebe für das Volk an der Schelde bewahrt hat.

Der scheidende Nuntius Fornari hatte vor seiner Abreise noch seinen Nachfolger am Hofe vorgestellt, ihn in die tonangebenden katholischen Kreise eingeführt und ihm jene mancherlei nützlichen Winke gegeben, welche er bei seiner Welt- und Menschenkenntniß für den neuen Nuntius als besonders wichtig erachtete. Als Secretär der Nuntiatur hatte Pecci den Canonicus Forsifanti zur Seite.

Im Kreise der königlichen Familie war Pecci bald einer der am gernsten gesehenen Männer. Der König besaß auch als Lutheraner freien Blick genug, die ungewöhnlichen Eigenschaften des jungen Prälaten zu erkennen und zu bewundern; er zog ihn nicht selten zu Rathe; auch machte es ihm Vergnügen, dem Nuntius recht verwickelte Fragen vorzulegen. Allein dieser wußte immer so treffende Antworten zu geben, daß der König einmal, überrascht von der feinen Gewandtheit, mit welcher Pecci eine Schwierigkeit gelöst hatte, ausrief: „Herr Nuntius, Sie sind ein ebenso geschickter Politiker, als ausgezeichneter Prälat!" — Leopold's fromme Gemahlin Louise, die Tochter des Königs Ludwig Philipp von Frankreich, mit welcher er seit dem 9. August 1832 vermählt war, verehrte in dem Nuntius einen Priester von musterhafter Tugend; die drei Kinder der königlichen Familie, von denen das älteste, der Kronprinz Leopold, Herzog von Brabant, damals acht Jahre, das zweite, der Prinz Philipp Eugen, Graf von Flandern, fünf, und die Princessin Charlotte drei Jahre zählte, hingen mit herzlichstem Zutrauen an ihm und bewarben sich schmeichelnd und mit gegenseitiger Eifersucht um seine Gunst. Welch eine Freude, wenn er eines von ihnen in seine Arme nahm, wenn er, ein Kind mit den Kindern, ihre Spiele theilte, so daß die Mutter manchmal den Kleinen wehren mußte! Und doch, wie war sie im Herzen glücklich, wenn sie sah, wie der von ihr hochverehrte Prälat es verstand, die Kinder nicht nur an sich zu fesseln, sondern auch zugleich mit dem heiligen Ernste des Priesters den Samen der Tugend und Frömmigkeit in die zarten Herzen zu streuen!

Längst war Pecci nach Italien zurückgekehrt und seit Jahren Bischof von Perugia, Leopold I. war gestorben und der Kronprinz war König geworden, da besuchte einst ein Pfarrer aus Brüssel den Kirchenfürsten.

Mit warmer Liebe gedachte dieser jener drei Jahre, die er am Hofe zugebracht hatte: „Ich habe", sagte er, „den Vater Ihres jetzigen Königs
und seine fromme Mutter sehr gut gekannt. Die königliche Familie hat
mich stets einer huldvollen Vertraulichkeit gewürdigt; den kleinen Leopold,
damals Herzog von Brabant, Ihren jetzigen König, habe ich oft auf meinem
Arme getragen. Ich erinnere mich, daß die Königin, die eine überaus
fromme Dame war, mich manchmal bat, den Kronprinzen, welcher damals
etwa neun Jahre zählen mochte, zu segnen, damit Gott ihm die Gnade
schenke, ein guter Herrscher zu werden, und ich habe ihm wiederholt meinen
Segen gespendet."

Am Hofe zu Brüssel lernte Pecci eine Menge hoher Diplomaten
kennen, wie Palmerston u. a., die vielfach von der feindlichsten Gesinnung
gegen Rom und die Kirche erfüllt waren und die es nicht immer für nöthig
erachteten, in Gegenwart des Nuntius aus ihrer Gesinnung ein Hehl zu
machen. Einst zur königlichen Tafel geladen, erhielt Pecci zufällig seinen
Platz neben einem solchen Herrn, der ihn während der ganzen Tafel mit allerlei böswilligen Anspielungen und spitzigen Bemerkungen zu reizen versuchte.
Der Nuntius ertrug schweigend die Tactlosigkeiten. Nach aufgehobener
Tafel trafen beide in einem Kreise von Gästen zusammen und nun bot
jener höhnisch lächelnd dem Nuntius eine Prise an aus einer Tabaksdose,
auf welcher ein unzüchtiges Weibsbild dargestellt war. Jetzt hielt Pecci
nicht mehr an sich und sagte ruhig und ernst: „Herr Graf, das ist wohl
Ihre Geliebte." Dieser war durch das Wort tief beschämt; er mußte
nichts zu erwidern und zog sich eilig zurück, während die Umstehenden
dem Nuntius ihren Beifall ausdrückten, daß er den Ungezogenen so trefflich
abgefertigt habe.

Wie in der königlichen Familie, so war der junge Prälat mit seinem
angenehmen Wesen, mit seiner geistreichen Unterhaltung, mit seinen echt
conservativen, auf lebendigster religiöser Ueberzeugung aufgebauten Principien
auch in den vornehmen Zirkeln des belgischen Adels stets ein gern gesehener
Gast. Im besonderen verkehrte er viel im Hause des damaligen Staats-
ministers, Felix Grafen von Merode, dessen Familie nächst der königlichen
die erste des Landes war. Den damals dreiundzwanzigjährigen jungen
Grafen Franz Xaver Merode, einen schmucken Officier, sollte er später als
päpstlichen Kriegsminister und als Erzbischof in Rom wiederfinden. Leider
starb der eben so hoch begabte, als energische Mann in einem viel zu
frühen Tode bereits im Jahre 1875 und fand seine Ruhestätte auf dem
deutsch = flämischen Gottesacker von Camposanto neben St. Peter. — Eine

andere, deutsche, in Brüssel wohnende Familie, in deren Salons der Nuntius zu verkehren pflegte, war die des Fürsten Aremberg. In der Hauscapelle ihres Palastes spendete er dem neugeborenen Prinzen Peter Prosper, dem Sohne des römischen Fürsten Aldobrandini und einer Princessin Aremberg, die heil. Taufe. — Ebenso stand der Nuntius mit den Familien b'Oultremont und Hooghvorst schon von der belgischen Gesandtschaft zu Rom her in freundschaftlichem Verkehre.

Ein Nuntius soll nicht bloß der Briefträger der Curie an die Regierung und an die Bischöfe des Landes sein und im Uebrigen dem kirchlichen Leben und der geistigen Entwickelung des betreffenden Volkes fern bleiben. Pecci wenigstens faßte seine Aufgabe viel höher auf. Als Vertreter des Papstes hielt er sich verpflichtet, Hand in Hand mit dem Episcopat, mit welchem er daher die innigsten Beziehungen zu unter= halten suchte, die Interessen der Religion auf alle Weise zu fördern; und wenn er zunächst der Vermittler zwischen der Curie und der Regierung war, so betrachtete er sich in Folge dessen auch als den geborenen Ver= mittler zwischen dem Episcopat des Landes und dem Könige. Bei dem Wohlwollen aber, das der Nuntius bei Leopold I. und dem ganzen Hofe genoß, vermochte er für die Katholiken Manches durchzusetzen, was selbst der Cardinal von Mecheln schwerlich erreicht haben würde.

Statt der Provinzial=Concilien pflegten die belgischen Bischöfe jährlich zweimal Conferenzen zu halten, um die gemeinsamen kirchlichen Angelegen= heiten zu berathen; Pecci nahm regelmäßig an diesen Zusammenkünften Theil. Eine der schönsten Früchte dieser Conferenzen war der Beschluß, in Rom ein Seminar oder Collegium zur Ausbildung belgischer Priester zu gründen; an der Ausführung dieses Projects im Jahre 1844 hat der Nuntius den regsten Antheil genommen. Am 10. October 1844 sandten die belgischen Bischöfe durch seine Vermittlung das betreffende Gesuch an Papst Gregor XVI., und schon im folgenden Monat konnte Pecci ihnen die frohe Kunde mittheilen, daß der heil. Vater durch Breve vom 7. November den Antrag genehmigt habe. So darf Leo XIII. als der Mit= begründer jener Anstalt angesehen werden. (Der erste Protector des Col= legiums war der berühmte Cardinal Mezzofanti. Daher kommt es auch, daß Pecci später als Bischof von Perugia und als Cardinal regelmäßig in jenem Hause einzukehren pflegte, so oft ihn seine Geschäfte nach Rom führten. Nicht wenig mochte dazu der Umstand beitragen, daß das Kirch= lein des Seminars dem heil. Joachim, also dem Namenspatron unsers heil. Vaters, und der heil. Anna geweiht ist. An dem Aufblühen dieser

Monf. Pecci, Bischof von Perugia,

empfängt den Cardinalshut aus den Händen Pius IX. am 19. December 1853.

Anstalt hat er fortwährend die größte Theilnahme an den Tag gelegt; in den Ferien, wenn die Sommerschwüle die Zöglinge aus Rom hinaustrieb, fanden sie im Palast des Bischofs von Perugia die gastlichste Aufnahme. Uebrigens sah der Nuntius die Bischöfe des Landes nicht bloß auf jenen Conferenzen, sondern er besuchte auch die einzelnen, so oft es ihm seine Geschäfte erlaubten. Als er einstens in einem kleinen Wagen von Brüssel aus den Cardinal Stercx in Mecheln besucht hatte, gerieth er auf dem Heimwege in die größte Lebensgefahr. In dem Städtchen Vil-voorden, etwa auf der Hälfte des Weges, wurden die Pferde scheu und rannten in wildem Galopp die Straße daher, den Canal entlang, der Brüssel mit der Schelde verbindet. Jeden Augenblick mußte man ge-wärtigen, daß in der rasenden Fahrt der Wagen umschlage und in das Wasser geworfen werde. Die Gefahr steigerte sich, als die dahinjagenden Pferde sich der Brücke nahten. Hart vor derselben brachte endlich ein Geistlicher, der des Weges kam, der Pfarrer Tibboors von Borght, mit eigener Lebensgefahr die Pferde zum Stehen, und so wurde der Nuntius gerettet.

Das lebhafte Interesse, welches Pecci an dem Aufblühen der kirchlichen Wissenschaften nahm, legte er schon gleich im ersten Sommer seines belgischen Aufenthalts an den Tag, indem er einer feierlichen Ertheilung des Doctor-grades an der Universität Löwen am Donnerstag den 27. Juni 1843 beiwohnte. Die Hochschule von Löwen war von Johannes IV., Herzog von Brabant gegründet, vom Papste Eugen IV. im Jahre 1426 bestätigt worden; Sixtus IV., Leo X., Hadrian VI., Gregor XIII. und viele andere Päpste hatten sie mit besonderen Privilegien und Vorrechten ausgestattet. Eine Menge reicher Stiftungen hatte im Laufe der Zeit die Universität mit inländischen und fremden Collegien oder Studienhäusern umgeben, in welchen die Zöglinge ein gemeinsames Leben führten und zu ihrem späteren Berufe als Priester, Professoren, Aerzte, Richter u. s. w. vorgebildet wurden. Unter anderen hatten die Westfalen, der deutsche Ritterorden, Luxemburg, ferner die Schotten und die Piemontesen eigene derartige Col-legien. Ungemein groß ist die Zahl berühmter Männer und Gelehrten, welche im 15., 16. und 17. Jahrhundert theils an dieser Universität ge-lehrt haben, theils aus ihr hervorgegangen sind. In den Stürmen der französischen Revolution ging die herrliche Stiftung zu Grunde. Aber kaum war Belgien zu einem eigenen, selbständigen Staate geworden, als das katholische Volk, seine Bischöfe an der Spitze, den Gedanken aufgriff, die ehemalige Hochschule wieder ins Leben zu rufen. Zwar wurde die

Universität zunächst in Mecheln errichtet, 1834; aber bereits zwei Jahre nachher erhielt sie ihren bauernden Sitz in der alten Musenstadt Löwen.

Zu obiger Feier erschien zugleich mit dem Nuntius der damalige Bischof Forbin von Nancy. Beide Kirchenfürsten wurden von einer Deputation empfangen und in den großen Saal des Universitätsgebäudes (die sog. Halles) geleitet, wo die Professoren in ihrer Amtstracht nebst der gesammten studirenden Jugend sie ehrfurchtsvoll begrüßten. Nachdem die hohen Prälaten auf den für sie bereitstehenden Ehrensitzen Platz genommen hatten, begann die Disputation. Es war ein junger Priester aus der Diöcese Tournai, der eine Reihe von Thesen aus dem Kirchenrechte in glänzender Weise vertheidigte und dann unter den vorgeschriebenen Ceremonien den Doctorhut empfing. Außer ihm erhielten mehrere andere junge Gelehrte die sog. academischen Grade. Dann hielt der Professor des Kirchenrechts, Verhoeven, eine lateinische Rede über die Wichtigkeit, welche die Kirche zu allen Zeiten den höheren Studien beigemessen, und über die Auszeichnungen, mit welchen sie die Pfleger derselben beehrt hat. — Nachdem der feierliche Act beendigt war, wurde der Nuntius in die Universitätsbibliothek geführt, wo eine Deputation der Studentenschaft ihn mit einer lateinischen Ansprache begrüßte. Die Antwort des Prälaten ist in den damaligen belgischen Zeitungen ihrem wesentlichen Inhalte nach veröffentlicht worden. Nachdem Pecci seiner Freude Ausdruck gegeben, daß er sich persönlich von der Blüthe einer Anstalt habe überzeugen können, die ihre Erneuerung und Entwicklung wesentlich dem Eifer des Klerus und des ganzen belgischen Volkes verdanke, fuhr er also fort: „Die ruhmvollen Erinnerungen an den ehemaligen Glanz der Löwener Hochschule sind noch nicht erstorben; Sie, meine Herren, sind berufen, durch Ihre Arbeit ihnen neues Leben zu geben. Sie haben die glorreiche Bahn Ihrer Vorgänger eingeschlagen, und so zeigen Sie schon jetzt, was die Kirche, was das Vaterland von Ihnen hoffen darf. Mit herzlicher Freude richte ich meinen Blick auf Sie, die Blüthe der Jugend, die Sie von so edler Gesinnung beseelt sind und die, dessen bin ich gewiß, einst das Glück und der Stolz Belgiens sein werden."

Am Nachmittage besuchte der Nuntius die Hörsäle, die Sammlungen und die übrigen Sehenswürdigkeiten der Universität, sowie die mit derselben verbundenen Stiftungen, und äußerte zu wiederholten Malen seine Befriedigung und Ueberraschung. — Unter den Professoren konnte einer, Johannes Malou, der spätere Bischof von Brügge, mit ihm in seiner Muttersprache reden, da derselbe seine Studien in Rom und zwar von 1831 bis 1832 in der Academie der Adeligen, von 1832 bis 1835 im deutschen Colleg gemacht hatte.

Der Eindruck, den der Prälat bei den Professoren, wie bei den Studenten zurückließ, war ein überaus günstiger. Die Universität hat jenen Besuch nicht vergessen, und kaum traf die Kunde in Löwen ein, daß der ehemalige Nuntius als Leo XIII. den Stuhl Petri bestiegen habe, als sofort eine großartige Demonstration ins Werk gesetzt wurde. Abends um acht Uhr hielt die gesammte Studentenschaft, tausend dreihundert Jünglinge an der Zahl, mit Abzeichen in den päpstlichen Farben geschmückt, einen prachtvollen Fackelzug durch die Hauptstraßen der Stadt bis zur Wohnung des Universitätsrectors, wo sie mehrere Lieder sangen und dann durch ein jubelndes Hoch auf den neuen Papst ihrer Freude noch besonderen Ausdruck gaben.

Uebrigens hat Pecci für die Löwener Universität noch ein ganz besonderes Verdienst. Als er nach Belgien kam, entdeckte er bald, daß die philosophischen Irrthümer des Franzosen Lamenais auch in Löwen Anhang gefunden hatten, und er beeilte sich, darüber nach Rom zu berichten und auf die Gefahr hinzuweisen, welche daraus für die Rechtgläubigkeit der Hochschule zu erwachsen drohte. In Folge dessen entwickelte sich unter Pecci's Vermittelung ein lebhafter Briefverkehr zwischen dem heil. Stuhle und dem Cardinal von Mecheln; der Nuntius ließ in seiner Thätigkeit nicht nach, bis er sein Ziel erreicht und die irrigen Grundsätze aufgegeben sah. — Bevor dies aber noch geschah, drohte der Universität eine andere Gefahr, welche im Verlaufe der Ereignisse selbst die Eintracht unter den Katholiken und dem Episcopate zerstören zu wollen schien. Gegenüber der falschen philosophischen Richtung, welche in Löwen Boden zu gewinnen suchte, hatten die Jesuiten beschlossen, 1845 in ihrem Collegium zu Namur ihrerseits einen philosophischen Cursus zu eröffnen. Die Universität bot Alles auf, dies zu hintertreiben; auch bei mehreren Bischöfen stieß der Plan auf lebhaften Widerstand. Der Nuntius bemühte sich auf jede Weise zu vermitteln, indem er mit allem Nachdruck auf das Verderben hinwies, welches aus einer Spaltung der Katholiken erwachsen würde. Bei der steigenden Erregung der Gemüther wollte es ihm anfangs nicht gelingen, einen Ausgleich anzubahnen; erst gegen Ende des Jahres 1846, als er bereits Belgien verlassen hatte, war er so glücklich, den Frieden wieder hergestellt zu sehen.

Ein nicht minder lebhaftes Interesse legte der Nuntius für die niederen Erziehungsanstalten des Landes an den Tag. Im Besondern war

10*

es das von den Jesuiten geleitete Collegium zum heil. Michael, das sich seines vorzüglichen Wohlwollens erfreuen durfte. Dort war es, wo er am 28. Mai 1843 einer Anzahl der Schüler die erste heil. Communion reichte; wie mochte ihn diese Feier an jenen Tag erinnern, wo er selber in der Jesuitenkirche zu Viterbo zum ersten Male an den Tisch des Herrn getreten war! Ebenso erschien er dort am folgenden Feste Allerheiligen, um die heil. Messe zu lesen und den Zöglingen die heil. Communion zu spenden. Im August des nächsten Jahres nahm er daselbst an der Feier der Preisvertheilung Theil; im Juni 1844 reichte er abermals einundzwanzig Schülern des Collegiums die erste heil. Communion. Als der berühmte Kanzelredner, Pater Ravignan, in der Kirche der heil. Gubula am 3. November eine Predigt für den Verein des heil. Vincenz von Paul hielt, wohnte der Nuntius derselben bei und speiste dann mit einer Anzahl von Senatoren und hohen Adeligen im Collegium. Am 21. December spendete er daselbst einer Anzahl von jungen Professen der Jesuiten die niederen Weihen.

Gern besuchte er auch das berühmte Institut der Damen vom heil. Herzen Jesu, in welchem die weibliche Jugend des Landes ihre höhere Ausbildung empfing. Meist erschien er dort unangemeldet; selten fehlte er bei den besonderen Festen der Kinder, hörte ihren Declamationen und Gesängen zu und ließ sich die Arbeiten der Schülerinnen vorlegen. Ebenso hatten sich die anderen Erziehungsanstalten seiner wiederholten Besuche zu erfreuen, im Besonderen das von den Canonissen des heil. Augustin geleitete Pensionat von Berlahmont, in welchem damals Töchter auch aus hohen deutschen Familien ihre Erziehung genossen.

Bei außerordentlichen kirchlichen Feierlichkeiten, Processionen, vierzigstündigem Gebete u. a. fehlte er selten; unter andern nahm er in seiner Eigenschaft als apostolischer Nuntius an der Jubelfeier Theil, welche zu Ehren des berühmten Gnadenbildes Unserer Lieben Frau „von der Kapelle“ am Dreifaltigkeitssonntage, den 2. Juni 1844 begangen wurde. Vorher, am 5. Mai hatte er in Gent an einer Procession der Bruderschaft des heil. Sacramentes, einige Tage darauf in Brügge an einer ähnlichen Procession zu Ehren des kostbaren Blutes Theil genommen.

Für die Institute der Armen- und Krankenpflege zeigte er die lebhafteste Theilnahme, und Vieles, was er in dieser Beziehung damals in Belgien kennen gelernt hatte, hat er später als Bischof von Perugia auf italienischen Boden hinüber verpflanzt. Ueberhaupt aber gab es keinen Zweig lobenswerthen Strebens, für welchen der Nuntius theilnahmlos geblieben wäre. So wohnte er sogar der Eröffnung der neuen Eisenbahn bei, welche Namur mit der Hauptstadt verbinden sollte und zu deren Einweihung er in dem Geleite des Königs Leopold erschien, um dem Gedanken thatsächlichen Ausdruck zu geben, daß die Kirche die Freundin und Förderin jeder gesunden Entwickelung auch im socialen Leben der Völker ist.

Um das ganze Land besser kennen zu lernen, machte der Nuntius verschiedene Reisen durch Belgien. Vor allem hatte Lüttich eine große Anziehungskraft für ihn. Eine innige Freundschaft verband ihn mit dem dortigen Bischofe Cornelius van Bommel; nächst ihm galt den Redemptoristen sein erster Besuch. Der Rector des Klosters war damals der Pater Dechamps, der sich ebenso sehr durch seine herrlichen Predigten, als durch seine schriftstellerische Thätigkeit einen hohen Ruf erworben hatte. Im Jahre 1865 wurde derselbe Bischof von Namur, zwei Jahre darauf Erzbischof von Mecheln und Primas von Belgien; am 15. März 1875 creirte ihn Pius IX. zum Cardinal, und so erschien er nach dem Tode dieses Papstes in Rom, um an der Wahl Pecci's zum Nachfolger desselben Theil zu nehmen. — Bei jenen Rundreisen durch Belgien besuchte der Nuntius die Kirchen und Heiligthümer der einzelnen Orte, die Krankenhäuser und Erziehungsanstalten, die religiösen Institute, und besonders die Seminarien, wo er an die Zöglinge Anreden in lateinischer Sprache zu halten pflegte. Während er sich auf diese Weise eine genaue Kenntniß des Landes und des herrschenden kirchlichen Geistes erwarb, gewann er sich zugleich durch seine Freundlichkeit und Liebenswürdigkeit alle Herzen.

Der damalige Erzbischof von Mecheln, Engelbert Sterckx, war wenige Jahre vorher, am 18. September 1838, zum Cardinal creirt worden und stand jetzt als ein Mann von wenig über fünfzig Jahre in der Blüthe seines Lebens, wie seines segensreichen Schaffens. Zu ihm stand der Nuntius in besonderer Beziehung, jeder schätzte an dem anderen die hervorragenden Eigenschaften des Herzens, wie des Geistes, mit welchen der Himmel sie ausgestattet hatte.

Nur drei Jahre durfte Pecci auf seinem Posten in Brüssel bleiben. Das Klima sagte seiner überhaupt nicht sehr kräftigen und an südliche Wärme gewöhnten Natur nicht zu und seine Gesundheit begann zu leiden. So schwer es ihm werden mochte, aus Belgien zu scheiden, er mußte doch den Papst um seine Abberufung bitten. Mit allgemeinem Bedauern wurde die Kunde seiner Abreise vernommen. Als der Nuntius vom Könige Abschied nahm, überreichte ihm dieser einen versiegelten Brief, den er Sr. Heiligkeit überbringen solle. Da der Prälat vor hatte, erst nach einer Erholungsreise in die Heimath zurückzukehren, so ersuchte er den König, das Schreiben auf einem anderen Wege nach Rom zu befördern, falls die Sache eile. „Es eilt nicht", antwortete Leopold mit seinem Lächeln; „der Brief trifft mit Ihnen noch frühzeitig genug bei Sr. Heiligkeit ein." — Wie sich später ergab, enthielt das Schreiben ein überaus warmes Lob des Nuntius und dessen gesammter Wirksamkeit, unter Hinzufügung der Bitte an den Papst, Pecci zum Cardinal ernennen zu wollen.

Daß Leopold auch in der Folge den Prälaten in freundlichem An= denken bewahrte, bewies er unter andern dadurch, daß er ihm am 5. Mai 1846, dem Tage seiner Abreise von Brüssel nach Italien, das Großkreuz des Leopoldsordens übersandte, „als besonderes Zeichen der Huld und Hochachtung", wie es in dem Begleitschreiben hieß (en temoignage particulier de bienveillance et d'estime). Es war dies ein um so glänzenderer Beweis der höchsten Anerkennung, als die Nuntiatur nur drei Jahre gedauert hatte.

Pecci hatte das katholische Belgien mit seinem opferfreudigen, be= geisterten Glauben im höchsten Grade schätzen gelernt; diese Beziehungen wurden mit der Niederlegung seines Amtes nicht zerrissen. Von seinem Verhältniß zum belgischen Collegium war schon die Rede. Kamen Belgier auf ihrer Wallfahrt nach Rom über Perugia, so durften sie des freund= lichsten Empfanges bei ihm sicher sein. Als Papst aber legte er seine Zu= neigung gegen dieselben unter andern sofort dadurch an den Tag, daß er den Vorsteher ihres römischen Collegiums, den Prälaten Victor Baron van den Branden, in seine nächste Nähe berief und zu seinem obersten Geheimkämmerer ernannte.

Achtes Kapitel.

In Deutschland. Rückkehr nach Rom.

Hatte Pecci als Delegat von Benevent seine freie Zeit zu Ausflügen in das neapolitanische Gebiet benutzt, so mochte er auch jetzt nicht in die Heimath zurückkehren, ohne vorher die benachbarten Länder, Deutschland, England und Frankreich besucht zu haben, theils zu einer Erholung, mehr aber noch, um seine Kenntnisse und seinen Gesichts= kreis zu erweitern. Zunächst war es Deutschland, wohin er einen Ausflug zu machen beschloß; sein Freund, der Canonicus Montpellier, war in Aachen sehr wohl bekannt; weitere Empfehlungen gab ihm der vortreff= liche und ausgezeichnete Nuntius in München, Viale = Prelà.

In Deutschland hatte wenige Jahre vorher durch den unvergeßlichen Erzbischof Clemens August von Köln und dessen Gefangenschaft 1837 das katholische Leben einen großartigen Aufschwung genommen. König Friedrich Wilhelm IV., von der edelsten Gesinnung beseelt, hatte hochherzig die Ketten zu brechen angefangen, mit welchen die Kirche bis dahin in Preußen gefesselt gewesen war; eine Reihe der bedeutendsten Männer, wie Görres, Möhler u. a. entzündeten die Geister und rüttelten mit gewaltiger Hand die noch schlafenden Katholiken auf. Die Ausstellung des heil. Rockes zu Trier im Jahre 1844, sowie die Angriffe der Protestanten und die Be= wegung der Rongeaner hatten dem kirchlichen Geiste neuen Schwung gegeben. Kurz vorher (am 4. September 1842) hatte in der Grundstein= legung zum Fortbau des Kölner Domes die kirchliche Kunst das Morgen= roth einer neuen Blüthezeit begrüßt. — Alles dies mußte den Prälaten einladen, die nähere Bekanntschaft einer Nation zu machen, die für einen italienischen Kirchenfürsten auch noch in so manch anderer Beziehung das vielfachste Interesse bot.

Es war im April des Jahres 1845, als der Nuntius die Reise nach Deutschland antrat. Von Brüssel aus ging der Weg über Lüttich zunächst nach der alten Kaiserstadt Aachen mit ihrem herrlichen Münster, das so reich ist an kostbaren Reliquien, mit ihrem prächtigen Rathhause, ihren

Heilquellen und ihrer malerischen Umgebung. Aachen war die erste deutsche Stadt, die Pecci betrat; welch andere Stadt hätte auf den fremden Kirchenfürsten von vorne herein wohl einen günstigeren Eindruck von den Katholiken Deutschlands und ihrer religiösen Gesinnung machen können, als das urkatholische Aachen? Noch nach mehr denn dreißig Jahren, als er nach seiner Erhebung auf den Stuhl Petri die erste deutsche Pilgerschaar in Audienz empfing und ihm auch eine Dame aus Aachen vorgestellt wurde, erinnerte er sich seines damaligen dreitägigen Aufenthalts mit lebhafter Freude und gedachte im Besonderen des gast=lichen Pfarrers, bei welchem er damals eingekehrt war. Es war dies der noch jetzt lebende Dechant Peter Adam Keller, Pfarrer in Burtscheid, den der Bischof von Lüttich brieflich von der Ankunft des Nuntius in Kennt=niß gesetzt hatte. Keller empfing den hohen Gast an der Eisenbahnstation, geleitete ihn zunächst zum Propst Großmann, der ihm alle Schätze und Merkwürdigkeiten des Münsters zeigte, besuchte mit ihm das Rathhaus und nahm ihn dann mit sich nach Burtscheid in das gastliche Pfarrhaus. Als nach der Tafel Kaffee servirt wurde, erhielt Pecci eine Tasse, auf welcher ein sehr ähnliches Porträt des Erzbischofs Clemens August gemalt war. Dieselbe gefiel dem Nuntius so sehr, daß er eine solche zu kaufen wünschte, sie möge kosten, was sie wolle; er gedenke sie dem heil. Vater Gregor XVI. mitzubringen, der ungemein viel auf Clemens August halte. Da jedoch eine zweite derartige Tasse nicht zu haben war, so verzichtete Keller, seinem Gaste und dem Papste zu Liebe, auf seine eigene und schenkte dieselbe dem Nuntius. — Es möge nicht unerwähnt bleiben, daß Leo XIII. kurz nach seiner Thronbesteigung den Dechanten, der zu den hervorragendsten und ausgezeichnetsten Priestern der Erzdiöcese gehört, zu seinem Geheim=kämmerer ernannte.

Von Aachen ging die Reise nach Köln, „dem deutschen Rom". Pecci kehrte dort bei'm Erzbischof Johannes Geissel ein, der damals noch erst Administrator der Erzdiöcese war, und dieser ehrte den Nuntius dadurch, daß er persönlich ihn zu den Heiligthümern und Sehenswürdigkeiten der Stadt umhergeleitete. Wohl lag der Dom in jenen Tagen noch ziemlich als Ruine da, allein es war eine wunderbar großartige Ruine, und schon sah man überall die Hände thätig, welche dem hehren Tempel neue Jugend geben sollten und rüstig und unverdrossen an seinem Ausbau arbeiteten. Der Prälat besuchte mit dem Erzbischof die Dombauhütte, wo die Stein=metzen die mit kunstreichem Blattwerk ausgemeißelten Bausteine herrichteten, die dann an dem alten Krahnen in die Höhe gewunden werden mußten.

Aber vor allem waren es auch in Köln wieder die Heiligthümer, die er
aufsuchte und verehrte, und so wallfahrtete er denn von dem Schreine,
der die Reliquien der heil. drei Könige umschließt, nach der Kirche der
heil. Ursula und nach St. Marien im Capitol, zu den Gräbern des
heil. Cunibert und des sel. Albertus Magnus u. s. w. — Volle zehn
Tage hielt sich der Nuntius in Köln auf. In dieser Zeit steten Verkehrs mit Geissel mußte er in dem ehemaligen Bischofe von Speyer, der
jetzt an der Spitze der großen Erzdiöcese stand, einen Mann von ebenso
seltenen Talenten, als apostolischer Gesinnung kennen und bewundern
lernen. Der damalige Regens des Cölner Priester-Seminars war Albert
Westhoff, der während der Jahre 1824—1828 als Zögling des deutschen
Collegiums seine Studien in Rom gemacht, also Pecci zum Mitschüler
gehabt hatte. Außer diesem lernte der Nuntius noch mehrere andere
ausgezeichnete Priester der Stadt kennen; er erbaute sich zugleich an
dem frommen Eifer der Gläubigen und an der allgemeinen und innigen
Anhänglichkeit an die Kirche. Bei der vorhin erwähnten ersten Audienz,
welche Papst Leo XIII. den deutschen Pilgern ertheilte, gedachte er auch
jener Tage, die er in Köln zugebracht hatte, indem er mit besonderer
Hochachtung sich des Erzbischofs Geissel erinnerte.

Von Köln setzte der Nuntius seine Reise zu Schiff den Rhein hinauf
fort. Es war eine herrliche Fahrt, vorüber an den rebenbekränzten Hügeln,
wo von allen Seiten die Dörfer im Thale und die Burgruinen auf den
Höhen den dahinziehenden Wanderer grüßen. Wie war doch der Rhein-
strom unvergleichlich reizender, als die Tiber, die durch ödes Gebirge ihre
gelben Fluthen dahinwälzt! An Bonn und Coblenz vorüber gelangte der
Prälat nach Mainz, der Stadt des heil. Bonifacius. Aber hier fand er
die kirchlichen Verhältnisse weniger erfreulich, als in Aachen und Köln.
Der damalige Bischof Kayser war ein guter Mann, aber nicht bedeutend.
Er pflegte in Civilkleidung spazieren zu gehen, so daß Niemand den
Bischof erkannte; „man hätte ihn eher für einen ehrsamen Schuhmacher,
als für den Nachfolger des heil. Bonifacius halten mögen." Die eigenthümliche Art des Mannes ist dem Nuntius unvergeßlich geblieben; in
einer Unterredung kurz vor seiner Erhebung auf den Stuhl Petri gedachte
er noch des Bischofs in seinem Civil-Anzuge. Im Uebrigen lag der
kirchliche Geist in Mainz noch in tiefem Schlafe; der Brennpunkt des
katholischen Lebens daselbst war zu jener Zeit die Familie Lennig, in
deren Hause verkehrte, was von katholischen Capacitäten von München
nordwärts, oder von Bonn, Köln u. s. w. nach Süden zog. Ob auch

der Nuntius in diese Familie eingeführt wurde, haben wir leider nicht mehr ermitteln können.

Von Mainz ging die Fahrt mit der Post weiter nach Trier, wo Pecci in dem Bischofe Wilhelm Arnoldi, wie in dem kurz vorher, am 12. Januar, zum Weihbischofe consecrirten Johann Georg Müller, dem spätern Bischofe von Münster, zwei ausgezeichnete Prälaten kennen lernte. Mit ihnen besuchte er die Kirchen und Heiligthümer der Stadt, wie die antiken Baudenkmale; von ihnen auch hörte er den Bericht von der wunderbaren Andacht des christlichen Volkes und den unzähligen Schaaren der Pilger, als im vorhergehenden Jahre das heil. Kleid des Herrn öffentlich zur Verehrung ausgestellt gewesen war.

Nach mehrtägigem Aufenthalte in Trier setzte dann der Nuntius seinen Weg fort nach Maestricht und besuchte daselbst das Grab des heil. Bischofs Servatius; auf seiner Weiterreise übernachtete er in einem Cistercienserkloster, und gelangte dann wieder über Lüttich nach Brüssel.

Welch angenehmen Eindruck die Rheinreise auf den Prälaten gemacht hat, und wie er sich sehr gern seines Aufenthaltes in Deutschland erinnerte, ergibt sich auch aus dem nachfolgenden Briefe des Herrn Oberpfarrers, Mgr. Huthmacher aus Crefeld, der uns über einen Besuch bei dem Cardinal von Perugia folgende interessante Mittheilung macht: „Am Samstag vor dem weißen Sonntage, den 29. April 1859, traf ich — damals Kaplan zum heil. Maximilian in Düsseldorf — von Rom heimreisend, am Abende in Perugia ein. Mein und meiner geistlichen Reisegefährten erster Gang war der zum General-Vicariat, um die Erlaubniß zum Messelesen für den folgenden Tag zu erhalten. Wir fanden dasselbe verschlossen, trafen aber zufällig einen Canonicus, der uns rieth, direkt uns an den Cardinal zu wenden. Auf unsere Einrede, daß wir in unserer Reisekleidung uns der Eminenz nicht präsentiren dürften, erbot sich der freundliche Herr, selber unsere Papiere dem Kaplan des Cardinals zu übergeben, und begleitete uns in das bischöfliche Palais. Nach einigen Minuten erschien der Kaplan und theilte uns den Wunsch Sr. Eminenz mit, uns zu sehen; der Cardinal habe gelesen, daß wir Kölner seien; die Reisekleidung thue nichts zur Sache.

Der Herr führte uns in einen hohen, nach italienischem Brauch verdunkelten Saal, wo der Cardinal uns erwartete. Noch sehr wohl erinnere ich mich des ersten Anblicks der großen, imponirenden Gestalt des Kirchenfürsten, der uns mit den freundlichen Worten empfing: „Ecco Kölner! Bravissimo! Freude, hier Priester aus Köln zu sehen!" Auf seine Einlabung nahmen wir Platz, und nun entspann sich eine längere Unterhaltung über den Cardinal von Geissel und den Besuch bei dem kölner Kirchenfürsten, über den Dom, über die kirchlichen Verhältnisse in Preußen und insbesondere auch über den damals in Rom weilenden, erkrankten König Friedrich Wilhelm IV. Der Hochwürdigste Herr sprach viel Deutsch, wobei er freilich in italienischer Form die Sätze bildete und sich durch italienische Worte ergänzte, wenn ihm der deutsche Ausdruck fehlte. Als wir ihm unsere Absicht mittheilten, über Florenz weiter zu reisen, erhielten wir von ihm die unerwartete Kunde, daß vor drei Tagen die Revolution daselbst ausgebrochen und der Großherzog von Toscana geflohen sei; wir möchten daher unsere Reise über Ancona nehmen, von wo Loretto nicht fern sei.

Nach einer Unterredung, die fast eine Stunde gedauert hatte, schieden wir, entzückt von der Liebenswürdigkeit und Herablassung, mit welcher der erlauchte Kirchenfürst uns junge Kapläne empfangen hatte. Die gemessene, ruhige Sprache, der intelligente Blick, die hohe Gestalt blieben uns unvergeßlich, und noch oft haben wir miteinander über diese Begegnung gesprochen. — Als ich nach Köln kam und dem Cardinal die uns mitgegebenen Grüße überbrachte, äußerte derselbe: „Ah Pecci! Er ist ein geistreicher Mann, ein großer Gelehrter und ein tüchtiger Bischof." —

Wir haben schon früher erzählt, wie Leo XIII. als Lehrer am deutschen Collegium in Rom thätig gewesen ist. Diese Wirksamkeit und die Reise an den Rhein sind es nicht allein, in welchen unser jetziger heil. Vater unsere Nation kennen lernte. Eine seiner frühesten Erinnerungen gilt schon den Deutschen, speciell den Oesterreichern. Es war im Jahre 1821; der junge elfjährige Joachim studirte im Jesuitencollegium zu Viterbo, als die österreichischen Truppen zur Wiederherstellung der Ordnung in den Kirchenstaat einrückten. In der Umgebung von Viterbo wurde ein Armeecorps von 18,000 Mann concentrirt, um dort Manöver abzuhalten. Das war ein Leben und Treiben, in der Stadt selbst, wie in den Zelten vor den Thoren, wo die Truppen lagerten! Um der großen Revue und dem militärischen Kampfspiel besser zuschauen zu können, hatten die Jesuitenpatres für ihre Zöglinge einen eigenen Balkon erbauen lassen; dort wohnten auch Joachim und sein Bruder Joseph dem Manöver bei: „es ist das großartigste militärische Schauspiel gewesen, das wir je gesehen haben", versicherte uns letzterer. Er erinnerte sich dabei der ganz besonderen Freundlichkeit, mit welcher die österreichischen Officiere, die im Collegium einquartiert waren, den Zöglingen begegneten und sich mit ihnen, so gut

es bei der Verschiedenheit der Sprache möglich war, zu verständigen suchten.
„Ueberhaupt", fügte er bei, „sind es die Oesterreicher gewesen, die in Italien
die Ordnung aufrecht erhalten haben; darum waren sie bei allen rechtlich
Denkenden beliebt; nur das Häuflein der Liberalen schimpfte über sie.
Im Venetianischen war die Bevölkerung unter dem kaiserlichen Scepter
glücklich und im Ganzen zufrieden, wie ich aus eigener Anschauung und
Erfahrung weiß." —

Die Besetzung Perugia's durch österreichische Truppen nach 1849
bot dem Bischofe die mannichfaltigste Gelegenheit, mit den Officieren, wie
mit den gemeinen Soldaten in Berührung zu kommen, und die Kenntniß
der deutschen Sprache, deren er damals noch mächtiger war, als jetzt, er-
leichterte den Verkehr mit denselben. Seine Beziehungen zu der österreichischen Besatzung waren stets die freundlichsten; besondere kirchliche
Feierlichkeiten, wie die Frohnleichnamsprocession, der Krönungstag des
Papstes und dergl., erhielten durch ihre Betheiligung erhöhten Glanz, und
der Bischof machte sich seinerseits ein Vergnügen daraus, die Officiere bei
außerordentlichen Veranlassungen zur Tafel zu laden. Als die Oesterreicher
in Folge des traurigen Verlaufs der kriegerischen Ereignisse im Jahre 1859
Perugia verließen, sah der Cardinal sie mit tiefem Bedauern scheiden
Wie oft mag er später, als die italienische Regierung ihre eiserne Hand
auf das gesammte kirchliche Leben seiner Diöcese legte, sich der Zeiten
erinnert habe, wo der Doppelabler noch schirmend seine Fittiche über die
Stadt Perugia ausbreitete!

Die in päpstlichen Diensten stehenden Schweizer = Regimenter endlich,
welche die Citadelle besetzt hielten, machten den Cardinal mit einem anderen
Stamme der deutschen Nation bekannt; wiederholt hatte er die Freude,
protestantische Soldaten dieser Truppen in den Schooß der katholischen
Kirche wieder aufnehmen zu können.

So kennt Leo XIII. aus persönlichem Verkehr die Söhne im Westen,
Osten und Süden unseres deutschen Vaterlandes; es sind lauter freundliche und angenehme Erinnerungen, die er von unserer Nation im Herzen
bewahrt und die ihn mit einem Wohlwollen gegen die Deutschen erfüllen,
das er vom Anfange seines Pontifikates an in zahlreichen Beweisen an
den Tag gelegt hat.

Nehmen wir nunmehr den Faden unserer Erzählung im Leben des
Nuntius wieder auf! Nachdem er sich von seiner Rheinreise erholt
hatte, unternahm er einen zweiten Ausflug nach England, wo er sich
in London vierzehn Tage aufhielt und bei dem dortigen Apostolischen

Vicar einkehrte. Durch ihn wurde er auch mit einer Anzahl der hervor=
ragendsten englischen Convertiten jener Zeit bekannt.

Nach Brüssel zurückgekehrt, nahm Pecci nunmehr Abschied vom Hofe,
wie von seinen Freunden und trat die Heimreise nach Italien an. In Paris
kehrte er bei seinem früheren Lehrer Fornari ein, der jetzt Nuntius
war und der ihn auch der königlichen Familie vorstellte. Zehn Tage
verweilte er in der französischen Hauptstadt, und nachdem er noch
einige andere Orte auf seiner Weiterreise berührt hatte, bestieg er in
Marseille das Schiff, das ihn gegen Ende Mai 1846 wieder nach
Rom brachte.

Bei seiner Ankunft fand er den Papst Gregor dem Tode nahe, so
daß es ihm nicht vergönnt war, Sr. Heiligkeit persönlich das Schreiben
des Königs Leopold zu überreichen.*) In Betreff seiner Zukunft war
die Entscheidung schon vor einigen Monaten getroffen worden. Der
Bischof von Perugia, Carl Cittadini, war nämlich im vorhergehenden Jahre
1845 gestorben, und die Peruginer, eingedenk der segensreichen Wirksam=
keit, welche Pecci als Delegat in ihrer Mitte entfaltet hatte, glaubten keinen
besseren Nachfolger auf den Stuhl des heil. Herculanus finden zu
können, als ihn. Sie schickten deshalb eine Gesandtschaft nach Rom,
an deren Spitze der Gonfaloniere oder Bürgermeister Mandolini stand;
dieselbe wandte sich an den Cardinal Lambruschini um dessen Vermittelung,
und wirklich gewährte Gregor ihre Bitte.

Es ist schon von anderer Seite auf die Aehnlichkeit hingewiesen
worden, welche in dieser Art der Berufung zwischen dem neuen Bischofe
von Perugia und dem heil. Ambrosius besteht. Auch dieser war den
Mailändern als staatlicher Beamter vorgestellt und hatte sich in solcher
Eigenschaft das allgemeine Vertrauen erworben; auch Ambrosius wurde
durch Absendung einer eigenen Gesandtschaft zum Bischofe der Stadt
erbeten.

Cardinal Lambruschini machte dem Nuntius, der damals schon seine
Abberufung von Brüssel nachgesucht hatte, schriftlich Mittheilung von dem

---

*) Gegenüber allen anderen Nachrichten, welche sogar die Unterredung des Papstes
mit dem Nuntius mitzutheilen wissen, ergibt sich dies aus einer von Sr. Heiligkeit
selber geschriebenen Notiz, die wir einsehen durften, und wo es heißt: „Non ebbe
la ventura di vedere il Pontefice, che gravamente informatosi poco stante
mori, er hatte nicht das Glück, den Papst zu sehen, der, schwer erkrankt, bald
darauf starb."

Wunsche der Perusiner, indem er ihm die Zusicherung beifügte, die Führung des bischöflichen Amtes werde nur einige Jahre dauern, dann solle er wiederum, mit neuen Erfahrungen bereichert, in die bisherige Laufbahn zurückkehren. Ja, Gregor XVI. war dem Nuntius so gewogen, daß er für ihn die Wirksamkeit in Perugia derjenigen in einer der höchsten Nuntiaturen gleichstellte und damit die sichere Anwart= schaft auf den Cardinalshut verband. — Der Brief Lambruschini's über= raschte Pecci nicht wenig. In der Seelsorge hatte er bisher nicht gewirkt; denn die Delegaten und Nuntien pflegen sich nicht am Beicht= stuhl und an der Kanzel zu betheiligen. Seine Studien, wie seine bis= herige Thätigkeit während zehn Jahren waren dem Dienste der Kirche in einer wesentlich anderen Richtung gewidmet gewesen, als daß sie irgendwie als Vorbereitung auf das bischöfliche Amt hätten gelten können. Wohl hatte er in all' dieser Zeit in ununterbrochenem und mannichfaltigstem Verkehre mit dem Episcopat gestanden, allein er hatte dadurch mehr die verantwortungsschwere Bürde eines Oberhirten kennen gelernt, als die persönliche Befähigung, sie zu tragen, — so glaubte er wenigstens — sich erworben. Auf der anderen Seite hatte er sich in seinem bisherigen staat= lichen Dienste der Kirche jene Gewandtheit und Geschäftskenntniß an= geeignet, die man nur langsam und im Laufe der Jahre erwirbt; als Bischof konnte er aus denselben kaum einen wesentlichen Nutzen ziehen. Blieb er dagegen in der früheren Laufbahn, so durfte er hoffen, sie in ersprießlicher Weise zum Heile der Kirche verwerthen zu können. — Pecci hatte schon gelernt, seine eigenen Pläne betreffs seiner Zukunft den höheren Anordnungen zum Opfer zu bringen, und so unterwarf er sich denn auch jetzt bereitwillig der über ihn getroffenen Verfügung, indem er in dem Willen des Papstes den Willen Gottes verehrte.

Im Consistorium vom 10. Januar 1846 proclamirte Gregor XVI. den Erzbischof Joachim Pecci zum Bischofe von Perugia. Zugleich er= nannte er ihn zum Cardinal, reservirte ihn jedoch in petto, indem er die feierliche und öffentliche Creirung einstweilen noch vertagte.

Verschiedene Angelegenheiten verzögerten die Abreise des neuen Bischofs nach Perugia. Unterdessen erfolgte ein Ereigniß, das für ihn ein Schlag war, wie er ihn härter kaum hätte treffen können: am 1. Juni, Pfingstmontag, starb der Papst Gregor XVI. Mit tiefstem Schmerze kniete Pecci an der Leiche seines großen Wohlthäters und gab ihr das Geleite auf ihrem letzten Wege zur Ruhestätte in St. Peter. — Am 14. Juni traten 51 Cardinäle in das Conclave: Die Wahl schwankte zwischen Lambruschini und Mastai: am 16. bestieg der letztere als Pius IX. den apostolischen Stuhl; am 21. fand die feierliche Krönung in St. Peter statt. Pecci war Zeuge der Proclamation des neuen Papstes, wie des unermeßlichen Jubels, mit welchem das römische Volk ihm huldigte; bei dem Krönungszuge in St. Peter wie bei der Spendung des apostolischen Segens von der Loggia herab, war er im Gefolge Pius' IX. — er, der bestimmt war, dereinst sein Nachfolger zu werden.

Hiermit schließt die zweite Periode im Leben unseres heil. Vaters ab. Die Geschicke seiner Jugend, wie seine amtliche Thätigkeit in den römischen Congregationen, in Benevent, Perugia und Brüssel waren nach Gottes Willen die Vorbereitung, die ihn noch jung an Jahren, aber reich an Erfahrung und Menschenkenntniß zur Leitung einer großen Diöcese in sturmbewegter Zeit befähigt hatte. — Es ist gewiß nicht ohne Interesse, schon hier die doppelten Lebenswege vergleichend zu betrachten, auf welchen Pius IX. und Leo XIII. von Gott auf den bischöflichen und apostolischen Stuhl emporgeführt wurden. Pius IX. erblickte das Licht der Welt in jener blühenden Landschaft, die sich mit ihren rebenbekränzten Hügeln und fruchtbaren Gefilden und mit dem ahnungsvollen Blicke hinaus auf das Meer um Sinigaglia ausdehnt. Im friedlichen Kreise seiner Familie durfte er seine Kinderjahre zubringen; seine erste Ausbildung erhielt er in Volterra, dessen Heilquellen Kranke und Preßhafte von allen Seiten anzogen; sein eigenes Leiden, bei schwächlicher Körperconstitution, fand dort keine Heilung. Die äußerste Verfolgung der Kirche und des heil. Stuhles, die Gefangennehmung und Wegführung Pius' VII. erlebte der junge Mastai mit eigenen Augen. Seine erste Wirksamkeit galt der Erziehung verwahrloster Knaben; aus der Leitung eines Armenhauses wurde er auf den bischöflichen Stuhl berufen. Alle diese Umstände bildeten Pius zu jenem milden und sanften Papst liebevollsten Mitleides, zu dem geduldigen Kreuzesträger, der in Verfolgung und Trübsal die Welt durch seinen unerschütterlichen Starkmuth in Erstaunen setzte. — Wie ganz anders ist die Schule, durch welche Leo geführt wurde! Im rauhen Gebirge geboren, an Abhärtung und Entsagung gewöhnt von frühester Kindheit, sah er in seinen ersten Jahren den erfolgreichen Kampf der Ordnung und des Gesetzes wider Zügellosigkeit und Empörung, erlebte er das Aufblühen des kirchlichen Geistes und den wachsenden Glanz des heil. Stuhles. Ausgebildet in den trefflichsten theologischen und juristischen Schulen, tritt er in das Priesterthum. Seine erste öffentliche Thätigkeit gilt der Niederwerfung des Banditenwesens in Benevent; als Nuntius in Brüssel ist er Augenzeuge der herrlichen Erfolge, welche der Katholicismus in den Niederlanden, in England und am Rhein errungen hat. — Nun, dürfen wir aus diesen Lebensschicksalen, durch welche Gott unseren jetzigen heil. Vater führte, auf die Zukunft schließen, dann läßt sich eine bischöfliche und später päpstliche Wirksamkeit erwarten, deren Character nicht sowohl das Leiden, als vielmehr der Kampf ist, aber ein Kampf, in welchem die Klugheit den Arm bewaffnet, um die Siege der Kirche zu erstreiten.

Dritter Theil.

Die bischöfliche Wirksamkeit

bis zur

Losreißung Perugia's vom Kirchenstaate.

(1846—1860).

Erstes Kapitel.

Die Stadt Perugia.

Bevor wir das Wirken unseres heil. Vaters als Bischof von Perugia ins Auge fassen, wollen wir Einiges über die Stadt vorausschicken, die nunmehr seine Residenz und damit die nächste Zeugin seiner apostolischen Wirksamkeit werden und in der er fortan während zweiunddreißig Jahren für das Heil der Seelen thätig sein sollte.

Perugia, die Hauptstadt Umbriens, „mit wundervollstem Umblick auf eines der gesegnetsten Länder der Welt", schaut von seiner steilen Höhe frei und weit hinaus in eine überaus blühende Landschaft. Die in bunter Mannichfaltigkeit neben und über einander aufsteigenden Hügel sind mit Reben, Oelpflanzungen und Waldungen bedeckt, zwischen denen in den Thälern die reichen Getreidefelder wogen. Nach dem Horizonte zu heben sich Berge über Berge, zum Theil bis in den Hochsommer hinein mit Schnee bedeckt; von der Galerie Paul's III. aus erinnert die malerische Aussicht lebhaft an eine Schweizer=Landschaft. Die Stadt selbst, welche gegenwärtig gegen 20,000 Einwohner zählt, ist auf verschiedenen Hügeln erbaut; so steigen die engen Straßen unaufhörlich steil auf und ab und nur wenige sind zu Wagen befahrbar. Eine Menge von Palästen und Häusern stammt aus dem 14., 15. und 16. Jahrhundert, und dadurch erhält Perugia einen Charakter, der an Nürnberg erinnert.

So reizend die Lage der Stadt, so interessant ist ihre Geschichte, die auf die vorchristliche Zeit zurückgeht; wir wollen uns jedoch auf einige Notizen beschränken, welche vorwiegend die Beziehungen der Stadt zum heil. Stuhle berühren. Im Jahre 749 erschien zu Perugia Papst Zacharias vor dem Longobardenkönige Rachis und bewog ihn, von seinem Zuge gegen Rom abzustehen, wie es in ähnlicher Weise früher Leo der Große dem Hunnenkönige Attila gegenüber gethan hatte. Am 16. Juli

Ansicht von Perugia.

des Jahres 1216 starb daselbst Papst Innocenz III. und wurde im Dome des heil. Laurentius beigesetzt. Unter ihm stiftete der seraphische Heilige, aus dem nahen Assisi gebürtig, seine Orden der Armuth; ein Jahr vor dem Tode des Papstes erschien zugleich mit Franciscus der geistesverwandte Dominicus auf dem lateranensischen Concil vor dem Papste, der den Orden des einen, wie des anderen bestätigte. Wie Innocenz, so hatte sein zu Perugia erwählter Nachfolger Honorius III. mit dem deutschen Kaiser Friedrich zu kämpfen; im Bunde mit den aufrührerischen Römern zwang dieser 1228 den Papst Gregor IX., nach Perugia zu fliehen. Innocenz IV. verweilte dort nach des Kaisers Tode im Sommer

1253 und empfing daselbst die Gesandtschaft Conrad's, welche kam, einen Frieden zwischen Kirche und Reich zu schließen, den das Geschlecht der Staufen durch sein bisheriges Vorgehen gegen den heil. Stuhl leider schon unmöglich gemacht hatte.

Die nächsten fünfzig Jahre sahen drei Päpste in Perugia sterben und in die dortigen Kirchen zur letzten Ruhestätte tragen, Urban IV., Martin IV. und Benedict XI., und vier Päpste daselbst den Stuhl Petri besteigen, Clemens IV. (1264), Honorius IV. (1285), Coelestin V. (1294) und Clemens V. (1305). Damit, daß der letztere den Sitz des Papstthums nach Avignon verlegte, begann für Rom und den Kirchenstaat jene so verhängnißvolle Zeit, die an grausamsten Parteikämpfen, wie an Ruinen reicher ist, als kaum eine andere. Im Jahre 1353 erschien der Volks= tribun Cola di Rienzi in Perugia; von dort zog er mit deutschen Söld= nern gegen Rom, das Drama seines Lebens zu Ende zu spielen.

Bisher hatte Perugia zum heil. Stuhl in dem Verhältniß treuer Ergebenheit gestanden und war dadurch zu Blüthe und Reichthum gelangt; die Folgezeit zeigt uns auf Jahrhunderte die Stadt im Kampfe mit den Päpsten um die Selbständigkeit und Unabhängigkeit ihres Gemeinwesens. Im Jahre 1369 erhoben sich die Perusiner gegen Urban V. und dessen Legaten, und wenn schließlich auch ein Vergleich zu Stande kam, so griffen sie 1375 doch von Neuem zu den Waffen, wobei Florenz den Aufständischen Hülfe leistete. Diesmal war es ein schwaches Weib, aber eine Heilige, Catharina von Siena, welche den Frieden zwischen den beiden Städten und dem Papste vermittelte und diesen selbst zur Rückkehr nach Italien vermochte. Wohl bewahrte Perugia seine Unabhängigkeit, und alle die folgenden Kämpfe wurden wesentlich unter dem Titel geführt, die Freiheit und Autonomie der Stadt gegenüber den Päpsten zu wahren und zu ver= theidigen; allein sie gerieth nunmehr in eine viel schlimmere Knechtschaft, in die der übermüthigen Adelsparteien. So hatte im Anfange des 15. Jahr= hunderts der berühmte Bandenführer Braccio da Montone, später das Geschlecht der Baglioni die Herrschaft in Händen. Unter Julius II. und wiederum unter Leo X. war die Stadt der päpstlichen Regierung unterworfen. Als nach Clemens' VII. Tode Rudolph Baglioni den päpst= lichen Vicedelegaten, Bischof von Terracina, erschlagen, den Palast desselben, sowie den Bischofshof in Asche gelegt, die Stadt der Plünderung seiner Söldner Preis gegeben hatte, brach Paul III. 1335 den Uebermuth dieses Geschlechts und brachte die Stadt unter seine Botmäßigkeit. In Folge einer neuen Salzsteuer pflanzte die Bürgerschaft fünf Jahre später von Neuem die Fahne der Empörung auf, und nun erbaute der Papst die Citadelle, „ad coёrcendam Perusinorum audaciam, um die Verwegenheit der Perusiner im Zaume zu halten", wie die Inschrift über dem Festungs= thore besagt. So fügte sich die Stadt in den Verlust ihrer mittelalter= lichen Freiheiten; aber dauernd und fest für die päpstliche Regierung ge= wonnen wurden die Herzen des Volkes niemals. Darin liegt der Schlüssel zum Verständniß der Ereignisse, deren Zeuge Pecci sein sollte.

An Kunstwerken, zumal der Malerei, ist Perugia reicher, wie kaum irgend eine Provinzialstadt. Dort war der Sitz der berühmten Umbrischen

Perugia. — St. Peter.

Malerschule, die zugleich mit dem Aufschwung des religiösen Lebens, der von Assisi ausging, zur herrlichsten Blüthe gelangte. In all' den Werken, welche die Meister jener Zeit, sowie deren Nachfolger geschaffen, liegt eine Frömmigkeit, Andacht und Innigkeit, die wir vergebens bei irgend einer anderen Schule suchen. Der größte Meister der Umbrischen Schule war Pietro Perugino, mit dem Pinturicchio um die Palme rang; zu Pietro's Schülern gehörte auch Raphael. — Wenn wir nun auch von vorn herein erwarten durften, zumal in den Kirchen eine Fülle von Gemälden jener Meister zu finden, so ist der Reichthum an denselben doch wahrhaft stau= nenswerth. Im Besondern ist die Kirche des heil. Petrus ein wahres

Museum, in welchem Bilder von Perugino, Raphael, Saffoferrato, lo Spagna u. a. in herrlichster Mannichfaltigkeit vertreten sind. — Weiterhin ist seit 1863 in der Universität aus den Gemälden der aufgehobenen Klöster und deren Kirchen eine Galerie geschaffen worden, die einen bewunderungswürdigen Reichthum der schönsten Bilder aufweist. Im Jahre 1500 schmückte Perugino im Rathhause seiner Vaterstadt die sog. Sala del Cambio (Handelskammer) mit prächtigen Fresken.

Der Dom, dem heil. Laurentius geweiht, wurde gegen Ende des 15. Jahrhunderts in gothischem Stile erbaut. Das Aeußere ist leider unvollendet und macht mit seinem dunkeln Mauerwerk einen tristen Eindruck. Auf dem Platze vor dem Dome erhebt sich ein prächtiger Brunnen, aus drei über einander sich erhebenden Schaalen oder Bassins bestehend und mit einer Menge von Figuren geschmückt. Er ist um das Jahr 1280 errichtet worden. Auf der anderen Seite des Domes erhebt sich die Bronzestatue des Papstes Julius III., dem die Perusiner dieses Denkmal zum Danke für die ihnen gewährten Freiheiten errichteten.

Das weite Innere der dreischiffigen Kathedrale mit seinen Säulen aus röthlichem Marmor und den reich bemalten Gewölben macht beim ersten Eintreten einen sehr harmonischen Eindruck. Links und rechts am Hauptportale liegen zwei durch Eisengitter umschlossene Capellen; die eine gehört der Gilde der Kaufleute und besitzt ein herrliches Altarblatt von Baroccio, die schmerzhafte Mutter darstellend, sowie ein vortreffliches Glasgemälde; die andere zeigt als Altarblatt die Vermählung der seligsten Jungfrau. Das Glasfenster daselbst mit der Geburt Christi wurde 1823 angefertigt. Diese letztere Capelle werden wir am Schlusse unserer Wanderung durch den Dom noch genauer zu betrachten haben.

An einer der Säulen des Mittelschiffes befindet sich über einem Altare ein von den Perusinern hochverehrtes Bild der Mutter der Gnaden (Madonna belle grazie), mit einer Menge von silbernen Weihgeschenken eingefaßt. Den ganzen Morgen über knieen Schaaren von Betern vor demselben; eine eigene Bruderschaft hat sich die besondere Verehrung der Gnadenreichen zur Aufgabe gestellt.

Die Taufcapelle enthält ein altes, ziemlich roh geschnitztes Crucifix und hinter dem Taufbecken einen altarartigen Aufbau von feinster Marmorsculptur der Frührenaissance. — Das Altarbild der Chorcapelle ist ein Werk des Lucas Signorelli und stellt die Mutter Gottes mit dem heil. Eremiten Onophrius, dem die Capelle geweiht ist, sowie mit anderen Heiligen dar. — Außer einigen weiteren schönen Gemälden in der Kirche und der Sacristei sind dann noch zwei Sarcophage beachtenswerth, der eine am Hauptportale, der andere, mit einer vergoldeten Tiara geschmückt, rechts vom Hochaltare, in welchem bei einander die Gebeine der drei Päpste Innocenz III., Urban IV. und Martin IV. ruhen.

Kehren wir nunmehr zu der oben erwähnten Capelle zurück, in welcher das heil. Kleinod, der höchste Schatz der Stadt Perugia, der Brautring der seligsten Jungfrau Maria aufbewahrt wird. Aus den verschiedenen Büchern, welche über denselben veröffentlicht worden sind, entnehmen wir die nach=folgenden Mittheilungen. Der Ring ist nicht von Metall, sondern aus einem einzigen, wenngleich ziemlich werthlosen Edelstein, einem Onyx, ge=schnitten, wie dies bei den Alten nicht selten vorkam. Nach der Tradition empfing der heil. Johannes denselben von der seligsten Jungfrau und brachte ihn mit sich nach Rom, wo er später in den Besitz der heil. Mustiola, einer Verwandten des Kaisers Marcus Aurelius Claudius ge=langte. Als unter Aurelian (270 bis 275) eine neue Christenverfolgung ausbrach, flüchtete Mustiola aus Rom nach Clusium, dem jetzigen Chiusi, wohin sie die heil. Reliquie mitnahm, die seitdem auf Jahrhunderte der kostbare Schatz der clusinischen Kirche blieb. Die früheste uns erhaltene Nachricht findet sich in einer Handschrift aus dem 11. Jahrhundert; die ältesten Bildnisse der heil. Mustiola stellen sie stets mit dem Ringe dar, den sie zwischen den Fingern hält. Um das Jahr 1300 wurde das Kleinod den Minoriten zur Bewachung anvertraut. In dem Kloster derselben finden wir gegen das Jahr 1470 einen deutschen Bruder, Namens Winter von Mainz. In Folge der wüsten und wilden Zeitverhältnisse war auch aus jenem Convente der rechte Geist gewichen; Winter, von seinen Ordens=brüdern nicht gut behandelt, suchte sich dadurch zu rächen, daß er den Ring entwendete, in der Absicht, ihn nach Deutschland zu entführen. Das ge=schah im Sommer 1473. Durch eine seltsame Verkettung der Umstände wurde Winter jedoch veranlaßt, die Reliquie dem Rathe der Stadt Perugia einzuhändigen. — Die Minoriten von Chiusi hatten bald den Diebstahl bemerkt und erwirkten vom Cardinal Sansisto, damals päpstlichem Legaten in Perugia, die Einkerkerung des Räubers. Unterdessen aber hatten in der Rathsversammlung vom 9. August 1473 die Väter der Stadt den Be=schluß gefaßt, den Ring um jeden Preis zu bewahren und mit allen Mitteln sich in seinem Besitze zu vertheidigen; es wurde eine eiserne Kiste mit sieben Schlössern angefertigt, die wiederum in einen eisernen Gitter=behälter mit vier Schlössern eingelassen war, und so auf das sorgfältigste verschlossen wurde das Kleinod in der Rathhauscapelle in dem dortigen

Altare deponirt. Bald darauf erhielt auch Bruder Winter seine Freiheit wieder und wurde auf Kosten der Gemeinde Perugia bis zu seinem Lebensende unterhalten. Er starb im Jahre 1506 und fand sein Grab im Dome vor jenem Altare, welcher 1486 zu Ehren der Vermählung Mariä erbaut und wohin die Reliquie zur besseren allgemeinen Verehrung übertragen worden war.

Unterdessen hatte Chiusi alle Hebel in Bewegung gesetzt, den Ring wieder zu erhalten. Indem es die Hülfe der Stadt Siena anrief, schickte es wiederholt Gesandtschaften an den Magistrat von Perugia, sowie an den Papst Sixtus IV; als alle gütigen Mittel nichts halfen, kam es zu offenen Feindseligkeiten. Endlich vermittelte in dem oben genannten Jahre 1486 Papst Innocenz VIII. den Frieden, was ihm um so leichter wurde, da Siena den Waffen der Perusiner nicht gewachsen war und Chiusi durch die Wiederauffindung der Gebeine der heil. Märtyrerin Mustiola in den dortigen Katakomben am 25. Mai 1474 gewissermaßen eine Entschädigung für den Verlust erhalten hatte.

Die Obhut über den Sant 'Anello, über den Brautring der heil. Jungfrau, ist einer eigenen Bruderschaft anvertraut; die elf Schlüssel zu den Schlössern befinden sich in den Händen von elf verschiedenen Personen, und nur unter ihrer gemeinsamen Zustimmung kann die eiserne Kiste geöffnet werden. Oben im Altare der Vermählung ist ein silberner Tabernakel angebracht, in welchem dieselbe eingeschlossen ist; der Ring selbst ist in ein kostbares silbernes Reliquiar gothischen Stils aus dem Jahre 1511 gefaßt; alljährlich am Feste der Vermählung Mariä und Joseph's wird er unter großer Feierlichkeit den Gläubigen zur Verehrung ausgestellt.

An den Dom ist das Priesterseminar angebaut, in welchem die Zöglinge ihre gesammte Ausbildung von den untersten Classen an erhalten; mit demselben steht dann wiederum der Bischofshof in Verbindung, ein unregelmäßiger Bau aus verschiedenen Perioden, ohne architectonische Schönheit. Auch das Innere bietet an sich nichts Merkwürdiges; aber mit tiefer innerer Bewegung durchwandeln wir jetzt diese Räume, in denen bisher unser heil. Vater gelebt und gewirkt hat, in Freud und Leid unbewußt sich vorbereitend auf den Tag, wo er den Stuhl Petri besteigen sollte.

Von den übrigen Kirchen der Stadt ist die schon erwähnte des heil. Petrus nicht nur wegen des großen Reichthums ihrer Gemälde die sehenswürdigste. Auf dem Vorsprunge eines Hügels, nahe am Römischen Thore erbaut, schaut dieselbe mit ihrem schönen, schlanken Thurme weit in das fruchtbare Hügelland hinaus, das sich hier in einem wundervollen Anblicke vor uns ausdehnt. Die Kirche ist eine alte, dem heil. Benedict geweihte, dreischiffige Basilika mit schönen Granitsäulen; der Chor ist berühmt durch das einzig in seiner Art bastehende Holzschnitzwerk des Gestühls, das nach Zeichnungen Raphaels ausgeführt worden ist. Das anstoßende große Kloster war bis zum Einzuge der Piemontesen von Benedictinern bewohnt; jetzt weilen nur noch einige wenige Paters darin, theils zur Besorgung des Gottesdienstes an der Kirche, theils als Vorsteher einer Ackerbauschule, die in den occupirten Klosterräumen eingerichtet worden ist. — Nicht weit von dort liegt die Dominicanerkirche, in ihrem Baue wie der Dom, unvollendet; mit ihrem halben Thurme und dem seiner Marmorbekleidung entbehrenden Mauerwerk macht sie im Aeußern einen finstern Eindruck. Das Innere, ursprünglich gothisch angelegt, ist durch spätere Restauration ganz modernisirt; nur hinter dem Hochaltar ist ein prächtiges, farbiges Glasfenster übrig geblieben. Im Querarm der Kirche ruhen in einem ungemein zierlichen gothischen Grabmal die Gebeine des Papstes Benedict XI., der im Jahre 1304 starb, wie man sagt, an vergifteten Feigen, welche der ränkevolle Philipp IV. von Frankreich ihm hatte vorsetzen lassen. — Eine durch ihre Bauart höchst interessante Kirche ist die zu den Engeln, ein auf prächtigen Säulen aufgeführter Rundbau des sechsten Jahrhunderts. — Weiterhin sei noch erwähnt die Kirche des heil. Herculanus, ein schöner, hoher Rundbau in gothischem Stile, wo unter dem Hochaltar in einem antiken Sarcophage die Gebeine des Heiligen ruhen; ferner vor dem Römischen Thore die alterthümliche Kirche des heil. Bischofs Constanz, dessen Reliquien unter dem Altare beigesetzt sind. Das Portal der Kirche stammt etwa aus dem 8. Jahrhundert; der Thürsturz zeigt uns in einem Medaillon Christus auf dem Throne seiner Herrlichkeit, von den vier evangelistischen Zeichen umgeben; die Thürpfosten sind mit romanischem Laubwerk geschmückt, zwischen welchem Vögel und phantastische Gestalten angebracht sind. — Zu den ältesten Bischöfen der Stadt gehört auch der heil. Florentius, dessen Gebeine ebenfalls unter dem Altare der ihm geweihten Kirche verehrt werden.

Unter den profanen Bauwerken der Stadt verdient an erster Stelle das schöne gothische Rathhaus Erwähnung, welches um das Jahr 1300 erbaut worden ist. Das Portal zeigt außer dem geflügelten Greif, dem Wappen Perugia's, die Wappen der mit ihm verbündeten Städte. Auf der dem Dome zugewendeten Seite des Rathhauses halten zwei Greife eine an Ketten herabhängende Eisenstange, mit welcher einstens das Stadtthor von Siena geschlossen war und welche die Perusiner als Siegesbeute davon trugen. Neben dem Rathhause liegt der ehemalige

Palaſt des päpſtlichen Delegaten. — Auf dem Platze der zerſtörten Citadelle erhebt ſich jetzt ein großer Neubau, der Provinzial-Palaſt, in ſchwerfälligem Stil, an Schönheit mit dem alten Rathhauſe nicht im entfernteſten zu vergleichen.

Wer das Chriſtenthum nach Perugia gebracht hat, iſt ungewiß; jeden= falls aber gehörten die beiden oben genannten Biſchöfe Conſtanz und Florentius der Zeit vor Kaiſer Conſtantin an. Ein chriſtlicher Sarcophag

Rathhaus von Perugia.

mit Bildwerk von ungemein ſchöner Arbeit in der Kirche des heil. Franciscus, in welchem jetzt die Gebeine des heil. Eligius, eines Gefährten des heil. Franciscus ruhen, ſtammt nach de Roſſi aus dem Anfange des vierten Jahr= hunderts. Derſelbe Gelehrte hält die alte Tradition keineswegs für un= wahrſcheinlich, daß das Evangelium bereits durch einen Schüler des heil. Petrus in Umbrien verkündigt worden ſei; das Bildniß des erſten Apoſtels jener Gegend fand er zugleich mit demjenigen des heil. Petrus auf einem Marmorſarcophag des vierten Jahrhunderts im nahen Spoleto dargeſtellt.

Zweites Kapitel.

Der Einzug.

Obschon der Erzbischof Joachim Pecci bereits im Consistorium am 10. Januar 1846 zum Bischof von Perugia ernannt worden war, so wurde doch, wie wir sahen, sein Amts= antritt durch verschiedene Umstände, besonders aber durch den Tod Gregor's XVI. und die Wahl seines Nachfolgers Pius' IX. bis in den Sommer hinausgeschoben. Am 21. Juni fand die feier= liche Krönung des neuen Papstes statt; drei Tage vorher hatte der Bischof von Perugia sein erstes Pastoralschreiben an seine Diöcesanen gerichtet.*) Indem er dieselben von seiner nahen Ankunft in Kenntniß setzt, wendet er sich in einer herzlichen Ansprache der Reihe nach an das Capitel der Domkirche, an die Seelsorger und die übrige Geistlichkeit, sowie an die Zöglinge des Priesterseminars, an die Ordensleute und die gottgeweihten Jungfrauen, an den Magistrat der Stadt und die Professoren der Universität, endlich an das gesammte gläubige Volk seiner Diöcese, um sie alle seiner väterlichsten Hirtenliebe zu versichern und sie zugleich zu bitten, ihm das schwere und verantwortungsvolle Amt der bischöflichen Würde durch treues und gläubiges Zusammenhalten mit ihm und dem obersten Hirten auf dem Stuhle Petri zu erleichtern.

Am 26. Juli, einem Sonntage, sollte der feierliche Einzug des neuen Bischofs in seine Residenz statthaben. Pecci's Weg führte auf der alten Landstraße — Eisenbahnen gab es damals noch nicht auf jener Strecke — über Foligno zunächst nach Maria degli Angeli, am Fuße der Höhe, auf welcher Assisi liegt und von wo man in der Ferne schon Perugia sehen kann. In diesem der seligsten Jungfrau geweihten und weltberühmten Heiligthume des heil. Franciscus, in der Capelle der Portiuncula, wollte er zuvor seine Andacht verrichten und sich und sein apostolisches Wirken der Fürbitte des großen Apostels von Umbrien empfehlen. Von seinem zartesten Alter an hatte er, wie er selbst in einer Ansprache vom 26. Nov. 1873 sagt, eine besondere Andacht und eine hohe Bewunderung gegen den

---

*) Dasselbe ist datirt: Datum Romae ante Portam Flaminiam, XII Kal. Jul.

glorreichen Patriarchen von Assisi im Herzen getragen; Franciscus hatte so oft auch Perugia besucht und durch sein Wort und Beispiel dort die Seelen aus der verderblichen Umarmung einer lasterhaften Welt dem Himmel zugeführt; der moralische Zustand der Menschheit im Anfange des 13. Jahrhunderts, wo der Heilige auftrat, war in so vielfacher Beziehung ähnlich der gegenwärtigen Zeit, daß der Bischof vor Allem seiner Hülfe, seiner Fürbitte die apostolische Wirksamkeit an's Herz legen wollte, die er jetzt anzutreten im Begriffe stand.

Am Samstage, den 25. Juli, traf der Prälat dann incognito in Perugia ein, wo er in dem Benedictinerkloster bei der Kirche des heil. Petrus in der Vorstadt vor dem Römischen Thore Wohnung nahm. Er war jetzt auf derselben Straße nach Perugia gelangt, welche er als Delegat im Jahre 1841 zum Empfange des Papstes Gregor XVI. fertig gestellt hatte. Am folgenden Morgen las er zum ersten Male die heil. Messe in seiner Diöcese. Die Kirche feierte an diesem Tage das Fest der heil. Mutter Anna, und der Bischof hatte dasselbe in Erinnerung an seine selige Mutter zur Feier seines Einzugs auserwählt. Sie schaute jetzt vom Himmel auf ihren Sohn nieder: der Segen, den sie auf dem Todesbette dem vierzehnjährigen Knaben gespendet, das Gebet, das sie mit sterbenden Lippen für ihn emporgesandt hatte, wie hatten sie sich fruchtbringend erwiesen! Mehr als einmal hatte der Jüngling und der Mann in besonders glücklichen Stunden, zumal bei seiner Priesterweihe und bei seiner bischöflichen Consecration, in wehmüthiger Liebe der zu früh Dahingeschiedenen gedacht; heute mußte sich ihm abermals der Wunsch aufdrängen: „Daß Du doch noch lebtest, gute Mutter, damit ich in den ernsten und schweren Sorgen meines neuen Amtes Erholung fände im trauten Gespräche mit Dir!" Und nicht minder mußte sein frommes Kindesherz dann des Vaters gedenken, sowie der Männer, die ihn unterrichtet, ihm ihr väterliches Wohlwollen zugewendet hatten, vor allen des Cardinals Sala und des Papstes Gregor, und so zog das ganze verflossene Leben, die Jugendtage in Carpineto und die Studienjahre in Viterbo und zu Rom, wie seine Wirksamkeit in Benevent, Perugia und Brüssel in einem bunten, mannichfaltigen Bilde noch einmal an seiner Seele vorüber. Ein unbestimmtes Gefühl aber mußte es ihm sagen, daß heute die eine Hälfte seines Lebens abschließe und eine neue, wesentlich andere beginne, in die er nur mit dem Ernste eines Mannes hinausblicken konnte, der im Begriffe steht, die heilige Pflicht eines ebenso erhabenen, als sorgenreichen Amtes zu übernehmen.

Am Abende um fünf Uhr fand dann der feierliche Einzug des Bischofs statt; Pecci wünschte denselben genau nach den alten kirchlichen Vorschriften zu halten, mit all dem Ceremoniell, welches dafür vorgeschrieben ist. Er kannte den Charakter des italienischen Volkes und hoffte von einer solchen Feier günstige Eindrücke auf die Perusiner im Interesse seiner bischöflichen Wirksamkeit, außerdem aber folgte er hierin dem Willen der Kirche. Darnach soll der Eintritt eines neuen Pfarrers in seine Gemeinde und viel mehr noch der eines neuen Bischofs in seine Diöcese ein Festtag hoher Freude sein. Die verwaiste Heerde hat ja einen Hirten wieder, der da kommt im Namen des Herrn als Friedensbote und Spender des Segens, als der von Gott gesandte Tröster, Führer und Rathgeber seines Volkes; ihre Stimme mit der ihrer Kinder vereinigend, eilt die Kirche voll Jubel dem einziehenden Bischofe mit dem Ausrufe entgegen: „Sehet da den Hohenpriester, dessen Wandel dem Herrn wohlgefiel und der in seinen Augen als der rechte befunden wurde, Ecce sacerdos magnus, qui in diebus suis placuit Deo et inventus est iustus." Indem die Kirche in ihren alten Vorschriften anordnet, daß der Bischof, wie einst der Heiland in Jerusalem, reitend seinen Einzug halten soll, begrüßt sie ihn mit dem Frohlocken der Kleinen, die dem Erlöser mit Palmenzweigen und Blumenkränzen entgegenzogen. Der Bischof ist der geistige Bräutigam seiner Kirche und darum trägt er den Ring am Finger als Symbol seiner Vermählung mit ihr; so geziemt es sich, daß die Braut all ihren Schmuck anlegt, um in dem ganzen Reichthum ihrer Schönheit demjenigen entgegen zu ziehen, der fortan mit ihr als Stellvertreter ihres göttlichen Stifters und Bräutigams in eine heilige, geistige Lebensgemeinschaft treten soll.

Zu der festgesetzten Stunde zogen das Domcapitel, die Stadtgeistlichkeit, der Magistrat, sowie der Rector und die Professoren der Universität von der Kathedrale aus dem Bischofe bis zum Portale der Kirche des heil. Petrus entgegen; die übrige Geistlichkeit, die Orden und die Bruderschaften mit ihren Kreuzen, Fahnen und Abzeichen erwarteten ihn bei der Kirche des heil. Dominicus. Mit seiner bischöflichen Reisekleidung angethan, bestieg der Prälat einen weißen, mit violetter Decke gesattelten Zelter und ritt so, von seinem Gefolge umgeben, bis zum Stadtthore. Dort stieg er ab, kniete auf einem bereitliegenden Teppiche nieder und küßte das Kreuz, das ihm dargereicht wurde. — Es ist dies eine ungemein sinnreiche Ceremonie. Vor dem Thore seiner Bischofsstadt muß der neue Oberhirt auf die Kniee niedergeworfen das Crucifix küssen; denn er kann kein rechter Hirte seines Volkes sein, es sei denn in Demuth, in Gebet, in freudiger Umfassung von Kreuz und Leiden für das Heil und die Er=lösung der unsterblichen Seelen.

Nachdem dann die Geistlichkeit, der Magistrat und der Rector sammt den Professoren dem Bischofe ihre Begrüßung dargebracht hatten, bestieg er wiederum den Zelter und ritt, das Kreuz vorauf, unter dem Gesange des Ecce sacerdos magnus bis zur Kirche des heil. Dominicus, die auf das festlichste geschmückt war. Am Portale von der dortigen Geistlichkeit begrüßt, schritt er zum Altare, den Heiland, den Hirt aller Hirten, im heiligsten Sacramente anzubeten. Darauf ließ er sich auf dem an der Evangelienseite errichteten Throne nieder, und das Capitel sowie die Pfarrer der Stadt traten nach einander zu ihm und leisteten ihm die Huldigung, die der Bischof mit der Ertheilung des Friedenskusses erwiederte. — Das ist der zweite Act in dem bedeutungsvollen Ceremoniell. Vor dem An=gesichte des Herrn geloben die Priester, die dem Oberhirten in der Sorge für die Heerde zur Seite stehen sollen, ihm Treue und Gehorsam, und er spendet ihnen hingegen in väterlicher Liebe den Kuß des Friedens; denn nur im innigen, einmüthigen Zusammenwirken werden sie alle gemeinsam ihres heiligen Amtes walten können.

Nunmehr legte der Bischof die Pontifical=Gewänder an und, den goldenen Hirtenstab in der Hand, schritt er wieder zum Portal der Kirche. Ueber ihn hielten sechs Cleriker, in weite Chormäntel von weißer Farbe gekleidet, den Baldachin. Vor der Kirche bestieg der Bischof wieder den Zelter, der jetzt mit einer tief herabhängenden Decke von weißer Seide geschmückt war, und im vollen Ornate, die Mitra auf dem Haupte ritt er nun, von dem Baldachin überschattet, unter dem Geläute aller Glocken der Stadt und dem Gesange des Clerus durch die festlich geschmückten Straßen; sechs Knaben aus dem Seminar, als Altardiener gekleidet, streuten Blumen auf seinen Weg; eine Abtheilung päpstlicher Truppen der Besatzung in Gala=Uniform bildete die Escorte. Der ganze Zug war ein überaus imposanter; die Bruderschaften mit ihren flatternden Fahnen, der Magistrat und die Professoren in ihrer Amtstracht, das Domcapitel in dem reichen Schmucke seiner Gewänder, die zahlreiche Geistlichkeit des Welt= und Ordensclerus, die Soldaten in ihrer blitzenden Uniform, das Alles zog in glänzendster Mannichfaltigkeit dem Bischofe vorauf oder gab ihm das Geleite, während das Volk in dichten Schaaren rechts und links dem nahenden Oberhirten entgegenjubelte und auf die Kniee sinkend seinen Segen empfing. So gelangte die Festprocession die breite Hauptstraße hinauf, am Palaste des Delegaten und am Rathhause vorüber, zum Dome, wo der Bischof abstieg. Ein vielstimmiger Gesang- chor stimmte den ambrosianischen Hymnus, das Te Deum an und so betrat der Oberhirt, den Stab in der Hand, unter dem Baldachin die Kirche und schritt bis zum Hochaltare vor, auf welchem das Allerheiligste ausgestellt war. Nachdem er sich vor demselben niedergeworfen und sein Gebet verrichtet hatte, nahm er, auf dem bischöflichen Throne sitzend, die zweite Huldigung des Capitels und der übrigen Geistlichkeit entgegen. Die feierliche Segenspendung vom Altare aus bildete den Schluß der erhebenden Handlung. Der große Dom war dichtgedrängt voll von Menschen; in ge- waltigem Chor drang der Vollgesang des ganzen Volkes durch die weiten Hallen der Kathedrale; die Heerde hatte ihren Hirten wieder, der Bischof war mit seiner Diöcese vermählt, und vom Sacramente strömte des Himmels Segen nieder auf die glückliche Vereinigung.

Als die Feier beendigt war, geleiteten das Domcapitel, sowie die Spitzen der Behörden den Bischof unter den wiederholten Jubelrufen des Volkes in seinen Palast; am Abende war die ganze Stadt beleuchtet. Die Feier war in ungemein glänzender und erhebender Weise vorüber- gezogen; alle Welt freute sich, Pecci als Oberhirten der Diöcese erhalten zu haben.

Als in später Abendstunde die stille Nacht die letzten Lichter der Illumination auslöschte und der Bischof endlich allein war, allein mit sich und seinem Gott, da trat auch wohl noch einmal der gewaltige Ernst seiner hohen Hirtenpflichten vor seine Seele; und noch einmal legte er, auf die Knice hingeworfen, vor dem ganzen Himmel das Gelöbniß ab, mit hingebendstem Eifer sich dem Heile seines Volkes zu weihen, im vollsten Sinne des Wortes ein treuer Hirte zu sein der Lämmer und der Schafe, der Großen und der Kleinen, der Folgsamen und der Verirrten. Der Bischof durfte es sich nicht verhehlen, daß dem Jubel des heutigen Abends Tage mühsamer Arbeit, vielleicht Tage heißen Kampfes und schmerzlichster Er- fahrungen folgen würden. Aber er hatte den vollen Mannesmuth eines echten Bischofs, unermüdlich zu wirken im Weinberge des Herrn, den Wölfen der Bosheit, die seine Heerde bedrohten, mit den Waffen Christi entgegen zu treten; hoch auf der Warte stehend, als treuer Wächter über sein Volk zu wachen, auf daß er es vor der gleißenden Verlockung des Lasters und des Irrwahns bewahre, und selbst den Dornenpfad des Undanks, der Verkennung und der Verfolgung nicht zu scheuen, um Allen Alles zu werden. Aber so bereit er zu Arbeit, Opfer und Liebe war,

Die Piemontesen im bischöflichen Palast in Perugia.

wie würde er doch von Staunen und banger Besorgniß ergriffen worden sein, wenn in diesem Augenblicke ein Engel den Schleier der Zukunft vor seinen Augen gelüftet hätte! Wie nahe stand ja schon das Jahr 1848 mit seinen wüsten Stürmen vor der Thüre! Und wie sollte der Bischof erst seinen Weinberg verwüstet werden sehen, wenn frevelhafte Hände das päpstliche Wappen von den Thoren der Stadt herunterreißen würden! Allein der Schleier der Zukunft verhüllte noch einen anderen Tag, dem heutigen Tage ähnlich, aber unvergleichlich erhabener, als er, jenen Tag, wo der Bischof von Perugia nicht nur den Jubel einer Diöcese, sondern einer Welt empfangen, wo seine Hände sich nicht bloß über Tausende, sondern über den ganzen Erdkreis segnend ausbreiten, wo statt der Mitra die dreifache Krone seine Stirne schmücken und statt des Hirtenstabes einer Diöcese der Herrscherstab des Nachfolgers Petri in seinen Händen ruhen würde. —

Am Schlusse dieses Capitels mögen noch einige statistische Notizen über das Bisthum von Perugia ihre Stelle finden. Die Zahl der Pfarreien in der Diöcese belief sich damals, als Pecci sein Amt antrat, wie sich aus seinem amtlichen Berichte an den heil. Stuhl ergiebt, auf 199. Von diesen lagen 17 in der Stadt Perugia selbst, und die dortigen Pfarrer bildeten ein Collegium zur besseren Ausübung der Seelsorge, wobei ihnen noch 23 andere Priester zur Seite standen. Dazu kam das Domcapitel und der an der Kathedrale angestellte Clerus, bestehend aus dem Erzpriester, dem Erzdiacon, 12 Canonikern und 19 Beneficiaten; aus ihrer Mitte waren die Professoren des Seminars, sowie die Beamten des Vicariats und der bischöflichen Canzlei entnommen. An den übrigen Kirchen der Diöcese zählte man im Ganzen 184 Weltpriester. Durch eine Stiftung des Bischofs Carl Cittabini, des Vorgängers unseres heil. Vaters, war es ermöglicht worden, daß jährlich 85 Priester zu gemein=schaftlichen geistlichen Uebungen auf acht Tage sich unentgeltlich in das Missionshaus zurückziehen konnten; auf diese Weise war dem gesammten Clerus der Diöcese die Gelegenheit geboten, jedes dritte Jahr Exercitien zu halten. — Mannesklöster von verschiedenen Orden gab es 18 in der Stadt; zu diesen kamen noch 2 vor den Thoren und einige weitere an anderen Orten der Diöcese. Außerdem zählte man 12 Frauenklöster, von denen sich die meisten mit Krankenpflege und Kindererziehung beschäftigten. Alle diese Klöster sind heute „säcularisirt", d. h. die Mönche und Nonnen sind aus denselben kurzer Hand hinausgeworfen worden. Statt ihrer wurden daselbst Soldaten einquartirt.

Leo XIII.   12

Weiterhin besaß Perugia eine Menge frommer Stiftungen und Bruder=
schaften; unter anderen aber gab es dort vier Kenodochien oder Pilger=
häuser, von denen drei den Fremdlingen unentgeltliche Herberge boten,
das vierte die Erkrankten unter ihnen verpflegte. — Der Bischof war
geborenes Mitglied des Curatoriums der Universität; es war uns interessant,
aus jenem Berichte zu ersehen, „daß verschiedene Städte Deutschlands auf
die Ernennung an derselben ein Recht haben."*)

In dieser, nach italienischen Begriffen sehr großen Diöcese nun sollte
der neue Bischof fortan wirken. — Wie sich aus den angeführten Thatsachen
und Zahlen ergiebt, stand ihm dabei ein ansehnlicher Reichthum an
Kräften und Hülfsmitteln zur Verfügung; seine Vorgänger im Amte
waren nichts weniger, als Männer gewesen, welche ihre bischöflichen
Pflichten versäumt hätten. Aber leider hatten die revolutionären und
liberalen Ideen in den Tagen Gregor XVI. einen äußerst fruchtbaren
Boden in Perugia gefunden; besondere Umstände traten hinzu, die alte,
eingewurzelte Abneigung des Volkes gegen die päpstliche Regierung und
seinen Hang nach Freiheit und Unabhängigkeit noch zu steigern. — Der
neue Oberhirt kannte sein Volk, als er sein Amt antrat; allein er
rechnete auf zwei Factoren, auf die Hülfe von oben, die er in heißem
Gebete erflehen wollte, und auf einen tüchtigen Clerus, den er sich heran=
zubilden mit entschiedenstem Ernste vorgenommen hatte.

---

*) Ebenso giebt — oder gab — es großartige deutsche Stiftungen an der
Universität Bologna, stammend aus jenen Zeiten, wo der Ruf der dortigen Rechts=
lehrer zahlreiche Studenten aus unserem Vaterlande dorthin zog. Wie hier, so ward
auch noch an mehreren anderen Orten, zumal in Rom, eine Anzahl nationaler
Stiftungen unseres Volkes vom wilden Strudel der modernen Revolution ver=
schlungen; was noch erhalten wurde, das ist einzig durch den Schutz des Kaisers von
Oesterreich gerettet worden.

Drittes Kapitel.

Stürmische Tage.

Am 29. Juni, dem Feste der beiden Apostelfürsten, hatte der erwählte Bischof von Perugia noch im hohen Dome der Peterskirche zu Rom dem Hochamte assistirt, welches Pius IX. über dem Grabe des Apostelfürsten feierte; am Abend des 16. Juli war er Zeuge des unermeßlichen Jubels gewesen, mit welchem die Römer dem neuen Papste für die gewährte Amnestie dankten. Es war ein Rausch der Freude und der Begeisterung, der kein Maß, keine Grenzen kannte; glänzender und großartiger war nie die Stadt beleuchtet gewesen; in immer neuen Schaaren zog das Volk unter Fackelbeleuchtung zum Quirinal, und bis tief in die Nacht hinein erscholl das „Evviva" hinauf zu den Fenstern des Papstes. Als am folgenden Sonntage, dem Feste des heil. Vincenz von Paul, Pius in die Kirche der Lazaristen fuhr, fand er alle Häuser mit Kränzen und Teppichen geschmückt, die Straßen mit Blumen bestreut; auf dem Heimwege wurden die Pferde aus dem Wagen gespannt und Hunderte von Händen streckten sich zu der Ehre aus, die Carosse des hochherzigen Pius ziehen zu dürfen. Eine ausdrückliche Verfügung mußte den Ausbrüchen der Freude für die Zukunft Zügel anlegen und das Volk zur ruhigen Erfüllung seiner häuslichen Pflichten zurückrufen.*)

Wie in Rom, so war das Amnestie=Decret in allen Städten des Kirchenstaates mit unbeschreiblichem Enthusiasmus aufgenommen worden. Das galt im Besondern auch von Perugia, wo einerseits Viele den ehemaligen Bischof von Spoleto kannten, andererseits die Zahl derjenigen Personen und Familien, welche durch den Gnadenact beglückt wurden, eine sehr große war. Denn an den Aufständen und Unruhen in den Jahren 1831, 1843 und 1845 hatten sich viele Perusiner betheiligt; nicht wenige büßten in den Gefängnissen sowie der Verbannung ihre Verwegenheit.

Der Umschlag, zunächst in Rom, dann in den Provinzen, sollte gar bald erfolgen. Das Land war von den geheimen Gesellschaften unter-

---

*) In der Darstellung der Ereignisse aus der Regierung Pius' IX. sind wir wesentlich dem „Piusbuche" von Dr. Hülskamp gefolgt.

wühlt; „Jung=Italien" hatte überall seine Anhänger und Verschworenen, die entschlossen waren, nicht zu ruhen, bis sie auf den Trümmern der Throne und Fürstenstühle die italienische Republik erbaut hätten. Es war der verhängnißvolle Irrthum des neuen Papstes, daß er glaubte, solche Ele= mente durch Gnade und Güte gewinnen zu können. Die Gewährung einer größeren Freiheit für die Presse im Beginn des Jahres 1847 über= schwemmte die Stadt und die Provinzen mit Blättern, welche in gleiß= nerischer Form das Gift der neuen Ideen allenthalben verbreiteten; Mazzini und sein Anhang wirkten mit Riesenkräften an der Ausführung ihrer Ideen; die wohlgemeinten Reformen, die der Papst ins Leben rief, arbeiteten ihnen trefflich in die Hände; die ihm abgenöthigte Bildung der Bürgerwehr war ein ungeheurer Schritt weiter dem erstrebten Ziele zu. Als das Jahr zu Ende ging, war Alles zu dem großen Schlage vorbereitet; Pius stand nur noch wenige Schritte von dem Abgrunde, und die ihn voranbrängenden Mächte waren schon zu stark, als daß er hätte Halt machen oder gar umkehren können.

Es kann uns nicht Wunder nehmen, daß der ausgestreute Samen in Perugia in üppigster Weise aufschoß. Eine Reihe der von Pius ge= troffenen Anordnungen und Reformen kam auch der Hauptstadt Umbriens zu Gute, und Volk wie Clerus wußten dafür dem Papste herzlichsten Dank. So hatten Alle ohne Ausnahme mit Freuden den Erlaß des Staats= secretärs vom 24. August 1847 entgegen genommen, wonach auch in Perugia, wie in den übrigen Delegationen eine Anstalt zur Erziehung armer und verwahrloster Knaben gegründet werden sollte, und Bischof Pecci hatte der päpstlichen Verfügung gemäß einen tüchtigen Priester auserkoren, die Er= ziehung und den Religionsunterricht der Zöglinge zu übernehmen. Nicht minder hatte man mit allgemeinem Dank die Vorkehrungen des Papstes begrüßt, wodurch im Hungerjahre 1847 die Noth, welche fast in allen übrigen Ländern Europa's herrschte, von der Bevölkerung des Kirchen= staates abgewendet wurde. Und das Gleiche galt von der Anordnung, durch welche es den Behörden an's Herz gelegt wurde, den Winter über durch öffentliche Arbeiten dem Volke Gelegenheit zum Verdienste zu geben.¹

Dahingegen mußte die Bildung der Bürgerwehr den Einsichtigeren entschieden als eine Waffe erscheinen, die Pius den für Unabhängigkeit schwärmenden Perusinern nicht hätte in die Hände geben dürfen. Ein Papst hatte die Citadelle erbaut „ad coërcendam Perusinorum audaciam"; jetzt schien ein Papst gekommen zu sein, welcher der Audacia den Zügel abnahm, — zu einer Zeit, wo es doppelt Noth gethan hätte, ihn recht fest anzuziehen. Wenn in jenen Tagen bei uns kalten Nordländern der Freiheitsschwindel auch die Besonnensten wie mit einem Fieber ergriffen hatte, wie mußte dies erst bei dem heißblütigen Italiener der Fall sein, und wie leicht mußte es besonders in Perugia werden, das schnell erregbare Volk mit sich fortzureißen! Der Bischof, seiner Hirtenpflicht eingedenk, benutzte die Feier des Jahrestages der päpstlichen Thronbesteigung am 16. Juni, um in einer Predigt über die sociale Gesittung die Gläubigen vor den Abwegen zu warnen, auf die man sie verführen wollte. Unter socialer Gesittung, so sagte der Bischof, versteht man das Bestreben oder das System, die Menschen unter einander zu vervollkommnen in Bezug auf ihr zeitliches Wohlergehen, wie in Rücksicht auf ihre ewige Seligkeit. Je reiner dieses System entwickelt ist, desto glücklicher sind die Völker; aber Gesittung, wie Beglückung der Nationen sind nicht möglich ohne die Religion. Sie ist es, welche das Verhältniß der Gatten zu einander, der Eltern zu ihren Kindern, der Herrschaften zu ihren Dienstboten, der Regierenden zu den Unterthanen ordnet. Dann schilderte der Bischof die Erhabenheit der Lehren und Vorschriften des Christenthums in allen diesen Beziehungen, und schloß mit dem Hinweise auf den unermeßlichen Segen für das sociale Leben der Völker, wenn jene Grundsätze unter ihnen getreu befolgt würden.

Allein die warnende und mahnende Stimme des Oberhirten verklang in dem Sturme der immer mächtiger werdenden Leidenschaften; schon im Sommer kam es in Perugia zu Ruhestörungen und Zusammenrottungen. Einmal war der Bischof Pecci in der Lage, das Volk bei einem derartigen Auflaufe vor dem Aeußersten zurückzuhalten. Die päpstlichen Soldaten hatten einen Verbrecher ergriffen und schickten sich an, ihn in das Gefängniß abzuführen. Auf den Hülferuf desselben strömte die Menge auf dem Platze Grimani zusammen, um den Soldaten ihren Gefangenen zu entreißen. Allein diese, durch zahlreiche vorhergegangene Insulte und Verhöhnungen gereizt, waren fest entschlossen, den Bösewicht nicht loszulassen. Schon blitzten die Dolche; das Geschrei: „Nieder mit ihnen!" wurde immer lauter; es mußte zu blutigem Straßenkampfe kommen. In diesem gefährlichen Augenblicke erschien plötzlich der Bischof, zu Fuß, nur von seinem Secretair und seinem Diener begleitet, auf dem Platze. Mit muthiger Entschlossenheit stellte er sich dem wilderregten Volke entgegen und mahnte es zur Ruhe und Ordnung. Und wirklich gelang es ihm, die erregten Gemüther zu beschwichtigen; wider Willen beugten sich die Leidenschaften vor der Hoheit und dem Muthe, womit der Bischof ihnen entgegen trat.

So brach das verhängnißvolle Jahre 1848 an, und am 2. Januar kam in Mailand, am 12. in Palermo, wenige Tage später in Neapel der Aufstand zum Ausbruch; es waren die Flammen, die aus einem Gebäude hervorloderten, das im Innern ganz in Feuer stand und dessen Mauern nur noch mühsam den vollen Ausbruch der Gluth zurückhielten. Bald erscholl die Kunde von der Revolution in Paris und der Vertreibung des Königs Louis Philipp; der März brachte die Revolution in Wien. Un=beschreiblich war die Wirkung beider Ereignisse auf die Italiener. Darüber galt nur Eine Stimme: jetzt war die Zeit gekommen, den Fremdling, die Oesterreicher, aus dem Lande hinauszujagen. Von Rom marschirte ein Heer von Freiwilligen, von „Kreuzfahrern", der Grenze zu; wie in allen Städten, durch welche es zog, so wurde es auch in Perugia mit Enthusiasmus aufgenommen, die Zahl der Perusiner, die sich dem Marsche „der Befreier des Vaterlandes" anschlossen, belief sich auf 600; Brode auf die Bajonette gespießt, zogen „die Patrioten" unter der Führung eines gewissen Arcioni zu den Thoren der Stadt hinaus.

In dieser so bewegten und erregten Zeit mußte die Stellung des päpstlichen Delegaten, wie die des Bischofs von Tag zu Tag eine schwierigere werden. Durch den oben erzählten Vorfall hatte der letztere an seiner Popularität eingebüßt; die Häupter der Liberalen hatten ihm Rache ge=schworen. Es war in der Fastenzeit, als sie beschlossen, auf dem Theater Molière's „Tartüffe" aufführen zu lassen. Es ist das ein Lustspiel, in welchem in bissigster und boshaftester Weise ein Frömmler und Scheinheiliger dargestellt wird, und in welchem den Schauspielern reichliche Gelegenheit geboten ist zu Ausfällen gegen die Geistlichkeit, wie gegen die Religion überhaupt. Nun stand aber im Kirchenstaate das Theater unter einer gewissen Controle der kirchlichen Behörde, und so wurde der Bischof um die Erlaubniß zur Aufführung ersucht. Der Plan war schlau ausgedacht. Denn ertheilte der Prälat die Genehmigung, so konnte man sich auf Grund seiner Erlaubniß die freieste und frechste Verhöhnung des Christen=thums, der Priester und des Bischofs selber erlauben; schlug er sie ab, so hatte man einen Anlaß, das Volk auf andere Weise gegen ihn aufzu=hetzen. Pecci erkannte sehr wohl die ihm gelegte Schlinge; allein er zögerte keinen Augenblick, die Genehmigung zu verweigern. Seine Pflicht als Oberhirt ging ihm über Alles; mochte dann für ihn persönlich daraus folgen, was da wollte. In der That war noch kaum eine Stunde

verflossen, als der rasch entbotene Pöbel unter Pfeifen und Heulen vor
ren bischöflichen Palast zog; der Lärm wuchs mit jeder Minute; laut
erscholl der Ruf, man müsse „den Pfaffen von einem Bischof" zum Fenster
hinauswerfen. Eine Schaar der Verwegensten drang mit Gewalt in seine
Gemächer; seine Bedienten wurden mißhandelt, und wer weiß, was ge=
schehen wäre, wenn nicht einer der Domherrn, ein vom Volke hochgeachteter
Greis, Pascucci, der später Weihbischof wurde, sich dem Gesindel entgegen=
gestellt hätte, nachdem er den Bischof bewogen hatte, sich in das Seminar
zurückzuziehen. An dem alten Manne wagte man sich doch nun nicht
zu vergreifen, und so blieb es bei wilden Drohungen. Uebrigens hatten
ja die Rädelsführer ihren Hauptzweck erreicht und das Volk gegen seinen
Bischof bis zur offenen Demonstration fortgetrieben. Unter Fluchen und
Verwünschungen gegen ihn zerstreute sich endlich die Menge.

Was in Perugia geschah, war nur der Wiederhall von dem, was
sich in Rom ereignete. Tumulte folgten auf Tumulte; Ende März
mußten die Jesuiten die Stadt verlassen; die Carbinäle, wie der Papst
wurden als Gefangene behandelt.

Eine gewisse Ernüchterung trat ein, als am 10. Juni die römischen
Freiwilligen von den Oesterreichern bei Vicenza entschieden auf's Haupt
geschlagen, Carl Albert von Savoyen bei Custozza von Radetzky besiegt
wurden. Dadurch kam auf einige Monate ein Stillstand in die wilde
Bewegung; der am 15. September ernannte Minister Rossi aber griff
mit kräftiger Hand ein, um Ruhe und Ordnung wieder herzustellen, und
sandte sogar den General Zucchi nach Umbrien, mit bewaffneter Hand
dem zügellosen Treiben Schranken zu setzen.

Allein Mazzini und seine Mitverschworenen waren nicht gewillt, ihr
schon halb fertiges Werk wiederum zerstören zu lassen. Der Mord des
Ministers Rossi am 15. November gab das Signal zu erneuten Angriffen.
Am nächsten Tage erfolgte der Sturm auf den Quirinal; am 24. Nov.
mußte Pius aus Rom entfliehen.

Dies Ereigniß, sowie das drei Tage später von Gaëta aus erlassene
Pastoralschreiben des Papstes, machten einen ungeheuern Eindruck und
öffneten vielen Verblendeten die Augen. Den Liberalen aber blieb jetzt
nichts anderes mehr übrig, als auf der einmal betretenen Bahn ent=
schlossen bis zum Aeußersten voranzugehen. Im Januar 1849 wurde eine
constituirende National=Versammlung berufen; am Nachmittage des
9. Februar ward auf dem Capitol die römische Republik proclamirt; zwei
Tage darauf las ein verkommener Priester, aus Vicenza gebürtig, am Hoch=

altar der Peterskirche die Dankmesse für das glückliche Ereigniß und stimmte das Tedeum an. Am 29. März trat Mazzini mit zwei anderen Genossen an die Spitze der Verwaltung.

In Perugia hielt der. Oberst Klitsche im Namen des Papstes die Citadelle besetzt. Es charakterisirt die Gesinnung der Bevölkerung, daß einen Monat nach dem Morde Rossi's, während die Volksführer zu Rom noch bemüht waren, den heil. Vater zur Rückkehr zu bewegen oder wenigstens eine gewisse Anerkennung der bestehenden Regierungsform von ihm zu erwirken, die Perusiner sich zu der Zerstörung der Burg fort= reißen ließen. Zunächst erging an den Commandanten die Aufforderung, in Frieden die Citadelle zu übergeben. Dort fehlte es an Munition, wie an Proviant; die Besatzung war nur eine kleine; erfolgreicher Widerstand war unmöglich. So blieb nichts anderes übrig, als die Mannschaften aufzulösen und die Burg dem Volke zu übergeben. Ihre Zerstörung, an der die gesammte Einwohnerschaft sich betheiligte, sollte das sinnfällige Zeugniß der Befreiung Perugia's von der Priesterherrschaft sein. Am Fuße des Hügels, den die Burg krönte, wohnte ein Baglione, Sprößling jenes alten Geschlechtes, das den Päpsten so oft Widerstand geleistet hatte, im Uebrigen ein Mann von bester kirchlicher Gesinnung. Ihm wurde die Ehre zugedacht, die erste Hand anzulegen. Der Abbruch begann unter unermeßlichem Jubel am 13. Dezember 1848; in wenigen Tagen war die alte Feste ein wüster Trümmerhaufen.

Die Herrlichkeit der römischen Republik konnte nicht von langer Dauer sein. In dem am 20. April abgehaltenen Consistorium verkündigte Pius IX. die Anrufung der katholischen Mächte zur Unterdrückung der Revolution im Kirchenstaate; fünf Tage später landeten die Franzosen bei Civitavecchia. Während sie Rom belagerten, rückten die Oesterreicher nach einem abermaligen Siege bei Novara mit 50,000 Mann in das päpstliche Gebiet ein; am 15. Mai capitulirte Bologna; bald darauf marschirte Fürst Lichtenstein mit 4000 Mann und 16 Kanonen auf Perugia.

Von einem Nonnenkloster zu Monte Lucido aus, wo er sein Haupt= quartier aufgeschlagen hatte, berief er den Bischof, den Gonfaloniere oder Bürgermeister Waddington, und den Befehlshaber der Bürgerwehr, Guardabassi, durch einen Parlamentair, den er in die Stadt entsandte, zu sich. Der Magistrat hielt sofort eine außerordentliche Sitzung, um zu berathen, was zu thun sei; auch der Bischof wurde dazu eingeladen. Angesichts der bedeutenden Truppenmacht der Oesterreicher war an einen erfolgreichen Widerstand nicht zu denken, und die Deputation begab sich in das Quartier des Fürsten, der sie mit ernstlichen Vorwürfen über die Auflehnung der Bürger gegen ihre rechtmäßige Obrigkeit empfing. Da nahm der Bischof das Wort. Bei weitem der größere Theil der Perusiner sei im Herzen dem Papst treu ergeben; das Volk habe sich von fremden Einflüssen bethören lassen; die österreichischen Truppen möchten daher die Stadt nicht als eine feindliche betrachten und behandeln. Diese Erklärung nahm der Fürst mit Befriedigung entgegen und versprach möglichste Schonung der Bürger.

Als die Deputation nach Perugia zurückkehrte, fand sie die Stadt in fieberhafter Aufregung. Die „Patrioten", welche begriffen, daß ihre Herrlichkeit jetzt zu Ende gehe, hatten den Pöbel aufgewiegelt; die Mittheilungen Wabbington's und seines Gefährten über den Verlauf der Audienz beim österreichischen Commandanten gossen neues Oel in's Feuer und lenkten den Zorn der Massen auf den Bischof, der als Verräther der Stadt beschimpft wurde. Gegen Abend schickte der Pöbel sich allen Ernstes an, eine allgemeine Plünderung vorzunehmen, und wenn dies auch jetzt noch verhütet wurde, so wäre es gewiß am folgenden Tage zum Aergsten gekommen, wofern die Oesterreicher sich nicht beeilt hätten, sofort, — es war am 31. Mai — in die Stadt einzurücken und Ruhe und Ordnung wieder herzustellen.

Am 2. und 3. Juli hielten die Franzosen ihren Einzug in Rom und machten damit der Republik ein Ende. In den übrigen Städten des Patrimoniums war überall schon vorher die päpstliche Regierung wieder eingesetzt worden. Dem wüsten Freiheitstraum der Revolution war nun zwar ein Erwachen gefolgt, welches die Bevölkerung zur Arbeit und zu der ruhigen Erfüllung seiner Bürgerpflichten zurückrief, und die zum Schutze der päpstlichen Herrschaft in Rom, wie in den bedeutenderen Städten der Provinzen zurückgelassenen fremden Besatzungen ließen vorläufig den Gedanken an eine neue Erhebung nicht aufkommen. Allein die Idee der einheitlichen Republik Italiens war und blieb tief in den Geistern eingewurzelt. — Die österreichische Besatzung in Perugia, ein Bataillon stark, wurde von der Bevölkerung stets mit bitterbösen Blicken angesehen; an die Stelle der Zwingburg aus Stein, die man abgebrochen hatte, war „der Fremde" gekommen, der mit starker Hand Zucht und Ordnung aufrecht hielt. — Sache des Bischofs aber war es jetzt, die moralische Verwüstung, welche die Leidenschaften in seiner Heerde angerichtet hatten, nach Kräften zu heilen und die Zeit der Ruhe nach dem Sturmwinde zu benutzen, den Samen der Tugend und Gottesfurcht von Neuem auszustreuen.

Viertes Kapitel.

Der Säemann.

Von dem ersten Tage seines Amtsantrittes an hatte der neue Bischof von Perugia mit jener ganzen freudigen Hingabe sich seiner Heerde gewidmet, mit welcher Gewissenhaftigkeit, Gehorsam, und Liebe zu den Seelen den Mann strenger Pflichterfüllung, den für seinen heil. Beruf begeisterten Priester durchdringen können. Sobald die glühende Sommerhitze nachgelassen hatte, bereiste er seine Diöcese, um von Ort zu Ort überall persönlich nachzuschauen, zu ermuntern und zu bessern. Mit der ihm eigenthümlichen Rührigkeit und Energie griff er überall ein, wo es Noth that, in den Schulen, in der Verwaltung des kirchlichen Vermögens, im Wandel seiner Priester u. s. w. Von der Vortrefflichkeit seiner Amtsführung, wie zugleich von der besonderen Hochschätzung, welche der Bischof auch bei dem neuen Papste genoß, legt das beste Zeugniß der Umstand ab, daß Pius IX. ihn dreimal, im Jahre 1847, 1848 und 1849 in benachbarte Diöcesen sandte, um als Apostolischer Visitator die in gewissen frommen Instituten eingerissenen Mißbräuche abzuschaffen. Dies geschah zunächst für das große Hospital in der Stadt Panicale, in der Diöcese Città delle Pieve, für welches Pecci, nachdem die ganze Verwaltung wieder geregelt worden, neue Statuten entwarf, die dann auch gedruckt wurden und noch jetzt als Norm dienen. Im folgenden Jahre sandte ihn der Papst nach Montefalco in die Diöcese Spoleto, um das dortige Kloster der Oratorianer zu reorganisiren; 1849 endlich kam er als Apostolischer Visitator nach Foligno, wo er in dem dortigen großen Waisenhause eine bessere Ordnung einführte und zur Erziehung der Kinder die barmherzigen Schwestern, die sogenannten Philippinerinnen, von Genua berief.

Mitten in eine derartige ausgedehnte und segensreiche Wirksamkeit kam nun die Revolution, die in traurigster Weise seinen Weinberg verwüstete. Vergebens erhob der Bischof seine warnende und mahnende Stimme; vergebens suchte er sein Volk von bedauerungswürdigen Verirrungen abzuhalten, die für dasselbe in materieller und moralischer Hinsicht die schwersten Nachtheile bringen mußten. Die Verblendeten hörten nicht auf ihn und vergalten seinen Eifer mit bitterem Hasse. Was that nun der Bischof? — In den heißen Sommermonaten, wo die glühenden Sonnen= strahlen Italiens die Fluren versengen und die Schwüle des Gluthofens über der ausgedörrten Landschaft brütet, sucht der Landmann sich seine Thätigkeit im Schatten seines Hauses, harrend, bis der Herbst die er= sehnten Regengüsse spendet und ein zweiter Frühling mit neuem Grün die Gefilde schmückt. So machte es auch der Bischof Pecci in Perugia. So lange die Gluth der Leidenschaften die Gemüther unempfänglich für seine Worte machte, wandte er seine Sorge in häuslicher Wirksamkeit seinem Dome und seinem Seminare zu. Die Cathedrale erheischte dringend der Restauration; die Flur bestand aus rothen Ziegelsteinen, auf den schmutzigen Wänden hingen die kostbaren Gemälde alter Meister von Schmutz und Staub bedeckt; Wind und Wetter hatten stark an dem alten Bau gerüttelt. Zunächst wurde Dach und Mauerwerk, wo es nöthig war, restaurirt; dann ließ der Bischof die Ziegelsteine des Fußbodens durch einen Marmorbeleg ersetzen, wodurch die Kirche sofort ein ganz anderes Aussehen erhielt; das Innere wurde gereinigt, die Restauration der Gemälde in Angriff genommen. Ununterbrochen schritten die Arbeiten vorwärts, so daß der Bischof im Jahre 1852 nach Rom berichten konnte, er habe bisher bereits gegen 16,000 Scudi (an 100,000 Frs.) auf die Wiederherstellung der Cathedrale verwendet. — Gleichzeitig wurde am Seminar in den Jahren 1848, 1849 und 1850 gebaut, was gegen 5000 Scudi (nahezu 30,000 Frs.) kostete. Die Mittel zu solchen bedeutenden Ausgaben verschaffte sich der Bischof durch Einführung einer geregelteren und einträglicheren Verwaltung der Güter und Einkünfte des Domes, wie des Seminars. Nicht minder suchte er die Einnahmen der Geistlichen nach Kräften besser zu stellen, indem er mit päpstlicher Genehmigung fromme Stiftungen und Beneficien vereinigte. Aber seine größte Sorgfalt verwandte er auf die innere Verbesserung und Hebung seines Klerus und auf eine tüchtige und gediegene Ausbildung der dereinstigen Priester in Wissenschaft und Frömmigkeit. Auf seinen ersten Rundreisen durch die Diöcese hatte er bei den Pfarrern und in den Kirchen es nicht überall so gefunden, wie er es wünschte; so legte er denn sofort Hand an, um Mißbräuche abzuschaffen, den Gottesdienst zu heben, die Geistlichkeit zu einem heiligen Wandel und zu treuer Erfüllung ihrer Pflichten anzuhalten.

Kaum aber waren im Sommer 1849 geordnete und ruhige Verhält= nisse zurückgekehrt, als der Säemann sofort an die Arbeit ging, Gesträpp und Unkraut auszuroden und die Saat des Wortes Gottes auszustreuen, damit unter dem Gnadenthau des Himmels neues Leben in seiner Diöcese entsprieße. Noch im November desselben Jahres berief auf seine Ver=anlassung der Erzbischof von Spoleto die Bischöfe Umbriens zu einem Provinzialconcil in Spoleto zusammen, auf welchem, um mit den Worten Pecci's zu reden, alle wichtigeren Angelegenheiten der Diöcesen in ernstliche Erwägung gezogen und die geeigneten Heilmittel für die gefährlichen Seelen=krankheiten und für die traurigen augenblicklichen Verhältnisse festgestellt wurden.*) Mit heiligem Eifer überlegten die Bischöfe in wiederholten Conferenzen, wie eine gründliche Reform in ihren Sprengeln durchzuführen und welche Maßregeln zu ergreifen seien, um der eingerissenen Gottlosigkeit entgegen zu treten, die Gläubigen wiederum zur treuen Erfüllung ihrer vielfach vergessenen kirchlichen Pflichten zurückzuführen, und die Laster und bösen Gewohnheiten zu unterdrücken, die in den Tagen der „Freiheit" frecher denn je ihr Haupt erhoben hatten. Eine der segensreichsten Früchte jener Berathungen war die Abhaltung zahlreicher Missionen in den Städten und auf dem Lande; in Perugia selber fanden kurz nach einander drei große Missionen statt und ebenso wurden ziemlich an allen übrigen Orten der Diöcese solche abgehalten. Als besonders beklagenswerth erschien die eingerissene Unsitte der Sonntagsentheiligung, welche das Herz des Volkes der Kirche und dem Gebete entfremdete und es dafür der Welt und den Genüssen anheimfallen ließ. Der Bischof von Perugia behandelte daher in einem Hirtenschreiben vom 2. October des folgenden Jahres diesen Gegenstand in eingehender Weise. Nach einer geschichtlichen Ausführung der Sonntagsheiligung aus dem Alten Testamente, wie aus den Lehren der Kirche, der Väter und Marthracten, wurden die positiven und negativen Pflichten, das, was am Sonntag geboten und verboten sei, entwickelt; darauf schilderte der Bischof den großen Nutzen und Segen, der mit der Befolgung jener Vorschriften gegeben sei, sowie die Nachtheile, die aus ihrer Nichtbeachtung erwüchsen, und schloß dann mit einer eindringlichen Er=mahnung an seine Diöcesanen. In dem vorhergehenden Fasten=Hirten=briefe hatte der Bischof mit apostolischem Ernste seine Stimme wider das Laster der Unkeuschheit erhoben.

Der Himmel segnete sichtlich die frommen Bestrebungen der umbrischen Oberhirten, und wenn ihre Herzen bluteten bei dem Anblicke der ein=gerissenen Sittenlosigkeit und Zügellosigkeit, so spendete der Herr ihnen

---

*) Graviora quaeque dioecesum negotia sedulo tractata sunt et periculosis animarum morbis nostrorumque temporum calamitatibus opportuna remedia indicata. (Relatio ad Limina.)

auch wieder außerordentliche Tröstungen, um ihnen die schwere Bürde ihres heil. Amtes zu erleichtern. In Assisi wußte man nicht genau, an welcher Stelle der Leib der heil. Clara beigesetzt sei. Der dortige Bischof Landi lud daher die benachbarten Oberhirten ein, ihm bei den Ausgrabungen und Forschungen in der Kirche der Heiligen zu assistiren. Mehrere Tage lang suchte man vergebens; endlich war man so glücklich, die ehrwürdige Leiche zu finden. Der Sarg war mit zwei eisernen Reifen umschlossen. Nachdem dieselben entfernt worden, war der Bischof Pecci es, der den Deckel aufhob und als der erste unter allen Anwesenden die Heilige sah. Welch eine Ueberraschung! Sie lag noch unverwest da, trotzdem sie sechs Jahrhunderte in der Erde geruht hatte. Alle sanken auf ihre Knie, um unter strömenden Thränen in innigstem Gebete dem Himmel für diese Stunde zu danken. Jenes Ereigniß blieb unserem Bischofe unvergeßlich; davon zu erzählen, machte ihm immer eine ganz besondere Freude.

Einen anderen Trost gewährte ihm der Himmel in seiner eigenen Diöcese. Nicht weit von der Stadt Perugia fand sich in der Mitte einer alten Mauer ein Bild der Mutter der Barmherzigkeit. Dasselbe begann damals in ganz ungewöhnlicher Weise die Andacht und Verehrung der Gläubigen auf sich zu ziehen; bald berichtete man von außerordentlichen Gebetserhörungen, und immer zahlreicher wurden die Schaaren, die zu diesem Gnadenbilde wallfahrteten. Selbst aus den Marken und aus Toscana kamen Pilgerzüge. Der Bischof erkannte mit innigem Danke darin einen besonderen Gnadenerweis, den die heil. Maria seiner Diöcese erwiesen. Er trug zunächst Sorge, daß um das Bild eine Holzcapelle errichtet wurde; als dann die Andacht sich noch immer steigerte, setzte er seinen ganzen Eifer ein, daselbst eine steinerne Kirche zu erbauen, und war auch bald so glücklich, dieselbe einweihen und das mit aller Kunst und Sorgfalt von der Mauer abgehobene Bild dorthin übertragen zu können. Und da jene Gegend für die Seelsorge ziemlich abseits lag, so schuf er daselbst nunmehr mit päpstlicher Erlaubniß im Jahre 1851 eine eigene Pfarrei, die nach der Oertlichkeit den Namen Ponte della Pietra, Steinbrücken, erhielt.

Durch die in den vorhergehenden Jahren vorgenommenen baulichen Verbesserungen am Seminar war es möglich geworden, nunmehr jährlich gegen 60 Zöglinge aufzunehmen. Auf das Allerlebhafteste von der Ueberzeugung durchdrungen, wie unermeßlich viel für das Heil einer Diöcese von einem tüchtigen Klerus abhängt, brachte er nicht nur persönlich bedeutende Opfer zur Hebung der Seminarbildung, indem er im Jahre 1850 aus eigenen Mitteln zwei neue Lehrstühle für Liturgie und geistliche Beredtsamkeit gründete, sondern er reformirte auch den Studienplan und suchte auf alle Weise den Eifer der Zöglinge anzuspornen. Da ein Theil der Kleriker nicht im Institute, sondern bei ihren Eltern in der Stadt wohnte, so erließ er für diese am 5. Mai 1851 eine Verordnung, in welcher er ihnen genaue Verhaltungsmaßregeln für ihren Lebenswandel vorschrieb; unter dem 22. März des folgenden Jahres setzte er dann einen Domherrn der Cathedrale als eigenen Präfecten dieser auswärtigen Kleriker ein, der ihr Verhalten zu überwachen, die Sittenzeugnisse der Pfarrer über dieselben entgegen zu nehmen und darüber von Zeit zu Zeit an den Bischof zu berichten hatte. — In gleicher Weise hielt er streng darauf, daß die Priester gewissenhaft die ihnen gebotene Gelegenheit benutzten, durch Exercitien in jedem dritten Jahre sich im geistigen Leben aufzufrischen und die Gnade ihres heil. Berufes in sich zu erneuern. — Wie für das Seminar, so setzte der Bischof auch seine Bemühungen für die Restauration und die würdige Ausstattung der Cathedrale fort, indem er im Jahre 1851 eine eigene Baucommission in's Leben rief, deren Leitung und Aufsicht die sämmtlichen Arbeiten unterstellt wurden.

Ein besonderes Verdienst erwarb sich Pecci um seine Diöcese durch die Gründung einer anderen Commission von Weltgeistlichen und Ordenspriestern, deren Aufgabe darin bestand, über die gute Verwaltung der frommen Stiftungen, Anstalten und Institute zu wachen; dafür Sorge zu tragen, daß die kirchlichen Güter nicht verschleudert würden; Acht zu haben, daß die mit Legaten und Schenkungen verbundenen Verpflichtungen gewissenhaft erfüllt würden; zeitgemäße Aenderungen in der Aufgabe dieser oder jener Institute beim Bischofe in Vorschlag zu bringen u. dergl. Zu diesem Zwecke hatte sie überall die Stiftungsurkunden und testamentarischen Verfügungen zu untersuchen, die jährlichen Rechnungen zu prüfen u. f. w. Diese Commission oder Congregation, durch deren Berufung der Bischof zugleich eine Verfügung des Concils von Trient erfüllte, ist von außerordentlichem Nutzen gewesen; das Kirchenvermögen der Diöcese nahm mit jedem Jahre zu, und so erwuchsen dem Oberhirten neue Mittel, die er zum Besten seines Sprengels verwenden konnte.

Für die Armen machte sich der Bischof durch die Neubegründung des sogen. Monte di Pietà verdient. Um die Mitte des 15. Jahrhunderts predigte der Minoritenpater Barnabas von Terni in Perugia. Die Verarmung des Volkes, das durch ungeheuere Zinsen, zumal von den Juden

ausgesogen wurde, ging dem frommen Ordensmann tief zu Herzen, und
er bewog daher eine Anzahl reicher Bürger, ansehnliche Summen zusammen
zu schießen, um daraus gegen mäßige Zinsen den Bedürftigen Anleihen
zu gewähren. Der Vorschlag des armen Predigers fand allgemeinen Beifall,
und so bildete sich die „Darlehnsbank christlicher Barmherzigkeit, Monte
di Pietà." Das Beispiel Perugia's fand bald auch in Orvieto und Viterbo
und dann an zahlreichen anderen Orten Nachahmung, zumal als Paul II.
1476 die Bank von Perugia approbirt hatte; die Minoriten, im Beson=
deren der sel. Jacob della Marca und der sel. Bernardin von Feltre,
haben sich um die Ausbreitung dieser Institute eifrigst bemüht. Der Monte
von Perugia und dessen Verwaltung waren im Laufe der Zeit in argen
Verfall gerathen; jetzt gab der Bischof Pecci demselben eine zeitgemäße
Reorganisation und erneuerte damit zugleich das Andenken an die geschicht=
liche Thatsache, daß in seiner Diöcesanstadt das erste derartige Institut
ins Leben getreten ist.

In nicht geringem Maße nahmen die mannichfachen in Perugia bestehen=
den Bruderschaften die Sorge und Aufmerksamkeit des Oberhirten in Anspruch.
In Rom, wie in allen Städten Italiens entstanden zumal im fünfzehnten
Jahrhundert zahlreiche Confraternitäten, theils für gewisse Stände und
Innungen, theils zur besonderen Verehrung irgend eines Heiligen, theils
zur Pflege bestimmter Werke der Nächstenliebe. Diese Bruderschaften sind
damals von höchstem Segen gewesen, und die Päpste haben sie mit Privi=
legien und Vorrechten überhäuft. Durch Schenkungen, Erbschaften und
fromme Stiftungen erwarben sie sich im Laufe der Zeit meist ein ansehn=
liches Vermögen, das zur Ausstattung von Bräuten, zur Unterstützung
armer oder kranker Mitbrüder und zur würdigen Abhaltung des Gottes=
dienstes verwendet wurde. Man sagt nun aber leider nicht zu viel, wenn
man behauptet, daß im Laufe der Zeit der rechte Geist aus diesen Con=
fraternitäten ziemlich überall verschwunden ist und daß mehr die materiellen
Vortheile, als die religiösen Interessen es sind, welche sie zusammenhalten
und ihnen neue Mitglieder zuführen. — In seinem Berichte an den
heil. Stuhl vom Jahre 1852 beklagt sich der Bischof bitter über den
Verfall dieser Bruderschaften, zumal er kein Mittel weiß, ihnen einen
besseren Geist einzuflößen. Bald sollte ihm Veranlassung zu noch ernst=
licheren Klagen über dieselben geboten werden.

Fünftes Kapitel.

Die Unglücksjahre 1853 und 1854.

Im Jahre 1846 hatte der Bischof Pecci die Verwaltung der Diöcese Perugia mit dem Gedanken angetreten, daß seine dortige Amtsführung nur kurze Zeit während und er bald wieder zu seiner früheren Laufbahn zurückkehren werde. Die stürmischen Jahre, die alsbald folgten, ließen den Gedanken nicht aufkommen, fahnenflüchtig seinen schwierigen Posten zu verlassen. Als die äußere Ordnung wieder hergestellt war, nahmen sofort die ernstesten Pflichten des Hirtenamtes all sein Denken in Anspruch. So verflossen sieben volle Jahre, und nunmehr mochte der Bischof selber wohl nicht mehr daran denken, wiederum als Nuntius an einen auswärtigen Hof gesandt zu werden. Die Verhältnisse hatten es anders gefügt, und leicht hatte der Prälat es gelernt, mit seinem Volke, statt mit Hofleuten und Diplomaten zu verkehren, die glänzenden Salons mit den stillen Räumen seines Seminars, die Besuche in den Palästen der Großen mit der Sorge für die Armen und Kranken zu vertauschen und statt diplomatischer Actenstücke Hirtenbriefe zu schreiben. Hatte sich aber bis jetzt seine allgemeine Thätigkeit als Bischof vorwiegend den Seelen zugewendet, so sollten nun zwei Jahre kommen, welche außerdem auch noch die weitgehendsten Anforderungen in materieller Beziehung an ihn stellten. Eine Reihe schwerster Heimsuchungen standen für die Diöcese vor der Thüre, Heimsuchungen, in welchen Tausende von Händen sich nach dem Bischofe ausstrecken, die Noth mit tausendfacher Stimme zu ihm aufrufen würden. Wenn je, dann bedurfte die Diöcese jetzt an ihrer Spitze eines Mannes, der mit dem unerschütterlichen Starkmuth eines Apostels die Liebe einer Mutter verband.

Der Frühling verfloß unter fortwährenden Regenströmen; der Sommer kam, aber der Himmel blieb mit schweren Wolken behangen. Mit wachsender Muthlosigkeit schaute der Landmann hinaus auf seine Felder, die von der Wasserfluth überschwemmt waren. Die Stadt Perugia hat sich unter den Schutz mehrerer Heiligen gestellt, deren Bildnisse auf vier mächtigen Fahnen abgemalt sind und mit denen man in Zeiten

öffentlicher Noth) Bittproceſſionen zu veranſtalten pflegt. Als die Regen=
güſſe noch immer anhielten, verordnete der Biſchof eine Andacht zu den
Schutzpatronen der Stadt und ließ die Gonfaloni — ſo nennt man jene
Fahnen — in feierlicher Proceſſion umhertragen; allein die Sonne blieb
hinter dichtem Gewölk verhüllt und immer neue Schauer goſſen ihre
Fluthen hernieder. Ein allgemeiner Mißwachs und die Hungersnoth in
ſeinem Gefolge ſchienen unausbleiblich. In dieſer ſchweren Bedrängniß
nahm der Biſchof voll Glaubensmuth zu einem außerordentlichen Mittel
ſeine Zuflucht. Perugia beſaß ja den Brautring der ſeligſten Jungfrau,
und eine vertrauensvolle Anrufung Maria's mußte den erſehnten Wechſel
der Witterung bringen. Allein ſeit Menſchengedenken war der Ring nicht
aus dem Dom hinausgetragen worden; ſo lange er im Beſitze der Stadt
war, hatte man ihn ſorgfältig innerhalb der Mauern behütet; — und jetzt
wollte der Biſchof mit demſelben eine Bittproceſſion hinaus vor die Thore
halten? Da der Ri.g nicht Eigenthum der Cathedrale, ſondern der Stadt
Perugia iſt, ſo war die Genehmigung des Magiſtrats erforderlich, und
dieſer machte allerlei Bedenken geltend. Allein der Regen hielt an, und
der Oberhirt ſprach mit ſolch glaubensfeſter Zuverſicht zu den Herren des
Rathes, daß ſie ihm endlich nicht länger zu widerſtehen wagten und den
elf Schlüſſelbewahrern die Erlaubniß ertheilten, den Verſchluß zu öffnen.
Alsbald verkündigte der Biſchof durch ein Hirtenſchreiben den Gläubigen
ſeiner Diöceſe, daß am 1. Juni, einem Sonntage, die Proceſſion ſtatt=
finden werde; aber indem er alles Volk in Stadt und Land dazu einlud,
mahnte er es auch zugleich, durch Reue und Buße ſich der Gnade des
Himmels würdig zu machen.

Der feſtgeſetzte Tag kam. In der Frühe des Morgens wurde die
koſtbare Reliquie aus ihrem Verſchluſſe herausgenommen und auf dem
Hochaltar des Domes den Tag über zur Verehrung des Volkes aus=
geſtellt. Die Zahl der Landleute aus Nah und Fern, ſelbſt aus den an=
grenzenden Diöceſen, die trotz des niederſtrömenden Regens nach Perugia
wallten, um an der Proceſſion theilzunehmen, war bereits gegen Mittag
ſo groß, daß der Commandant der öſterreichiſchen Beſatzung ſich verpflichtet
fühlte, eine Ordonnanz an den Biſchof zu ſchicken, um ihn auf die Gefahr
einer ſo ungewöhnlichen Anſammlung von Menſchen aufmerkſam zu machen.
„Haben Sie keine Sorge“, ließ ihm dieſer antworten, „ich verbürge mich für
die vollſtändigſte Aufrechterhaltung der Ruhe.“ Im Laufe des Nachmittags
wuchs die Menge derart an, daß der Commandant perſönlich ſich zu Pecci
begab, um ſeinen ernſtlichſten Bedenken Ausdruck zu geben. Aber auch

ihm wiederholte der Prälat dieselbe Betheuerung, und begab sich dann in den von Tausenden von Menschen dicht gefüllten Dom, die feierliche Vesper zu halten, nach welcher die Procession stattfinden sollte. Als die Vesper beendigt war, setzte sich der Zug in Bewegung. Die Domherren, in die werthvollsten Gewänder gekleidet, trugen unter einem Baldachin die heil. Reliquie, ihnen folgte der Oberhirt in vollem Ornate; die gesammte Geistlichkeit, die Mitglieder der verschiedenen Orden der Stadt, die Bruder= schaften mit ihren Fahnen und Abzeichen, sowie eine unzählige Volks= menge — man berechnete sie auf 50,000 Menschen — gingen vorauf oder schlossen sich an.

Der bischöfliche Ceremonienmeister, für die kostbaren Paramente besorgt, eilte an das Portal der Kirche, um nach der Witterung auszuschauen. Es regnete! Bekümmert kehrte er zurück und meldete es dem Bischof. „Fede, fede, Vertrauen, Vertrauen!" war die einzige Antwort.

Langsam rückte die Procession vorwärts. Endlich näherten sich die Domherren mit der Reliquie dem Portale. Und wiederum kam der Ceremonienmeister und klagte: „Bischöfliche Gnaden, es regnet." Und abermals lautete die Antwort: „Coragio, fede, habe Muth und Vertrauen!" In der That, als die Domherren aus der Kirche hinaustraten, ließ der Regen nach und hörte bald ganz auf. So zog man unter Hymnen= und Psalmengesang und unter den Gebeten von Litaneien und Rosenkränzen durch die Straßen.

Zur Spendung des Segens hatte der Bischof einen großen freien Platz vor dem Thore ausgewählt, wo man von der Höhe aus die weiteste Fernsicht hatte. Es war bestimmt worden, daß nach der Benediction, falls die Witterung ungünstig bliebe, die Procession direct in den Dom zurück= kehren solle; gestalte sich das Wetter besser, so solle der Zug bis zum nächsten Thore um die Stadt herum fortgesetzt und dann erst in die Cathedrale zurückgeführt werden. Langsam, in immer weiteren Kreisen, gruppirten sich die Tausenden und abermals Tausenden um den Altar, der in der Mitte des Platzes erbaut worden und wohin jetzt die Domherren die Reliquie trugen; ihnen folgte der Bischof.

Unterdessen hatte sich eine neue schwere, schwarze Regenwolke am trüben Himmel zusammengezogen; wenn sie sich entlud, mußte sie die ganze Versammlung mit ihren Fluthen überschwemmen.

Der Prälat nahm die Reliquie, um mit derselben nach den vier Welt= gegenden hin den Segen zu spenden. Er that es, indem er dabei jedesmal die Worte sang: „Ut precibus et meritis Beatae Mariae Virginis fidelibus tuis aëris serenitatem concedere digneris, daß du auf die Fürbitte und auf die Verdienste der seligsten Jungfrau Maria hin deinen Gläubigen heitere Witterung gewähren mögest." — „Te rogamus, audi nos, wir bitten dich, erhöre uns!" antwortete der Chor der vielen Tausenden, die rings umher auf den Knieen lagen.

Dreimal hatte der Bischof den Segen gespendet und das Gebet gesprochen, dreimal war das Flehen des Hirten und seines Volkes zum Himmel gestiegen; nun machte der Bischof die letzte Wendung, um die vierte Benediction zu ertheilen. In diesem Augenblicke — wir haben es aus dem Munde mehrerer, durchaus glaubwürdiger Augenzeugen, unter anderen von jenem Ceremonienmeister, der jetzt Domherr ist — in diesem Augenblicke spaltete sich die dunkle Wolke. Ein voller Sonnenstrahl ergoß sich auf die Reliquie und den sie tragenden Bischof, während er, mit vor Rührung erstickter Stimme, zum vierten Male betete: „Ut precibus et meritis beatae Mariae Virginis fidelibus tuis aëris serenitatem concedere digneris." Und kaum hatte das Volk die Antwort beendigt, als Alles sich mit dem Rufe von den Knieen erhob: „Avanti, avanti, vor= wärts, vorwärts!" So setzte denn die Procession ihren Weg um die Stadtmauer fort; kein Tropfen Regen fiel. Als man wieder in das Thor einzog, begann die Dunkelheit schon hereinzubrechen; so wurden denn in der Eile aus dem Dome und anderen benachbarten Kirchen Fackeln und Kerzen geholt, und unter dem hellen Scheine der Lichter hielt die Pro= cession ihren Einzug in die Cathedrale, wo eine abermalige Segenspendung die erhebende Feier schloß. — Mit diesem Tage folgte der Umschlag in der Witterung, und wenn die Ernte, welche der Herbst zeitigte, auch eine karge war, so übertraf sie doch die Erwartungen, da man sich bereits auf vollständigen Mißwachs gefaßt gemacht hatte.

Der Winter kam und mit ihm zog die Noth ins Land. In sorg= samer Umsicht hatte der Bischof bereits Vorkehrungen getroffen, ehe der Hunger noch an die Thüren der Armen pochte. Auf seine Anregung hin hatten sich Commissionen unter den Adeligen, der Geistlichkeit und der Bürgerschaft gebildet, um durch milde Beiträge die Mittel zum Unterhalte der Bedürftigen zu beschaffen. Er selber aber ging Allen mit seinem Beispiele voraus, und wenn die Armen und Hungernden sich in Schaaren an ihn wandten, so wußten sie, daß sie bei ihm nicht vor verschlossene Thüren kommen würden. Als die Menge derselben immer größer wurde, ließ er durch die Capuziner eine große Küche herrichten und täglich für die Armen ein einfaches, aber nahrhaftes Mittagsmahl bereiten; seine Freude aber war es, am Portale seines Palastes jeden Tag mit eigener Hand die Speisen auszutheilen. So sammelten sich, wenn die festgesetzte Stunde — Nachmittags 3 Uhr — herannahte, Bettler aus der Stadt und vom Lande, Alte und Junge, Männer und Frauen, Gesunde und Krüppel auf dem Platze vor dem Bischofshofe, harrend, bis der „Vater" kam, der zugleich mit der irdischen Nahrung auch Trost, Ermunterung und Belehrung spendete. Da war nun Pecci ganz der würdige Stellvertreter seines gött= lichen Meisters, der die Hungernden in der Wüste gespeist hatte; und mochte auch die Zahl der Bittenden immer größer werden vor den Pforten des Palastes, seine Mildthätigkeit kannte keine Schranken; Keinen mochte er hungrig fortgehen lassen. Als dann Mitte December ein Befehl des heil. Vaters ihn nach Rom berief, legte er scheidend seinem Bruder und Denjenigen, welche ihm zunächst standen, noch in besonderer Weise die Sorge für seine Armen an's Herz.

Pius hatte den Bischof aus keinem andern Grunde zu sich beschieden, als um ihn mit dem Purpur des Cardinalats zu schmücken. Die damit verbundenen Förmlichkeiten und Feierlichkeiten hielten den Neuernannten länger Zeit in der ewigen Stadt zurück, und so war er nicht persönlicher Zeuge einer neuen, schreckensreichen Heimsuchung, von welcher seine Diöcese betroffen wurde.

Wir haben früher des Erdbebens vom Jahre 1831 erwähnt. Am Abende des 11. und in der Morgenfrühe des 12. Februar 1854 erfolgte ein abermaliges Erdbeben, das die Provinz Umbrien mit neuen Trümmern bedeckte. In der Stadt Perugia wurde es am ärgsten verspürt; drei starke Stöße, mit heftigen Schwankungen des Bodens verbunden, folgten in kurzen Unterbrechungen auf einander. Alles lief voll Schrecken und Entsetzen aus den Häusern auf die Straße, und doch war dort die Gefahr, von den Trümmern erschlagen zu werden, nicht viel geringer, als im Innern der Wohnungen; denn hunderte von Schornsteinen stürzten in jener Nacht ein. Mehrere Gebäude erlitten schweren Schaden, besonders die Kirche des heil. Dominicus, sowie die anstoßende Caserne, wo drei Soldaten unter den Trümmern einer Mauer begraben und schwerverwundet wieder hervor= gezogen wurden. Auf dem ganzen Wege von Perugia bis Foligno stieß man überall auf eingestürzte oder geborstene Kirchen und Capellen, Klöster und Privathäuser; ganz besonders hatte das Dorf Bastia bei Assisi schwer gelitten. Am Abend und in der Nacht auf den 1. März wiederholte sich dann das Erdbeben, jedoch nicht in solcher Heftigkeit. — Die Nachricht von diesem neuen Unglücke erfüllte das Herz des Cardinal=Bischofs von Perugia mit tiefem Kummer. Er beschleunigte die Beendigung der Geschäfte, die ihn bisher in Rom zurückgehalten hatten, und eilte zu seiner Heerde; Pius IX. gab ihm aus seiner Privatcasse 500 Scudi mit, den am meisten Beschädigten und den Bedürftigen in der Hungersnoth zu helfen. Auch von anderen Seiten waren die Gaben reichlich geflossen; weitere Spenden folgten nach, da der Cardinal-Vicar von Rom, Patrizi, im Namen des heil. Vaters die Römer zur Hülfeleistung aufgefordert hatte. Am 25. Februar traf Pecci wieder in Perugia ein; er kam als Cardinal; allein er hatte sich alle Feste verbeten: die dazu bestimmten Summen sollten den Armen überwiesen werden.

Als ob es an all diesen Leiden noch nicht genug gewesen wäre, brach im Sommer 1854 auch noch die Cholera in Perugia aus, und so waren die fünf großen Geißeln des Himmels, Krieg und Revolution, Ueber-schwemmung, Hunger, Erdbeben und Pest, nach einander über die Diöcese geschwungen worden. Die Seuche forderte jedoch nur wenige Opfer in Perugia, während sie in allen benachbarten Orten schrecklich wüthete. Man schrieb dies allgemein der Fürbitte der seligsten Jungfrau zu, deren Verehrung gerade damals der Bischof in besonderer Weise gefördert und entflammt hatte.

Mitten in jenen mannichfachen Trübsalen traf den Cardinal-Bischof auch noch persönlich ein Verlust, der ihm tief zu Herzen ging. Sein väter-licher Freund, der Cardinal Ludwig Lambruschini, starb zu Rom am 12. Mai in einem Alter von 81 Jahren; es war die letzte Freude seines Lebens gewesen, seinen Schützling mit dem Purpur bekleidet zu sehen. Jenem folgte bald darauf am 15. Juni ein anderer Cardinal, welchem Pecci stets nahe gestanden war, Raphael Fornari.

War der Bischof und der Cardinal auf das Eifrigste bemüht, die Leiden zu lindern, die über sein Volk hereingebrochen waren, dann erhob er zu gleicher Zeit mit dem Ernste des Propheten seine Stimme wider die Laster und bösen Gewohnheiten, welche die göttlichen Strafgerichte herausforderten. — Am 20. Juli 1853 erließ er ein strenges Edict gegen das Fluchen und Gotteslästern, das in den vorhergehenden Jahren der Verwilderung schrecklich eingerissen hatte. Er beschränkte sich nicht darauf, den Priestern und Lehrern, den Eltern und Vorgesetzten die größte Wach-samkeit in dieser Hinsicht dringendst an's Herz zu legen und zugleich gewisse Gebete vorzuschreiben, die nach jeder heil. Messe als Sühne für die Gott angethane Verunehrung gebetet werden sollten, sondern er suchte auch durch positive Strafen dem lasterhaften Unfuge zu steuern.

Darauf erfolgte am 11. September ein Hirtenbrief, in welchem sich der Bischof gegen die hauptsächlichsten Uebel und Unordnungen, die bösen Gewohnheiten, falschen Grundsätze und Pflichtversäumnisse seiner Diöcesanen erhob und auf die besonderen Gefahren des Seelenheils hinwies, welche in der Gegenwart ihr zeitliches und ewiges Heil bedrohten. „Die Pflicht", so beginnt der Bischof, „welche der höchste Hirt und ewige Priester Jesus Christus den Aposteln und ihren Nachfolgern in der Weide ihrer Heerde an's Herz gelegt hat, wird um so schwerer und größer, je mehr sie die Hinterlage des Glaubens bei ihrem Volke gefährdet sehen, je mehr Sitten= losigkeit und Unglaube in allen Schichten an Boden gewinnen und der Feind unter trügerischer Maske unter ihnen umhergeht, den Samen falscher Grundsätze, das Unkraut innerer Zwietracht auszustreuen, die Unerfahrenen durch den Reiz des Neuen, durch die Verheißung der Unabhängigkeit an= zulocken, um sie dann unversehens anzugreifen. Als Hirt und Führer, wenn auch unwürdig, in eure Mitte hingestellt, muß ich meine Pflicht erfüllen, um nicht an euch und an mir zum Verräther zu werden. ‚Wir sind gesandt als Diener Gottes im Evangelium Christi, um euch zu stärken und zu ermahnen in eurem Glauben, damit Keiner in der gegenwärtigen Trübsal irre werde‘, mit diesem Worte des Apostels erscheine ich vor euch, um in aller Einfachheit und Klarheit auf die Unordnungen hinzuweisen, welche am schwersten und directesten die Religion unter uns verletzen." — Als solche bespricht der Bischof nun im Näheren: die Gleichgültigkeit in religiösen Dingen und in Sachen des Heiles; — den Leichtsinn, mit welchem man jeder falschen Lehre das Ohr leiht, und die Gier, mit welcher Bücher verschlungen werden, welche die Sinnlichkeit reizen; — das Fluchen; — die Uebertretung der Sonntagsheiligung; — den Mangel an Ehrfurcht und Andacht im Hause Gottes; — die Nichtachtung der Kirchengebote; — die Vernachlässigung der häuslichen Erziehung in den Grundsätzen der Religion; — die Unwissenheit und Oberflächlichkeit in der religiösen Er= kenntniß; — den mangelhaften Empfang der heil. Sacramente; — die Un= gezogenheit und Unsittlichkeit. — „Dürfen wir uns wundern", so schließt der Bischof seinen Hirtenbrief, „wenn der Herr uns mit seinen Prüfungen heimsucht, wenn er uns als ungehorsame und unfügsame Kinder mit der Ruthe seines Zornes schlägt, um uns zur Rückkehr auf die Pfade des Heiles zu nöthigen? Es ist leider viel mehr zu verwundern, daß trotz dieser väterlichen Züchtigungen und trotz so vieler Enttäuschungen und bitteren Erfahrungen, die wir gemacht haben, wir doch so wenig daran denken, mit unserer Bekehrung Ernst zu machen."

Mit diesem Hirtenbriefe leitete der Bischof die zweite Visitation seiner Diöcese ein; in der jetzigen Zeit besonders war ihm daran gelegen, allenthalben mit eigenen Augen in dem großen Haushalte seines Sprengels Umschau zu halten, durch persönliches Erscheinen nachhaltiger gegen Mißbräuche und verderbte Sitten vorzugehen und hinwiederum die besseren Bestrebungen zu fördern.

Sechstes Kapitel.

Die Cardinalscreirung.

rüher haben wir gesehen, wie Gregor XVI., bereitwilligst auf die Wünsche des Königs Leopold I. von Belgien eingehend, schon im Jahre 1845 beschlossen hatte, Pecci zum Cardinal zu erheben. Er reservirte ihn in petto, mit der Absicht, die feierliche Creirung in einem der nächsten Jahre vorzunehmen. Leider verhinderte ihn der Tod an der Ausführung, und die gewaltigen politischen Stürme in den ersten Jahren seiner Regierung gestatteten es Pius IX. nicht, das zu thun, was sein Vorgänger nicht mehr hatte ausführen können. Lambruschini war nach dem Tode Gregor's XVI. als Staatssecretär zurückgetreten und hatte wenig Einfluß mehr. Im Jahre 1853 beschloß nunmehr der Papst, den Bischof von Perugia zur Cardinalswürde zu erheben; die Nachricht traf diesen, als er eben auf das eifrigste beschäftigt war, die Noth der Armen zu lindern und die Hungernden mit eigenen Händen zu speisen.

Im geheimen Consistorium am Montag den 19. December 1853 wurde der Erzbischof Bischof Joachim Pecci von Perugia feierlich zum Cardinal der heil. Römischen Kirche creirt.

Cardinal Pecci's Portrait aus den fünfziger Jahren.

Ueber den Verlauf jenes Consistoriums und die nachfolgenden Ereignisse liegen uns die genauesten Berichte vor, die wir in Folgendem dem Leser in gedrängtem Auszuge mittheilen. — Beim Beginn der Sitzung trat der Cardinal Fieschi zum Thron des Papstes und bat um die Gnade, seinen bisherigen Diaconie-Titel der Kirche der seligsten Jungfrau zu den Martyrern (Pantheon) mit dem Priestertitel der Kirche von „Maria zum Siege" vertauschen zu dürfen, was ihm gewährt wurde. — Hierauf verlas der heil. Vater eine Allocution, die mit den Worten beginnt: In Apostolicae Sedis fastigio und in deren Eingang er auf die besondere Sorge hinwies, welche er allezeit gleich seinen Vorgängern der morgenländischen Kirche zugewendet habe. Zugleich gedachte er in den rühmendsten Worten des Kaisers Franz Joseph von Oesterreich, auf dessen Bitte und durch dessen Mitwirken jetzt eben in der Walachei eine eigene griechisch-katholische Hierarchie in's Leben gerufen worden sei. Darauf theilte der Papst den Cardinälen die weitere erfreuliche Nachricht mit, daß mit der südamerikanischen Republik Guatemala ein Concordat zu Stande gekommen.

Mit bitterem Schmerze sprach er dann aber über die badischen Verhältnisse und die dortige Bedrückung der Kirche, und lobte den greisen Erzbischof von Freiburg, Hermann von Vicari, wegen der Standhaftigkeit, die er in solcher Bedrängniß an den Tag lege. Mit gleichem Schmerze erfülle ihn das Verhalten des Königs Victor Emanuel von Sardinien. Er habe auf das Ansuchen desselben, die Zahl der gebotenen Feiertage zu vermindern, eingewilligt, um dem König einen Beweis des Entgegenkommens zu geben; er hoffe, die sardinische Regierung werde nunmehr ihrerseits bemüht sein, das wieder gut zu machen, was sie bisher gegen die Kirche ge= frevelt habe.

Darauf ernannte Pius den Bischof von Perugia zum Cardinal= priester; einen anderen Prälaten, Camill di Pietro, ehemaligen Nuntius in Neapel, reservirte er in petto (derselbe wurde am 16. Juni 1856 proclamirt); endlich publicirte er die Ernennung einiger neuer Bischöfe.

Am Nachmittage desselben Tages fuhr der neu creirte Cardinal Pecci in geschlossenem Wagen zum Vatican; vom Cardinal Antonelli geleitet, begab er sich zum Papst, um diesen für die erwiesene Gnade zu danken und aus seinen Händen das rothe Barett des Cardinals entgegen zu nehmen.

Am 7. März 1853 war der Nuntius von Spanien, Brunelli, zum Cardinal creirt worden; derselbe war jetzt nach Rom gekommen, und seine Erhebung und die der Eminenz von Perugia wurden jetzt zu= sammen gefeiert. Bis zum Einmarsche der Pimontesen war es nämlich Sitte, daß die neucreirten Cardinäle unter glänzenden Festlichkeiten am Abende ihrer Erhebung die allgemeinen Glückwünsche entgegennahmen; da Pecci in Rom keine eigene Wohnung hatte, so wurde die Feier für beide Cardinäle gemeinsam im Palaste Brunelli's gehalten. Das Haus und ebenso die benachbarten Paläste und Gebäude waren auf das prächtigste beleuchtet; auf einer erhöhten Estrade vor dem Hause spielte eine gewählte Musikbande. Durch die Massen des Volkes, das von allen Seiten hinzugeströmt war, hielt päpstliches Militär, Gensdarmerie und Schweizer, eine breite Gasse frei, durch welche die Cardinäle, das gesammte diplomatische Corps in Gala = Uniform, die Bischöfe und Prälaten, die Generalität und die Officiere der päpstlichen Armee, wie des französischen Occupationscorps, der römische und der fremde Adel glänzende Auffahrt hielten, um den beiden Eminenzen ihre Glückwünsche darzubringen. Die lange Reihe prächtiger Säle im Palaste des Cardinals Brunelli waren

mit Blumen geschmückt und mit Kronleuchtern und Lampen tageshell er=
leuchtet, und dort bewegte sich nun die gesammte vornehme Welt, geist=
lichen und weltlichen Standes, Herren und Damen in reichster Mannich=
faltigkeit. Man muß einer solchen Gratulations = Soirée beigewohnt haben,
um sich eine Vorstellung von dem Glanze und dem Reichthum der Orden
und Brillanten, der Uniformen und Toiletten machen zu können, die bei
solchen Festlichkeiten von der Noblesse Rom's zur Schau getragen werden.
Für diejenigen, welchen die Feier galt, war solch' ein Abend eine nicht
geringe Anstrengung. Von Vorzimmer zu Vorzimmer stehen die Diener
in Livrée, bis zu dem Saale, in welchem die beiden Cardinäle der An=
kommenden harren. Der Name eines jeden neuen Besuches wird von
einem Bedienten zum andern weiter gerufen bis zu den Eminenzen hin,
die zunächst auf einige Stunden nichts anderes zu thun haben, als auf
die dargebrachten Glückwünsche in verbindlichster Form zu antworten.
Dann folgt bis gegen Mitternacht und darüber die Unterhaltung, bald
mit diesem, bald mit jenem; denn Alle drängen sich hinzu und wünschen,
den Cardinälen ein angenehmes Wort zu sagen. Erst wenn der letzte
Gast sich verabschiedet hat, dürfen jene die beengenden Bande der strengsten
und feinsten Hofetiquette ablegen.

Die folgenden Tage vergingen für Pecci mit Besuchen bei Cardinälen
und Bischöfen, Fürsten und vornehmen Personen. Am 22. December
fand dann abermals Consistorium statt, in welchem er zugleich mit Brunelli
den Cardinalshut empfing. Vorher begaben sich beide in die sixtinische
Capelle, um in Gegenwart der übrigen Eminenzen, der Ordensgeneräle
und einer großen Zahl von Prälaten den Eid, wie er durch die Apostolische
Constitution vorgeschrieben ist, abzulegen. Alsdann wurden sie durch zwei
Cardinal=Diacone zum Consistorialsaale geleitet, wo Pius IX. sie er=
wartete. Sie näherten sich dem Throne und küßten dem heil. Vater zuerst
den Fuß, dann die Hand, worauf der Papst sie umarmte. Nunmehr
folgte der Reihe nach die Umarmung und der Friedenskuß der anderen
Cardinäle; dann nahmen die Beiden von ihren Plätzen feierlich Besitz
und traten endlich nochmals zum päpstlichen Thron, wo ihnen Pius den
Cardinalshut aufsetzte. Die ganze Feier wurde in einem öffentlichen
Consistorium in dem unsern Lesern bekannten Herzogssaale vorgenommen,
wo in der unteren Hälfte der gewaltigen Halle die Angehörigen, Freunde
und Verehrer der beiden Cardinäle der Function beiwohnen konnten.
Am Schlusse des Consistoriums wurden dem Papst und den ver=
sammelten Vätern die ersten Acten in dem Seligsprechungsproceß der ehr=

würbigen Marianna von den Engeln, einer Carmeliter=Nonne aus Turin, vorgelesen.

Alsdann begaben sich sämmtliche Carbinäle in Procession zur sixtinischen Capelle, um dem Gesange des ambrosianischen Hymnus beizuwohnen. Als das Te Deum beendigt war, sprach der Carbinal Macchi, Decan des heil. Collegiums, das von der Kirche vorgeschriebene Gebet (die oratio super electos), worauf die übrigen Carbinäle ihren beiden neuen Collegen abermals den Friedenskuß gaben.

Auf das öffentliche Consistorium folgte sofort ein geheimes, in welchem der Papst den beiden Carbinälen den Mund schloß und dann mehrere neue Bischöfe ernannte. Unter andern wurde der seitherige Bischof Antonin de Luca von Aversa im Neapolitanischen Erzbischof von Tarsus i. p. i.; balb barauf ging berselbe als Nuntius nach Wien; seit 1863 ist er Carbinal. Emmanuel Garcia Gil aus bem Prebigerorben wurde Bischof von Bajabos in Estremabura (Spanien); er wurde im vorigen Jahre ebenfalls burch Pius IX. zum Carbinal ereirt. — Zum Schlusse bes Consistoriums öffnete der Papst den beiden Carbinälen den Mund, steckte ihnen den Ring an den Finger und überwies ihnen ihre betreffen= ben Titelkirchen, Brunelli den Presbytertitel der heil. Cäcilia, Pecci den Presbytertitel des heil. Chrysogonus. Alsbann begab sich der heil. Vater in seine Gemächer zurück, wo er die beiden Eminenzen in Privat=Aubienz empfing.

An bemselben Tage wurden ihnen durch Billet der Staatssecretarie biejenigen Congregationen zugewiesen, beren Mitglieder sie fortan sein sollten; Pecci wurde der Congregation des Trienter Concils zugetheilt, an welcher er im Beginn seiner Laufbahn seine erste Thätigkeit entwickelt hatte, ferner ben Congregationen der Riten, der Immunität und der Orbensbisciplin.

Am folgenben Tage, ben 23. December, begaben sich beide Carbinäle Nachmittags gegen brei Uhr in öffentlicher Auffahrt, von einer großen Anzahl von Prälaten begleitet, nach St. Peter und verrichteten am Grabe des Apostelfürsten ihre Anbacht; von bort fuhren sie zum Carbinal Macchi, Decan bes heil. Collegiums, um ihm bem Herkommen gemäß ihre Ehr= furcht auszubrücken. Am Abenbe, gegen halb sieben Uhr, überbrachte einer der Geheimkämmerer Sr. Heiligkeit, Stella, beiden den Carbinalshut in ben Palast Brunelli's und überreichte ihnen benselben unter ben üblichen Ansprachen und Feierlichkeiten. Eine große Anzahl von Eminenzen,

Prälaten und hochstehenden Persönlichkeiten, Römer und Fremde, waren zu dieser Ceremonie erschienen. —

Im Laufe des Januar kamen verschiedene Deputationen aus Perugia nach Rom, um sowohl dem neuen Carbinal ihre Glückwünsche auszusprechen, als auch dem Papste ihren Dank für die Erhebung ihres Bischofs auszudrücken. Mit der Hauptstadt wetteiferten die anderen Orte der Diöcese in ähnlichen Deputationen.

Am 5. Februar nahm Cardinal Pecci feierlich von seiner Titelkirche San Crisogono Besitz. Es ist dieses eine der ältesten Kirchen Rom's, deren Gründung auf Constantin den Großen zurückdatirt, eine interessante Basilika mit Vorhalle. Diese ruht auf 4 Säulen von rothem Granit; das Innere ist durch 22 Säulen, ebenfalls von Granit, in drei Schiffe getheilt; die Säulen des Hochaltars sind aus Alabaster von seltener Schönheit. Den Gottesdienst in der Kirche versehen die Trinitarier, die nebenan ein Kloster besitzen und deren blaurothes Kreuz auch über dem Portale angebracht ist. Außer einer Menge anderer merkwürdiger Grabmäler befindet sich im rechten Seitenschiffe das der sel. Maria Taigi. — Pius IX. hatte im Jahre 1850 über 2000 Scudi aus seinem Privatvermögen auf die Restauration der Basilika verwendet.

Die katholische Welt hat schon einmal einen Titelpriester von San Crisogono auf den Stuhl Petri steigen sehen; derselbe hat zudem in manchen Beziehungen Aehnlichkeit mit dem jetzigen Papste. Es war Gregor IX., der nach beinah dreißigjährigem Cardinalat 1227 Papst wurde; er hat sich wiederholt, sowohl von 1228 bis 1230, als später im Jahre 1235 in Perugia aufgehalten. Von ihm sagte der deutsche Kaiser Friedrich II.: „unbeschadet der Würde der übrigen Cardinäle leuchte er unter ihnen wie ein heller Stern." Die Zeitgenossen schildern ihn als einen Mann von durchdringendem Geiste, scharfem Gedächtnisse, im Rechte gründlich erfahren und von ungewöhnlicher Energie. Für die Reinerhaltung des Glaubens war er unermüdlich thätig. Mit dem deutschen Kaiser und dessen durchaus modernen Staatsprincipien sah er sich bald in einen Kampf verwickelt, der für Kirche und Reich gleich verderblich geworden ist. — Ob Leo XIII. in dem ähnlichen Streite, der heute zwischen Rom und dem deutschen Kaiser sammt dem omnipotenten Staate entbrannt ist, glücklichere Erfolge erzielen wird, als Gregor? Ob heute es gelingen wird, unbeschadet der Rechte der Kirche den Weg zum Frieden und zur Aussöhnung der Gegensätze zu finden? — —

Am 25. Februar traf der neue Cardinal=Bischof wieder in seiner Residenz ein. Trotzdem er angesichts der traurigen Zeitverhältnisse sich alle Empfangsfeierlichkeiten verbeten und das Ersuchen gestellt hatte, man möge die dazu ausgeworfenen Gelder den Armen und Hilfsbedürftigen zuweisen, waren ihm doch zahlreiche Deputationen des Domcapitels, der städtischen Geistlichkeit, des Seminars und der bischöflichen Beamten, die eine bis Spoleto, die andere bis Foligno und wieder andere bis Assisi ent= gegengezogen und bildeten nunmehr beim Einzuge das Gefolge Sr. Eminenz. Als der Cardinal am Portale des Bischofshofes ausstieg, empfing ihn eine unzählige Menge Volkes mit lautem Evviva=Ruf, in welches die Fanfaren der städtischen Musik einstimmten. Der damalige Apostolische Delegat, der Magistrat der Stadt, die Professoren der Universität und andere hervor= ragende Persönlichkeiten eilten sofort in den Palast Sr. Eminenz, ihre Glückwünsche darzubringen. Der Magistrat machte noch an demselben Abende die Anordnung betreffs der Unterstützung der Armen bekannt, mit dem Hinzufügen, daß dem Cardinal zur Aussteuer bedürftiger Mädchen fünf Anweisungen zu je 15 Scudi überwiesen worden seien.

In Carpineto, seiner Vaterstadt, wurde die Erhebung Pecci's zum Purpur mit ungewöhnlicher Freude begangen. Zunächst erschien in den ersten Tagen des Januar eine Deputation der Geistlichkeit und des Municipiums in Rom zur Beglückwünschung; dieselbe hatte am 7. Januar Privataudienz bei Sr. Heiligkeit, worauf sie auch vom Cardinal Antonelli empfangen wurde. Die eigentliche, öffentliche Festfeier aber wurde in den Sommer, auf den 14. und 15. Juni verschoben. Man hatte zu der kirchlichen Feier zwei Bischöfe, den von Anagni und den von Segni, ein= geladen; der erstere sang am 14. Juni Morgens das Pontificalamt, der andere stimmte am Nachmittage das Te Deum an und spendete den sacramentalen Segen. Die Collegiatkirche war in reichster Weise aus= geschmückt; über dem Portale prangte eine lateinische Inschrift, welche der Festfreude Ausdruck gab; von Rom waren Sänger der sixtinischen Capelle berufen worden, den Gesang auszuführen. Dem Gottesdienste wohnten der gesammte Clerus, der Magistrat und der Governatore oder Landrath von Segni, sowie eine unzählige Menge Volkes bei. Beim Eintritt in den Ort war ein Triumphbogen mit dem Wappen der Pecci und einer entsprechenden Inschrift angebracht. Die Armen erhielten durch die Familie des Cardinals und aus der städtischen Casse reichliche Unter= stützung; das Municipium warf seinerseits zudem die Mittel zur Aus= stattung für zwei Mädchen aus. An der Festfreude betheiligten sich der ganze Ort ohne Ausnahme. An beiden Abenden waren alle Häuser illuminirt; es wurde Feuerwerk abgebrannt, Wettrennen veranstaltet, man ließ Luftballons steigen, die städtische Musikbande zog unter fröhlichem Trompetenschall durch die Straßen, kurz, Alles wurde aufgeboten, der gemeinsamen Freude den glänzendsten Ausdruck zu geben. Die Brüder des Cardinals aber versammelten die einheimischen und fremden Honorationen zu einem Festmahle, das durch Trinksprüche auf den Papst, auf die Eminenz und dessen Familie, auf Carpineto u. s. w. gewürzt wurde. — Ein Vierteljahrhundert später sollten die Carpinetaner ein ähnliches, noch glänzenderes Fest, die Erhebung ihres Mitbürgers auf den Stuhl Petri begehen. Damals wurde in den Trinksprüchen dies als Wunsch ausgesprochen; wer hätte gedacht, daß derselbe sich bereinst verwirk= lichen würde!

Die Feierlichkeiten wegen seiner Erhebung hatte sich der Cardinal verbeten; dagegen wurde am 21. Juni der Jahrestag der Krönung Pius IX. mit ungewohntem Pomp in Perugia begangen. Die Geistlichkeit, die Be= hörden und das Officierscorps der österreichischen Besatzung unter General Kalbermatten, wohnten mit den übrigen Gläubigen dem Pontificalamte und dem Te Deum in der Domkirche bei, wo der Cardinal am Schlusse den sacramentalen Segen spendete. Dann hielt die Garnison große Parade ab. Am Abende war die ganze Stadt illuminirt; das bischöfliche Palais war am glänzendsten erleuchtet. Freiwillige Musikbanden durchzogen die Straßen und spielten vor der Wohnung des Cardinals. So gaben die Perusiner ihrer Freude und ihrer Genugthuung Ausdruck, daß Pius ihren Bischof mit dem Purpur bekleidet hatte.

Siebentes Kapitel.

Jahre des Friedens.

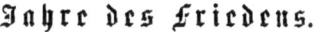

Auf die sturmbewegten Zeiten der Revolution und ihrer Nachwehen sollten für den Oberhirten der perusiner Diöcese jetzt einige Jahre verhältnißmäßig ruhigen und fried= lichen Wirkens folgen. Daß sie nicht von langer Dauer sein, daß dem ersten, mühsam gedämpften Ausbruche des Nationalitätenschwindels bald ein neuer folgen werde, den die vorhandenen Kräfte zu bewältigen nicht im Stande sein würden, das mochte der Cardinal und kein Einsichtiger sich verhehlen. Er hielt sich zur Sommerfrische auf seinem Landgute auf, als die fortwährenden Umtriebe Cavour's den kaum wieder hergestellten Frieden der Halbinsel von Neuem bedrohten. In der Begleitung des Bischofs befanden sich zwei Priester, mit denen er darüber voll ernstlicher Besorgniß redete, während sie im Garten spazieren gingen. Plötzlich blieb er stehen, zeigte dann auf seine Villa und fragte den einen seiner Begleiter: „Wenn in jenem Flügel des Landhauses Feuer ausbräche und Niemand eine Hand ausstreckte, den Brand zu löschen, was wird dann die Folge sein?" — „Dann wird", lautete die Antwort, „bald das ganze Haus in Flammen aufgehn". — „Nun", erwiderte der Bischof, „und dies wird das Schicksal Italiens sein."

Allein eben die neue Bedrängniß, die er voraussah, war für ihn ein Sporn, die Periode des Friedens mit allem Eifer zum Heile seines Volkes auszunutzen. Er fühlte sich dazu um so mehr angetrieben, nachdem er mit dem Tage des 19. December 1853 in das Collegium der Cardinäle eingetreten war.

Wer das Ordenskleid nimmt, will vollkommen werden; wer Bischof wird, soll nach dem Geiste der Kirche schon vollkommen sein; wie vielmehr muß sie dies von demjenigen verlangen, den sie mit dem fürstlichen Gewande des Cardinals bekleidet! — Hatte der Bischof sich bisher auf das gewissenhafteste bemüht, die Pflichten seines Amtes getreu= lich zu erfüllen, so suchte der Cardinal es noch vollkommner zu thun, um in Allem getreu erfunden zu werden als Vater, als Lehrer und als Hirte seines Volkes. — Nach diesen drei Gesichtspunkten betrachten wir im Nachfolgenden die Thätigkeit Sr. Eminenz in den nächstfolgenden Jahren.

Der Vater.

Wir sahen schon, mit welcher Liebe der Bischof und Cardinal der Noth abzuhelfen suchte, welche in Folge des Mißwachses, der Erdbeben und der Cholera über Umbrien hereingebrochen war. Wohl reichten für die große Zahl der Bedürftigen und Hungernden seine Einkünfte nicht aus; allein seine Mildthätigkeit wußte immer neue Quellen zu finden; er hätte, wenn alle Hülfsmittel ausgegangen wären, wie ein heil. Augustinus, ein heil. Thomas von Villanova und andere heilige Bischöfe, selbst zu den Schätzen der Kirche gegriffen und die silbernen und goldenen Gefäße verkauft, um die lebendigen Gefäße des heil. Geistes vor dem Hungertode zu bewahren.

Das Waisenhaus für die Knaben hatte er, mit Genehmigung des heil. Stuhles vom 4. October 1853, in einen frequenteren Stadttheil verlegt, das Gebäude erweitert, vergrößert und verschönert, und zugleich die Zahl der Handwerke vermehrt, zu deren Erlernung den Knaben Gelegenheit geboten war. Nunmehr gab er der Anstalt neue Statuten und berief 1855 die von dem Canonicus Scheppers in's Leben gerufene Genossenschaft der barmherzigen Brüder aus Belgien, wo er, als Nuntius ihre segensreiche Wirksamkeit kennen gelernt hatte, um die Leitung des Institutes und die Erziehung der Waisenknaben zu übernehmen.

Für die weiblichen Waisen hatte er das ehemalige stillere Kloster der Kapuzinerinnen angewiesen, wo bis dahin die Waisenknaben untergebracht gewesen waren. Auf die Restauration des Baues verwendete er über 3000 Scudi und setzte dann einen eigenen Aufsichts- und Verwaltungsrath ein, dem er die besondere Sorge für die Kinder anvertraute.

Die Gräfin Anna Graziani hatte ihr ganzes Vermögen zur Gründung eines Institutes hinterlassen, in welchem gefährdete und verwahrloste Mädchen eine christliche Erziehung erhalten sollten. Nachdem der Cardinal für den Bau und die Einrichtung bedeutende Summen verwendet hatte, — das Terrain allein kostete 4000 Sc. — eröffnete er das Asyl am 8. December 1855, indem er zunächst mit zehn Mädchen den Anfang machte. Im Jahre 1857 wurden zehn andere hinzugefügt und ihre Zahl in der Folge noch vermehrt. Zur Leitung der Anstalt berief er ebenfalls aus Belgien die Schwestern von der Vorsehung, „da ich", wie er an den heil. Vater berichtet, „während meiner Nuntiatur mich vollkommen überzeugt hatte, wie viel Eifer, Liebe und ganz besonderes Geschick diese Schwestern besitzen, um bösartige Gemüther auf gute Wege zurückzuführen, und welch'

Der Cardinal Pecci, Bischof von Perugia, im Kreise seiner Familie.

reiche Früchte ihr Wirten brachte."*) — Nicht weit von dort lag in einer anstoßenden Straße das Haus für gefallene Mädchen. Der Cardinal ließ einen Bogen über die Straße schlagen und so einen Verbindungs= gang von dem einen Institut in das andere schaffen, und übergab dann denselben Schwestern auch die Aufsicht über die Büßerinnen. — Während die oben erwähnten Schulbrüder mit der Occupation Perugia's durch die Piemontesen im Jahre 1860 ihre Thätigkeit einstellen mußten, hat die neue Regierung die Schwestern von der Vorsehung belassen und die Anstalt sogar in der Weise erweitert, daß auch Gefallene aus anderen Provinzen dort Aufnahme finden.

Eine andere vornehme Dame, die Gräfin Laura Donini, hatte eine ansehnliche Summe hinterlassen zur Stiftung eines Hauses für alte Frauen. Auch dieses wohlthätige Institut wurde vom Cardinal im Jahre 1856 in's Leben gerufen und von ihm feierlich eingeweiht.

Seine ganz besondere väterliche Liebe aber wandte er seinem Knaben= und Priesterseminar zu. In der Mitte seiner Zöglinge zu weilen, war seine süßeste Erholung; selten fehlte er bei ihren Festen und Freuden. Zum Carneval z. B. sammelte er sie um sich und veranstaltete eine Lotterie von Geschenken, die er für sie bereit gehalten hatte; das Landgut, welches sie zur Sommerszeit in Corciano bewohnten, lag nahe bei dem seinigen, und so erschien er fast täglich bei den Zöglingen oder ließ einige derselben abwechselnd zu sich kommen, von denen diejenigen, welche dem Priesterthum nahe waren, sogar zu seiner Tafel gezogen wurden. Erhielt er in Perugia Besuch von Cardinälen oder Prälaten, so führte er sie regelmäßig in sein Seminar. So kam etwa einen Monat nach seiner Er= hebung ein alter Freund, der Cardinal Sterckx von Mecheln, nach Perugia; bald darauf der Cardinal Johannes Scitowski, Erzbischof von Gran, den er ersuchte, eine Anrede an seine Seminaristen zu halten, was dieser auch in lateinischer Sprache that. In frischem Andenken der Priester ist noch heute die ehrwürdige Erscheinung des Cardinals Pecci, Bischofs von Gubbio, welchem der Oberhirt ebenfalls die Seminaristen vorstellte. Er bat ihn dann, einige Worte an die Zöglinge zu richten, indem er beifügte: „Das Thema, worüber ich Sie ersuche, zu den

---

*) Bene quidem expertus iam tum cum ibi Apostolici Nuntii munere fun-gebar, qua solertia, charitate et peculiari ita dicam ingenio vitiatas mentes ad bonam frugem probe calleant revocare et quales fructus inde colligantur. (Relatio ad Limina.)

dereinstigen Dienern des Heiligthums zu sprechen, gestatten Sie mir, selber Ihnen anzugeben; reden Eminenz zu ihnen über die Demuth!" Der Greis begann, und sprach mit einer Salbung und Innigkeit, „wie ein heil. Franz von Sales." Auch der Bischof Arnaldi von Spoleto, sowie der Bischof Vettori von Assisi waren den Seminaristen bekannte Erscheinungen; sie kamen nicht nach Perugia, ohne vom Cardinale ihnen zugeführt zu werden, wo jene dann in der Regel auch Worte väterlicher Ermahnung an die Zöglinge richteten. — Meist erschien der Cardinal ganz unerwartet im Seminar, bald zur Zeit des Unterrichts, bald wenn die Alumnen zusammen das Mittagsmahl oder das Abendessen einnahmen, bald wenn sie ihre Erholungsstunde hatten. So lernte er jeden Einzelnen auf das Genaueste kennen, und die Seminaristen hinwiederum fühlten sich von innigster Liebe und unbegrenztem Vertrauen zu ihrem Vater hin= gezogen. Einst wurde einer der Seminaristen sehr von Scrupeln über seinen Beruf geängstigt, und in seiner Noth beschloß er, sich direct an den Cardinal zu wenden und diesem sein Herz zu offenbaren. Dieser hörte ihn geduldig an; dann legte er ihm die Hand auf die Schulter und sagte zu ihm nur das Eine Wort des Psalmisten: „Jacta super Deum curam tuam, gieb deine Sorge Gott anheim!" Und sofort fühlte der Jüngling alle Beängstigungen verschwunden; einen Monat später empfing er die Sub= diaconatsweihe, und heute ist er einer der tüchtigsten Priester der Diöcese. Wir verdanken ihm selber die Mittheilung dieses schönen Zuges. — Lauter als alle Thatsachen legen die Worte, welche er an Pius IX. im Jahre 1857 über das Seminar schrieb, Zeugniß von seiner väterlichen Liebe ab, die er zu „seinem Augapfel", wie er das Seminar zu nennen pflegte, im Herzen trug. „Ich kann es nicht verschweigen", so schreibt er an den Papst, „mit welcher Freude im Herrn es mich erfüllt, so oft ich unter diesen meinen Alumnen weilen kann, zu denen mein Herz von väterlicher Liebe erfüllt ist. Wie unschuldig ist ihr Wandel, wie anständig ihr Be= nehmen, wie groß ist ihr Gehorsam, ihr Fleiß, ihr Wetteifer und Fortschritt in den Studien, wie groß mit Einem Worte die Hoffnung, die sich aus diesem blühenden Weinberge für den ganzen Acker der perusinischen Kirche darbietet!"*)

---

*) Tacere non possum, quanta laetitia in Domino sim affectus, quoties inter hos meos alumnos, quos quidem paterno amore diligo, me versari con-tingit; tanta est innocentia vitae, morum suavitas, subjectionis ratio, in studiis diligentia, aemulatio et profectus, tanta uno verbo spes, quae ex hoc virenti vinea toti agro Perusinae ecclesiae affulget. (Relatio ad Limina.)

Der Lehrer.

„Weide meine Lämmer, weide meine Schafe!" Dieses Wort des göttlichen Meisters, zunächst zu Petrus gesprochen, ist an alle Seelenhirten gerichtet. Die Kleinen und die Erwachsenen, die Geringen und die Vornehmen, die Ungelehrten wie die Gebildeten auf die Weide der Gnade und Wahrheit zu führen, das ist ihr heiliger Beruf, ihre göttliche Sendung und Aufgabe.

Es konnte dem umsichtigen Auge des Oberhirten nicht verborgen bleiben, wie mancherlei Umstände damit verbunden waren, daß der eine Pfarrer nach diesem, der andere nach jenem Katechismus unterrichtete. Ein einheitlicher katechetischer Unterricht mußte dem Cardinal im höchsten Grade wünschenswerth erscheinen, und so gab er sich denn an die Arbeit, nach der Vorlage des Katechismus von Bellarmin einen solchen für seine Diöcese fertig zu stellen. Für ihn, der sich viel mehr in den hohen classischen Studien zu bewegen verstand, konnte es als keine kleine Aufgabe erscheinen, zum Volke und zu den Kindern hinabzusteigen, um auch den Kleinen und Unmündigen das Brod des Lebens zu brechen. Allein der Cardinal Pecci besaß ein eigenes Talent, auch zu den niedrigen und schlichtesten Leuten zu reden, und seine Liebe zu den Kindern ließ ihn den richtigen Ton finden, in welchem er ihnen die Lehren des Heiles vortragen sollte. So kam denn der neue Diöcesan-Katechismus glücklich im Jahre 1856 zu Stande; er wurde gedruckt und bildet noch heute die Grundlage, nach welcher die sämmtlichen Pfarrer und Capläne der Diöcese den Unterricht ertheilen.

Eine noch wesentlichere Sorge bereiteten ihm die Knaben nach ihrer Entlassung aus der Schule. In ihrem Drange nach Freiheit und Unabhängigkeit möchte die Jugend gar zu gern nichts mehr wissen von den heiligen Banden, welche die Religion den erwachenden Leidenschaften anlegt; im stolzen Gefühle ihrer Reise, die doch leider noch gar nicht vorhanden ist, glaubt sie der mütterlich wachenden Fürsorge der Kirche entwachsen zu sein, während zugleich die Verführungen und Lockungen der Welt ihrer Unerfahrenheit überall Schlingen legen. Angesichts dieser betrübenden Erscheinung hatte der heil. Philipp Neri in seinem großen Seeleneifer ein Mittel ausgesonnen, die heranwachsende Jugend vor den ihr drohenden Gefahren zu behüten: er rief die jetzt an zahlreichen Orten Italiens eingeführten sogenannten „Gärten", giardini, in's Leben, die man nach ihm zu benennen pflegt. An allen Sonn- und Feiertagen nämlich, wo die Arbeit ruht und die Genußsucht ihre lockenden Angeln auswirft, sammelte er die heranwachsenden Knaben um sich und bereitete ihnen die mannichfaltigsten Unterhaltungen und unschuldigen Spiele, verband aber damit in seiner geschickten Weise weiteren und genaueren Unterricht in den Wahrheiten des Heiles. — Solche giardini di San Filippo Neri schuf nun auch im Jahre 1858 der Cardinal, indem er durch ein Hirten= schreiben die sämmtlichen Pfarrer seiner Diöcese ersuchte, zu ihrer Ein= richtung mit Hand an's Werk zu legen, und zugleich die Gläubigen ermahnte, ihre Kinder und jugendlichen Pflegebefohlenen zu eifrigem Besuche derselben anzuhalten und das gute Unternehmen durch geistige und materielle Unterstützung zu fördern. So wurden denn die Knaben an den Nach= mittagen der Sonn= und Feiertage zunächst in der Kirche versammelt und ihnen Religionsunterricht ertheilt; dann führte man sie in einen geeigneten Saal zur gemeinschaftlichen Unterhaltung. Anderthalb Stunden wurden auf Belehrung, ebenso viel auf Erheiterung verwendet. Der Cardinal suchte persönlich, zumal in Perugia, selbst diese „Gärten" auf alle Weise zu pflegen; häufig sandte er Körbe voll Früchte, setzte für die Eifrigsten Preise aus, beschenkte die Aermeren mit Kleidern, und erschien wohl auch persönlich, um sowohl am Unterricht, als auch an der Erholung der Knaben Theil zu nehmen.

Mit nicht geringerem Eifer war er für den höheren Unterricht in der Religion thätig. Es bestand in Perugia ein Institut zur Erziehung von Knaben aus den besseren Ständen, das nach der französischen Invasion von Neuem durch Pius VII. in's Leben gerufen worden war und seitdem den Namen Collegium Pium führte. Die damals dem Hause gegebenen Statuten paßten in mancher Hinsicht nicht mehr für die Gegenwart, es wurden mancherlei Klagen laut, und so ernannte der Papst im Jahre 1854 den Cardinal zum Apostolischen Visitator der Anstalt. An der Spitze der= selben standen außer dem Rector und dem Vice=Rector, welche Geistliche waren, mehrere Vorsteher aus dem Laienstande, und letztere legten den Verbesserungsplänen Sr. Eminenz so mancherlei Schwierigkeiten in den Weg, daß leider die guten Absichten des heil. Vaters wie des Cardinals nur zum Theile verwirklicht werden konnten.

Glücklicher war der letztere mit einem anderen, ähnlichen Institute, welches unter dem verwandten Namen Conservatorium Pium von ihm geschaffen wurde. Vor bereits vierzig Jahren hatte der Stadtrath von Perugia den Beschluß gefaßt, aus den Gütern der unter Napoleon aufgehobenen und später nicht wieder erneuerten weiblichen Klöster eine höhere Unterrichtsanstalt für die Mädchen aus den besseren Familien in's Leben zu rufen. Die schöne Idee hatte bis jetzt noch Niemand gefunden, der sie ausgeführt hätte; nunmehr griff der Cardinal sie auf und führte sie mit glänzendem Erfolge aus. Er wandte sich an Pius IX. mit der Bitte, von den Trümmern der Burg das Material zu dem Baue zu bewilligen, und der Papst gewährte die Bitte. So wurde denn ein prächtiges Gebäude aufgeführt, dessen Kosten sich auf mehr denn 30,000 Scudi (140,000 Mark) beliefen. Alsdann berief der Cardinal die Damen vom heil. Herzen Jesu und übergab ihnen den Unterricht an der Anstalt, die nach dem heil. Vater den Namen Conservatorio Pio erhielt und vom Cardinal unter den Schutz der heil. Anna gestellt wurde. — Die jetzige Regierung hat auch dort weltliche Lehrerinnen angestellt.

Auch auf die Universität von Perugia, deren geborener Kanzler der Bischof war, dehnte der Cardinal seine reorganisirende Thätigkeit aus, indem er neue Bestimmungen betreffs der Zulassung sowohl, als auch in Bezug auf die Studien selber erließ. Und da der Cardinal unter academischer Freiheit keineswegs die Ungebundenheit der Studenten von den allen Christen obliegenden religiösen Pflichten verstand, so trug er kein Bedenken, auch in Bezug hierauf Verordnungen zu erlassen und die „Musensöhne" im Besonderen zum regelmäßigen Besuche des Gottesdienstes und der Predigt anzuhalten. Damit aber diese Verfügungen kein leeres Wort seien, führte er persönlich, aber ungesehen, Aufsicht, und betonte bei jeder Gelegenheit die Nothwendigkeit, daß mit der weiteren Ausbildung in den weltlichen Wissenschaften gleichen Schrittes auch ein Vertiefen in das religiöse Erkennen verbunden sei. — Gegen den damals in Schwung gekommenen Unfug des Magnetismus, der die Verbindung mit der Geisterwelt auf einem andern Wege sucht, als' auf dem der göttlichen Offenbarungen, erließ der Cardinal im Jahre 1857 ein strenges Edikt, in welchem er die Verwerflichkeit desselben den Gläubigen darlegte.

Vor allem aber lag dem Cardinal am Herzen, daß sein Clerus in der Theologie die möglichst vollkommene und allseitige Ausbildung erhalte. Darum berief er an sein Seminar eine Anzahl der tüchtigsten und begabtesten Professoren und interessirte sich auf das Lebhafteste für die Fortschritte seiner Zöglinge. Bei den öffentlichen Prüfungen der Seminaristen präsidirte er gewöhnlich selber, verlas die Namen der Preisgekrönten und überreichte ihnen eigenhändig die Prämien. Die benachbarten Bischöfe nahmen an diesen Festlichkeiten auf seine Einladung hin Theil, und dieselben konnten ihm keine größere Freude machen, als wenn sie bei den

Disputationen der Seminaristen Objectionen machten. — Um aber auch nach Entlassung aus dem Seminar die jungen Priester in der Liebe zum Studium zu erhalten, rief er im Jahre 1859 die sogenannte Academie des heil. Thomas von Aquin in's Leben. Es war dies ein Verein von Priestern, welcher alle Monate einmal zusammen kam, um über wichtige philosophische oder theologische Fragen an der Hand der Lehre des heil. Thomas von Aquin sich zu besprechen. In jeder Sitzung mußten von zwei Mitgliedern schriftlich ausgearbeitete Aufsätze vorgelesen werden, die dann den Stoff zu der nachfolgenden Disputation boten. Das Thema wurde jedesmal durch den Präsidenten auf einen Monat voraus gestellt, damit alle Mitglieder sich vollständig über den Gegenstand der Verhand= lung unterrichten konnten. Welchen Nutzen diese Academie, zumal nach ihrer Reorganisation im Jahre 1872, gestiftet hat, ergiebt sich am besten daraus, daß der Clerus der Diöcese Perugia allgemein als derjenige gilt, der in der Theologie die tüchtigsten Kräfte aufzuweisen habe.

Am 8. December 1854 lud Pius IX. die Cardinäle und Bischöfe des katholischen Erdkreises nach Rom ein zur Proclamirung des Glaubenssatzes von der Unbefleckten Empfängniß der seligsten Jungfrau. Bei dem feier= lichen Acte stand der Cardinal Pecci mit in dem glänzenden Kreise der Fürsten der Kirche, welche das Oberhaupt der Christenheit in diesem er= habenen Augenblicke umgaben. Heimgekehrt begnügte er sich nicht nur, das Dogma sofort seinen Diöcesanen zu verkünbigen, sondern er war nun auch bedacht, die Verehrung der unbefleckt empfangenen Himmelskönigin noch mehr in seinem Volke zu heben. Das Capitel von St. Peter zu Rom besitzt durch den Grafen Alexander Sforza eine Stiftung, aus welcher für solche Muttergottesbilder, zu welchen die Gläubigen eine uralte Ver= ehrung bezeugt und vor denen sie sich außerordentlicher Gebetserhörungen erfreut haben, eine goldene Krone vom Capitel gesandt wird.*) Der Act der Krönung wird durch den Papst selbst, durch einen Cardinal oder Bischof vorgenommen und ist stets mit besonderen Feierlichkeiten ver= bunden.**) Der Leser erinnert sich, daß wir im Dome zu Perugia ein hochverehrtes Muttergottesbild, die Madonna delle grazie, erwähnten. Die Andacht zu derselben war in den trüben Tagen der Revolution merklich

---

*) Unter anderen überbrachte Cardinal Reisach eine solche für die Mutter Gottes in Luxemburg.

**) Im Jahre 1857 krönte Pius IX. eigenhändig die Madonna vom Monte della Guardia zu Bologna.

erkaltet; die zu ihrer Verehrung bestehende Bruderschaft hatte in ihrem frommen Eifer nachgelassen. Bei seiner innigen und kindlichen Liebe zur Himmelskönigin konnte der Cardinal diese Vernachlässigung nur mit tiefem Schmerze ansehen: das eben verkündigte Dogma hatte die Andacht der Gläubigen zu Maria neu belebt; jetzt sollte sie zur leuchtenden Flamme angefacht werden. Zunächst wurde das Fest der Gottesmutter „von der Gnaden", seit Jahren unterlassen, am 2. September 1855 wieder im Dome begangen und am Schlusse der Octave der Brautring der seligsten Jung= frau zur Verehrung der Gläubigen ausgestellt. Dann fand die Krönung des Bildes statt, indem der Cardinal vom Capitel zu St. Peter die Ueber= sendung der goldenen Krone erwirkt hatte. Die Feier, wobei die Bischöfe der Nachbarschaft dem Cardinal assistirten, ging unter außerordentlichem Glanze vor sich, und seit jenem Tage hat die Verehrung des Bildes einen ganz ungewöhnlichen Aufschwung genommen. — Am darauffolgenden 8. December, dem Jahrestage der Proclamation des Dogma's, wandte sich der Cardinal in einem Hirtenschreiben an sein Volk, um die Liebe desselben zur unbefleckt Empfangenen noch höher anzufachen. Die Feier des Tages wurde zugleich durch den Dankgottesdienst verherrlicht, den der Cardinal wegen des Aufhörens der Cholera angeordnet hatte. — Auch die Mai= andacht zur seligsten Jungfrau wurde durch sein Einwirken in der ganzen Diöcese eingeführt; im Dome wurden mit derselben tägliche Predigten verbunden, wozu er von frommer Hand eine Stiftung erhalten hatte.

Ein, wie man glaubte, organischer Fehler, erschwerte ihm das Predigen außerordentlich; wenn er einige Zeit auf der Kanzel gesprochen hatte, stieg ihm das Blut zu Kopfe und die Stimme versagte ihm. Er suchte sich zu helfen, indem er sich in der Mitte der Predigt ein Stückchen Zucker, im Taschentuche verborgen, reichen ließ, um die Trockenheit des Mundes und die Heiserkeit der Stimme zu lindern; wenn er das Tuch zurückgab, fand man es von Blut ganz geröthet. Endlich mußte er ganz der Kanzel entsagen. Den Ersatz dafür suchte er theils in dem Erlaß zahlreicher Hirtenbriefe, theils dadurch, daß er die tüchtigsten Kanzelredner berief, um an seiner Stelle das lebendige Wort Gottes den Gläubigen zu verkündigen, theils durch Volksmissionen und durch sogenannte Conferenzen, die er im Dome veranstaltete und in welchen die großen Wahrheiten des Christen= thums, sowie die herrschenden Irrthümer und falschen Principien in fort= laufenden Vorträgen behandelt wurden.

Der Hirt.

Wir haben oben aus dem Munde des Bischofs selber die Laster, die bösen Gewohnheiten und falschen Grundsätze aufzählen hören, die er in seiner Diöcese zu beklagen hatte. Wohl lagen die meisten jener Uebel im Geiste der Zeit und jedweder Bischof hatte sie zu bekämpfen, z. B. die Gleichgültigkeit in religiösen Dingen, das Lesen schlechter Bücher, den Hang nach Genußsucht u. s. w. Allein manche der von ihm aufgezählten Uebel herrschten doch in einem vorwiegenden Maße im italienischen Volke und speciell in seiner Diöcese, wie die allgemeine Unsitte des Fluchens, die Uebertretung der Fastengebote, die Versäumniß des Gottesdienstes an den Sonn- und Feiertagen und die Vernachlässigung des Empfanges der heil. Sacramente, selbst zu Ostern. Was der Cardinal vermochte, diesen von ihm auf's Tiefste beklagten Uebelständen zu steuern, hat er mit red-lichstem Eifer gethan; wir sahen, wie er selbst zu positiven Strafen griff, um das Fluchen zu unterdrücken. Ueberzeugt, daß gute Gemeinden einen guten Clerus voraussetzen, hielt er die Heranbildung seiner Geistlichen zu Mustern von Frömmigkeit und Wissenschaft stets für eine seiner haupt-sächlichsten und heiligsten Pflichten. Für die Erziehung der Jugend, der niederen wie der höheren Stände, war er unablässig thätig. Die Ver-ehrung der Gottesmutter strebte er auf alle Weise zu fördern. Durch eifrige Verkündigung des Wortes Gottes in Hirtenbriefen und Predigten suchte er auf sein Volk einzuwirken. — Allein in seinen edlen Bestrebungen stand dem Oberhirten nicht nur der besondere und eigenthümliche Charakter der Peruginer entgegen, sondern, was unvergleichlich schwerer zu bekämpfen war, die kirchenfeindliche Agitation der geheimen Secten. Ueberzeugt, daß sie nur dann zum Ziele kommen zu können hoffen durften, wenn sie das Volk von den Altären und die Religion aus dem Herzen der Nation ge-rissen, sind diese geheimen Gesellschaften nicht müde geworden, den Einfluß der Kirche auf alle Weise und mit allen Mitteln zu bekämpfen, die Thätig-keit der Bischöfe und Priester brach zu legen, die Jugend durch die ver-lockenden Verheißungen von Freiheit, Unabhängigkeit und Genuß unter ihre Banner zu schaaren. Die Lehren Mazzini's, die auf Untergrabung aller göttlichen und menschlichen Auctorität hinausliefen, hatten unter der unermüdlichen Pflege seiner Mitverschworenen und Bundesgenossen die üppigste Frucht getrieben: im Verlaufe kaum eines Menschenalters war das italienische Volk ein anderes geworden. Die Einen hatten offen zu den Feinden der Kirche geschworen, die Anderen waren dem Indifferentismus in die Arme gesunken; selbst auf dem Lande war die Religion untergraben und der schlichte fromme Sinn der Bevölkerung vergiftet. Erst allmählich begann und beginnt der Anbruch einer besseren Richtung aus der Ueberzeugung aufzudämmern, daß das Heil der Nationen mit nichten im Liberalismus zu finden ist, daß die Lehre von Freiheit, Gleichheit und Brüderlichkeit das Herz nicht befriedigt und daß Diejenigen, welche sich als die neuen Heilande präsentiren, nicht sich dem Volke, sondern Gut und Leben des Volkes ihren eigenen Interessen opfern.

Allein in jener Periode des Lebens unseres heil. Vaters, in der wir in unserer Schilderung jetzt stehen, war man zu einer solchen Einsicht noch nicht gekommen; noch schwärmte Alles für die neuen Ideen, und das mahnende Wort selbst der Oberhirten war ein Same, der auf den Weg oder zwischen die Dornen fiel.

Der herrschende Geist der Opposition war dem Cardinal schon entgegengetreten, als er vom Papste als Apostolischer Visitator das Collegium Pium reorganisiren wollte. Er trat ihm von Neuem entgegen, als er Hand an die Bruderschaften legte. Als Bischof hatte er nach der canonischen Bestimmung die Aufsicht über dieselben und im Besonderen die Revision über die richtige Verwaltung der frommen Stiftungen und Hinterlassenschaften. Allein die meisten Confraternitäten verwehrten ihm jeden Einfluß, wie jeden Einblick in die Administration. Sie hatten freilich ihre sehr guten Gründe dazu. Allein eben darum, weil der Cardinal überzeugt war, daß es in den Bruderschaften eine Fülle morschen Holzes gebe, wollte und mußte er eingreifen. Schließlich blieb ihm doch nichts Anderes übrig, als sich nach Rom zu wenden, von wo dann freilich alsbald der Befehl an die Vorstände der Bruderschaften erfloß, sich in Gehorsam den Anordnungen des Oberhirten zu unterwerfen.

Waren derartige Vorkommnisse für das Herz des Cardinals tief betrübend, so versüßte ihm der Himmel dies doch auch wieder durch manche erhebende Freude. Zunächst war es sein Clerus, der, vom besten Geiste beseelt, von hingebendster Anhänglichkeit an die Kirche erfüllt, durch die Lauterkeit seines Wandels, wie durch opferfreudigen Seeleneifer dem Oberhirten den reichsten Trost bereitete. Weiterhin konnte es ihn nur auf das Höchste erfreuen, daß ein großer und ansehnlicher Theil seiner Heerde, unberückt von der gleißenden Verführung, sich mit doppelter Hingebung an die Kirche anschloß. Und wie innig dankte er Gott, daß die für die Jugenderziehung in's Leben gerufenen Stiftungen und Anstalten von Jahr zu Jahr herrlicher erblühten und die reichsten Früchte christlicher Frömmigkeit erhoffen ließen! Selbst bei Denjenigen, welche der Kirche den Rücken gewendet

hatten, fand der Oberhirt mit seiner treuen Pflichterfüllung, mit seiner all=
seitigen Thätigkeit, mit seiner aufopfernden Liebe Anerkennung und Hochachtung.
Dazu kamen außerordentliche Freuden. Im Jahre 1857 überraschte
ihn Pius IX. mit der Zusendung eines prachtvollen goldenen Kelches, den
er dem Cardinal für seine Cathedrale schenkte. Bald darauf hatte er das
Glück, Seine Heiligkeit selber in Perugia empfangen zu können. Die
fortwährenden Umtriebe Cavour's, der den Geist der Revolution heimlich
und offen in den päpstlichen Provinzen zu schüren nicht müde wurde, be=
wogen Pius IX., mit einer längst gelobten Wallfahrt nach der Gnaden=
stätte von Loreto eine Rundreise durch Umbrien und die Marken zu ver=
binden, theils um durch sein persönliches Erscheinen jenen Wühlereien
Schranken zu setzen, theils um selber zu prüfen und abzuhelfen, wo wirklich
Grund zu Beschwerden vorhanden war. Am 3. Mai hatte der Papst das
Fest der Kreuzerfindung noch in Rom feiern wollen; am folgenden Tage
fand die Abreise statt, nachdem Pius in St. Peter am Grabe des Apostel=
fürsten die heil. Geheimnisse gefeiert hatte. Die Eisenbahn war damals
noch nicht eröffnet, und so mußte die Reise zu Wagen gemacht werden.
In allen Orten, welche er besuchte, ließ Pius Beweise seiner Hochherzig=
keit und Freigebigkeit zurück. In Assisi erwartete ihn Cardinal Pecci in
der Kirche der heil. Clara; am folgenden Tage, den 8. Mai, Abends gegen
6 Uhr, traf der Papst in Perugia ein.

Obgleich es regnete, war der Empfang doch ein ebenso begeisterter,
als allgemeiner. An der Kirche des heil. Petrus erwartete ihn der Aposto=
lische Delegat und der Magistrat, welcher dem Papste die Schlüssel der
Stadt überreichte; in der Cathedrale begrüßte ihn der Cardinal mit zehn
anderen Bischöfen, von denen einige aus Toscana zur Huldigung hierher
gekommen waren. — Auch der junge Erzherzog Carl, der zweite Sohn des
Großherzogs Leopold II. von Toscana, war Tags vorher nach Perugia
gekommen, dem Vater der Christenheit seine kindliche Ergebenheit auszu=
drücken. Am Domplatze, auf welchen die Hauptstraße des Corso mündet,
hatte der Cardinal einen prächtigen Thron errichten lassen, und von hier
aus spendete Pius dem versammelten Volk den Apostolischen Segen. Dann
begab er sich zu Fuß in den Palast des Delegaten, dem von Amtswegen
die Ehre zukam, den Souverain zu beherbergen. Am Abende war die
ganze Stadt glänzend illuminirt; auf dem Platze vor dem Dome war eine
große electrische Sonne aufgestellt, welche den ganzen Corso tageshell er=
leuchtete. — Den folgenden Morgen begab sich Pius in den Bischofshof,
wo der Cardinal ihm seinen Clerus und seine Seminaristen vorstellte,

verehrte dann den Brautring der seligsten Jungfrau und fuhr darauf mit dem Cardinal und dem Erzherzog durch die Stadt, die Merkwürdigkeiten derselben in Augenschein zu nehmen. Am Nachmittage besuchte der Papst zu Fuß verschiedene wohlthätige Anstalten und Klöster; im Conservatorium Pium, in welchem die Damen vom Herzen Jesu die Erziehung der Mädchen aus den höheren Ständen leiteten, ließ er ein bedeutendes Geldgeschenk zu wünschenswerthen Anschaffungen zurück. Auch bei diesen Besuchen be= gleitete den Papst außer dem Cardinal der Erzherzog Carl, den Pius am vorhergehenden Abende mit dem Großkreuz des von ihm gestifteten Ordens geschmückt hatte. Am Nachmittage spendete Se. Heiligkeit noch einmal von der Loggia des Palastes den Apostolischen Segen und setzte dann gegen drei Uhr seine Reise fort; der Cardinal von Perugia gab ihm das Geleit bis an die Grenzen seiner Diöcese. Pius besuchte Loreto, Bologna, Florenz und andere Städte, überall mit einem Enthusiasmus empfangen, der nicht ahnen ließ, wie nahe das „Kreuzige ihn!" darauf folgen werde, und trat dann wiederum die Rückreise nach Rom zu an. Als er in Foligno eintraf, begrüßte ihn Pecci abermals, und auf die ausdrückliche Einladung Sr. Heilig= keit begleitete er den Papst nach Viterbo. Als der Cardinal sich hier von Pius verabschieden wollte, äußerte ihm dieser den Wunsch, er möge mit ihm nach Rom gehen, und so traf er denn mit ihm am 5. September in der ewigen Stadt ein. Drei Tage darauf weihte der Papst die Mariensäule auf dem Platze vor der Propaganda; der Cardinal von Perugia war bei der Feier im Gefolge Sr. Heiligkeit; dann kehrte er in seine Diöcese zurück.

Achtes Kapitel.

Die Juni-Revolution zu Perugia 1859 und die Eroberung der Stadt am 14. September 1860.

Napoleon III. hatte am Neujahrstage 1859 dem österreichi= schen Gesandten indirect die Kriegserklärung an Kaiser Franz Joseph zu wissen gethan; am 10. Januar ließ sich Victor Emanuel von der Kammer 50 Millionen für die Befreiung Italiens votiren, und nun brach der Krieg aus, der den Oesterreichern die Lombardei und Venedig ent= reißen sollte. In seiner Proclamation, welche Napoleon an das französische Volk in dem Augenblicke erließ, als seine Truppen gegen die Lombardei aufbrachen, hatte der Kaiser gesagt: „Wir gehen nach Italien, nicht, um die Unordnung zu begünstigen, nicht um die weltliche Macht des Papstes zu stürzen, den wir auf seinen Thron zurückgeführt haben, sondern um es von dem Drucke der Fremdherrschaft zu befreien, der auf der ganzen Halb= insel lastet, und um unsererseits dazu beizutragen, daß die Ordnung auf legitimen Interessen aufgebaut werde." In ähnlichem Sinne schrieb Napoleon dem heil. Vater, indem er Pius IX. die bündigste Zusage gab, daß die Souverainetät und die Rechte des heil. Stuhles unangetastet bleiben sollten.

Vor den vereinten französisch=sardinischen Truppen mußte Oesterreich seine in Italien stehenden militairischen Kräfte concentriren und die bis= herige Occupation der päpstlichen Territorien aufgeben, zumal nachdem es am 4. Juni bei Magenta geschlagen worden war. Kaum waren die fremden Truppen abgezogen und die Nachricht von den Siegen der italienischen Waffen eingetroffen, als die im Geheimen organisirte Revolution überall im päpstlichen Gebiete ausbrach. Am 12. Juni proclamirte Bologna die Dictatur Victor Emanuel's und setzte eine provisorische Regierung ein; zwei Tage darauf erhob sich Perugia und erklärte seinen Anschluß an Piemont; am 15. folgten Forli, Faenza und Imola; am 17. Ravenna und Rimini; am 18. Ancona u. s. w. In wenigen Tagen standen die sämmtlichen nördlichen Provinzen des Kirchenstaates in hellen Flammen. Cavour und sein Werkzeug, Victor Emanuel, hatten überall offen die Hand hierbei im Spiele und gaben Geld und Waffen; die revolutionären Elemente aber, trefflich organisirt, arbeiteten mit einem Eifer und mit einer Eintracht, die Staunen erregen.

In Perugia war eine provisorische Regierung eingesetzt worden, an deren Spitze drei der wüthendsten Revolutionäre standen, Guarbabassi, Faina und Berardi, alle drei Männer, welche sich bereits bei den Er= hebungen von 1831 und 1849 hervorgethan hatten. Man kann sich die schwierige Lage des Cardinals in diesen Tagen vorstellen, wo die wildesten Leidenschaften entflammt waren und der Haß gegen die weltliche Regierung des Papstthums sich nur zu vielfach zu einem Hasse gegen die Kirche und ihr Oberhaupt, gegen ihre Bischöfe und Priester erweitert hatte. Wieder= holt drängten die Räthe des Cardinals, Se. Eminenz möge die Stadt heimlich verlassen; allein heute so wenig, wie 1848 ließ er sich dazu be= wegen. Aber mit tiefstem Schmerze war er Zeuge, wie dasselbe Volk, das noch vor zwei Jahren dem Papste bei seinem Besuche in Perugia zu= gejubelt hatte, jetzt die Fahne des Aufruhrs wider ihn aufpflanzte, das päpstliche Wappen von den Thoren herunterriß und Victor Emanuel

Pius IX. vorzog, wie die Juden den Barrabas Jesu vorgezogen hatten. Jahrelang hatte der Bischof und der Cardinal gearbeitet, den Samen der Tugend auszustreuen, die verwilderten Sitten zu mildern, die Liebe zur Kirche und zum heil. Stuhle zu pflegen und zu fördern. Wie wehe mußte es ihm thun, jetzt den Garten seiner Kirche durch die entfesselten Elemente verwüsten zu sehen, die Musik und das Jubelgeschrei zu hören, mit welchem allabendlich die „Befreiung" Perugia's begangen wurde, die Regierung der Stadt in Händen von Menschen zu wissen, die das verblendete, bethörte Volk bis zum Aeußersten fortzureißen entschlossen waren! Und wie der Ausgang des Aufstandes auch sein mochte, ob der Anschluß an die Piemontesen zur vollendeten Thatsache wurde, oder ob es dem Papste gelang, noch einmal die Stadt in seine Gewalt zurückzubringen, in beiden Fällen mußte der Cardinal für seine Diöcese die traurigsten Folgen voraussehen. Die nächsten Tage nach dem 14. Juni sind wohl die schmerzlichsten im bisherigen Leben unseres heil. Vaters gewesen.

So offenkundig die Hetzereien Victor Emanuel's bei dem ganzen Auf= stande waren, so bestand doch formell noch der Frieden zwischen dem heil. Stuhle und dem Sarden, und dieser war zudem im Norden mit den Oesterreichern zu sehr beschäftigt, als daß er sofort mit einer Heeres= macht die Empörer hätte unterstützen können. Der Papst konnte daher daran denken, den Aufruhr in seinen Staaten mit Waffengewalt zu unter= drücken, und so erhielt der General Schmid den Befehl, in Eilmärschen gegen Perugia zu marschiren, um zunächst die Hauptstadt Umbriens wieder in Botmäßigkeit zu bringen.

Am 14. Juni war die Revolution ausgebrochen, am 20. stand das päpstliche Heer schon vor Perugia bei der Brücke von St. Johann. Bevor Waffengewalt angewendet wurde, sollte zunächst der Versuch gemacht werden, die Bevölkerung zur friedlichen Unterwerfung zu bewegen, und so übernahm es denn der päpstliche Staatsrath Lattanzi, ein geborener Perusiner, der während vieler Jahre in seiner Vaterstadt das Amt als Richter und Präsident des Gerichtshofes bekleidet und sich die allgemeine Achtung er= worben hatte, als Parlamentair in die Stadt zu gehen. Am Morgen des 20. Juni erschien er vor der sogenannten provisorischen Regierung, um sie zu überreden, es nicht zum Aeußersten kommen zu lassen. Wider= stand sei unnütz und werde für die Stadt von den traurigsten Folgen sein. Die Antwort lautete, Perugia werde Gewalt mit Gewalt abwehren; Alle, Männer und Frauen, Greise und Kinder, seien entschlossen, sich bis auf das Aeußerste zu vertheidigen. So mußte Lattanzi unverrichteter

Sache wieder abziehen und dem General über die Erfolglosigkeit seiner Sendung Bericht erstatten. Diesem blieb nunmehr nichts anderes übrig, als den Befehl zum Aufbruch zu geben. Uebrigens würde die provisorische Regierung, auch wenn sie gewollt hätte, eine friedliche Uebergabe nicht mehr haben bewerkstelligen können; denn im Grunde war nicht mehr sie, sondern der Pöbel Herr der Stadt. Am Abende des 19. fehlte wenig, daß das Gesindel eine allgemeine Plünderung aller Wohlhabenden vorgenommen hätte; das bischöfliche Palais wäre eines der ersten Opfer gewesen. Nur mit Mühe gelang es den Häuptern, die Masse von diesem Aeußersten zurückzuhalten.

Die Piemontesen hatten drei Officiere nach Perugia geschickt, die Vertheidigung der Stadt zu leiten; am vorhergehenden Abende waren 400 Gewehre nebst der zugehörigen Munition eingetroffen, welche der königliche Commissar Buoncompagni den Empörern zugesandt hatte.

Sobald Lattanzi die Stadt verlassen hatte, wurden die Bürger zu den Waffen gerufen, und in wenigen Stunden standen 3000 Mann unter dem Commando des piemontesischen Officiers Carlo Bruschi kampfbereit auf den verschiedenen Punkten, die zur Vertheidung besonders geeignet waren. Ein großer Theil dieser Freischärler waren Gesindel aus der Nachbarschaft, selbst aus dem Toscanischen, durch Geld und Versprechungen verlockt. Der Angriff mußte auf die Porta Romana erfolgen, und so war denn zunächst das Kloster der Benedictiner mit ihrer Kirche des heil. Petrus zu einer kleinen Festung umgewandelt worden, wozu sich die Gebäulichkeiten des Convents, wie dessen Umgebung ganz vortrefflich eigneten. Auf der Straße, die von dort in die Stadt hinaufführte, waren die Fenster mit Matratzen und Decken verhängt, hinter welchen überall Freischützen postirt waren; andere standen auf den Dächern, bereit, Ziegel und Steine auf die Soldaten zu werfen; andere warteten in den Kellern, um durch die Oeffnungen derselben auf das Militär zu feuern.

Kaum waren die päpstlichen Schweizer in Schußweite gekommen, als auch sofort der Kampf begann. Er war ein äußerst erbitterter. Als endlich nach heftigstem Widerstande das Kloster von St. Peter genommen worden war, wurde von den Rebellen Haus um Haus vertheidigt; aus den Fenstern, von den Dächern, aus den Kellern wurde auf die in zwei Reihen die Häuser entlang vorrückenden Soldaten geschossen; selbst siedendes Wasser ward auf sie ausgeschüttet. So begreift sich die Wuth der Päpstlichen, und noch weniger kann es Wunder nehmen, daß in einzelnen Fällen die Unschuldigen für die Schuldigen büßen mußten. Uebrigens bot das

Commando Alles auf, Zucht und Ordnung unter den Truppen aufrecht zu halten; bereits um halb acht Uhr Abends waren die Soldaten in die Casernen consignirt. Die Häupter der Rebellion hatten sich, wie gewöhnlich, aus dem Staube gemacht, als sie sahen, daß ihre Sache verloren war.

Die liberalen Blätter haben Zeter geschrieen über die angeblichen Greuelthaten, welche von den Päpstlichen verübt worden seien. Es galt ja, den heil. Stuhl anzuschwärzen, und da kam es auf eine Hand voll Lügen nicht an.

Der Aufstand war unterdrückt, Perugia wieder päpstlich; — mit väterlichem Herzen beeilte sich der Cardinal, die Schäden wieder herzustellen, welche der Sturm in seinem Weinberge angerichtet hatte. Durch reichliche Unterstützungen, die der Papst ihm sandte, wurde es ihm möglich, denen, welche Schaden an ihren Hab und Gut gelitten hatten, Ersatz zu bieten und für die Familien der Gefallenen und Verwundeten zu sorgen. Außerdem bot er Alles auf, den Druck der Besatzung für die Einwohner zu lindern. Am 26. Juni holte der Cardinal das Pontificalamt nebst dem Te Deum nach, das er bisher alljährlich am 21. Juni, dem Jahrestage der Krönung Pius IX., gehalten hatte, und die Betheiligung der Bevölkerung an der Feier war eine erfreuliche. Dennoch war kaum Hoffnung vorhanden, das Herz des Volkes wieder für die päpstliche Regierung zu gewinnen.

Der süße Gifttrank der Freiheit und nationalen Einheit, den es in langen Zügen getrunken, hatte schon zu tief gewirkt, und die sardinische Regierung wurde nicht müde, im Bunde mit den geheimen Gesellschaften den Geist der Erregung zu nähren. Dennoch unterließ der Cardinal es nicht, sobald er hoffen durfte, daß die etwas abgekühlte Leidenschaft das Gemüth seiner Diöcesanen wieder empfänglicher für die Stimme ihres Oberhirten gemacht haben würde, mit heiliger Beredtsamkeit sich an sein Volk zu wenden, indem er unter dem 12. Februar einen Hirtenbrief erließ, in welchem er die Gläubigen über die Bedeutung des weltlichen Besitzes der Päpste aufklärte. Geben wir aus der ungemein trefflichen Schrift wenigstens den Gedankengang und einige der schönsten Stellen wieder:

... „Reden wir nicht von den heiligen Rechten, welche seit elf Jahrhunderten der ältesten und ehrwürdigsten aller Monarchieen ihren Stempel aufgedrückt haben und mit deren Hintansetzung es keinen Königs- und Kaiserthron in Europa geben würde, der nicht in Trümmer stürzen müßte; sprechen wir nicht davon, daß es sich um einen offenbaren Raub an demjenigen Besitz handelt, mit welchem die Frömmigkeit der Gläubigen

und der Fürsten den Römischen Papst und die katholische Kirche beschenkt
haben; nicht von dem Triumphe, den die Revolution über die heiligste und
ehrwürdigste Auctorität, über den Eckstein des europäischen Staatenbundes
davon tragen würde; nicht von der schmerzlichen Demüthigung, die damit
dem gemeinsamen Vater der Gläubigen, dem Oberhirten der katholischen
Kirche, bereitet würde. Schweigen wir von der Ruchlosigkeit einer Be-
strebung, jene weltliche Macht zu stürzen, die zu aller Zeit die erhabene
Pflegerin der Wissenschaften und schönen Künste, die Quelle der Civilisation
und Bildung für alle Nationen, der Ruhm Italiens gewesen ist, das
Bollwerk, das Europa vor der Barbarei des Morgenlandes wahrte, die
Macht, die auf den wiederhergestellten Ruinen der alten Größe das christliche Rom aufbaute, der Thron, vor dem sich in ehrfurchtsvoller Huldigung
die gekrönten Stirnen der mächtigsten Monarchen beugten. Lassen wir das
Alles, und fassen wir nur die innige Beziehung in's Auge, welche die
Beraubung der weltlichen Macht der Päpste mit den Interessen der
katholischen Lehre hat, und die Folgen, welche sich daraus für unsere hochheilige Religion ergeben.

„Es ist falsch, daß irgend ein Katholik die Nothwendigkeit der weltlichen
Macht des Papstes für einen Glaubenssatz hält; allein es ist eine Wahrheit,
die sich von keinem Verständigen leugnen läßt, daß zwischen der weltlichen
Macht und dem geistlichen Primate der innigste Zusammenhang besteht, mag
man diesen nun an und für sich betrachten, oder aber mit Bezug auf die Freiheit, deren er zu seiner Bethätigung bedarf . . . . . Kann denn der lebendige
Dolmetscher des göttlichen Gesetzes und Willens unterthan sein eben jener
bürgerlichen Gewalt, welche einzig aus dem Gesetz und Willen Gottes all'
ihre Kraft und ihr Fundament hat? Soll das Haupt des Reiches Christi
einer weltlichen Macht unterworfen sein? Das irdische Heil der Nation,
zu dessen Gedeihen die Könige der Erde Ruhe, Frieden und Ordnung
aufrecht zu halten haben, ist nichts weiter, als ein Mittel, das ewige Heil
zu erreichen. Es ist daher Umkehrung aller Begriffe, daß der Hohepriester der katholischen Kirche, der römische Papst, der Untergebene eines
irdischen Herrschers sein soll.“

Brauche ich euch an einen Papst Liberius zu erinnern, der vom Kaiser
Constanz in die Verbannung geschickt wurde, weil er die Verurtheilung des
heil. Athanasius nicht unterschreiben wollte; an einen Johannes I., der
von Theodosius in den Kerker geworfen ward, weil er die arianischen
Irrlehren nicht befördern wollte; an einen Silverius, der in das Exil
wandern mußte, da er den Ketzer Anthimus in die Kirchengemeinschaft

aufzunehmen sich weigerte; an einen Martin I., der zu Rom in der Kirche des Lateran ergriffen und vom Kaiser Constanz nach Pontus verwiesen wurde, um unter den Barbaren zu sterben; an fast alle Päpste der ersten Jahrhunderte, die, um ihr Amt zu erfüllen, nichts anderes besaßen, als den Muth des Martyrthums? Aber es genügt ja, auf die Päpste unserer Tage, auf Pius VI. und VII., hinzuweisen, um zu begreifen, welche Nachtheile und welche Verwickelungen für die Kirche erwachsen, wenn der Papst nicht mehr seine volle Freiheit hat. Uebrigens wäre nicht einmal Kerker und Verbannung erforderlich, um ihm die Hände zu binden, falls er einmal Unterthan eines weltlichen Gebieters geworden wäre. Man weiß ja, wie leicht eine Regierung auch auf unmittelbare Weise den Weg der Oeffentlichkeit versperren, die Mittel freier Mittheilung entziehen, der Ausbreitung der Wahrheit Hindernisse in den Weg legen und der Lüge Thür und Thor offen halten kann.

„Der beste Beweis für die Nothwendigkeit der weltlichen Macht des heil. Stuhles liegt in dem erbitterten Kriege, den alle Feinde der Kirche gegen den Stellvertreter Christi führen, um ihm die Krone eines weltlichen Fürsten vom Haupte zu reißen. Sie glauben, wenn das Oberhaupt des Katholicismus einmal von seinem weltlichen Throne habe heruntersteigen müssen, daß dann auch der Katholicismus allmählich werde geschwächt werden, bis endlich der Tag seines vollkommenen Untergangs gekommen sei. ‚Die Abschaffung der weltlichen Macht des Papstthums‘ schrieb Mazzini 1850, ‚wird nothwendig die Befreiung der Geister von der geistlichen Auctorität zur Folge haben.‘ Und vor ihm schrieb schon Friedrich II. an Voltaire: ‚Man muß auf die Zerstörung des Kirchenstaates Bedacht nehmen; dann ist das Pallium unser und das Spiel zu Ende. Alle Mächte Europa's werden sich weigern, Jemanden als Stellvertreter Jesu Christi anzuerkennen, der einem anderen Souverän unterworfen ist, und so werden sie sich ein Jeder einen eigenen Patriarchen für ihren Staat berufen . . . . . Auf diese Weise entfernt man sich allmählich von der Einheit der Kirche, und jeder Fürst wird schließlich in seinem Reiche seine besondere Religion, wie seine besondere Sprache haben.‘

„Aber klarer noch sagt es euch die teuflische Freude, mit welcher heute die sämmtlichen Blätter der Rationalisten, Ungläubigen und Gottesleugner den Anbruch jenes Tages begrüßen, an welchem sie mit dem Sturze des weltlichen Thrones den Untergang des Katholicismus zu schauen hoffen. Die Thoren, die nach einer Erfahrung von achtzehn und einem halben Jahrhundert noch nicht die Macht jenes Felsens begreifen, an

welchem sich nach der Verheißung des Herrn noch immer die Mächte der
Hölle gebrochen haben, indem sie nichts anderes bewirkten, als die Kirche,
die der Herr auf jenem Felsen auferbaute, mit neuen Palmen und
Triumphen zu schmücken?"

„Dieser ganze wüthende und gesetzwidrige Krieg, der von allen Seiten
wider den Statthalter Christi unter falschen Vorwänden und unter der
Maske der hinterlistigsten Heuchelei in's Werk gesetzt wird, er ist im Grunde
nichts anderes, als die Fortsetzung jenes Kampfes, den die Hölle immerdar
wider die Kirche Gottes geführt hat. Die Häupter unserer Feinde haben
es offen in ihren Büchern, in ihren Zeitungen und noch klarer in ihren
geheimen Versammlungen ausgesprochen: ‚Unser wirkliches Ziel ist das
des Voltaire und der französischen Revolution: die totale Vernichtung
des Katholicismus und des Christenthums überhaupt.' Und wie hofft
man dies Ziel zu erreichen? Dadurch, daß man unaufhörlich betheuert
und versichert und die heiligsten Eide schwört, in durchaus keiner Weise
die Religion antasten oder verletzen zu wollen.".....

Im Frieden von Villafranca hatte Victor Emanuel die Lombardei
gewonnen; zu derselben Zeit hatte Garibaldi das Königreich Sicilien
für die sardinische Regierung erobert; das Großherzogthum Toscana und
die kleineren Herzogthümer im Norden waren von Piemont annectirt worden.
Neue Angriffe auf das päpstliche Gebiet waren die nothwendige Consequenz
dieser Thatsachen.

Mochte Rom selber auch nur als fernes Ziel dem Könige und
seinen Ministern vor Augen schweben*), so wurden doch alle Hebel in
Bewegung gesetzt, zunächst Umbrien und die Marken zu annectiren und,
um mit Cardinal Antonelli zu reden, Rom zu einem Haupte ohne Rumpf
zu machen.

Unterdessen waren auf den Ruf Pius IX. hin Freiwillige aus allen
Nationen herbeigeströmt, den heil. Stuhl in seinem Besitzthum zu vertheidigen; am 3. Mai 1860 leistete General Lamoricière, der neue Commandant der päpstlichen Armee, den Eid in die Hände des heil. Vaters.
Schon im October des vorhergehenden Jahres hatte der piemontesische
Gesandte bei der Curie seine Pässe erhalten und Rom verlassen. Es
wurde nun wieder die Comödie in's Werk gesetzt, daß Deputationen aus
den päpstlichen Provinzen vor dem Könige in Turin erschienen und ihn um

---

*) Vergl. d'Ideville, Victor Emmanuel, sa vie, sa mort. Paris 1878.
S. 30 und 76.

seinen Schutz anflehten; dann erfolgte am 11. August die Proclamation an das Heer: „Wir rücken in die Marken und in Umbrien ein, die bürgerliche Ordnung in jenen trostlos verkommenen Provinzen wieder herzustellen und der Bevölkerung die Freiheit zu verschaffen, ihrem Willen Ausdruck zu geben." An demselben Tage überschritten die piemontesischen Truppen die päpstliche Grenze; am 14. September standen sie vor Perugia.

Beim Anrücken derselben hatte sich der päpstliche Delegat davon gemacht und die Geschäfte einem seiner Beamten, Namens de Angelis, anvertraut, der sich nur zu schnell als Verräther entpuppte. Sobald der Cardinal sichere Mittheilung von dem bevorstehenden Angriffe der Piemontesen erhielt, ließ er noch am Abende des 13. September die Nonnen zweier Klöster vor den Thoren in die Stadt kommen und brachte sie einstweilen in anderen Conventen unter.

Das Castell war wieder nothdürftig aufgebaut worden, und die päpstliche Besatzung unter General Schmid war entschlossen, sich so lange als möglich zu vertheidigen. Die Piemontesen rückten von der entgegengesetzten Seite der Stadt ein, besetzten den Domplatz und standen also jetzt, die breite Straße des Corso vor sich, der Burg gegenüber, die sich am andern Ende der Straße erhob.

Das Rathhaus ist das letzte Gebäude am Corso nach dem Dome zu, und die Seitenfronte desselben stößt an die zurückspringende Fronte des Bischofshofes, so daß auf dem Raume zwischen beiden Gebäuden die piemontesischen Truppen gegen die Kugeln gedeckt waren, mit welchen Schmid in wohlgezielten Schüssen den Corso bestrich. In diese geschützte Stellung nun brachten die Piemontesen ihre Kanonen, luden sie und schoben sie dann auf den Corso vor, um gegen die Citadelle zu feuern. Zu gleicher Zeit schickten sie Infanterie auf das Dach und den Thurm des Rathhauses, um von dort aus gegen die Burg zu operiren. Allein die Schweizer unterhielten ein äußerst lebhaftes Feuer und vertheidigten sich unerschrocken.

Während so die Italiener vor dem bischöflichen Palaste „sich hinter die Ecke drückten", rief ein Perusiner, gegen den der Cardinal einmal seine Pflicht als Oberhirt hatte erfüllen müssen, es befänden sich auch im Bischofshofe Schweizer verborgen.

Sofort wuchs den Piemontesen der Muth, und da das Portal geschlossen war, so wurde mit Aexten der Versuch gemacht, dasselbe gewaltsam zu sprengen.

15*

Auf dieses hin öffnete der Bruder des Cardinals, Professor Joseph
Pecci, ein Fenster und rief hinunter, man solle die Zerstörung einstellen;
er werde öffnen.

Von einem Bedienten begleitet stieg er die Treppe hinab und
öffnete das Portal. Sofort setzte ihm ein Sergeant das Bajonett auf die
Brust, und vielleicht hätte er den Wehrlosen niedergestoßen, wenn nicht
der General Pallavicini ihm zu Hülfe gekommen wäre.

Dieser fragte ihn, wie viele Betten im Hause seien, und als er die
Antwort erhalten hatte, etwa ein Dutzend, wurden einige Soldaten beordert,
dieselben auf den Platz zu bringen, um daraus Barrikaden gegen die
Schweizer zu errichten. So wurden denn Matratzen und Strohsäcke aus
den Fenstern hinausgeworfen. Ein Theil der ermüdeten Soldaten aber
machte es sich in den Fauteuil's des bischöflichen Fremdenzimmers bequem;
andere zerschnitten die Betttücher, um sich davon Fußbinden zu machen;
andere endlich drangen in den Keller und holten den Wein heraus, der
nunmehr auf dem kugelsicheren Platze vor dem Bischofshofe den Angriffen
der Helden erliegen mußte.

Auch in das anstoßende Seminar waren die Soldaten gedrungen
und hatten im Zimmer des Rectors nicht nur alle brauchbare Wäsche aus
den Schränken annectirt, sondern auch eine silberne Madonnenstatuette, ja
sogar ein Paar silberne Schuhschnallen.

Unterdessen hatte der Cardinal in seinen Gemächern den General
De Sonnaz empfangen und unter Protest gegen das in seinem Hause
Geschehene den Wunsch geäußert, sich in das ruhiger gelegene Missions=
haus zurückziehen zu dürfen, da die Soldaten auch sein Nachtlager zum
Fenster hinausgeworfen hatten. Der General bat wegen des Geschehenen
um Entschuldigung und versprach Schadenersatz; weiterhin gestattete er
dem Cardinal nicht nur, in das Missionshaus überzusiedeln, sondern
beorderte auch eine Wache von zwei Soldaten an das Thor des Klosters,
um Se. Eminenz vor jeder Ungebühr sicher zu stellen.

Da den Schweizern endlich die Munition ausgegangen war, so hatten
sie sich genöthigt gesehen, zu capituliren, und so war am Abende des
14. September Perugia in den Händen der Piemontesen.

Als die Nacht einbrach, bot der Platz vor dem bischöflichen Palais
ein widerwärtiges Schauspiel dar. Die Soldaten, ausruhend auf ihren
Lorbeeren, lagen auf den Matratzen und Strohsäcken umher, und zechten
mit den Bürgern und mit Weibern, bis sie berauscht in Schlaf fielen.
— Spät am Abende kam ein piemontesischer Officier, ein früherer Schüler

des Professors, zu diesem in das Missionhaus und erbot sich, die Betten in das Palais zurückzuschaffen. Dieselben waren jedoch in einem Zustande, daß selbst der Officier sich schämte, sie wieder in den Bischofshof tragen zu lassen.

Beim Einmarsche der Piemontesen war in der Nähe des Domes und, wie es schien, aus dem Fenster einer Sacristei, ein Schuß gefallen, der den an der Spitze der Truppen marschirenden Tambour = Major niederstreckte. Der Verdacht fiel auf den Pfarrer der betreffenden Kirche, einen eifrigen Priester, der durch seine Predigten wider die revolutionären Bestrebungen und durch die Rüge, die er einem Manne von allgemein bekannt unsittlichem Wandel hatte zu Theil werden lassen, die Rache seiner Feinde auf sich gezogen hatte. Er wurde ergriffen, vor ein Kriegs= gericht gestellt und mit vier gegen drei Stimmen zum Tode verurtheilt. Sobald der Cardinal hiervon Kunde erhielt, eilte er zum General und bot Alles auf, den Unglücklichen zu retten, da er ihn als einen durchaus friedfertigen, eher furchtsamen Mann kannte, der mit den Waffen gar nicht umzugehen wußte. Umsonst; das höchste, was er erwirken konnte, war ein Aufschub der Vollstreckung des Todesurtheils um zwölf Stunden. Es wäre nun wohl noch Zeit gewesen, sich telegraphisch an den König um Begnadigung zu wenden; allein jener Tambour=Major stand, wie es hieß, in sehr naher verwandtschaftlicher Beziehung zu demselben und so wäre jeder Versuch, den Unglücklichen zu retten, vergeblich gewesen. Am folgenden Tage wurde der Priester auf dem Platze vor der Citadelle er= schossen; mit christlicher Standhaftigkeit, auf seinem Todesgange laut die Bußpsalmen betend, schritt er in Mitte der Soldaten zur Richtstätte.

Glücklicher war der Cardinal in einer anderen Beziehung. Es konnte nicht zweifelhaft sein, daß die beiden Klöster vor den Thoren, aus welchen er Tags vorher die Nonnen in die Stadt überführt hatte, sofort als herrenloses Eigenthum in Beschlag genommen werden würden, wenn die Schwestern nicht alsbald wieder in dieselben einzögen. Er erwirkte noch am Abende der Occupation von dem commandirenden General für dieselben die Erlaubniß der Rückkehr, und während die Stadt durch Illumination und Trinkgelage ihre Annexion an Piemont feierte, wurden die Nonnen verkleidet mitten durch die Volksmassen zum Thore hinaus= geführt. Die Maskirung mag keine ganz gelungene gewesen sein; die Schwestern hörten die Worte: „Schaut, das sind päpstliche Soldaten in Weiberröcken, die sich davon machen." Allein in seiner Freude ist der Italiener zu gutmüthig, als daß er sich an einem Wehrlosen vergriffe, und so gelangten die Nonnen wohlbehalten wieder in ihre Klöster. In der ganzen Affaire hatte sich der Pfarrer Romitelli besonders verdient gemacht.

Wir sind hiermit an das Ende der ersten Periode der bischöflichen Wirksamkeit Pecci's in Perugia gelangt. Dreizehn Jahre waren verflossen, seitdem er seinen feierlichen Einzug gehalten hatte; Vieles hatte er in dieser Zeit durchlebt, viel Freudiges und noch mehr Betrübendes und Schmerzliches! Mit welchem Gefühl mag der Cardinal am Abende jenes 14. September auf die verflossenen Jahre zurückgeschaut haben!

Vierter Theil.

Von der Occupation Perugia's

bis zur

Erhebung Pecci's auf den Stuhl Petri.

(1860—1878).

Erstes Kapitel.

Gleichzeitige Geschichte von 1860 bis 1878.

Die Epoche von 1860 bis auf unsere Tage, obschon nur ein halbes Menschenalter umfassend, ist doch ungewöhnlich reich an Ereignissen auf kirchlichem, wie auf politischem Gebiete; dabei ist es das Eigenthümliche der politischen Ereignisse in Europa, daß sie fast jedesmal von weittragender Bedeutung für die Kirche und den heil. Stuhl waren oder wurden. Wir werden die Aufgabe, die Stellung und Wirksamkeit des dereinstigen Papstes Leo XIII. nicht zu würdigen im Stande sein, wenn wir nicht die Ereignisse und den Charakter der jüngsten Periode, die seiner Erhebung vorausging, uns gegenwärtig halten.

Cavour erlebte die Vollendung des unseligen Werkes nicht, für das er Talent und Gewissen eingesetzt hatte; er starb am 6. Juni 1861. Aber andere, obgleich weniger fähige Hände führten die Arbeit fort, um auf und aus den Trümmern der zu Recht bestehenden Regierungen eine einzige aufzubauen und dem Winkelkönig von Piemont die Krone von ganz Italien auf den Kopf zu drücken. Mit der Eroberung des Königsreichs Neapel, der päpstlichen Provinzen und der angrenzenden Fürstenthümer war das Werk schon nahezu vollendet; am 17. März 1861 hatte Victor Emanuel sich den Titel „König von Italien" beigelegt; im folgenden Jahre siedelte die Regierung von Turin nach Florenz über: es war die Etappe auf dem Wege nach Rom. Ungern folgte der König seinem Minister in die neue Residenz: „Es behagt mir hier gar nicht", sagte er in übelster Laune zum Herzog von Bassano, der ihn dort im Palast Pitti besuchte; Alles mißfällt mir hier. Da sind's zuerst diese Gemächer, in denen bisher der Großherzog wohnte, mein Vetter. Dann fühle ich auch, daß ich mich nicht an die Florentiner gewöhnen werde, und sie sich nicht an mich .... Ich bin König von Italien, ja; allein wer garantirt für die Zukunft?"*) Was das letztere betrifft, so ging die Sache schneller und leichter, als Victor Emanuel und selbst Cavour geahnt hatten, und das begreift sich ohne Mühe. Der König hatte bisher so getreulich Handlangerdienste in Bekämpfung der Kirche und des heil. Stuhles geleistet, und der in Aussicht genommene Untergang der weltlichen Herrschaft des Papstthums schien den Feinden der Kirche ein so wuchtiger und vernichtender Keulenschlag gegen diese selbst, daß Alles, was zu den Gegnern Roms zählte, gekrönte Häupter, geheime Gesellschaften und der gesammte Protestantismus, mit dem Könige von Italien verbündet war, oder richtiger gesagt, ihn als Schildknappen in Dienst nahm.

Wohl empfing Pius IX. am 9. Juni 1863 eine von Wiseman entworfene, von 25 Cardinälen und 244 Bischöfen unterschriebene Adresse, in welcher die weltliche Herrschaft des Papstthums unter den gegenwärtigen Verhältnissen als eine Nothwendigkeit für die Unabhängigkeit des heil. Stuhles erklärt wurde. Allein Napoleon und Victor Emanuel antworteten auf diese Erklärung mit der berüchtigten September-Convention (15. Septbr. 1863), wonach Frankreich allmählich seine Truppen aus dem päpstlichen Gebiete zurückzuziehen verhieß, Italien aber die Garantie übernahm, daß in der Folge kein Angriff mehr auf das päpstliche Gebiet statthaben solle.

Der Bruderkrieg zwischen Preußen und Oesterreich 1866 brachte den Italienern trotz Custozza und Lissa die neue Provinz Venedig, und so war von den Alpen bis zum Vorgebirge Passero die ganze Halbinsel unter dem Einen Scepter vereinigt — mit Ausnahme jener Stadt, welche ihrer Geschichte und Bedeutung, sowie dem Verlangen der Italiener nach durchaus die Hauptstadt des neuen Reiches sein mußte. Der Fall Roms konnte nur eine Frage der Zeit sein; das Schicksal der weltlichen Herrschaft des heil. Stuhles war entschieden. Das Machtgebot Napoleons und die Diplomatik Antonelli's vermochten vielleicht den entscheidenden Tag zu verzögern, nicht abzuwehren.

---

*) Conte d'Ideville, Victor Emmanuel, sa vie, sa mort; pag. 44.

Der Abzug der französischen Besatzung, der Einfall der Garibaldianer und die Rückkehr des französischen Hülfscorps, mit dessen Unterstützung die Päpstlichen bei Mentana noch einmal das Verhängniß abwendeten, das Alles war im Grunde nur ein grausames Spiel, das Wolf und Fuchs mit ihrem Opfer trieben, bevor es zerrissen wurde.

Wenn Italien den Krieg zwischen Preußen und Oesterreich benutzt hatte, um Venetien zu gewinnen, so hatte es dabei noch mit einer gewissen Ehrlichkeit verfahren. Daß es Napoleon, dem es so viel verdankte, im Stiche ließ und die Ohnmacht Frankreichs ausbeutete, um den letzten Schlag wider Rom zu thun, war eine Perfidie.

Im Jahre 1859 sagte Victor Emanuel zu dem abreisenden französischen Gesandten de la Tour d'Auvergne: „Sollte es sich je darum handeln, nach Rom zu gehen, so schwöre ich Ihnen, daß ich diesen Versuch meinem Sohne Humbert überlasse. Um keinen Preis der Welt möchte ich selber einen Fuß dorthin setzen." *) Im folgenden Jahre äußerte sich Cavour also: „Gott behüte uns, daß wir nicht sobald nach Rom gehen! In fünfzig, in hundert Jahren werden wir vielleicht stark und einig genug sein, dorthin zu gelangen." **) Der König und seine Minister bedachten bei jenen Worten nicht, daß nicht sie es waren, welche die Politik machten, sondern daß andere Hände den Commandostab führten, dem sie selbst wider Willen folgen mußten.

Am 20. September 1870 wurde Rom, der Schlußstein, in den Bau des italienischen Einheitsstaates eingefügt; es geschah unter den Thränen des Papstes und dem Protest des katholischen Erdkreises. Erst ein Vierteljahr später wagte Victor Emanuel auf einige Stunden Rom zu betreten. Hätte damals und in der Folge, wenn er zu vorübergehendem Aufenthalte nach Rom kam, der Herzog von Bassano ihn im Quirinal besucht, mit wie viel Recht und wie ganz aus dem Herzen hätte der König ihm die Worte wiederholen können, die er einst im Palast Pitti zu Florenz an ihn richtete: „Es behagt mir hier gar nicht; Alles mißfällt mir hier. Da sind's zuerst diese Gemächer, in denen bisher die Päpste wohnten. Dann fühle ich auch, daß ich und mein Geschlecht uns nicht an die Römer gewöhnen werden, und sie sich nicht an uns. Ich bin König von Rom, ja; allein wer garantirt für die Zukunft?"

---

*) d'Ideville, Victor Emmanuel, pag. 76.
**) d'Ideville, pag. 29.

In Rom folgten nun dieselben Gewaltthätigkeiten, unter welchen in den alten Provinzen die Kirche ausgeraubt worden war; der Gesetzes= vorschlag des Ministers Mancini, „wider die Ausschreitungen des Clerus" hätte 1877 der kirchenfeindlichen Arbeit die Krone aufgesetzt, wenn nicht schließlich Victor Emanuel auf Bitten seiner Tochter, der Princessin Clo= tilde, diesem äußersten Acte der religiösen Knechtung seine Sanction ver= sagt hätte. — Es ist eine in der Geschichte des Papstthums häufig wiederkehrende Erscheinung, daß zu derselben Zeit, wo seine materielle und politische Stellung die bedauernswertheste von der Welt war, wo der heil. Stuhl von aller Hülfe verlassen und von feindlichen Heerschaaren rings um= geben, der Papst selbst flüchtig oder gefangen war, daß gerade dann seine geistige Macht die glänzendsten Triumphe feierte und der Erdkreis sich in Hingebung und in liebevollster Begeisterung sich vor demjenigen beugte, der auch in Demüthigung und Beraubung der Statthalter Gottes auf Erden blieb. Dieselbe Erscheinung begegnet uns in der eben geschilderten Periode. Man muß auf beiden Augen blind sein, um nicht die Hand der Vorsehung zu erkennen, die gerade in dieser Zeit sich in sichtbarer Weise in der Leitung der Kirche und ihrer Geschicke offenbart hat.

Auf das Pfingstfest von 1862 mit seiner Heiligsprechungsfeier, zu der außer einer großen Anzahl von Cardinälen 5 Patriarchen, 50 Erzbischöfe und 186 Bischöfe in Rom erschienen waren, folgte der Erlaß des Syllabus am 8. December 1864 und das Centenarium der Apostelfürsten vom 29. Juni 1867, bei welchem 450 Bischöfe Pius IX. in der Basilika von St. Peter um= gaben und der erhabene Dom von 20,000 Kerzen und 600 Lampen beleuchtet war; die Secundiz des heil. Vaters am 11. April 1869 wurde in Rom und in der ganzen katholischen Welt mit einem Glanze begangen, wie nie der Festtag eines Menschen; die Eröffnung des vatikanischen Concils am 8. December desselben Jahres sah an 800 Kirchenfürsten mit Pius ihren Einzug in St. Peter halten; die Proclamation der päpstlichen Unfehlbarkeit in Sachen des Glaubens und der Sittenlehre erfolgte am 18. Juli 1870; dann kam das Papstjubiläum im Jahre 1872, das Jubeljahr von 1875 und das fünfzigjährige Bischofsjubiläum vom 3. Juni 1877; und so folgten einander fast Jahr auf Jahr große und bedeutungsvolle Ereig= nisse im Leben des greisen Hohenpriesters, der, tausendmal todt gesagt, in jugendkräftigem Wirken Freund und Feind in Erstaunen setzte. Betrachten wir dann weiter hin die Schaaren tapferster und edelster Jünglinge, die aus allen Ländern zur Vertheidigung des heil. Stuhles nach Rom strömten;

die reichen Opfergaben, die in frommem Wetteifer von König und Knecht dem Papste dargebracht wurden; die Weltausstellung kirchlicher Kunst in Rom; die immer großartiger sich gestaltenden Pilgerzüge aus Italien, Frankreich, Deutschland, Spanien und selbst aus Amerika; die Festgeschenke, zu deren Aufstellung die größte Halle des Vatican nicht Raum genug bot; endlich die Gründung zahlreicher neuer Bisthümer, die Wiederherstellung der Hierarchie in den verschiedenen Ländern, das Aufblühen der mannichfaltigsten Ordenscorporationen, die unerschütterliche Treue des katholischen Deutschlands zu seinem unfehlbaren Papste trotz ärgster Bedrängniß und Vergewaltigung; — welch ein Reichthum von Thatsachen, welche uns das Papstthum unserer Tage in einer Glorie und Herrlichkeit zeigen, wie die Geschichte der Kirche sie noch nie gesehen hat, welche uns einen Triumph des Katholicismus vor Augen führen, der an idealer Großartigkeit selbst denjenigen übertrifft, den das Kreuz in den Tagen Constantins feierte! —

Die Welt brüstet sich heute mit ihrer Humanität; — sie vergißt, wie die letzten 15 Jahre in blutigsten Kriegen Berge von Leichen und Verstümmelten aufgethürmt haben. Der nordamerikanische Bürgerkrieg, der Polenaufstand, der preußisch=österreichische, der deutsch=französische, der russisch=türkische Krieg, sie haben die Erde mit Strömen von Blut begossen und unendliches Weh und Elend über weite Länderstrecken gebracht. Wie viel wird auf die Bildung und die Fortschritte der Gegenwart gepocht! Und doch ist die Irreligiösität, und die Unkenntniß in der Wissenschaft aller Wissenschaften, und die sittliche Versumpfung nie so groß gewesen; unsere Zeit hat die pariser Petroleurs und die berliner Königsmörder groß gezogen und in der Socialdemokratie und im Nihilismus die Hand an alle staatliche und gesellschaftliche Ordnung gelegt; niemals ist dem Rechtsbewußtsein in den Beziehungen der Staaten zu einander mit so vielen Faustschlägen ins Gesicht geschlagen worden, als in der Politik unsrer Tage. Man redet immer von Freiheit und Menschenrechten, und im Namen der Freiheit und der Menschenrechte wirft Italien die Ordensleute aus ihren Klöstern, Schulen und Krankenhäusern auf die Straße; jagt Deutschland diejenigen in die Verbannung, welche es kurz vorher mit Ehrenkränzen und Medaillen geschmückt hatte; tyrannisirt in Frankreich und Belgien ein Haufe von Liberalen das Volk mit unerträglicher Knechtschaft; bringt in Preußen und Oestreich der Gründungsschwindel in systematischer Aussaugung Tausende an den Bettelstab; setzen die Hebräer ihren Fuß auf den Nacken der Fürsten und der Völker.

Das einzige, worauf wir in der Gegenwart noch mit Stolz und Freude hinschauen können, das ist die katholische Kirche, mit der Ewigkeit ihrer Principien, mit der unwandelbaren Sicherheit ihrer Lehren und Verheißungen, mit der enggeschlossenen Einheit einer Welt um Episcopat und Papstthum in Glaube und Opfergeist, mit der unendlichen Fülle von Heil und Trost und Segen, den die Millionen und Millionen aus dem unerschöpflichen Schatze der Kirche schöpfen. —

Ruhig webt die Geschichte Tag um Tag an dem Gespinnst weiter, welches die Geschicke der Völker und der Menschheit darstellt; sie mag dann und wann das Schifflein rascher von einer Hand in die andere fliegen lassen; allein sie überstürzt sich nicht in ihrer Arbeit: Alles folgt in naturgemäßer Entwickelung auf einander. Was die heute verflossene Epoche gebracht hat, das ist die Vorbedingung für die Folgezeit. — Aber zuweilen legt die sinnige Weberin neue Fäden, neue Farben ein, welche alsbald die gespannte Aufmerksamkeit der Welt in Anspruch nehmen; es treten Männer auf den Schauplatz, die von ihrem ersten Erscheinen an uns ahnen lassen, daß um sie die Ereignisse der nächsten Zukunft sich gruppiren werden. So war der verstorbene Papst, — so ist Leo XIII. Heute ist das Bild Pius IX. in dem Gewebe der Geschichte vollendet: wie wunderbar groß steht es vor unseren Augen da; wie herrlich glänzend hebt es sich ab auf dem dunklen Hintergrunde von Verfolgung und Verläumbung, von Haß und Verrath! Wer die Geschichte Pius IX., zumal in der zweiten Hälfte seines Pontificates schreibt, der schreibt die Geschichte der gesammten betreffenden Zeit; denn es giebt kaum ein irgend wichtiges Ereigniß in dieser Periode ohne Berührung und Beziehung zu ihm.

Damit hat er seinem Nachfolger den Apostolischen Stuhl und die Kirche unter Verhältnissen und in einer Stellung hinterlassen, die, so anormal sie auf der einen Seite sind, auf der andern Seite einem Papste von groß angelegtem Charakter, einem Papste von Geist und Thatkraft ein Brachfeld zu segensreichster Thätigkeit eröffnen, wie es selten einem Oberhaupte der Kirche vorbereitet gewesen ist. So war es schwer, und auch wiederum leicht, der Nachfolger Pius IX. zu sein: es kam Alles auf die Persönlichkeit an.

Fünfzig Jahre aus dem Leben des dereinstigen Papstes haben wir an uns vorüberziehen lassen; noch bleiben ihm 17 weitere Jahre der Vorbereitung, bis er das Erbe seines Vorgängers antreten soll. Wir haben ihn bisher als einen Menschen von ganz ungewöhnlicher Begabung, als einen Beamten von bewunderungswürdiger Thätigkeit und Umsicht, als

einen Priester von untadelhaftestem Lebenswandel, als einen Bischof von un=
ermüdlichem Seeleneifer, als einen Cardinal von fürstlichem Charakter kennen
gelernt. Die folgenden Blätter werden das Bild vervollständigen, um uns
zum Voraus die Beantwortung der Frage zu ermöglichen: Ist Joachim
Pecci der Mann, von dessen Pontifikat wir für den Stuhl Petri neue
Glorie, für die Kirche neue Verherrlichung hoffen dürfen? Wird das Bild,
das, die Geschichte dereinst von seinem Pontifikate entwerfen wird, wenn
auch in anderer Weise, so doch ähnlich großartig sein, wie das Pius IX.
vor unseren Augen dasteht?

Zweites Kapitel.

Der Cardinal und die neuen Herren.

Vierzehn Jahre lang hatte unser heil. Vater als Bischof
die Diöcese von Perugia geleitet, als die Piemontesen
Umbrien occupirten. Es waren Jahre mühevoller Arbeit
und mannichfaltigster Sorgen gewesen. Das Wort des
Psalmisten war auch an ihm wahr geworden: „Sie wan=
delten umher in Thränen, als sie ihren Samen ausstreuten";
aber das andere Wort des Psalmisten: „Sie werden kommen in Froh=
locken, heimtragend ihre Garben", das hatte er bisher an sich wenig er=
füllt gesehen. Wilde Stürme, die Fluthen politischer Leidenschaften waren
über seinen Acker dahingebraust und hatten mehr als einmal die Arbeit
und die Hoffnungen des Säemanns zerstört.

Und jetzt?

Widerrechtlich, mit Gewalt und Hinterlist hatten die Piemontesen sich
in den Besitz der kirchlichen Provinz von Umbrien gesetzt; der Cardinal
von Perugia war Unterthan des Königs Victor Emanuel geworden;
die kirchenfeindlichen Gesetze, welche im Königreiche bestanden, fanden sofort
auch ihre Einführung in den eroberten Districten. Als Fürst der Kirche
mußte der Cardinal diese Wendung mit tiefstem Schmerze empfinden;

als Oberhirt mußte er daraus die empfindlichsten und verderblichsten Nach=
theile für seine Heerde voraussehen; seiner selbst warteten fortan, das
konnte ihm nicht verborgen bleiben, neue Kämpfe und Widerwärtigkeiten
und die mannichfaltigsten Schwierigkeiten in der Erfüllung seines heiligen
Amtes.

Die Kirche feierte am 14. September, dem Tage, wo die Piemon=
tesen in Perugia einrückten, das Fest Kreuzerhöhung. Mit welchen Ge=
fühlen mag der Cardinal, während von der Straße her der tolle Jubel
und Lärm eines von seinen Leidenschaften bethörten und berauschten Volkes
an sein Ohr drang, sein Brevier gebetet haben, das an dem heutigen
Tage so merkwürdig reiche Beziehungen zu der augenblicklichen Lage bot!
In den ersten Lesungen der Metten wird die Empörung der Juden in
der Wüste gegen Gott und seinen Diener Moses erzählt: es ekelte sie
die Speise an, die der Herr ihnen gesandt hatte, und sie verlangten nach
den Fleischtöpfen Aegyptens. Da sandte Jehovah feurige Schlangen unter
sie, durch deren Biß die Einen getödtet, die Andern verwundet wurden. —
In der dritten Lesung kommt die Stelle vor: „Den ganzen Tag hast
Du Deine Arme ausgebreitet zu dem ungläubigen Volke, das Dir wider=
spricht." — Eine andere Stelle lautet: „Die Frucht des Baumes — des
Freiheitsbaumes — hat uns verführt; der Sohn Gottes hat uns erlöst;
hilf uns, Christus, durch die Macht des Kreuzes!" — Der Eingang zur
heil. Messe beginnt mit den Worten des Apostels: „Wir müssen uns
rühmen im Kreuze unseres Herrn Jesus Christus, in welchem Heil, Leben
und Auferstehung für uns beruht," und daran schließt sich die Bitte:
„Der Herr erbarme sich über uns und segne uns, und erleuchte sein
Antlitz über uns und erbarme sich unser!" — Im Evangelium des Tages
kommen die Worte zur Lesung: „Das Licht ist nur noch wenig unter
euch .... möge die Finsterniß euch nicht überfallen! Wer in der Finsterniß
wandelt, weiß nicht, wohin er geht." — Welch' reichen Stoff zur Betrach=
tung boten diese und andere Stellen des heil. Officiums dem Cardinal
dar! Seine schmerzliche Empfindung, seine bekümmerte Sorge um sein
Volk, seine Bereitwilligkeit zu Kreuz und Kampf, seine Gebete für seine
Diöcese fanden in jedem Worte Ausdruck zugleich und Wiederhall.

Die neue Epoche in seiner oberhirtlichen Wirksamkeit fing mit dem
Tage der Kreuzerhöhung an und erhielt so gewissermaßen prophetisch das
Siegel aufgeprägt. Allein der Cardinal war erst fünfzig Jahre, in der
vollen Rüstigkeit des Mannesalters, von freudigstem Eifer für sein heil.
Amt, von unerschütterlicher Zuversicht auf den Herrn durchdrungen: so

Die Unglücksjahre in Perugia. Bischof Pecci als Almosenspender.

schreckte er vor Widerwärtigkeiten und Kämpfen nicht zurück. Als am nächstfolgenden Neujahrsfeste das Capitel und der Clerus kam, ihm Glück zu wünschen, sprach er zu ihnen von der Nothwendigkeit des festen Vertrauens und der unbegrenzten Hoffnung auf Gott, und ermuthigte und ermunterte sie, indem er ihnen passende Sprüche der heil. Schrift vor Augen hielt. „Wenn dies felsenfeste Vertrauen auf den Herrn", sagte er, „uns Bischöfe nicht aufrecht erhielte, wie würden wir, wie würde der heil. Vater in dieser traurigen Zeit Kraft und Muth behalten können! Warten wir ab in Geduld, bis der Herr uns Rettung sendet: Bonum est praestolari cum silentio salutare Dei nostri."

Die italienische Regierung beeilte sich, die eben erworbenen Provinzen sofort mit einer wahren Fluth neuer Kirchengesetze und Verordnungen zu überschütten. Schlag auf Schlag folgten königliche Decrete unter andern am 20., 25., 26., 28. und 29. September, am 21., 24., 28., 29. und 31. October, am 9., 10., 13. und 30. November u. s. w.; alle diese Verfügungen aber enthielten die schreiendsten Verletzungen kirchlicher Rechte, die gleichsam mit Einem Federstrich annullirt werden sollten. So verstand die sardinische Regierung die feierliche Erklärung, mit welcher sie in das päpstliche Gebiet eingefallen war, „die Principien der moralischen Ordnung in Italien wieder herstellen zu wollen." *)

Mit der neuen Regierung waren sofort in allen Zweigen der Verwaltung neue Beamten und selbstverständlich nur solche gekommen, „die sich um das Vaterland verdient gemacht hatten", Liberale vom reinsten Wasser, die das Heil Italiens in der möglichsten Vernichtung des Einflusses erblickten, welchen die Religion auf die Menschen ausübt. Vorläufig trat an die Spitze der Provinz ein königlicher Commissar in der Person eines Mannes, des Marchesen Pepoli, dem die kirchenfeindlichen Gesetze des Königreichs und die Verfügungen der Regierung noch lange nicht scharf genug waren und der mit dictatorischer Willkür überall auf

---

*) In seinem Berichte an den heil. Stuhl zählt der Cardinal alle jene kirchenfeindlichen Verordnungen der Reihe nach auf, indem er die Darlegung mit folgenden Worten einleitet: Welch' bittrer Schmerz lastet auf meiner Brust angesichts der fluchwürdigen Heuchelei, der blutigen Wunden, der schmerzlichen Klagen und der heißen Thränen unsrer heil. Kirche in diesen jammervollen Zeiten, in welchen Satan zügellos allenthalben sich seiner Bosheit hingeben darf! — Sobald die savoysche Regierung in der allbekannten Weise sich dieser päpstlichen Provinzen bemächtigt hatte, erklärte sie einige Tage nachher der kirchlichen Autorität den ingrimmigsten Krieg, indem sie kein Bedenken trug, die Hand weltlicher Gewalt an das Heiligthum zu legen und ihrer Willkür und ihrem Machtgebot alles Göttliche unterzuordnen. (Relatio ad Limina).

das schroffste gegen alles Kirchliche vorging. Die Beamten, welche ihm zur Seite standen, leisteten ihm dabei folgsamste Hülfe, und die mächtige liberale Partei unter der Bevölkerung zollte seinen Maßnahmen unbegrenzten Beifall.

So ist denn, zumal in der ersten Zeit, mit einer Gehässigkeit und Böswilligkeit gegen die Kirche vorgegangen worden, die den Carbinal auf das empfinblichste schmerzen mußte. Den Dominicanern wurde befohlen, binnen 24 Stunden ihren Convent zu verlassen; den armen Patres blieb nichts, als das nackte Leben. Auf beliebige Anzeige hin wurden mitten in der Nacht Haussuchungen bei Geistlichen gehalten, und ließ sich irgendwie eine Anklage gegen sie formiren, so wurden sie bei offenem Tage ergriffen und in das Gefängniß geführt, oder zu Fuß von Ort zu Ort in andere Gefängnisse transportirt, wobei dem Pöbel freieste Hand gelassen wurde, sie zu verhöhnen.

Es konnte nicht ausbleiben, daß gegen solche unerhörte Willkürherrschaft der Episcopat von Umbrien, den Carbinal von Perugia an seiner Spitze, auf das ernstlichste und entschiedenste seine Stimme erhob, theils in gesondertem Proteste, theils in gemeinsamen Eingaben. So reichten im December 1860 die 13 Bischöfe der Provinz beim königlichen Commissar eine mit kühnem Freimuth abgefaßte Erklärung ein, in welcher sie auf das entschiedenste gegen Decrete protestirten, welche nichts anderes bezweckten, „als die Kirche zur Dienerin des Staates zu machen und ihre göttliche Aufgabe den niederen Rücksichten einer weltlichen Politik zu unterwerfen." Mit bitterer Ironie wird darauf hingewiesen, daß diese Gesetze erlassen worden seien im Namen einer Regierung, welche „die Römisch-katholische, Apostolische Religion als die einzige vom Staate anerkannte Religion" erklärt und dies als ihr Fundamentalgesetz aufgestellt habe. Für Alle proclamire man politische Freiheit; allein Niemand gewähre man sie in kärglicherem Maße, als der Kirche Gottes. Im besonderen unterließ der Carbinal von Perugia es nie, so oft eine Gesetzwidrigkeit zumal seinem Clerus gegenüber vorlag, auf das ernstlichste bei der zuständigen Behörde zu remonstriren, die Verstöße gegen die Gesetze zu brandmarken und Remebur zu fordern. Seine eignen juridischen Kenntnisse, wie die des nachmaligen Weihbischofs Lorenzi, der gleich gründlich in weltlichen, wie in kirchlichen Rechten erfahren war, ermöglichten es ihm, sofort und schlagend den Finger auf jeden von den Beamten verletzten Paragraphen des Gesetzes zu legen.

Die neuen Herren wußten gar wohl, wem sie in dem Carbinal Pecci gegenüber standen. Von seiner Gesinnung hatte er nie Hehl gemacht; sein Hirtenbrief über die weltliche Macht des heil. Stuhles war noch in frischem Andenken; die Katholiken liebten, die Liberalen fürchteten und achteten ihn. Man hat es den Cardinal auf das schmerzlichste fühlen lassen, daß jetzt ein anderes Regiment an die Stelle des päpstlichen getreten sei. — Allein gerade darin zeigte sich seine Ueberlegenheit und geistige Größe, daß die Beamten, welche Anfangs die Aufgabe zu haben schienen, ihm überall Schwierigkeiten zu machen, in kurzer Zeit nicht nur von Bewunderung gegen ihn erfüllt wurden, sondern daß der Cardinal bald in allen jenen Kreisen einen Respect genoß, wie kein anderer Bischof. Die hohe, hagere Gestalt mit den scharf geschnittenen Zügen, mit der bedächtigen, markigen Sprache, der Ruf seiner classischen Bildung, seine gründlichen Kenntnisse auch im bürgerlichen Rechte, die freimüthige Sprache, mit der er, wie wir bald sehen werden, selbst an den König Victor Emanuel appellirte, die ruhige Bedachtsamkeit seines Charakters, die keiner Uebereilung fähig war und die im rechten Moment immer das rechte Wort und die rechte That zu finden wußte, dazu die Makellosigkeit seines Wandels, die Einfachheit seiner Lebensweise, die großartigen und mannichfachen Institute, zumal des Unterrichtes und der Erziehung, die er in Perugia ins Leben gerufen, die Tüchtigkeit des Clerus, den er sich herangebildet hatte, ... das Alles imponirte jenen Leuten. Sie sahen sich einem Manne, einem Kirchenfürsten gegenüber, auf den das Maß eines gewöhnlichen Menschen nicht paßte, an dessen Höhe sie nicht hinanreichen konnten. — Daher die Thatsache, welche selbst im Ministerium bekannt war, daß die Beamten, vom Bürgermeister bis hinauf zum Regierungspräsidenten, eine unüberwindliche Scheu vor ihm hatten und daß seit dem Tage der Occupation keiner derselben den Muth in sich fand, den Pallast des Cardinals zu betreten. Kam ein neuer Regierungspräsident nach Perugia, oder wechselte das Commando der Garnison, so beobachtete der Cardinal insofern die Regeln der Höflichkeit, daß er den Herren seine Visitenkarte zusandte; besucht hat er keinen von ihnen. Sie hinwiederum hatten nicht die Kühnheit, ihm Auge in Auge gegenüber zu treten; aber sie alle achteten ihn als einen Gegner, mit dem man gern jeder unnöthigen Collision ausweicht. — Einige besondere Züge mögen im Näheren die Stellung des Cardinals charakterisiren.

Es liegt in der Natur des Soldaten, Charakterfestigkeit, unerschrockenen Muth, Pflichttreue und Entschiedenheit auch beim Feinde zu ehren, und so ist denn auch Sr. Eminenz von Seiten des Militärs von Anfang an die meiste Noblesse entgegen gebracht worden. Einst lag ein Militärpfarrer auf den Tod erkrankt im Lazareth; sobald Pecci es erfuhr, schrieb er dem Commandanten einen Brief, in welchem er den Wunsch äußerte, den Sterbenden besuchen zu dürfen. Die Antwort lautete in den verbind= lichsten Ausdrücken, Sr. Eminenz stehe zu jeder Zeit der Zutritt in das Lazareth offen; als er kam, traten auf die empfangene Weisung hin die Soldaten ins Gewehr; die anwesenden Officiere salutirten, ohne daß sie sich erlaubt hätten, die Eminenz anzureden. Der Cardinal aber tröstete den Sterbenden, richtete dann einige Worte an die übrigen Kranken und spendete Allen seinen oberhirtlichen Segen.

An einem hohen Feste wohnten zwei piemontesische Officiere dem Pontificalamte bei, welches der Cardinal im Dome celebrirte. Die un= gemein edle Würde und die hohe Andacht, mit welcher derselbe die heil. Function vornahm, machte auf die beiden Männer den lebhaftesten Ein= druck. Als die Feier vorüber war, erschienen sie im bischöflichen Palaste und stellten an den Secretair des Cardinals die Bitte, bei Sr. Eminenz beichten zu dürfen, indem sie offen erklärten, sie seien zu diesem Wunsche durch die ergreifende Andacht getrieben, mit welcher derselbe das heil. Opfer dargebracht habe. Der Secretair meldete es dem Cardinal, und dieser antwortete: „Mögen die Herren nur die Stunde angeben, welche ihnen gelegen ist; ich werde sie dann in der Capelle erwarten."

Drei Geistliche seiner Diöcese hatten sich verleiten lassen, ein von dem unglückseligen Passaglia entworfene Erklärung gegen die weltliche Herrschaft des Papstes zu unterschreiben; der Cardinal erfuhr es und verhängte unnachsichtlich die Suspension über dieselben, indem er ihnen das Messelesen und jede priesterliche Amtsthätigkeit verbot. Statt in sich zu gehen, wandten jene drei sich an das weltliche Gericht, und der Staats= procurator Manfredi ergriff mit Freuden die Gelegenheit, den Cardinal vor die Schranken zu fordern „wegen Aufwiegelung zur Untergrabung der öffentlichen Ordnung". Die Citation wurde Sr. Eminenz in das Haus gesandt mit Angabe des Tages und der Stunde, wo er im Gerichts= saale auf der Bank der Verbrecher erscheinen sollte; Manfredi rühmte sich öffentlich, er werde den Cardinal zwingen, zu kommen, und sollte er ihn durch die Gensdarmerie vorführen lassen müssen. Als die Sache in Perugia ruchbar wurde, sprach sich unter der Bevölkerung die allgemeinste Entrüstung aus über die Schmach, die man ihrem Oberhirten anthun wollte; selbst die Liberalen stellten sich auf seine Seite. Niemals offen= barte es sich mehr, denn jetzt, welch' ungemeine Verehrung sich der Car=

dinal in allen Klassen der Bürgerschaft erworben hatte. Nur zwei Tage — es war mit Absicht geschehen — lagen zwischen der Citation und der Gerichtssitzung; der Cardinal erschien nicht; aber der Procurator hatte nicht den Muth, seine Drohung auszuführen. Der Proceß wurde in Abwesenheit des Angeklagten verhandelt, und das Urtheil lautete auf Freisprechung. Merkwürdiger Weise wurde nun aber auch Manfredi selber von solcher Hochschätzung gegen den Cardinal erfüllt, daß er seitdem, so oft gerichtliche Klagen gegen einen Priester anhängig gemacht wurden, nach Kräften zu dessen Gunsten zu wirken bestrebt gewesen ist.

Zumal in der ersten Zeit nach der Occupation glaubte Mancher, sich allerlei gegen die Kirche herausnehmen zu dürfen, und daher traten manchmal die anmaßendsten Forderungen an den Cardinal heran. Eines Tages erschien vor ihm auch so ein vornehmer Herr, der im Uebrigen gut gesinnt war, und verlangte Etwas, was der Cardinal nicht bewilligen konnte. Auf die ablehnende Antwort warf jener, ungehalten, seine Absicht nicht erreichen zu können, die Bemerkung hin: „Es gibt auch noch Gerichte, an die man sich wenden kann!" — „So, wollen auch Sie aus den Verhältnissen Nutzen ziehen?" antwortete ihm der Cardinal. Das Wort packte den Edelmann. „Verzeihen Eminenz", rief er aus, indem er die Hand desselben faßte und küßte, „verzeihen Sie das unbedachte Wort; ich unterwerfe mich ganz Ihrer Entscheidung."

Wir haben früher schon einmal über den Cardinal Pecci ein Wort des ehemaligen Ministers Rattazzi citirt aus einer Correspondenz, welche dieser mit seiner Gattin führte, einer geistreichen Dame, die neugierig genug war, nach Perugia zu reisen, um Se. Eminenz kennen zu lernen. Führen wir aus den beiderseitigen Briefen einige weitere der interessantesten Stellen an. Der Minister schreibt an seine Gemahlin: „Ich habe Dein Billet erhalten, welches mir Deine Anwesenheit in Perugia mittheilt . . . . Bedaure nicht, daß Du nicht mehr in mich gedrungen, Dich zu begleiten; ich würde Dir unzweifelhaft nur im Wege gestanden haben, den Cardinal Pecci kennen zu lernen. Der Erzbischof von Perugia wird, dessen bin ich gewiß, gegen Dich, die Enkelin eines römischen Fürsten, bewanderter in den schönen Wissenschaften, als in der Politik, sehr höflich sein . . . . Wenn er zufällig mir begegnete, so würde ich mich vor ihm, wie vor dem Teufel, bekreuzen. Wenn Du ihn siehst, sei ja auf Deiner Hut. — Du hast Recht, der Cardinal hat offenbar (und darin beruht seine Stärke) gegenüber allen unseren Beamten eine Stellung eingenommen, die über den Parteien steht. Die Aehnlichkeit, welche Du zwischen ihm und dem Cardinal Riario Sforza von Neapel zu finden glaubst, besteht in der That; aber ich glaube, Pecci steht höher, als jener. Ich will Dir nur noch bemerken, daß er Dichter ist, und zwar einer der bedeutendsten; der König Leopold von Belgien hat mir aus dem Gedächtnisse Verse von ihm citirt, voll Eleganz, Kraft und Tiefe des Gefühls. In der That, er ist kein gewöhnlicher Mensch, und der heimtückische Antonelli hat das sehr wohl begriffen." *) —

Die Dame selber schildert den Cardinal in ihrer Antwort an den Gemahl folgendermaßen: „Ich habe gestern den Erzbischof von Perugia gesehen. Ich kenne wenig Köpfe von solchem Ausdruck, in denen Festigkeit, Entschiedenheit und Kraft mehr ausgeprägt wären, als in dem seinigen. Mit einander flößt er Furcht, Hochachtung, Sympathie ein; allein die Furcht ist das vorwaltende. Man möchte ihn lieben, aber man scheut sich, es zu thun. Das ist gewiß, es ist keine gewöhnliche Erscheinung. Seine Stimme ist wohlklingend und voll; er hat nicht das fürstliche Wesen Pius IX., aber er imponirt, wie jener. Seine Haltung ist majestätisch und voll Würde; das Ascetische und Strenge herrscht in ihm vor, aber ist durch eine gewisse Liebenswürdigkeit gemildert, zumal wenn er sich zu den Kindern herabläßt. Mit Einem Worte, der Cardinal Pecci von Perugia ist eine großartige Erscheinung, und da er, wie Du meinst, einmal unser Papst werden könnte, so werde ich die Erinnerung an ihn in meinem Gedächtniß lebendig bewahren." **)

*) Rattazzi bemerkt, Antonelli habe Pecci aus Rom fern zu halten gewußt, um von ihm nicht in Schatten gestellt zu werden. Wir können versichern, daß zwischen beiden eine Spannung nicht bestand; vor vier oder fünf Jahren bot vielmehr Antonelli ihm aus eignem Antriebe eine Diöcese in der Nähe Rom's an, eine der sog. suburbikarischen Bisthümer, womit zugleich die Berufung zur unmittelbaren Theilnahme an der obersten Leitung der kirchlichen Angelegenheiten verbunden gewesen wäre. Allein Pecci zog es vor, in Perugia zu bleiben. Allerdings war Pecci mit der Politik Antonelli's nicht einverstanden; und betrachtete sie vielmehr als eine für den heil. Stuhl unheilvolle, und in dieser Ansicht steht er nicht allein. Der englische Minister John Ruffell war einst in einer Gesellschaft, in welcher das staatsmännische Talent Antonelli's in den Himmel erhoben wurde. Der Minister schwieg dazu, und als man ihn endlich auch um seine Ansicht fragte, erwiederte er: „Ob Antonelli ein großer Staatsmann ist, weiß ich nicht; das weiß ich, daß er dem heil. Stuhle siebenmal die weltliche Herrschaft retten konnte und es nicht gethan hat." Uebrigens dürfte diese Aeußerung doch mit einen Fragezeichen aufzunehmen sein. — Wie die obige Behauptung Rattazzi's, so beruhen auch angebliche minder günstige Bemerkungen Pius IX. über den Cardinal auf Erfindung; Pius hat jene Dichtungen selber durch die That widerlegt, indem er unter allen Cardinälen ihn zum Camerlengo ernannte.

**) Tragen wir hier eine ähnliche Aeußerung nach, welche der berühmte englische

Die gesammte Gesetzgebung des modernen Italiens scheint darauf angelegt zu sein, den Strom des kirchlichen Lebens möglichst einzudämmen, aufzuhalten und zu verschütten, ja eine Reihe von Gesetzen, zumal diejenigen über die Ehe, und über die Orden und kirchlichen Institute bedrohten in directer Weise die Religion im Volke mit den ernstlichsten Gefahren. So stieß der Cardinal nicht nur allenthalben auf Hindernisse in der Erfüllung seines Hirtenamtes, sondern gerade in der Provinz Umbrien wurden eben die schlimmsten Gesetze mit einer Willkür und Härte in Anwendung gebracht, wie es anderwärts nirgendwo der Fall war. Damit war für den Cardinal die Pflicht und die Nothwendigkeit gegeben, den friedlichen Hirtenstab mit den Waffen des Kampfes zu vertauschen, um die reißenden Wölfe von seinem Schaafstalle abzuwehren.

Drittes Kapitel.

Der Cardinal und die Civilehe.

Schon in den Jahren 1851 und 1852 waren der Kammer und dem Senat in Turin Gesetzesvorschläge zur Einführung der Civilehe vorgelegt, allein trotz sechsmaliger Abänderung in der Kammer schließlich doch vom Senate abgelehnt worden. Zu derselben Zeit hatte Victor Emanuel sich an den heil. Stuhl gewendet, um vom Papste die Gutheißung und Zustimmung zur Einführung der Civilehe zu erwirken; Pius aber hatte unter dem 19. September die bündige Gegenerklärung abgegeben: „Ein bürgerliches Gesetz, das von der Voraussetzung ausgeht, als lasse sich für die Katholiken im Begriffe der Ehe das Sacrament vom Contracte trennen, steht im Widerspruche mit der katholischen Lehre." Damit ruhte die Sache einstweilen, bis am 19. und 21. Juni 1860 der Justizminister der Kammer und dem Senate abermals einen Gesetzentwurf in dieser Angelegenheit vorlegte. Bevor der Antrag zur Debatte kam, erhoben die Bischöfe der

---

Convertit Ambros de Lisle 1844 nach einem Besuche bei dem damaligen Nuntius Pecci in sein Tagebuch schrieb: „Niemals begegnete ich einem Manne von heiligmäßigerem Aussehen und schönerer Haltung; er sprach nur mit dem höchsten Interesse von der Oxforder Theologie." Auf seinem Sterbebette erhielt de Lisle die Nachricht, daß jener Nuntius als Leo XIII. den Stuhl Petri bestiegen habe. (Vgl. de Lisle's jüngst unter dem Titel ‚In memoriam' erschienene Lebensskizze.)

oberitalienischen Kirchenprovinzen laut ihre Stimme gegen die Einführung der Civilehe, am 5. Januar 1861 die Oberhirten der Lombardei, im März der Episcopat der Kirchenprovinzen von Turin, Mailand, Genua und Vercelli, und um dieselbe Zeit die Bischöfe von Toscana, indem sie in Denkschriften und Protesten auf die Widersprüche hinwiesen, in welche ein solches Gesetz sich mit den Gesetzen der Kirche verwickele, und auf die Gefahren, welche daraus für das christliche Volk erwüchsen.

Der Gesetzentwurf war in der Kammer noch nicht zur Discussion gelangt, als die Piemontesen am 14. September 1860 Umbrien annectirten; mit der vorläufigen Verwaltung der Provinz wurde, wie schon erwähnt, als königlicher Commissar der Marchese Pepoli betraut. Dieser erlaubte sich nun die unerhörte Eigenmächtigkeit, durch Verordnung vom 31. October jenen Entwurf als schon zu Recht bestehendes Gesetz und damit die Civilehe der Provinz von Umbrien aufzuoctroyren. Mit dem 1. Januar 1861 sollte die Neuerung ins Leben treten.

Der Cardinal zögerte nicht, im Bunde mit den übrigen Bischöfen im December einen energischen Protest gegen ein solches gesetzwidriges Vorgehen bei der Regierung einzureichen und die Zurücknahme der Verfügung zu verlangen. Es nützte jedoch nichts; vielmehr stellte es sich als ziemlich unzweifelhaft heraus, daß der Commissarius im Auftrage des Ministeriums handele, welches Umbrien als Probefeld für die Wirkungen des neuen Gesetzes auserkoren hatte. Daher blieb den Bischöfen vorläufig nichts anderes übrig, als zunächst den Pfarrern Weisungen zugehen zu lassen, wie sie sich dem neuen Gesetze gegenüber zu verhalten hätten. Cardinal Pecci hielt mit dem übrigen Episcopat von Umbrien Berathung in dieser Angelegenheit, und am 24. December wurde allen Pfarrern eine gedrängte Instruction zugesendet.

Dann gab sich der Cardinal ans Werk, um in einer ausführlichen Denkschrift die Gesetzesvorlage in Betreff der Civilehe zu beleuchten. Dieselbe erschien im folgenden Juni im Druck und trägt die Unterschrift von vierzehn Bischöfen, denen sich der Capitelsvicar des damals erledigten Bisthums von Nocera, sowie der Erzbischof Vespignani von Orvieto im Kirchenstaate anschlossen.

Die Denkschrift betrachtet zunächst die Vorlage an sich und zeigt ihren Widerspruch sowohl mit dem Grundgesetz des Staates, als auch mit den Principien der katholischen Kirche. Dann wird an der Hand der Geschichte der Ursprung der Civilehe dargelegt, die ihre ersten Keime mit dem beginnenden Protestantismus zeigte, später vom Jansenismus gepflegt und von der französischen Revolution groß gezogen wurde; zugleich wurden der Erzbischof Clemens August von Cöln u. a. rühmend erwähnt, welche für die Reinhaltung des kirchlichen Charakters der Ehe gestritten. Im dritten Theile prüft der Cardinal die Motive, auf welche die Vorlage sich stützt. Darauf werden die wichtigsten Einzelbestimmungen des Gesetzes ins Auge gefaßt, in Bezug auf Verlobung, auf Ehehindernisse, auf die Form der Eheschließung, auf Ehegerichte, und gezeigt, wie überall directe Gegensätze gegen dogmatische Entscheidungen der Kirche vorliegen. Endlich werden die Folgen der Einführung der Civilehe geschildert, die Förderung der Irreligiösität, fortwährende Conflicte mit der Kirche, Gewissenszwang der Unterthanen, Sittenverderbniß, Zerstörung des unauflöslichen Charakters der Ehe und Gefährdung der Einheit derselben, Untergrabung der Familie, wie der socialen Ordnung. Zum Schlusse beklagt die Denkschrift auf das tiefste die voreilige und gesetzwidrige Einführung der Vorlage in der Provinz Umbrien, und wendet sich dann in eindringlicher Mahnung an die Gläubigen, sowie an das Gewissen derjenigen, welche berufen sind, die Gesetze des Staates zu sanctioniren.

Die Denkschrift ward in Florenz gedruckt und die sämmtlichen Exemplare wurden dem Cardinal zugesendet, der nunmehr Bedacht nehmen mußte, dieselben zur Vertheilung den übrigen Bischöfen durch Vertrauensmänner zuzusenden, da er nicht wagen durfte, sie der Post anzuvertrauen. Einem dieser Herren, dem schon früher erwähnten Pfarrer Romitelli, begegnete hierbei ein interessantes Abenteuer. In Civilkleidung, als Tourist, den rothen Bädeker in der Hand, die Bücher sorgfältig in seine Reisetasche verschlossen, fuhr er in der Frühe des 11. Juli mit der Post nach Spoleto. Am Stadtthore wurde der Wagen plötzlich von Gensdarmen angehalten und den Reisenden der Befehl des Unterpräfecten kund gethan, eine genaue Untersuchung des Gepäckes vorzunehmen. Alles mußte nebst den Schlüsseln abgeliefert werden; nach einer Stunde, hieß es, könnten die Herren ihre Sachen zurücknehmen. Was hatte diese Anordnung zu bedeuten? Hatte die Regierung Wind von der Denkschrift erhalten? Jedenfalls mußten die Beamten sie finden, und dann waren die unangenehmsten Folgen zumal für den Cardinal vorauszusehen. Romitelli verbrachte die Stunde in peinlicher Besorgniß. Endlich wurden die Reisenden berufen: die sämmtlichen Koffer waren eröffnet und durchsucht worden; nur die Reisetasche mit den Büchern war unberührt geblieben. Die Sache klärte sich folgendermaßen auf: In Florenz war ein bedeutender Juwelen-Diebstahl vorgekommen; die Polizei hatte die Spur des Ver-

brechers entdeckt; er mußte sich im Postwagen zwischen Perugia und
Spoleto befinden. Die Vermuthung war eine richtige gewesen. Während
der Durchsuchung hatte der Dieb einen Theil der gestohlenen Pretiosen,
den er bei sich trug, in einen Brunnen zu werfen gesucht, war aber von
den ihn beobachtenden Beamten sofort ergriffen worden; der andere Theil
des geraubten Schmuckes fand sich in seinem Koffer, und so brauchte die
Durchsuchung des Gepäckes nicht weiter fortgesetzt werden.

Zugleich mit jener Denkschrift wurde an alle Pfarrer eine vom
22. August datirte genaue Instruction vertheilt, welche die Regeln vorschrieb, nach welchen die Seelsorger sich in Betreff der Civilehe zu richten
hätten. Belehrung des Volkes mittels Auseinandersetzung aller in der
Denkschrift ausgesprochenen Gedanken: absolutes Enthalten jeder Mitwirkung bei dem Civilacte der Trauung, strenge Beobachtung der canonischen
Vorschriften für die kirchliche Eheschließung, eifriges Einwirken auf die
Gläubigen, den Empfang des Sacramentes nicht zu versäumen, Recurs
an den Bischof in allen schwierigen Fällen, Aufbieten aller Mittel, die
ohne die Kirche geschlossenen Ehen revalibiren zu lassen, — das sind die
Hauptpunkte, welche die Instruction den Pfarrern ans Herz legt.

Das Gesetz war mit dem 1. Januar 1861 in Kraft getreten und
wurde mit aller Strenge und vieler Härte durchgeführt, während die Berathung des Gesetzentwurfs in der Kammer und im Senat noch immer
nicht erfolgt war. Der Carbinal beschloß daher, in einer Immebiateingabe
sich direct an den König zu wenden. Der Brief an Victor Emanuel, datirt
vom 27. September, ist ein Muster apostolischer Freimüthigkeit, mit
welcher der Carbinal dem Herrscher gegenübertritt, das ungesetzmäßige
Verfahren des königlichen Commissärs brandmarkt und unter Hinweis
auf die Denkschrift das Verderbliche des ganzen Gesetzentwurfs darlegt.
Der Brief beginnt mit folgenden Sätzen: „Der Episcopat von Umbrien,
seit mehr denn einem Jahre Augenzeuge einer beklagenswerthen Reihe
sacrilegischer Beraubungen und Verhöhnungen der Religion, hätte hierin
allein Ursache genug, zu seufzen und für das Schicksal seiner Heerden zu
zittern in Mitten der gegenwärtigen Drangsale und Wirrnisse. Er zögerte
nicht, seine klagende Stimme dagegen zu erheben, und in dem gemeinsamen Proteste an die Regierung im December 1860 erklärte er die Verordnung in aller Form als eine der unseligsten unter all den Neuerungen,
die zur Vernichtung der Religion und der heil. Rechte der Kirche eingeführt worden.... „Ich erlaube mir, Ew. Majestät einige Exemplare

der Denkschrift des umbrischen Episcopats zu unterbreiten, indem zu viel
daran gelegen ist, daß ein Vorgehen von so weittragender Bedeutung
in sein volles Licht trete und bekannt werde, wie es ausgeführt worden
ist, durch die Willkür eines außerordentlichen Beamten, der nach der
militärischen Invasion hierher kam, um im Namen Ew. Majestät hier
Gesetze zu erlassen. Dieses Vorgehen, das fortwährend die Gewissen und
die öffentliche Moral verletzt, verlangt schleunigst Abhülfe; dieselbe läßt sich
aber augenblicklich nur von derjenigen Hand erwarten, aus welcher der
Beamte seine Vollmachten erhielt. Gestatten Ew. Majestät, daß ich,
wenngleich unter meinen ehrwürdigen Mitbrüdern im bischöflichen Amte
der Letzte an Verdienst, aber durch heiligere Bande an die katholische
Sache und an die heil. Römische Kirche, die allgemeine Lehrerin und Be-
wahrerin der göttlichen Heilswahrheiten, geknüpft, in der Kürze das
Widersprechende und Ungebührliche jener Verfügung sowohl in bürger-
licher, als in religiöser Hinsicht Ew. Majestät vor Augen stelle."

Wir bedauern, den herrlichen Brief nicht in seinem ganzen Wort-
laute wieder geben zu können; derselbe schließt mit folgenden Worten:
„Erweisen Ew. Majestät der katholischen Religion, welche die einzig wahre,
die einzig gesetzlich anerkannte und in ganz Italien herrschende Religion
ist, diesen Einen Dienst der Gerechtigkeit! Geben Sie der christlichen
Ehe ihre religiöse Freiheit, ihren übernatürlichen und erhabenen Charakter
zurück! Es höre auf das drückende Ausnahmegesetz, das in so unseliger
Weise das Gewissen unseres Volkes belastet; es verschwinde jene ketzerische
Einrichtung, welche das ehrwürdige Sacrament seines heiligen Charakters
entkleidet, die Keime des häuslichen und bürgerlichen Lebens vergiftet, und
die Reinheit des Glaubens und der Sitten in schwere Gefahr bringt!"

Der König hielt sich damals in Florenz auf, und der Cardinal sandte
einen Priester, den er dazu besonders geeignet hielt, dorthin, um den Brief
persönlich an Victor Emanuel gelangen zu lassen. Allein alle Bemühungen,
Audienz zu erhalten, waren vergeblich. „So erwarten Sie", schrieb der
Cardinal dem Geistlichen, „am Portale des Palastes den König, wenn er
ausfährt und werfen Sie eventuell den Brief in den Wagen!" Allein
auch dieses war unmöglich, da Victor Emanuel schon in der folgenden
Nacht Florenz verließ, um sich in seinen Wildpark von Mandria zu begeben, wo er selbst für seine Minister unzugänglich war. So blieb dem
Cardinal nichts übrig, als den Brief der Post zu übergeben und ihn dann
nachher in den Zeitungen zu veröffentlichen. Ob der König ihn erhalten,
ob er ihn gelesen, wer mag es wissen? Das Ausnahmegesetz blieb in

der Provinz Umbrien bestehen, während die Berathung des Gesetzentwurfs in der Kammer Jahr um Jahr verschoben wurde.

Daher wandten sich die Bischöfe, der Cardinal Pecci an der Spitze, unter dem 21. März 1862 in einer neuen Eingabe an das Ministerium, dem sie eine ausführliche Denkschrift in dieser Angelegenheit vorlegten. Es erfolgte keine Antwort.

Darauf versuchten sie am 8. Juni 1863, und auf's neue am 2. Februar 1865 durch eine abermalige Immediateingabe und Adresse an den König selber, diesen zur Aufhebung und Abschaffung des Ausnahmegesetzes zu bewegen; allein Alles war vergebens.

Endlich kam die Gesetzesvorlage im Jahre 1865 in der Kammer und im Senate zur Verhandlung, und trotz all' der bisher so sehr entmuthigenden Erfahrungen beeilte sich der Cardinal im Bunde mit seinen ehrwürdigen Amtsbrüdern, neuerdings seine Stimme zu erheben, um in einer Denkschrift vom 8. März 1865 die Früchte und Wirkungen darzulegen, welche die Einführung der Civilehe in der Provinz Umbrien in den verflossenen vier Jahren für die Religion und die öffentliche Sittlichkeit getragen hatte. In der Kammerverhandlung vom 13. Februar war seitens der Regierung die Behauptung aufgestellt worden, „daß „die Reform" seit vier Jahren in der Provinz Umbrien eingeführt worden sei ohne Widerspruch, ohne Unzuträglichkeiten, und ohne irgend welche Nachtheile für die Religion." Dieser mehr denn kühnen Behauptung gegenüber schilderte nun die Declaration des Episcopats die Dinge, wie sie wirklich waren, die wiederholten Proteste des Episcopats und die zahlreichen Strafen, welche die Laien erduldeten, die sich jenem Gesetze nicht unterwerfen wollten, sowie das von den Gläubigen und selbst von königlichen Beamten gewählte Auskunftsmittel, sich zu ihrer Eheschließung in benachbarte Provinzen zu begeben, wo jenes Ausnahmegesetz nicht bestand. Die Declaration weist dann darauf hin, wie die von den Bischöfen in ihrer Denkschrift vom Jahre 1861 vorausgesagten Nachtheile wirklich hervorgetreten seien, und schildert die schlimmen Folgen, welche aus der Einführung der Civilehe, zumal für die Religion im Volke erwachsen sei. Schließlich erneuert die Declaration die Bitte an Kammer und Senat, die Aufhebung der Civilehe für Umbrien und die Abweisung einer Gesetzesvorlage zu beschließen, welche die Uebel, unter denen diese Provinz leide, nunmehr auf das ganze Reich ausdehnen wolle. — Diese Declaration zugleich mit einer Anzahl von Exemplaren der früheren Denkschrift sandte der Cardinal von Perugia am 10. März mit einem Begleitschreiben an den Baron Manno,

Präsidenten des Senats zu Turin, und empfahl ihm und den gesetzgeben=
den Körperschaften nochmals dringendst die Wahrung der religiösen und
sittlichen Interessen des italienischen Volkes, und die Beschützung und
Aufrechthaltung des sacramentalen Charakters der Ehe.

Es ist bekannt, daß trotz alledem und trotz der energischen und ein=
dringlichen Einsprache des heil. Vaters, und trotz des von allen Bischöfen
in zahlreichen Denkschriften erhobenen Protestes das Gesetz angenommen
und die Civilehe für ganz Italien eingeführt worden ist.

Der Cardinal durfte sich von Anfang an und gleich bei dem ersten
Protest vom Jahr 1860 sagen, daß bei der in den maßgebenden und gesetz=
geberischen Kreisen herrschenden feindlichen Stimmung gegen die Kirche
alle Schritte und Bemühungen vergeblich sein würden. Allein weit ent=
fernt, über sich und seine Heerde stillschweigend hereinbrechen zu lassen,
was er nicht ändern konnte, hat er in unermüdlicher Ausdauer immer von
Neuem im Bunde mit seinen Amtsbrüdern und als ihr Wortführer seine
Stimme erhoben, bei der Regierung, bei den Ministern, beim Senate, beim
Könige, um seine Diöcesanen und die ganze Nation vor den unseligen
Folgen der Civilehe zu bewahren.*) Und darin offenbart sich ein Charakter=
zug des dereinstigen Papstes, den das katholische Volk zu würdigen
weiß. Wie der Cardinal von Perugia, so wird der Papst Leo XIII.
nicht müde werden, die Interessen der Religion und der Kirche zu ver=
theidigen, selbst da, wo nach menschlicher Voraussicht der Kampf unnütz
erscheint, seine Stimme zu erheben, selbst dann, wenn man sie nicht an=
hören will, seine heilige Oberhirtenpflicht zu erfüllen mit unermüdlicher
Treue und Standhaftigkeit bis zum letzten Augenblicke.

---

*) Die Proteste und Eingaben, die der Cardinal seinen Berichten an den heil.
Stuhl beifügte, bilden ein ganzes Fascikel.

Viertes Kapitel.

Der Cardinal und das Klostergesetz.

Neben der Heilighaltung der Ehe als eines von Christus ein=
gesetzten Sacramentes ist die Beobachtung der christ=
lichen Räthe des Gehorsams, der Armuth und Keusch=
heit der Eckstein, auf welchem sich der Bau eines
wahren religiösen Lebens einer Nation erhebt. Diese
beiden Ecksteine bei Seite zu schaffen, war von An=
fang an das eifrigste Bestreben der mazzinistischen Partei, und in Betreff
der Orden fand sich die Regierung um so eher geneigt, mit ihr Hand in
Hand zu gehen, als aus dem Verkaufe der Klostergüter dem leeren
Staatsschatze großartige Einnahmen winkten. So war denn, als Umbrien
piemontesisch wurde, die Aufhebung der Orden im übrigen Reiche schon
längst durchgeführt (seit dem 29. Mai 1855), und die Regierung beeilte
sich, das Klostergesetz auch in der neuen Provinz sofort in Kraft treten zu
lassen. Dies geschah durch eine Verordnung des königlichen Commissars
Pepoli am 11. December 1860, der die Räumung sämmtlicher Convente
binnen zwei Monaten verfügte, unbekümmert um die Bedürfnisse der Ge=
meinden, denen mit den Ordenspriestern vielfach die Seelsorger genommen
wurden, unbekümmert um die frommen und segensreichen Institute und
Erziehungsanstalten, die damit zu Grunde gerichtet wurden, unbekümmert
um das traurige Loos so vieler Männer und Frauen, die aus ihren
Ordenshäusern kurzer Hand auf die Straße geworfen wurden.

Die unerhörte Härte jener Verfügung des königlichen Commissars
wurde selbst von der Regierung eingesehen, und unter dem 17. Februar
erfolgte ein königliches Decret, das in einer Anzahl von Artikeln gewisse
Vergünstigungen eintreten ließ. Unter anderen wurden die Bettelorden
vorläufig unter gewissen Bedingungen noch geschont; den besitzenden
Orden wurde ebenfalls die Fortführung ihres gemeinschaftlichen Lebens,
freilich unter allerlei Einschränkungen, gestattet, wofern sie bis zu einem
gewissen Termin darum bei der Regierung nachgesucht hätten.

Der Commissar zögerte mit der Veröffentlichung des königlichen
Decrets bis zum 26. Februar, wo die von ihm in seinem Erlaß vom

11. December festgesetzte Frist bereits abgelaufen und mehrere Klöster schon geräumt worden waren.

Um nun doch wenigstens scheinbar dem Willen des Königs Rechnung zu tragen, gewährte die unter dem schönklingenden Namen einer „Verwaltung der Kirchenkasse" eingesetzte Raubcommission unter dem 3. März eine Frist von 40 Tagen, vom verflossenen 20. Februar an gerechnet, in welcher Zeit die Orden um die Erlaubniß, in ihren Klöstern zu bleiben, einkommen sollten. Allein zu gleicher Zeit machte sie die Entgegennahme von Gesuchen abhängig von einer begleitenden Empfehlung und Befürwortung der Orts= behörden und Regierungsorgane, und verfügte die sofortige Räumung der Klöster in jenen Fällen, wo die Gesuche eine ablehnende Entscheidung ge= funden hätten. Zudem wurden von der königlichen Vergünstigung alle jenen Convente ausgeschlossen, die bereits aufgelöst worden waren. Endlich wurde diese Verfügung den Betheiligten nicht einmal bekannt gegeben; manche erfuhren erst von derselben auf indirectem Wege, als die Frist bereits verstrichen oder nahezu zu Ende war.

Trotz der Kürze der Zeit boten die Orden Alles auf, ihre Klöster zu bewahren und nichts zeugt mehr für den guten Geist, der in denselben herrschte, als die Thatsache, daß alle Convente ohne Ausnahme um Ver= bleiben anhielten, und daß die Empfehlungen und Befürwortungen der städtischen Behörden so zahlreich einliefen, daß am 21. März, 10 Tage vor Ablauf der vierzigtägigen Frist, jene Commission eine neue, durchaus willkürliche Verordnung erließ, dahin lautend: das Gesuch eines Convents ist zuvörderst der Regierung vorzulegen; erst, wenn diese dasselbe genehmigt hat, darf es dem Bürgermeister eingehändigt werden, damit dieser im Stadtrath die Befürwortung desselben beantrage. Die Empfehlungen und Gesuche der Bischöfe wurden einfach abgewiesen, mochte es sich um noch so würdige und segensreiche Corporationen handeln.

Das Resultat all dieser Umtriebe der Regierung war, daß, obgleich sämmtliche Orden um Verbleiben angehalten hatten, fast sämmtliche Ge= suche abgeschlagen wurden. Am 1. April war die letzte Frist abgelaufen, und die Regierung beeilte sich, die leer gewordenen Klöster als Magazine oder Privatwohnungen zu vermiethen oder sie zu militärischen und ab= ministrativen Zwecken zu verwenden. So hatten die Beamten glücklich die ganze königliche Verordnung wirkungslos und unfruchtbar zu machen ge= wußt. Nur einige wenige Ordensgenossenschaften entgingen vorläufig der Unterdrückung; das waren außer den Franziscanern und Kapuzinern die Benedictiner von St. Peter, die Missionspriester des heil. Vincenz von Paul und die der Krankenpflege sich widmenden Brüder des heil. Johannes von Gott; doch auch ihnen wurde die Aufnahme von Novizen untersagt. Die Nonnen konnten theilweise in ihren Klöstern bleiben, theilweise wurden sie in andere weibliche Ordenshäuser überwiesen; dabei mußten sie sich allerlei Plackereien gefallen lassen: Mit Nichtachtung der Clausur wurden von den Beamten die Zellen der gottgeweihten Jungfrauen gemustert und fast Woche um Woche von denselben Haussuchungen gehalten; mit grausamer Bosheit hielt man die armen Schwestern in fortwährender Angst, über Nacht aus ihrem stillen Asyl hinausgetrieben zu werden, wie es den Cistercien=serinnen, den Benedictinerinnen und den Dominicanerinnen thatsächlich schon widerfahren war. *) Dabei legte man es den Nonnen nahe, daß die Regierung ihnen jede Hülfe anbiete, in die Welt zurückzukehren, eine Ver=suchung, auf welche zum Troste des Bischofs allerdings keine der Schwestern eingegangen ist.

Für den Cardinal von Perugia waren zumal die ersten Monate nach der Occupation Tage bittersten Kummers und schmerzlichster Sorge. Die Schulbrüder aus Belgien und die Damen vom heil. Herzen, die er zur Erziehung der Jugend berufen hatte, mußten aus ihrer segensreichen Wirksamkeit ausscheiden; die Schulen, welche bisher unter bischöflicher Leitung gestanden, wurden dem Einflusse der Kirche entzogen und auf liberalem Fuße organisirt; der Patriotismus an die Stelle der Religion, „das Vaterland" an die Stelle Gottes gesetzt. Wir selber haben ein solch' modernes Institut, eine Kleinkinder=Bewahr=Anstalt neben der Kirche der Carmelitaner besucht; die Bübchen und Mädchen waren gerade in einem großen Saale beschäftigt, sich im Marschiren zu üben, wozu ein Frauenzimmer mit einer Unterofficierstimme commandirte. Ein Crucifix oder Heiligenbild suchten wir vergebens in den Räumen, die wir durch=wandelten; ihre Stelle vertrat das Bildniß des Königs. Die Vorsteherin zeigte ein äußerst emancipirtes Wesen; ihr Platz war offenbar mehr auf einer Barricade, als Heldin der Freiheit, die rothe Fahne in der Hand, denn in den friedlichen Räumen einer Anstalt, in welcher die zarten Kinder=herzen die ersten Eindrücke der Erziehung empfangen sollen.

---

*) Praesertim administri, qui „Arcae Ecclesiasticae" deserviunt, cen-suris posthabitis spretisque clausurae legibus, Monialium claustra ad libitum ingrediuntur et visitant, et varia inter se circa sacras aedes ineunt consilia, ita ut sacrae Virgines continua premantur suspicione et timore, ne loco cedere compellantur. Quod et tribus earum familiis jam contigit. (Relatio ad Limina.)

An vielen Kirchen in Perugia versahen Ordenspriester den Gottes=
dienst; hier wurde nun wenigstens insoweit Rücksicht auf die religiösen
Bedürfnisse des Volkes genommen, daß man noch den einen oder andern
Pater beließ, um die Functionen fortzuführen; man sperrte ihnen dann
einige bescheidene Räume des Klosters zur Wohnung ab und säcularisirte
den übrigen Theil. Die Kunstschätze der aufgehobenen Convente und der
geschlossenen Kirchen, zumal die zahlreichen Gemälde der umbrischen
Schulen, wurden in die Universität übertragen und so die dortige Gemälde=
galerie geschaffen.

Der Cardinal that, was in seinen Kräften stand, seiner Diöcese
ihre Klöster zu erhalten, das Loos der armen Ordensleute zu lindern,
für die vorläufige Unterbringung, zumal der Nonnen, Sorge zu tragen.
Es war immerhin ein Trost für den Oberhirten, zu sehen, wie die Gläu=
bigen, und zumal einige Adelige, ihm bereitwillig dabei mit ihren Gaben
zur Seite standen, auf ihren Besitzungen einzelnen Klostergenossenschaften
Obdach gaben, oder den Convent ankauften und ihn dann „miethweise"
den Ordensleuten überließen. Es gelang dem Cardinal, daß die Domini=
caner, 1860 vertrieben, zwei Jahre darauf zurückkehren und, wenn auch
in beschränkter Zahl, bei ihrer Kirche verbleiben konnten; die Benedictiner
bei St. Peter hielten sich dadurch, daß in ihrem Kloster eine Ackerbau=
schule unter Leitung der Patres ins Leben gerufen wurde. Die Barna=
biten („Regular=Kleriker des heil. Paulus") nahm der Cardinal in seinen
eigenen Palast auf, wo sie sich noch jetzt des hochherzigen Gastrechtes er=
freuen. Bei unserem Besuche in Perugia sprachen wir einen der Patres,
der uns mit Thränen der Dankbarkeit in den Augen die damaligen Vor=
gänge erzählte. Wir schlugen dann mit einander die Chronik des Convents
auf und fanden dort folgende interessante Notiz: „Obgleich der Graf
Reginald Ansidei uns eine andere Wohnung anbot, so schien es uns doch
besser, dem Rathe unseres Bischofs zu folgen, der uns wiederholt und
mit großer Güte in seinem bischöflichen Palaste ein Obdach anbot, wie
es für Ordensleute entsprechend war. So wanderten wir denn voll
Freude aus Babylon aus, indem wir den Soldaten, Beamten und allerlei
anderen Leuten das Haus des heil. Bernhard preisgaben, um den Frieden
des bischöflichen Hauses zu genießen." Dann schildert der Chronist die neue
Wohnung und die Ruhe daselbst, die den Patres lieber sei, als die ehe=
maligen weiten Räume ihres Klosters, wo sie unaufhörlich von den Be=
amten belästigt wurden, und fährt dann fort: „Dazu kommt die überaus
gütige Huld Sr. Eminenz, unseres Cardinals und Bischofs, wie seines

General-Vicars Lorenzi, die beide uns mit ganz besonderer Liebe zu-
gethan sind." *)

In einer wilden, öden Gebirgsgegend, einige Stunden von Perugia entfernt, lag die alte Abtei von Monte Corona, die dem Cardinal besonders lieb
war. So oft er Visitationsreisen durch seine Diöcese machte, besuchte er die
Patres und verblieb in der Regel einige Tage in ihrer stillen, heiligen Einsamkeit. Die dortigen Camaldulenser Mönche führten ein ungemein strenges
Leben und machten sich von jeher durch ihre Gastfreundlichkeit und Krankenpflege um diese einsame Wildniß verdient. Der Ruf dieser frommen Congregation hatte einen Ahnen Victor Emanuels, den Herzog Carl Emanuel
von Savoyen, im Jahre 1601 veranlaßt, ihnen auch in seinem Staate
ein Asyl anzuweisen; bei der französischen Invasion im Anfange dieses
Jahrhunderts war die Eremitage von Monte Corona der Suppression
glücklich entgangen, und so hoffte der Cardinal, daß wenigstens diese abgelegene Abtei sich retten lassen werde. Aber auch sie sollte das grausame
Verhängniß treffen, und zwar gerade sie mit doppelter Härte. Es wurde
das Gerücht ausgestreut, die Patres hätten sich in politische Umtriebe eingelassen, und so albern die Anklage war, so warb doch, ohne daß die Angeklagten irgendwie zur Verantwortung gezogen worden wären, durch den
Commissar Pepoli die Verordnung erlassen, daß sie binnen acht Tagen
die Abtei zu räumen hätten. Von Schmerz und Unwillen über eine
solche unerhörte Härte erfüllt, beschloß der Cardinal, das Aeußerste zu
versuchen, um das Kloster zu retten, und so schrieb er denn unter dem
21. Juni einen Brief an den König, in welchem er das ganze gesetzwidrige
Verfahren des Beamten in der Aufhebung der Klöster offen auseinandersetzte und insbesondere um Schonung der Abtei von Monte Corona bat.
„Indem ich," so schließt er das Schreiben, „Ew. Majestät Alles dieses
schildere, kann ich nicht umhin, mit schmerzlicher Klage einen Theil des
bitteren Kummers vor Ew. Majestät auszuschütten, der das Herz eines

---

*) Quamvis Comes Reginaldus Ansidei aliam nobis habitationem offerret,
melius tamen putavimus, consilio Episcopi nostri obtemperare, qui non semel
magna cum benignitate in suo episcopali Palatio hospitium nobis offerebat
viris religiosis accomodatum. Laetantes igitur de Babylone transmigravimus,
relinquendo militibus, ministris et aliis varii generis hominibus sedem D. Bernardi,
ut Episcopalis habitaculi quiete frueremur..... Adde singularem protectionem
Eminentissimi Joachimi Pecci, Cardinalis et Episcopi nostri necnon Revdmi
Dñi Lorenzi, in spiritualibus Vicarii, qui ambo speciali dilectione nos amplec-
tuntur.

Bischofs erfüllt, wenn er alle diese wiederholten Angriffe gegen die ehr=
würdigen Rechte der Kirche und die jammervolle Lage ansehen muß, zu
welcher heute bei uns die religiösen Interessen verurtheilt sind. Gebe
Gott, daß meine ehrfurchtsvolle und offene Sprache gnädiges Gehör am
Throne Ew. Majestät finde!"

Es waren nicht allein die Klöster, Orden und die ihnen verwandten Ge=
nossenschaften, und nicht blos die unter der Leitung derselben stehenden In=
stitute, zumal des Unterrichts und der Erziehung, welche der Cardinal durch
die sardinische Regierung entweder ganz zerstört oder doch in ihrer Lebens=
thätigkeit auf das tiefste geschädigt sehen mußte. Nachdem dem Klerus
schon eine Specialsteuer von vier Procent auferlegt worden war, zu der in
Umbrien noch, ohne irgend welchen Rechtstitel, ein Aufschlag von zwei Pro=
cent hinzugefügt wurde, decretirte die Präfectur der beiden Provinzen von
Umbrien und Picenum Ende des Jahres 1862 eine neue Steuer auf das
Kirchengut, unter dem Namen annuo concorso (jährlicher Beitrag), welche
allein theilweise ein volles Drittel der gesammten Jahresrente verschlang.
Der Protest, den die Bischöfe im Januar hiergegen beim Ministerium er=
hoben, blieb ohne Erfolg. — Auch das Seminar sollte dem Cardinal ge=
nommen worden. „Wohlan," erklärte dieser, „so werde ich die Zöglinge
in mein Haus aufnehmen; mir genügen einige wenige Zimmer." So sie=
delten denn die Seminaristen in die Säle des bischöflichen Palastes über,
wo Se. Eminenz mit ihnen den Tisch theilte und wie ein Vater in ihrem
Kreise sich bewegte. Nachher gelang es denn doch dem Cardinal, das Seminar
wieder zu gewinnen, wenngleich ein bedeutender Theil des Vermögens dauernd
verloren blieb, da unter anderem die liegenden Güter desselben verkauft,
ein Drittel seiner Einkünfte eingezogen, die bisherigen Beiträge von Seiten
der Universität im Betrage von jährlich über 500 Scudi gestrichen waren.

Bei der Säcularisation des Missionshauses vom heil. Vincenz von
Paul hatte die Regierung auch die Stiftung des Bischofs Cittadini seque=
strirt, aus welcher jährlich 90 Priestern der Diöcese die Abhaltung von
geistlichen Uebungen auf acht Tage kostenfrei ermöglicht wurde. Der
Cardinal ruhte nicht, bis er die Stiftungsgelder — allerdings in italie=
nischer Staatsrente — sammt den Zinsen den Händen der Regierung
wieder entrissen hatte. Ebenso glücklich war er, das Landhaus wieder zu
gewinnen, welches die Seminaristen während der Sommermonate zu be=
wohnen pflegten, und dort ließ er nun seinen Clerus alljährlich zur Ab=
haltung von Exercitien zusammen kommen.

Den Landsitz, welcher dem bischöflichen Stuhle von Perugia gehört,

gewann er in einem Proceſſe gegen die Regierung wenigſtens in ſoweit
zurück, daß das Gebäude als ſolches der Curie wiedergegeben wurde, wenngleich das zugehörige Areal vom Staate verkauft ward. Damit hat der
Cardinal zugleich einen hiſtoriſch intereſſanten Bau vor der ihm wahrſcheinlich drohenden Zerſtörung gerettet. Denn die Villa zu St. Johann

Villa alle pieve.

oder alle pieve in der Nähe von Corciano ſtammt aus der Zeit des
deutſchen Kaiſers Barbaroſſa; dieſer ſelbſt iſt dort eingekehrt, und ebenſo
knüpfen ſich für die Folge manche intereſſante Erinnerungen, zumal aus
der Diöceſangeſchichte an jenes alte, finſtere Gebäude. Der große Saal
im oberen Stockwerke war mit den Bildniſſen einer ganzen Reihe der her-
vorragendſten Biſchöfe von Perugia geſchmückt; für den Cardinal perſönlich war der Aufenthalt im Sommer dort um ſo angenehmer, weil
nicht weit davon der Landſitz der Seminariſten lag, und er alſo ſeine
Kinder, wie er ſie gern zu nennen pflegte, immer in ſeiner Nähe hatte.

Der Einfluß, den der Cardinal als geborener Kanzler der Univerſität
auf die Zulaſſung, wie auf den Geiſt der Studien hatte, fiel mit dem
Tage der Invaſion ſelbſtverſtändlich fort; der von ihm gegründete Verein
zur beſſeren Verwaltung der frommen Stiftungen mußte aufgehoben werden; eine Reihe ſegensreicher Projecte, welche zum Theile ſchon fertig

vorlagen, konnte nicht zur Ausführung gelangen, nicht nur, weil die Thätig=
keit auf kirchlichem Gebiete überall eingeschnürt und eingeschränkt war,
sondern auch, weil die Quellen verstopft worden waren, aus welchen die
erforderlichen Mittel fließen mußten. Unter anderem mußte die gründ=
liche und kunstgerechte Restauration im Innern des Domes, wozu die Pläne
bereits fertig vorlagen, aufgegeben werden. — So sah der Cardinal, wohin
er seinen Blick wendete, allenthalben Trümmer und Ruinen um sich her;
aber mit unermüdlicher Thätigkeit hatte er aus der Zerstörung gerettet, so=
viel nur immer möglich war. Es war ihm dabei wesentlich zu Statten
gekommen, daß dem rabiaten Pepoli bald ein Regierungspräsident folgte,
welcher gemäßigter war und wenigstens hie und da den Wünschen und
Vorstellungen des Cardinals Rechnung trug.

Fünftes Kapitel.

Weitere Kämpfe.

Je mehr für die Katholiken ihre Kraft in der innigen Ver=
bindung mit dem heil. Stuhl besteht, um so eifriger haben
zu allen Zeiten die Feinde Roms, wo sie die Regierungs=
gewalt in den Händen hatten, dieses Band zu lösen, den
Verkehr des Papstes mit den Gläubigen zu hemmen oder
doch unter Controle zu stellen gesucht. So entstand die
Einführung des Exequatur und des Placetum regium,
d. h. die staatliche Anmaßung, wonach Erlasse, Verfügungen und Ent=
scheidungen des heil. Stuhles in einem Lande nicht eher veröffentlicht
werden, bischöfliche Anordnungen, sofern sie nur irgendwie das weltliche
Gebiet berührten, nicht eher in Kraft treten durften, bis nicht die Re=
gierung ihre Genehmigung dazu ertheilt habe. Wir müßten uns nach all
den feindlichen Maßnahmen der piemontesischen Regierung gegen die
Kirche und den Papst billig wundern, wenn sie nicht auch zu diesen
weiteren Waffen wider Rom gegriffen hätte. Ein königliches Decret
vom 5. März 1863 erließ in dieser Hinsicht neue Verfügungen für alle
Provinzen des Reiches, und die Diöcesen Umbriens hatten auch diesmal

den traurigen Vorzug, in noch verschärfter Form die Härte dieser Maß=
nahmen kennen zu lernen. Die Ernennung eines Bischofs oder Domherrn
oder Abtes durch den Papst war darnach null und nichtig, wenn nicht die
Regierung ihre Genehmigung, nicht ihr exequatur dazu ertheilte.

Die staatlichen Eingriffe und Einschränkungen gingen aber noch weiter,
indem die Regierung nicht nur die Einkünfte der vacanten Stellen einzog
und die Neubesetzung der Pfarreien von ihrer Zustimmung abhängig
machte, sondern selbst die provisorische Anstellung eines Pfarrverwalters
ihrer Approbation unterbreitet wissen wollte. Unter welchen Bedingungen
aber sie die Besetzung erledigter Pfarreien zu genehmigen gewillt war,
läßt sich leicht aus dem Decret des außerordentlichen Commissärs für
Umbrien vom 30. November 1860 schließen, welches denjenigen Priestern,
die "wegen ihres Patriotismus" von den Bischöfen suspendirt worden
seien, eine monatliche Unterstützung von 60 Liren zuwies. In kurzer Zeit
mehrte sich die Zahl der unbesetzten Bischofsstühle und anderer höheren
kirchlichen Stellen; insbesondere gab es in der Diöcese Perugia eine Menge
von Pfarreien, für welche die vom Carbinal ernannten Männer, einzig
ihrer kirchlichen Gesinnung wegen, sich durch die Regierung zurückgewiesen
sahen. Es sollte eben das ganze hierarchische Band, welches die Priester
mit ihrem Bischof, beide mit dem Papste verbindet, möglichst gelockert, der
Geist der Unbotmäßigkeit gegen die kirchlichen Obern genährt und gefördert
werden; statt Diener der Kirche sollten die Geistlichen Diener und Partei=
gänger des Staates sein, jenes Staates, dessen Streben offenkundig dahin
ging, den kirchlichen Geist im gesammten Clerus möglichst abzuschwächen,
Zwietracht unter die Hirten und ihren Oberhirten zu säen und den
Bischöfen zumal mancherlei Schwierigkeiten zu bereiten.

Der Episcopat von Umbrien, Carbinal Pecci an seiner Spitze, unter=
ließ es nicht, sofort im December 1860 gegen eine Verfügung des könig=
lichen Commissärs zu protestiren, welche die Einführung des placetum regium
in Besetzung kirchlicher Stellen mit allerlei Willkürlichkeiten der Regierungs=
organe umgab. Als der Protest keine Folge hatte und die Zahl der un=
besetzten Stellen sich von Monat zu Monat mehrte, reichten die sämmt=
lichen Bischöfe unter dem 9. März 1862 ein Memorandum an den
Ministerrath in Turin ein. Allein auch dieses half nichts, und so wandte
sich Pecci im Bunde mit dem übrigen Episcopat unter dem 8. Juni 1863
direct an den König, indem er das ministerielle Circular vom 22. März,
durch welches das königliche Decret vom 5. März 1863 eingeführt wor=
den, nach seinen einzelnen Sätzen einer vernichtenden Kritik unterzog.

Nach den anderweitigen Erfahrungen war die Nutzlosigkeit dieses letzten und äußersten Schrittes vorauszusehen und er hat in der That keine Folgen gehabt. Allein darum ist und bleibt es doch anzuerkennen, daß der Cardinal und seine Amtsbrüder nichts unterlassen haben, ihren heiligen Pflichten in jeder Beziehung getreu zu bleiben. Wenn die Regierung Victor Emanuels aber auf diese Weise allent= halben der Kirche Fesseln anzulegen bestrebt war, so behandelte sie da= gegen die protestantischen Secten, besonders die Waldenser und Anglicaner, überall wie theure Schooßkinder. Wenn jedoch irgendwo, dann hat die Erfahrung es in Italien bewiesen, daß die protestantische Propaganda nicht im Stande ist, aus schlechten Katholiken gute Protestanten zu machen, son= dern, daß sie schlechte Katholiken nur in völlig Ungläubige zu verwandeln vermag. An Eifer und Thätigkeit hat es jene Propaganda allerdings nicht fehlen lassen, und das als liberal und antipäpstlich berühmte Perugia mußte ihr als ein besonders verlockendes Arbeitsfeld erscheinen. Kurz vor der oben erwähnten Immediateingabe an den König im Februar 1863 hatte die sog. „Kirchenkasse" unmittelbar neben der Pfarrkirche der Philippiner, ja sogar in deren Kloster, ein Local an die Waldenser vermiethet, um dort ein Bethaus einzurichten. Dem Cardinal mußte es über Alles am Herzen liegen, die Reinheit und Einheit des Glaubens in seiner Heerde zu erhalten, und so reichte er denn am 18. Februar eine doppelte Ein= gabe bei der Präfectur und dem Magistrat ein gegen die Zulassung der Protestanten überhaupt, wie insbesondere gegen die Ueberweisung von Klosterräumen zur Abhaltung ihrer Conferenzen. Trotzdem wurde die erste Versammlung abgehalten: durch Maueranschläge an allen Straßenecken war dazu eingeladen worden. Daher erhob der Cardinal am 21. und 25. Februar neue Beschwerde beim Präfecten und beim Bürgermeister, am 21. April reichte er einen dritten Protest bei der „Kirchenkasse" und am 7. Mai einen solchen bei der Centralkasse zu Florenz ein. Zu gleicher Zeit suchte der Oberhirt aus allen Kräften auf seine Heerde zu wirken, indem er mit lauter Stimme sie vor der Gefahr warnte, die ihrem katho= lischen Glauben drohte. — Kaum war Perugia occupirt worden, als es so= fort von einer Fluth protestantischer Traktätlein und „Erbauungsbücher" überschwemmt wurde. Hiergegen richtete sich der Oberhirt in seinem Fastenbriefe vom 8. Februar 1861: „Wer kennt nicht," ruft er aus, „die Anstrengungen, welche die protestantische Propaganda heut' zu Tage macht, um in unserem katholischen Boden die trostlosen Lehren der Häresie zu verpflanzen! Schon sind in einigen Städten Italiens protestantische

Bethäuser und Schulen eröffnet worden; man gründet Nationalkirchen, in welche unselige Abtrünnige die unbegrenzte Größe der katholischen Kirche einschränken möchten; anglicanische Prediger ziehen in unserer Nachbar= schaft umher, spenden reichliches Geld, vertheilen umsonst ketzerische Bücher und suchen so überall das Unkraut des Abfalls und der Trennung aus= zusäen. Und ist vielleicht unsere Stadt von jenen Traktätlein nicht auch überschwemmt worden? Selbst bis zu eurem Oberhirten sind sie gelangt und mit tiefstem Schmerze haben wir uns persönlich überzeugen können, welch' feines und verderbliches Gift darin euren Seelen dargereicht wird. . . . Aber wißt ihr denn nicht, daß allein die katholische Kirche die Arche des Heils, daß sie allein die Säule, allein die Grundfeste der Wahrheit ist, und daß jedes Gebäude, welches nicht auf ihr aufgebaut worden, zusammen= stürzen muß? . . . Seid stolz darauf und rühmet euch — ihr habt allen Grund dazu! — die treuen Kinder der katholischen Kirche zu sein, dieser Mutter voll Liebe, Macht und Unsterblichkeit, wie der Vater im Himmel, der Gott der Liebe, Macht und Unsterblichkeit ist. . . . O, welche Freude erfüllt das Herz des wahren Gläubigen, indem er durch seine Adern den Lebenssaft jenes fruchtbringenden Weinstockes, jenes geheimnißvollen Leibes Jesu Christi strömen fühlt!"

Am 24. Februar 1863 richtete der Cardinal dann an seine Diöce= sanen einen abermaligen Aufruf, im besondern veranlaßt durch die Errich= tung einer sog. evangelischen Akademie in Perugia: „Während wir in Demuth vor Gott niedergeworfen, für unser Volk das Gebet des Erlösers wiederholen: ‚Himmlischer Vater, bewahre in Eintracht und Einmüthigkeit diejenigen, welche Du mir anvertraut hast, damit sie Eins seien, wie wir Eins sind und sie vollkommen in der Einheit des Glaubens beharren,' beeilen wir uns zugleich, getreu unserer Hirtenpflicht, euch auf die ver= derblichen Fallstricke hinzuweisen, die man euch bereitet." So mahnt denn der Cardinal die Gläubigen, wachsam zu sein; den Umgang mit den Irr= lehrern zu meiden, ihre Versammlungen nicht zu besuchen, ihre Bücher und Bibeln nicht anzunehmen und sich in den Wahrheiten und Lehren der katho= lischen Religion genauer zu unterrichten, um sich vor dem Truge sicher zu stellen. — Unter dem 17. April erfloß eine besondere Instruction an die Pfarrer, wie sie die ihnen anvertrauten Gemeinden gegen die prote= stantische Propaganda schützen sollten. Dieser eifrigen und energischen Thätigkeit, sowie der sozusagen im Blute des Italieners liegenden An= hänglichkeit an die katholische Kirche war es zu danken, daß das Secten= wesen in Perugia keinen Boden zu fassen vermochte und daß die Prediger, wie ihre Anhänger, auch selbst bei den Liberalen allgemein verachtet waren und sind.

Unter dem 20. November desselben Jahres 1863 erließ der Cardinal einen neuen Hirtenbrief wider „das Leben Jesu" von Renan, das damals auch in Italien verbreitet wurde, vielfach durch dieselben Emissäre, welche protestantische Bibeln und Flugschriften verbreiteten. Nachdem er den Gläubigen die Beweise für die Gottheit Christi und die Folgen der Leug= nung derselben mit dem Schwunge bewunderungswürdiger Beredtsamkeit geschildert, fordert er sie auf, an den Sühne=Andachten Theil zu nehmen, welche der Cardinal vor dem vielverehrten Crucifixe im Dome, sowie in anderen Kirchen der Stadt und der Diöcese angeordnet hatte.

Zu gleicher Zeit traten auf seine Veranlassung zwei Zeitschriften ins Leben, welche die Vertheidigung der katholischen Lehre gegen den Unglauben und den Irrglauben unserer Tage zur Aufgabe hatten, das Wochenblatt „il Cultore cattolico" und der „Apologet", der monatlich erschien. — Später ist an Stelle der beiden Blätter das mehr politische Blatt „il Paese" getreten.

Die gewaltige politische und sociale Gährung, welche in jener Periode die Halbinsel in steter Aufregung hielt, der Kampf, in welchem das er= erbte katholische Gefühl des Volkes bei der erstrebten Bildung des italie= nischen Einheitsstaates sich mit der Kirche und dem heil. Stuhle verwickelt sah, der Zwiespalt zwischen Patriotismus und Verehrung der Person Pius IX., wie gegen den Clerus und die Orden des Landes, das Alles öffnete den gefährlichsten liberalen Lehrsätzen die Thüre, und dieselben wurden um so begieriger, zumal von der Jugend, aufgenommen, weil sie die Stimme des Gewissens zum Schweigen brachten und die innere Un= ruhe betäubten.*) In keinem Lande ist eine gewisse Art von Staats= katholiken so zahlreich wie in Italien; man wollte katholisch bleiben, gab aber zugleich seine Zustimmung und Mithülfe zur Verletzung der Kirche durch die grausamsten Maßnahmen und Gesetze der Regierung. Diese Mischung des Katholicismus und Liberalismus und die erstrebte Ver= kuppelung des christlichen Gottesdienstes mit dem Staatsculte offenbarte

---

*) „Verba desunt, Pater sanctissime, schreibt der Cardinal 1864 an den Papst, ut satis explicem, in quantum discriminis ingentibus hisce improborum homi-num conatibus et ausis fides sanctissima apud multos venerit, ac satis deplorare nequeo animarum perniciem consequutam. Inventus praesertim jure a s. Au-gustino „flos aetatis et periculum mentis" appellata, heu! in quot scopulos incidit, quot passa est naufragia!!!"

sich unter anderem in der Feier des sog. „Nationalfestes," in welchem alljährlich am 2. Juni die italienische Einheit gefeiert werden sollte. Im Jahre 1861 hatte der Cardinal unter dem 21. Mai zum Voraus eine Erklärung an den Präfecten und an die Bürgermeister in der ganzen Diöcese erlassen, daß von kirchlicher Seite in keiner Weise eine Betheiligung an diesem Feste statthaben könne. Trotzdem gehörte im Gefühle des Volkes eine kirchliche Feier so wesentlich zu dem Feste, daß in Perugia auf einem öffentlichen Platze ein Altar errichtet wurde, an welchem der Militärcaplan ein Hochamt hielt; an einem andern Orte hatte man sogar aus einer be= nachbarten Diöcese einen nichtsnutzigen Priester zur Celebration der Messe geholt. Die energischen Schritte, welche der Cardinal sofort gegen solch' frevelhaften Mißbrauch des Heiligen that, hatten nun allerdings zur Folge, daß für die Zukunft jeder Versuch unterblieb, dem „National= feste" eine religiöse Färbung zu geben.

Die Aussöhnung aber für dieses doppelzüngige Verhalten fand man in den folgenden und ähnlichen Theorien: Die Religion soll sich nicht um politische Dinge, nicht um weltliche Angelegenheiten kümmern; Kirche und Staat, die Interessen des Geistes und des Leibes müssen von einander getrennt werden; die Priester sind ein Hinderniß für den Fortschritt der christlichen Gesellschaft; mit der Starrheit ihrer Principien hemmen sie die von den Zeitverhältnissen gewollte bürgerliche Entwickelung; mögen sie sich einzig mit religiösen Dingen beschäftigen und um das Zeitliche sich nicht kümmern u. s. w.—Indem der Cardinal gegen diese falschen Anschauungen und Lehrmeinungen des Liberalismus seinen Hirtenbrief vom 1. März 1864 erließ, wies er zugleich darauf hin, wie der Liberalismus in religiösen Fragen und in Bezug auf die practische Bethätigung des Christenthums seine Quelle in moralischer Unordnung, im Verfall der Sitten, in der Entheiligung des Tages des Herrn, im Lesen schlechter Bücher, in ver= kehrter Erziehung der Jugend habe.

In dem Kampfe aber, den der Oberhirt so gegen ein ganzes Heer von Feinden zu führen hatte, wo Regierung, Protestantismus und Libera= lismus einander die Hand reichten, die katholische Kirche zu unterdrücken und zu Boden zu werfen, da mußte nothwendig der Gesammtclerus der Diöcese mit dem Bischofe in einmüthiger Gesinnung die Waffen führen, wenn dem Verderben mit Erfolg Widerstand geleistet werden sollte. Der Cardinal hatte es von Anfang an als eine seiner heiligsten Pflichten an= gesehen, eine in jeder Beziehung tüchtige Geistlichkeit heranzubilden: seine Worte fanden daher keine tauben Ohren, als er am 19. Juli 1866 sich an die Priester seiner Diöcese wandte und ihnen das Wort des heil. Paulus an Titus zurief: „In Allem erweise Dich als Vorbild in guten Werken, in der Lehre, in tabellosem Wandel, in priesterlicher Würdigkeit." Dieses Rundschreiben „über das Verhalten des Clerus in den gegenwärtigen Zeitverhältnissen" enthält eine Fülle tief durchdachter Mahnungen, und ist zugleich ein herrliches Zeugniß von der väterlichen Liebe des Cardinals zu seinen Priestern, wie von der treuen und unermüdlichen Hirtensorge, mit welcher er über seine Heerde wachte. Ueberhaupt schöpfte der Bischof aus der musterhaften Haltung seines Clerus süßesten Trost in dieser kummervollen Zeit. Vier der städtischen Pfarrer mußten auf Monate in die Verbannung wandern; mehr als zwanzig Priester wurden vor die Ge= richte gestellt und mehrere derselben ins Gefängniß geworfen, weil sie von der Treue gegen die kirchlichen Vorschriften nicht ablassen wollten. Leider mußte er in seinem folgenden Berichte an den heil. Stuhl vom 15. Jan. 1869 es beklagen, daß nicht nur jene drei Priester, die er im Jahre 1862 suspendirt hatte, nicht nur nicht zur Einsicht gekommen seien, sondern daß sogar der eine das geistliche Kleid abgelegt, in Staatsdienste getreten sei und ein Weib genommen habe. Außerdem war ein anderer Priester, der schon wegen Verführung und Diebstahl von den weltlichen Gerichten bestraft worden war, in Florenz zum Protestantismus übergetreten und hatte sich ebenfalls verheirathet.

Es gehörte wesentlich mit in den feindlichen Kriegsplan gegen die Kirche, dem Eintritte in das Priesterthum möglichst viele Hindernisse in den Weg zu legen und die Zahl der Geistlichen auf diese Weise zu vermindern. Schon das Gesetz vom 20. März 1854 hatte eine diesbezügliche Bestim= mung erlassen, dahin lautend, daß die Bischöfe von der Aushebung zum Militärdienst eine gewisse Zahl der Cleriker reclamiren könnten, und zwar Einen auf 20,000 Angehörige ihrer Diöcese. Vergebens erhoben sich die gewichtigsten Stimmen gegen diese Verfügung. „Was wird es uns helfen," rief Cesare Cantu, „wenn wiederum ein Attila die Grenzen Italiens be= droht, ob wir dann in unserem Heere tausend tonsurirte Soldaten haben? Da wird uns allein ein zweiter Leo der Große helfen, der, umgeben von seinen Leviten, die Wuth des Feindes zum Heile der Völker bändigt." Mit verschärfter Härte sollte das Gesetz im Jahre 1864 in ten beiden ehemaligen päpstlichen Provinzen von Umbrien und den Marken einge= führt werden. Da vereinte sich der gesammte Episcopat, um in einer Collectiveingabe an den König selber die drohende Gefahr abzuwenden (August 1864). Das „vom Feste Petri Kettenfeier" datirte Document

athmet ganz und gar die innige und väterliche Liebe, von welcher der Car=
dinal für sein Seminar durchdrungen, und die zärtliche Muttersorge, von
der sein Herz für die Zöglinge des Heiligthums erfüllt war. Geben wir aus
dem herrlichen Schriftstücke wenigstens die eine oder andere Stelle wieder:
„Könnte man den heil. Dienst des Priesterthums vernichten, so würde
man damit die Kirche selber zerstört haben, und gerade dieses war der
wahnsinnige Versuch Julians des Apostaten, als er verordnete, daß alle Unter=
thanen des Reichs ohne Unterschied zum Waffendienste herangezogen werden
sollten, mit Ausnahme der Greise, der Lahmen und der Krüppel, — ein
tyrannisches Gesetz, das gar bald durch Kaiser Valentinian wieder abge=
schafft wurde. Dem Herrn im Dienste der Kirche sich zu weihen, ist nicht
wie eine weltliche Profession, die man aus menschlichen Zwecken und um
zeitlicher Interessen willen ergreift. Es ist eine ganz besondere Auserwählung
Gottes, welcher Einzelnen die Berufsgnade ertheilt, ohne die nach dem
Worte des Apostels keiner es wagen soll, sich dem heil. Dienste zu nahen.
— Man wird sagen, daß doch nicht sämmtliche Jünglinge zum Militär
herangezogen werden, da es ja verschiedene Gründe gebe, welche davon dis=
pensiren. Nun, was die Körperschwäche und sonstige physischen Gebrechen
betrifft, die von den Waffen befreien, so sind dies meist dieselben, welche
nach kirchlichen Vorschriften auch vom Priesterthum ausschließen; zudem
ist schon der Gedanke peinlich, daß in einem ganz katholischen Volke Die=
jenigen, welche für das Militär zu schlecht sind, gut genug sein sollen, die
göttlichen Geheimnisse zu verwalten. Auch darf man nicht auf die wenigen
Anderen hinweisen, welche aus sonstigen Gründen vom Waffendienste frei
sind, weil sie nämlich die einzigen Söhne von Wittwen oder von greisen
Vätern sind. Majestät! man bewilligt, daß der heranwachsende Sohn
zur Stütze seines ergrauten Vaters, zum Troste in der Wittwenschaft
seiner Mutter verbleibe, und man findet keine Theilnahme für jene über
Alles theuren Söhne, die der himmlische Vater zu seinem heil. Dienste
ruft, und die für das Heil der Gläubigen die gemeinsame Mutter, die
Kirche, auserkoren hat? Und während man Sorge trägt, daß nicht eine
einzige Familie im Staate zu Grunde gehe, will man sich da gar nicht
kümmern um die Fortdauer der kirchlichen Hierarchie, welche für die ge=
sammte christliche Familie von' höchstem Interesse ist? — Es zerreißt unser
väterliches Herz, wenn wir mitten in ihrer Laufbahn aus unseren Semi=
narien theure Jünglinge, die Unterpfänder unserer süßesten Hoffnungen,
hinausgerissen sehen, und in dem Schmerze unserer Seele können wir es
nicht begreifen, daß in einem Lande, wo so viel von persönlicher Freiheit

die Rede ist, diese in der wichtigsten Lebensfrage eines Menschen nicht Platz haben soll, in der Wahl seines Standes und in der Freiheit, sich Gott zu weihen. — Majestät! das höchste Gut einer Nation besteht in der Moralität, und diese empfängt sie nur durch die Religion und den segensreichen Einfluß ihrer Diener. Wenn aber der Unterricht in der christlichen Lehre, die Predigt des göttlichen Wortes, der Empfang der Sacramente, die Furcht und der Dienst Gottes in einem Volke auf= hören, wird da die Gewalt der Waffen ausreichen, die Menschen auf dem Pfade der Pflicht zu erhalten? Und ist nicht die Sittlichkeit des Heeres selbst die Wirkung der öffentlichen Sittlichkeit, welche hinwiederum dem Volke durch die Religion eingepflanzt wird? Wir beschwören Ew. Majestät, wohl zu überlegen, in welchen Abgrund von Corruption eine Gesellschaft versinken muß, wenn auf der einen Seite die Zügel guter Sitten gehemmt, und auf der andern alle Wege des Verderbens offen gestellt werden. Was wird aus dem christlichen Volke werden, wenn die zarte Jugend keine Lehrer in der Religion mehr hat; wenn ihm der be= rufene Tröster der Wittwen und Waisen fehlt; wenn Keiner mehr da ist, der die Mühen und Arbeiten des gegenwärtigen Lebens mit den Ge= danken und der Hoffnung auf das künftige erleichtert, der die Thränen der Trauernden trocknet und dem Zweifelnden seinen Rath ertheilt und dem Sterbenden in der Todesstunde beisteht? — — Keine der gebildeten Nationen Europas, auch nicht die kriegslustigste, und selbst in Zeiten, wo man der bewaffneten Macht besonders bedurfte, hat je an ein solches Gesetz gedacht; und Italien, das katholische Italien soll darin der Welt das erste — unselige Beispiel geben?! — Nein, Ew. Majestät werden nicht gestatten, daß durch Decrete, die des Königs Namen an der Stirne tragen, jene heil. Religion geschädigt werde, welche die Fürsten der Apostel in Italien begründet haben, welche noch heute rein und unerschüttert unter uns besteht, und die den höchsten Schatz unseres theuren Vaterlandes bildet!"

Wie es scheint, haben dieses Mal die eindringlichen Worte des Epis= copats wenigstens für den Augenblick Erfolg gehabt; allein auch nur für kurze Zeit. Denn durch ein neues Gesetz vom 27. Mai 1869 wurde nicht nur die oben erwähnte Vergünstigung der Reclamation für den Altardienst aufgehoben, sondern zugleich diesem neuen Gesetze in der Weise rückwirkende Kraft gegeben, daß auch jene Cleriker, die im vorhergehenden Jahre militärpflichtig gewesen wären, jetzt nachträglich in die Uniform gesteckt wurden. So blieb denn jetzt nur noch ein einziges Auskunftsmittel übrig, der Freikauf vom Militärdienst; allein die Kirche war ja auf das gründ=

lichste ihrer Einkünfte beraubt worden: woher also die Gelder nehmen, die künftigen Diener des Altars freizukaufen? — Der Carbinal von Perugia gründete sofort im Jahre 1869 einen Verein von Geistlichen und Laien, der sich die edle Aufgabe stellte, durch regelmäßige jährliche Beiträge und Sammlungen die Summen zu gewinnen, um eine möglichst große Zahl der Cleriker vom Waffendienste zu befreien. So hat denn der Carbinal dafür gesorgt, daß die Reihen der Geistlichkeit nicht allzusehr gelichtet wurden; er selber aber ging den Vereinsmitgliedern mit seinem guten Beispiel vorauf, indem er alljährlich eine bedeutende Summe zu jenem Zwecke aus seinem Privatvermögen hergab.

Man kann das Decenium von 1860 bis 1870 als die eigentliche Periode des Kampfes im Leben unsers heil. Vaters bezeichnen. Wohl ist das Leben eines Bischofs, zumal in unseren Tagen, ein steter Streit wider die Mächte der Finsterniß, wider die Wogen der Bosheit; allein jene Jahre brachten doch so gewaltige Stürme, die Fluthen tobten mit solcher Wuth wider die Barke, deren Steuerruder der Carbinal von Perugia führte, daß nur sein unüberwindliches Gottvertrauen seinen Muth aufrecht halten, nur seine unerschütterliche Standhaftigkeit und unermüdliche Wach= samkeit das Schifflein retten konnte, damit es nicht ein Spielball der Wogen werde. „Ich bin", klagt er in seinem Berichte an den heil. Stuhl, „gleichsam in eine ganz andere Diöcese versetzt, da alle Verhältnisse, wie sie früher waren, über den Haufen geworfen sind. Wie der Steuermann, der gegen den Strom und gegen den Wind steuern muß, habe ich fortwährend gegen die un= abläßigen Nachstellungen der Feinde zu kämpfen. Die bischöfliche Thätig= feit hat. jetzt nicht nur jegliche Hülfe der weltlichen Macht verloren, sondern diese legt sich ihr allenthalben als ein Stein des Anstoßes in den Weg und bereitet dem Oberhirten unaufhörliche Kämpfe in der Er= füllung seines Amtes (Relationes ad Limina). Allerdings hatte er, als der Sturm endlich nachließ, schwere und schmerzliche Verluste zu beklagen, nicht nur an materiellen Mitteln, indem die Regierung die Güter der Kirche eingezogen und ihre Einkünfte auf das bescheidenste Maß be= schränkt hatte, nicht nur an Streitkräften, indem so viele Orden aufge= hoben, so manche wohlthätige Anstalten zerstört oder doch dem oberhirt= lichen Einflusse entzogen worden; was unendlich tiefer schmerzte, das war der Verlust auch an Seelen, die in dem Strudel der Neuerungen zu Grunde gegangen waren, während zugleich die unchristlichen oder unkirch= lichen Schulen auch das heranwachsende Geschlecht den Mutterarmen der Kirche zu entfremden drohten. Allein trotz so mancher beflagenswerther

Verluste durfte der Cardinal sich doch Glück wünschen über das, was er gerettet hatte. Sein Clerus war, mit verschwindender Ausnahme, untadelhaft und treu geblieben; das Seminar war erhalten worden und für den stetigen Nachwuchs der Geistlichkeit war gesorgt; das Volk im großen Ganzen, zumal auf dem Lande, hatte seine kirchliche Gesinnung bewahrt und hing mit einer Verehrung an seinem Oberhirten, welche selbst die Liberalen theilten. Denn das hatte seine Standhaftigkeit, sein tactvolles Verhalten, seine unerschütterliche Festigkeit, sein unermüdliches Wirken und seine tadellose Frömmigkeit auch bei den Gegnern der Kirche bewirkt, daß sie einen Mann hochachten mußten, der mit solcher Hingebung seine Pflichten erfüllte und ungebeugt durch Trübsal und Verfolgung, Undank und Gehässigkeiten seines erhabenen Amtes waltete. Zudem war in Mitten all der Kämpfe doch auch manches Friedenswerk gefördert worden; während die eine Hand die Waffen führte, arbeitete die andere am Baue Sions. Der Dom hatte eine neue Orgel und in der oberen Fensterreihe gebrannte Gläser mit Heiligenfiguren erhalten; auf Kosten eines der Canonifer wurde die Taufcapelle der Cathedrale ausgemalt. Von 1858 bis 1864 waren in den Diöcesen neun neue Kirchen erbaut worden; die Gelder dazu, im Betrage von 30,000 Scudi, hatten die Gläubigen zusammengebracht. In den vier folgenden Jahren erbaute der Cardinal drei neue Pfarrkirchen um 10,000 Scudi; drei andere waren der Vollendung nahe und für vier weitere lagen die Baupläne fertig. Das Seminar erhielt im Jahre 1862 durch Erbschaft eines perusinischen Priesters zwei neue Freistellen für arme Knaben aus der Stadt. — Die nunmehr folgende Periode im Leben Pecci's bis zur Erhebung auf den Stuhl Petri ist einer ruhigeren und friedlicheren Thätigkeit gewidmet; die vorhergehende schließt ab mit zwei Ereignissen, die wir im folgenden Kapitel zu schildern haben.

Sechstes Kapitel.

Das Vatikanische Concil und die Eroberung Rom's.

Als der heil. Vater im Jahre 1862 die Heiligsprechung der japanesischen Märtyrer feierte, hatte die italienische Regierung den Bischöfen die Reise nach Rom verboten, und so war der Cardinal seit dem Jahre 1856 nicht mehr in der ewigen Stadt gewesen. Bei der großen Säcularfeier des Todes des Apostel= fürsten, am 29. Juni 1867, war auch Pecci anwesend, und hier sprach Pius IX. zum ersten Mal öffentlich seine Absicht aus, eine all= gemeine Kirchenversammlung zu berufen. Ein Jahr darauf erging durch die Bulle Aeterni Patris an die sämmtlichen Bischöfe des Erdkreises die Einladung und der Befehl, zum 8. December des Jahres 1869 in der ewigen Stadt zur Eröffnung des vaticanischen Concils zusammen zu treten. Um die Hülfe des Himmels auf die hochwichtigen Berathungen der Väter herabzuflehen, hatte Pius von Neuem die Schätze der Kirche eröffnet und einen Jubiläums=Ablaß ausgeschrieben. Der Cardinal von Perugia ver= kündigte denselben seinen Diöcesanen durch seinen Hirtenbrief vom 24. Mai 1869; dann folgte am 22. October ein zweites Pastoralschreiben, in welchem er die Gläubigen über die Bedeutung und die Aufgabe eines allgemeinen Concils belehrte und die damals gegen dasselbe erhobenen Einwendungen und Angriffe zurückwies; zugleich ordnete er eine besondere Reihe von Predigten an, um das Volk genauer zu unterrichten. Dann reiste er nach Rom ab, wo er im Apostolischen Palaste des Quirinal seine Wohnung vorbereitet fand. Mit ihm hatten dort auch eine Anzahl italienischer und orientalischer Bischöfe, sowie Lachat von Basel, Greith von St. Gallen und Hefele von Rottenburg, im Ganzen funfzehn Väter des Concils Quartier erhalten.

Am 8. December wurde die Synode feierlich eröffnet; über 700 Kirchen= fürsten umgaben den Papst, als die Procession aus der sixtinischen Capelle die Königstreppe hinabwallte, um durch die Hallen des Petersdoms, vor= über am Grabe des Apostelfürsten, in die Concilsaula einzuziehen.

Um den erhöhten päpstlichen Thron im Hintergrunde schlossen sich in

- Exsurge Domine adjuna nos -

Leo P. P. XIII

Papst Leo XIII.
im erſten Jahre ſeines Pontificats.

einem weiten Halbkreise, zu welchem man auf einer Reihe von Stufen
emporstieg, die Sitze der Cardinäle; dort hatte auch der Cardinal von
Perugia seinen Platz. Daran fügten sich rechts und links die Halle hinunter, Bank über Bank emporsteigend, die Sitze für die Bischöfe. Ein
Gemälde über dem päpstlichen Throne stellte die Herabkunft des heil.
Geistes über die Apostel am Pfingstfeste, vier andere Gemälde stellten die
ersten großen Concilien dar; darüber lief ein Kranz von Medaillons mit
den Bildnissen derjenigen Päpste, unter welchen bisher allgemeine Kirchen-
versammlungen gefeiert worden sind. Zwei besondere Tribünen rechts und
links in dem unteren Theile der Aula waren für regierende Häupter, die
Botschafter und Gesandten der katholischen Mächte und andere fürstliche
Personen bestimmt. — Die Versammlungen waren theils berathende und
geschlossene, theils öffentliche. Um bei der Größe und Höhe der Halle
das Sprechen und Verstehen zu erleichtern, war nicht nur eine eigene
Kanzel in der Mitte der Aula für die Redner errichtet, sondern für die
berathenden Versammlungen war zudem ein Theil der Halle nach unten
zu durch eine hohe Wand abgeschieden, so daß dann die Väter auf einem
engeren Raume zusammensaßen. Zu den öffentlichen Sitzungen wurde das
Portal der Concilsaula nach dem Hochaltare der Peterskirche zu in der
Weise erweitert, daß die Gläubigen draußen an den Functionen Theil
nehmen konnten. In der Mitte der Halle stand ein Altar, auf welchem
in einer Art Tabernakel die vier Evangelien aufgeschlagen lagen, wie es
bei allen Concilien Brauch gewesen ist. Der päpstliche Thron befand sich
gerade dem Altare der Confessio des Apostelfürsten gegenüber; denn Petrus
ist es, der, noch immerbar lebend in seinen Nachfolgern, den Vorsitz führt
und seine Brüder stärkt und die Schafe, wie die Lämmer weidet.

Im Ganzen wurden vier öffentliche Sitzungen und gegen neunzig geschlossene Versammlungen oder General-Congregationen gehalten. Cardinal
Pecci hat an allen Versammlungen den gewissenhaftesten Antheil genommen;
für die dogmatischen Berathungen legte er im Bunde mit dem Cardinal
Riario Sforza von Neapel, unter zustimmender Beziehung auf eine Erklärung des Bischofs Gasser von Brixen, dem Concil ein Postulat in Betreff des Ontologismus vor, das auch vom Bischof Martin von Pader-
born in seiner lateinischen Sammlung der Documente des vaticanischen
Concils (S. 55) wiedergegeben ist.

Die letzte öffentliche Sitzung am 18. Juli 1870 endigte mit der feierlichen Verkündigung der päpstlichen Unfehlbarkeit; dann ward das Concil
vertagt, — man meinte bis zum nächsten Herbste. Wie anders sollte es

fommen! — Welch' gewaltige Ereignisse sind seit jenem Tage an unseren Augen auf der Schaubühne der Welt vorübergegangen; von den Cardinälen und Bischöfen, die damals das Te Deum sangen, mit welchem die Sitzung geschlossen wurde, sind wie viele seitdem gestorben! Als Pius IX. am 7. Februar 1878 zu Grabe bestattet wurde, ging der Leichenzug an der verschlossenen Außenpforte der Concilsaula vorüber: wird sein Nachfolger die Pforte öffnen und den Episcopat des Erdkreises wieder um sich sammeln, um die unterbrochene Arbeit seines Vorgängers fortzuführen und zu vollenden? —

Im Laufe des halben Jahres, während welchem das Concil tagte, hatte Cardinal Pecci die mannichfaltigste Gelegenheit, mit den Bischöfen aller Länder bekannt zu werden. Eine besondere Freundschaft verband ihn mit dem Cardinal Rauscher von Wien, neben dem er in der Aula seinen Platz hatte. Beide verkehrten viel mit einander; wiederholt war der Cardinal von Perugia beim Cardinal von Wien zur Tafel. Später pflegte dieser jedesmal seine Hirtenbriefe und sonstigen Publicationen seinem Freunde nach Perugia zu senden. In der täglichen Unterredung mit den übrigen im Quirinal wohnenden Vätern des Concils, wie mit den anderen lernte er zugleich die Verhältnisse der gesammten Kirche genauer kennen und gewann damit eine Einsicht und einen Ueberblick über die Diöcesen der verschiedenen Länder und Nationen, der ihm nachher vom allergrößten Nutzen sein mußte. Jenes halbe Jahr ist für ihn eine Schule reichster Erfahrungen gewesen. —

Die Dogmatisirung der päpstlichen Unfehlbarkeit hat im italienischen Volke keine jener Bewegungen und Stürme hervorgerufen, wie sie anderwärts zu beklagen gewesen sind. Die Diöcese Perugia im Besondern nahm die Verkündigung mit gläubiger und freudiger Unterwerfung an; das Geschrei der anglikanischen Prediger fand dort taube Ohren. Als Pius IX. im Jahre 1871 sein Papstjubiläum feierte, da schilderte der Cardinal Pecci in seinem Hirtenbriefe vom 18. Juni, dem Tage des Festes, die Prärogative des römischen Papstes. Aber indem er die erhabene Stellung des obersten Statthalters Gottes auf Erden, des höchsten und unfehlbaren Lehrers der Kirche, den Gläubigen auseinandersetzt, thut er es nicht durch Anführung einer Reihe von Beweisen und Zeugnissen, die er eingehend erörtert, um zum Glauben zu überzeugen; er weiß, daß sein Volk glaubt, und so wird sein Hirtenbrief zu einer glanzvollen Schilderung der päpstlichen Würde, Macht und Erhabenheit, die er in großartigen Zügen dem gläubigen Auge vorführt. „Wie aus einer einzigen Quelle zahlreiche Bäche ausgehen und genährt werden, und wie die verschiedenen Zweige eines Baumes alle auf dem Stamme beruhen, aus dessen Lebenssaft sie wachsen, so haben auch im Haushalte Gottes die Vorsteher der einzelnen Kirchen Leben und Kraft, weil verbunden durch die Bande der hierarchischen Unter= ordnung mit dem Oberhaupte, dem Papste zu Rom. Schneidet diese Bande durch, und jene Auctorität wird hinfällig, wie die Bäche vertrocknen, die nicht mehr mit der Quelle zusammen hängen, wie die Zweige ver= dorren, die vom Stamme abgeschnitten sind." .... Indem der Cardinal dann im Näheren auf die päpstliche Unfehlbarkeit eingeht, sagt er: „Wie kann das Wort des Herrn in Erfüllung gehen, daß die Pforten der Hölle weder durch Gewalt, noch durch List, noch durch Irrthum etwas wider die Kirche vermögen sollen, wenn sie gegen den Eckstein Macht hätten, auf dem das Gebäude ruht? — Hat nicht Christus für Petrus gebetet, daß sein Glaube nicht wanke? Und wird dieses Gebet vielleicht wirkungslos geblieben sein? Nein, gerade in Folge und Wirkung dieses Gebetes legt Jesus Christus dem Petrus die Pflicht auf: Stärke die Brüder; an ihn ist in specieller Weise das Wort des göttlichen Meisters gerichtet: Weide meine Lämmer, weide meine Schafe. Jene Pflicht hätte Petrus nicht er= füllen können zum Heile der Kirche, wenn er selber im Glauben hätte fehlen können. Empfing die Kirche, unfehlbar in ihrem Glauben, von ihrem göttlichen Stifter die Weisung, gelehrig und ohne Widerspruch die Stimme eines Lehrers zu hören, der da irren oder fehlen könnte, dann wäre sie, weit entfernt, die Säule und Grundfeste der Wahrheit zu sein, mit vollstem Rechte die Synagoge des Teufels, die jämmerliche Sclaverei von allerlei Irrthümern zu nennen."

Als der Cardinal diesen Hirtenbrief erließ, da war schon ein Er= eigniß eingetreten, dessen Folgen er später als Papst auf das nachdrück= lichste empfinden sollte. Kaum war er vom Concil nach Hause zurückge= kehrt, als die Truppenbewegungen des piemontesischen Heeres begannen, die ihren Weg über Perugia auf die päpstliche Grenze zu nahmen. Tags vor der letzten Sitzung des vaticanischen Concils war die französische Kriegserklärung an Deutschland abgegangen; Napoleon zog seine Truppen aus dem Kirchenstaate und überließ den Papst seinen Feinden. Am 6. August schiffte sich General Dumont mit dem französischen Occupationsheere zu Civitavecchia ein, an demselben Tage, an welchem Napoleon seine blutige Niederlage bei Wörth erlitt. Als Frankreich besiegt am Boden lag, be= nutzte die italienische Regierung den Augenblick, den letzten Rest des Kirchen= staates an sich zu reißen.

Da der Cardinal Pecci in die betreffenden Vorgänge persönlich nicht verwickelt gewesen ist, so kann es hier nicht unsere Aufgabe sein, auf die Geschichte der Occupation näher einzugehen.*) Als Kirchenfürst und Cardinal mußte er allerdings jenes Ereigniß mit tiefstem Schmerze und mit innigstem Mitleiden gegen Pius IX. betrachten, dem damit der Kelch des Leidens bis zum Rande gefüllt wurde. Dieser Theilnahme gab der Cardinal sammt dem Capitel im Namen der ganzen perusinischen Kirche Ausdruck in einer Adresse, die er an den heil. Vater richtete und in der es unter anderm heißt: „Auf das lebhafteste fühlen wir all das bittere Leid, womit das väterliche Herz Deiner Heiligkeit betrübt wird; wir beklagen die Blind= heit und Verirrung jener unbankbaren und entarteten Söhne, die mit den Feinden der Kirche sich verbündeten, ihr höchstes Oberhaupt zu bekämpfen; voll Unwillen verabscheuen wir all die Hinterlist und die Ränke, und die schlecht verhüllte Gewaltthätigkeit, die man in Anwendung brachte, den römischen Pontificat seiner Würde und Unabhängigkeit zu berauben. In= dem wir mit der ganzen Christenheit gegen die Bestrebungen der Finsterniß protestiren, flehen wir zum Fürsten aller Hirten, daß er die Durchführung solch' ruchloser und sacrilegischer Bestrebungen nicht zugebe, sondern in Deiner Person den schon oft bewunderten Triumph erneuere, der es auch den ungläubigen Augen ersichtlich mache, daß der Stuhl Petri der Eckstein ist, an welchem jede menschliche Macht zersplittert."

Im Uebrigen ist die Occupation Roms und der einstweilige Unter= gang der weltlichen Herrschaft des Papstthums von solchem Gewicht für den Pontificat Leo XIII., daß wir die Bedeutung und die Folgen jener Thatsachen doch auch hier etwas näher ins Auge zu fassen haben.

Der 20. September 1870 hat das Erbtheil Petri in die Hände der Piemontesen überliefert, den heil. Stuhl seines weltlichen Besitzthums be= raubt, das Papstthum zum Gefangenen des italienischen Königs gemacht. Rom, das Eigenthum und die Hauptstadt der ganzen katholischen Welt, wurde zur Capitale eines neugebackenen Reiches degradirt, eines Reiches, bei dessen Aufbau man nicht gefragt hatte, ob das Gebäude auf Fels oder Sand gebaut sei.

Tausend Jahre lang hatte der Papst als weltlicher Fürst und Souverän Sitz und Stimme im Rathe der Fürsten gehabt; im Jahre 1867 hatten die Bischöfe die gemeinsame Erklärung abgegeben, daß unter den gegen=

---

*) Wir haben sie damals weitläufig geschildert in dem bei Russell erschienenen Schriftchen: „Der italienische Raubzug wider Rom," worauf wir hiermit verweisen.

wärtigen Zeitverhältnissen die weltliche Herrschaft des Papstes eine rela=
tive Nothwendigkeit für die Kirche sei; die Feinde rechneten darauf, daß
mit jener auch das Papstthum und der Katholicismus vernichtet sein werde.
Allein mag friedlich die Sonne auf den Fels im Meere niederscheinen,
oder aber die schäumende Brandung tosend im Sturm über ihn zusammen
schlagen, seine Wurzel ruht im ewigen Grunde; im Frieden, wie im
Kampfe der Elemente steht er unerschütterlich.

Ist es bloßer Zufall, daß die Catacomben gerade in unseren Tagen
wieder erschlossen worden sind, diese beredten Zeugen für die Wahrheit,
daß das Papstthum auch im Kerker und auf dem Schaffot die Welt regiert?

Die moralische Stellung und Bedeutung des heil. Stuhles ist durch
den Verlust der weltlichen Herrschaft keine schwächere geworden. Der Ge=
fangene im Vatican trägt eine Krone, welche Menschenhand ihm nicht von
der Stirne reißen kann; und legte man ihn auch in Fesseln, so wird er
auch in Fesseln jenen Herrscherstab tragen, vor dem die Herzen und die
Geister einer Welt sich beugen. Unsere materielle Zeit bedurfte gerade
des greifbaren und augenfälligen Beweises, daß die Kirche so groß und
göttlich ist, daß sie den Verlust der irdischen Machtstellung schmerzlos ver=
winden kann.

Aber wenn die Institution als solche durch den Tag des 20. Sep=
tember nicht wesentlich gelitten hat, so ist der Träger derselben, der jedes=
malige Papst, so lange die gegenwärtigen Verhältnisse dauern, in eine
Lage gebracht, die Niemand als eine normale bezeichnen kann. Man mag
den Begriff der Gefangenschaft im Vatican so weit nehmen, wie man will,
das muß Jeder, der die römischen Zustände kennt, zugestehen, daß der
Papst seit 1870 den Vatican nicht verlassen kann und darf; er ist mora=
lisch ein Gefangener des Königs von Italien. Das war Pius IX., das
ist Leo XIII., das werden die Nachfolger sein, so lange das Haus Savoyen
seinen Thron in den Mauern der ewigen Stadt stehen hat. Wir erinnern
nur an die Ereignisse und Ruchlosigkeiten am Tage der Krönung des
jetzigen Papstes. Mit dieser Gefangenschaft hängt dann aber weiterhin
eine Reihe von Hemmnissen in der oberhirtlichen Wirksamkeit des Papstes
zusammen, auf welche Pius IX. oft genug hingewiesen hat.

Die römische Frage ist heute ungelöst, wie vor acht Jahren. Leo XIII.
und Humbert I. werden ebenso wenig in Rom selber eine Aussöhnung
eingehen können, als Pius IX. es mit Victor Emanuel vermochte. Das
italienische Garantie=Gesetz ist keine Basis zu einem Frieden. In der
Entscheidungsfrage aber, ob das Papstthum oder aber das Königthum den

Kampfplatz wird verlassen müssen, giebt uns die Geschichte Roms und des heil. Stuhles seit anderthalb tausend Jahren die Antwort.

In Deutschland waren die Bischöfe bis zur französischen Revolution Landesherren; sie haben, unbeschadet ihres Hirtenamtes, auf die Souveränität verzichten und Unterthanen werden können. Nicht so der Papst. Als Gefangener oder als Flüchtling wird er ewig bleiben, was er ist; den Unterthan, den Hofbischof des Königs von Italien wird die Welt nicht mehr als das geistliche Oberhaupt der katholischen Kirche anerkennen.

Italien ist in seiner nationalen Formirung glücklicher gewesen, als Polen. Allein, es dürfte fraglich sein, ob Ein Pole seinem Vaterlande eine solche Auferstehung wünscht, wie die Italiens, dessen Einheit mehr im Aeußern, als im Innern ist, dessen nationale Existenz einzig von der Gunst der Zeitverhältnisse abhängt, und das, so lange es besteht, in zwei große und unversöhnliche Lager, das kirchliche und das antikirchliche, gespalten sein wird, — von anderen Parteiungen ganz abgesehen.

Nun, und dieses haltlose, in der Luft schwebende Staatengebilde steht gegenüber dem unerschütterlichen Felsen Petri! Das Papstthum hat in den verflossenen acht Jahren ruhig zuschauen können, wie das neue Reich an seiner eigenen Zerbröckelung arbeitet. Schon ist das Königthum zu einem Schatten geworden; die Republik steht vor der Thür, und ihr auf dem Fuße folgt die Auflösung des Einheitsstaates von Italien. Dann aber ist die Stunde gekommen, wo der heil. Stuhl seine Rechte wieder geltend machen muß, — und wir glauben, daß Leo XIII. diese Stunde erleben wird.

Wünschen wir den Kirchenstaat in der Form und Verfassung zurück, wie er ehemals war? Das nicht. Allein die sprichwörtlich gewordene Erbweisheit Rom's wird in den gegebenen Verhältnissen das Richtige zu treffen wissen. Das Geschlecht aber, das nach uns kommt, wird die Periode, welche Italien jetzt durchlebt, als die Zeit eines schweren Fiebers betrachten; — gebe Gott, daß unter den Auspicien des Papstthums nach der Krankheit gesunde Zustände wiederkehren!

Vom Apostolischen Palast des Quirinal schaute der Cardinal Pecci während der Zeit des Concils die Peterskuppel, wie sie sich hoch und stolz über die Stadt erhebt. Wie nahe war damals der Tag, wo jener Palast des Papstes von den Piemontesen occupirt, mit Gewalt erbrochen und zum Königshofe Victor Emanuels hergerichtet werden sollte! Möge bald der Tag erscheinen, wo der Cardinal als Leo XIII. wiederum jenen Palast betreten und wiederum hinüberschauen darf nach dem Dome des Apostel=fürsten, nach diesem großartigen Sinnbilde des Triumphes der katholischen Kirche über alle ihre Feinde! —

Siebentes Kapitel.

— —

Tage freundlicher Erinnerung.

Wir haben nunmehr noch den letzten Abschnitt, die letzten acht Jahre im Leben unseres heil. Vaters bis zu seiner Erhebung auf den Stuhl Petri zu betrachten. Große und bedeutsame Ereignisse und Vorgänge fallen nicht in diese Periode; es ist mehr eine Zeit friedlichen Wirkens nach den unaufhörlichen Kämpfen der vorhergehenden Jahre. Die politischen Leidenschaften hatten mit der Eroberung Roms ausgetobt; die Verhältnisse hatten sich consoli=dirt; vielfach war eine starke Ernüchterung der künstlich gemachten Be=geisterung gefolgt. Das Volk begann, wie der Cardinal voll Freude an den Papst berichtet, sich im großen Ganzen wieder mehr der Kirche zuzu=wenden. Die vorhergehende Periode hatte dem Oberhirten Tage der Trübsal und des Kummers in Menge, dagegen kaum einen Tag gebracht, an den er mit besonderer Freude zurückdenken mochte. Jetzt kamen deren mehrere, die gleich heitern Sternen in den hereinbrechenden Lebensabend des Cardinals niederleuchteten.

Schon im Jahre 1869 hatte er das fünfundzwanzigjährige Jubiläum seiner Bischofsweihe gefeiert; am 19. Januar 1871 waren es abermals 25 Jahre, seitdem Gregor XVI. ihn auf den Hirtenstuhl von Perugia er=hoben hatte. Unter der päpstlichen Regierung würden diese Ereignisse mit großen äußeren Festlichkeiten begangen worden sein; allein so wenig das Papstjubiläum Pius IX. in Rom öffentlich gefeiert werden durfte, ebenso=wenig konnte man in Perugia daran denken, das Fest des Cardinals anders, als im Innern der Kirche und im Kreise der ihm zunächst Stehenden zu begehen. So wurden denn in Folge einer Verfügung des Domcapitels vom 11. Januar für den Festtag die Aussetzung des Aller=

heiligsten im Dome den Tag über, ein feierliches Amt um zehn Uhr, für den Abend aber Festpredigt, To Deum und Segenspendung angeordnet; der gesammte Clerus der Stadt sollte diesen Functionen bei=wohnen. Der Dom war zu der Feier in reichster Weise ausgestattet worden; über dem Portale desselben prangte eine lateinische Inschrift, deren Ver=fasser der als Latinist berühmte Domherr und jetzige Bischof Rotelli war. Nach der kirch=lichen Feier am Morgen, die in würdigster Weise verlief und an welcher sich das ganze Volk von Perugia mit erbaulichem Eifer betheiligte, erschien gegen Mittag das Dom=capitel und die Pfarrgeistlich=keit im Bischofshofe, Sr. Emi=

Portrait Cardinal Pecci's aus der Zeit seines 25jährigen Bischof=Jubiläums.

nenz die gemeinsamen Glück=wünsche darzubringen. Zu=gleich wurde dem Jubilar eine prächtige Erzstatue der unbefleckten Jungfrau überreicht, die, von einem Perusiner Künstler gefertigt, auf der jüngsten kirchlichen Kunstausstellung zu Rom 1870 den Preis davon getragen hatte. Die Festtafel würzten die Professoren des Seminars durch Dichtungen mancherlei Art, die sie für diesen Tag verfaßt hatten, da sie wußten, welch' besondere Freude der Cardinal an solchen Poesien habe; er selber antwortete ebenfalls in lateinischen Versen, in denen sich seine innige Hirtenliebe zu der Kirche von Perugia in rührendster Weise offenbarte und die er mit dem Verse schloß: „Haec mater vobis, haec mihi sponsa data est; Mir hat der Herr sie zur Braut, zur Mutter euch sie gegeben." Von allen Seiten, aus Nah und Fern, liefen Glückwünsche ein; bei der Feier am Abend war der Dom gedrängt voll von Gläubigen; mit innigstem Jubel begrüßte alles Volk den verehrten Oberhirten.

Bald darauf nahm der Cardinal die erste Bischofsweihe vor, indem er im Auftrage des Papstes den neuen Oberhirten der Diöcese von Or=vieto und seinen eigenen Weihbischof Carmelus Pascucci im Dome consecrirte.

Eine besonders süße Erinnerung knüpfte sich für den Cardinal an die Tage, die er in stiller Zurückgezogenheit und in geistlichen Uebungen bei den Söhnen des heil. Franciscus auf dem Berge Alvernia zubrachte. In der Provinz Casentino im Toscanischen, an den Quellen der Tiber und des Arno, auf waldigen Höhen, über denen noch höhere Berge und kahle Felsen ringsum emporsteigen, findet der fromme Wanderer drei hoch= berühmte Heiligthümer, das ist dasjenige des heil. Romuald zu Camal= doli, das des heil. Johannes Gualbert zu Vallombrosa und das des heil. Franciscus auf dem Berge Alvernia. Diese letztere Stätte, welche Dante „den nackten Fels zwischen Tiber und Arno nennt, wo Franciscus das letzte Siegel von Christus empfing," hatte der Heilige im Jahre 1213 von dem Grafen von Chiuzi zum Geschenk erhalten; zwei Jahre vor seinem Tode zog er sich dorthin zurück, um sich durch vierzigtägiges Fasten auf das Fest des heil. Michael vorzubereiten. Eines Morgens, um die Zeit des Festes von Kreuzerhöhung, als er mit besonderer Innigkeit das Leiden des Heilandes betrachtete, hatte er die bekannte Erscheinung eines gekreuzigten Seraphs, der ihm die Wundmale eindrückte. Schon in den Tagen des heil. Bonaventura war die Einsiedelei von Alvernia ein hoch= verehrtes Heiligthum, dessen besondern Schutz die Stadt Florenz sich zur Ehrensache machte. Die kleine, aus der Zeit des heil. Franciscus stammende Capelle „zu den Wundmalen" steht noch, geschmückt mit den Kunstschöpfungen eines Andreas und Lucas della Robbia. Da= neben erhebt sich die aus dem Anfange des 15. Jahrhunderts stammende größere Kirche; jeden Abend nach der Complet und allnächtlich nach den Metten halten die Patres Procession von der Kirche hinüber zur Capelle. Unter den vielen Heiligen des Franciscanerordens, welche hier gelebt haben, nennen wir insbesondere den eben erwähnten heil. Bonaventura. Bis zum Jahre 1431 hatten die Conventualen das Kloster inne; dann übergab Eugen IV. es den Obfervanten, bis Urban VIII. es einem dritten Zweige des Francis= caner=Ordens, den Minoriten, zuwies. Die italienische Regierung hat auf die Vermittelung der Stadt Florenz hin die hochberühmte Einsiedelei bei der Aufhebung der Klöster geschont, und so befinden sich jetzt noch fort= während gegen 50 Patres daselbst, die in ödester und wildester Abge= schiedenheit und in strengster Abtödtung lebend, eher dem Himmel, als der Erde anzugehören scheinen. — Wir haben nun schon früher der besonderen Verehrung gedacht, welche der Cardinal gegen den heil. Franciscus im Herzen hegte; der vierwöchentliche Aufenthalt auf dem Berge Alvernia im Jahre 1872 erhöhte dieselbe noch. Er wollte die heil. Stätte nicht ver=

laſſen, ohne der Zahl der Jünger des Heiligen zugeſellt zu ſein, indem er ſich in den dritten Orden aufnehmen ließ.

Zwei Jahre ſpäter, am 15. Juli 1874, wo das ſechshundertjährige Gedächtniß an den heil. Bonaventura auf dem Berge Alvernia mit beſonderer Feierlichkeit begangen wurde, erſchien der Carbinal abermals daſelbſt, um an dieſer Verherrlichung des Kirchenlehrers und ſeines großen Meiſters theilzunehmen.

Kurz vorher, am 7. März, hatte er in der Dominicanerkirche zu Perugia der Säcularfeier eines anderen, von ihm hochverehrten Heiligen, des heil. Thomas von Aquin, beigewohnt. Am Morgen celebrirte er daſelbſt die heil. Meſſe, am Nachmittage wohnte er der Predigt bei und ſpendete nachher den feierlichen Segen.

Im Sommer 1876 unternahm der Carbinal, begleitet von ſeinem Secretär Marzolini und dem Canonicus Calai, eine Wallfahrt nach Loreto, wo er am 27. Auguſt im „heiligen Hauſe" celebrirte. Es war das ein Tag ganz beſonderer Anbacht und Erhebung für den treuen und unermüdlichen Verehrer der ſeligſten Jungfrau; und da dieſes Jahr zugleich das dreißigſte ſeiner biſchöflichen Wirkſamkeit in Perugia war, ſo erhielt dieſe Wallfahrt noch den beſonderen Charakter der Dankſagung für den Segen, den der Himmel ihm in ſeinem oberhirtlichen Amte bisher hatte zu Theil werden laſſen.

Am 3. Juni 1877 feierte Pius IX. ſein fünfzigjähriges Biſchofsjubiläum. Mit den Biſchöfen von Umbrien, Picenum und der Aemilia erſchien der Carbinal am 9. Juni vor Sr. Heiligkeit und hielt im Namen ſeiner hochwürdigſten Amtsgenoſſen die Anrede an den Jubilar. — Wenige Tage darauf, am 21. Juni, nahm der Carbinal eine dritte Biſchofsweihe vor, indem er in ſeiner Titelkirche zum heil. Chryſogonus ſeinen General-Vicar, Carl Lorenzi, conſecrirte. Die Patres Trinitarier, deren Convent den Gottesdienſt an jener Kirche verſieht, erzählten uns mit rührender Frömmigkeit, mit welcher Erbauung der Carbinal die heil. Function vorgenommen habe.*) Sie berichteten uns auch von einer anderen früheren Feier, in den Tagen des vaticaniſchen Concils, wo die Eminenz, umgeben von zwölf Biſchöfen, am Titelfeſte der Kirche die Veſper und das Hochamt in San Criſogono geſungen hatte.

---

*) Die nächſte biſchöfliche Conſekration vollzog unſer heil. Vater, als er bereits den Apoſtoliſchen Stuhl beſtiegen hatte, indem er den Carbinal Borromeo weihte.

Zu den allerdings häufiger wiederkehrenden Tagen, obschon sie dem Cardinal stets besondere Feiertage angenehmer Erinnerung waren, gehörten jene, an welchen er den Zöglingen seines Seminars die heil. Weihe ertheilte, und jene, wo er in der Mitte seiner Priester erschien, wenn sie sich zu geistlichen Uebungen versammelt hatten. Dann war er allemal glücklich, und Freude und Heiterkeit leuchteten aus seinen Augen. Was konnte es auch für den Oberhirten Erfreulicheres geben, als die Ueberzeugung, daß der Himmel ihm einen Clerus beschieden habe, der von der Erhabenheit seiner Aufgaben und Pflichten möglichst durchdrungen, in der eigenen Heiligung die Heiligung des Volkes erstrebte; was konnte ihn mehr trösten, als die Thatsache, daß der Beruf zum Priesterstande immer neue Sprößlinge des Heiligthums in seinem Volke hervorbrachte. —

Dieses Capitel ist das kürzeste unseres Buches. Wenn überhaupt im Menschenleben die Tage hoher Freude sich zählen lassen, dann gilt das noch mehr von dem Leben eines Bischofs, zumal in der Gegenwart. Die heil. Bürde läßt ihn niemals der Sorgen und der Verantwortlichkeit vergessen, die er auf seine Schultern genommen hat, und die freudigen Stunden, die ihm zu Theil werden, sind die kärglich zugemessene Erquickung, die den Stellvertreter des Gekreuzigten in der Erfüllung seiner schweren Pflichten aufrecht erhalten soll.

Achtes Kapitel

Sorgen des Cardinals für seinen Klerus und für sein Volk.

enn zu irgend einer Zeit", — so schreibt der Cardinal im Jahre 1872 in seinem Berichte über den Stand seiner Diöcese an Pius IX. — „wenn zu irgend einer Zeit aus der rechten Erziehung jener Zöglinge, die zum Dienste des Heiligthums heranwachsen, der Schmuck der ganzen Kirche und das Heil des christlichen Volkes abhängig gemacht worden ist, dann gilt das besonders in der Gegenwart. Diejenigen, welche von Christus das Licht der Welt und das Salz der Erde genannt worden, müssen durch den Glanz aller Tugenden und Kenntnisse dem Volke vorleuchten, um es vor dem Verderben des Lasters zu bewahren. Da dies aber für Jeden unerreichbar ist, wofern er nicht von seinen frühesten Jahren auf dazu angeleitet worden, so ist alle Sorgfalt auf die Erziehung der Jugend zu verwenden. Das war denn auch die Ursache, daß ich nichts unversucht ließ und keine Sorgen und Kosten scheute, damit mein Seminar dieser hocherhabenen Aufgabe vollkommen entspreche. Daher wurde nicht blos der Bau in besseren Stand gesetzt, sondern auch räumlich erweitert, indem ich einige Theile des Bischofshofes, die an das Seminar stießen, demselben zur Benutzung überwies. Die meiste Sorgfalt jedoch verwandte und verwende ich darauf, daß in die Herzen der Zöglinge der Same der Frömmigkeit und Tugend gestreut werde, und indem ich auf mancherlei Weise ihre Frömmigkeit zu heben, ihre Sitten zu veredeln suchte, habe ich geeignete Männer an die Spitze des Seminars gestellt, um mit aller Gewissenhaftigkeit über die Zöglinge zu wachen; und ich selber theile diese Wachsamkeit, damit die Zöglinge bei Zeiten den rechten Weg des Heiles einschlagen und ihn beharrlich verfolgen. Nicht minder wende ich Alles auf, damit in Bezug auf die Studien und die wissenschaftliche Heranbildung nichts zu wünschen übrig bleibe." Der Cardinal setzt dann weiter auseinander, wie er den Schulplan dem der staatlichen Anstalten angepaßt habe und wie das Seminar sich bei Allen des besten Rufes erfreue, selbst bei denen, welche grundsätzlich Gegner kirchlicher Institute sind; wiederholt hätten dieselben laut ihren Beifall ausgesprochen. In der That hat die von der Regierung eingesetzte Commission zur Leitung des Unterrichts nur zwei Mal die Schulen des Seminars besucht; das Resultat ihrer Prüfung war ein so glänzendes, daß sie sich fortan jeder weiteren Einmischung enthielt. Der gesammte Gang der Ausbildung umfaßte zunächst in fünf Classen die Gymnasialstudien, dann in drei Classen die Philosophie und endlich in vier Jahrgängen die Theologie. In dem vierjährigen theologischen Cursus bildeten Dogmatik und Moral die Hauptgegenstände des Unterrichts; dazu kamen in den beiden ersten Jahren die Bibelerklärung und kirchliche Beredtsamkeit, in den beiden letzten Kirchengeschichte und Liturgik. — „Der beste Beweis für den guten Ruf, den das Seminar genießt", fährt der Cardinal in seinem Berichte fort, „ist der, daß jährlich, obgleich ich das Schulgeld keineswegs niedrig festgestellt habe, über 70 Schüler demselben anvertraut werden, nicht blos aus meiner eigenen Diöcese, sondern auch aus den benachbarten Diöcesen Umbriens und Etruriens; alljährlich muß ich sogar eine Anzahl von Bittgesuchen wegen Mangel an Raum abweisen. Um solche Erfolge zu erzielen, dazu haben, wie ich glaube, nicht wenig beigetragen einerseits die Aufsätze bald über theologische, bald über philosophische Fragen, die von den begabteren Schülern ausgearbeitet und gegen Ende des Schuljahres publicirt wurden, andererseits die öffentlichen Prüfungen und Wettkämpfe über Literatur und Poesie, wie sie nach der feierlichen Preisvertheilung alljährlich in Gegenwart der angesehensten Leute aus allen Ständen stattfinden." Der Cardinal klagt dann, trotz der Erhöhung des Schulgeldes müsse er alljährlich aus seinen ohnehin bescheidenen Einkünften namhafte Summen beisteuern. In der That besaß das Seminar ehemals 25 Besitzungen, aus deren Erträgen es unterhalten wurde; die Regierung hatte die Einnahmen auf 6000 Francs beschränkt. Doch hat der Cardinal unter anderen eine Besitzung um den Preis von 36,000 Francs zurückgekauft und sie dem Seminar wiedergegeben.

Haben wir im Vorhergehenden mit den eigenen Worten des Oberhirten seine Thätigkeit für das Seminar geschildert, so mögen hier noch einige weitere Notizen folgen, wie wir sie in Perugia gesammelt haben. Entsprechend den Vorschriften des Tridentinischen Concils umfaßt der Lehrplan des Seminars die gesammte Ausbildung von der untersten Classe der Gymnasialstudien an; bis zur eigentlichen Theologie konnten daher auch

Knaben und Jünglinge, welche keinen Beruf zum Priesterstande hatten, dem Unterrichte beiwohnen. Damit hatte der Cardinal seinen Diöcesanen wenigstens ein Auskunftsmittel gegeben, um ihre Kinder nicht den religionslosen und religionsfeindlichen staatlichen Anstalten anzuvertrauen. In der alle Vierteljahre abzuhaltenden öffentlichen Prüfung war Pecci nicht nur regelmäßig zugegen, sondern er examinirte auch selber die Gymnasiasten in den Classikern, die Theologen in der Philosophie und Dogmatik, und da wurde der Examinator nicht selten zum Lehrer, für die Schüler, wie für die Professoren. Die Spaziergänge und Spiele der Zöglinge wurden durch eigene Präfecten überwacht; wie wir uns selber in Perugia überzeugt haben, und wie wir es aus eigener anderweitigen Erfahrung wissen, hat eine solche Ueberwachung keineswegs eine niederbrückende Wirkung auf die fröhliche Heiterkeit der Jugend. — Eine Menge alter Sculpturfragmente ließ der Cardinal in die Mauern des Seminarhofes einfügen, ebenso eine Gedenktafel, welche daran erinnerte, daß in Perugia fünf Mal Conclave stattgefunden hatte. So weckte er bei den Zöglingen das Interesse an der Geschichte und der Erhaltung der alten Baudenkmäler. Aus demselben Gedanken war auch eine frühere Verfügung an die Pfarrer ergangen, das Archiv an einem besonderen und geeigneten Orte der Kirche oder der Pfarrwohnung aufzubewahren, damit keine Documente verschleppt würden oder verloren gingen; der Verordnung war Androhung von Strafen für die Saumseligen und Nachlässigen beigefügt. Er selber ließ gewisse Räume des bischöflichen Palastes, die ehemals als Gefängnisse gedient hatten, umbauen und dieselben für das Archiv herrichten.

Die seit 1859 ins Leben gerufene Academie des heil. Thomas hatte durch die politischen Ereignisse eine Störung in ihrer Thätigkeit erfahren. Nachdem der Cardinal am 14. December 1871 die den Zeitverhältnissen entsprechenden Aenderungen an den Statuten vorgenommen hatte, wurde die Academie am 23. Januar 1872 mit frischen Kräften, zumal aus dem jungen Clerus, erneuert, um insbesondere die falschen Lehren und Principien unserer Zeit gründlich widerlegen und bekämpfen zu lernen. Er selber präsidirte stets den monatlichen gelehrten Cirkeln. Zum Centenarium des heil. Thomas (7. März 1874) gab die Academie einen Band von Dissertationen heraus, um so auch ihrerseits zur Verherrlichung des „engelgleichen Lehrers" beizutragen.

Damit aber für den Seelsorgeclerus mit dem Studium der Dogmatik das der Moral Hand in Hand gehe, verordnete der Cardinal auf Grund älterer Verfügungen von Provincial-Synoden, daß die Pfarrgeistlichkeit der ganzen Diöcese monatliche Conferenzen halten solle, auf welchen Fragen aus der Moral und Liturgie zur Besprechung kämen. Diese An= ordnung wurde durch Verfügung vom 5. December 1877 neuerdings ein= geschärft. Der Cardinal war damals schon nach Rom übergesiedelt; die Verfügung ist die letzte Mahnung, die er vor seiner Erhebung auf den Stuhl Petri an seinen Clerus richtete: der Oberhirt konnte nicht würdiger von seinen Mitarbeitern scheiden, als indem er ihnen zurief: „Lernet ge= wissenhaft die Kunst aller Künste, die Leitung der Seelen!"

Der Verein zur Freikaufung angehender Priester vom Militärdienst wurde besser organisirt und Geistlichen wie Laien zu der regelmäßigen Ein= sammlung der Beiträge Anweisung gegeben. Zudem stiftete der Cardinal im Jahre 1872 einen neuen Verein unter den Priestern seiner Diöcese, welchem er auf Bitten derselben seinen Namenspatron zum Schutzheiligen gab. Dieser St. Joachimsbund zu gegenseitiger Hülfe hatte die Aufgabe, kranken, altersschwachen und hülfsbedürftigen Priestern Unterstützung aus einer gemeinsamen Kasse zufließen zu lassen, in welche jeder Priester jährlich einen kleinen Beitrag von 5 Francs zu zahlen hatte. An der Spitze stand ein Verwaltungsrath mit dreijähriger Amtsdauer. Der Segen dieses In= stituts sprang so in die Augen, daß in kurzer Zeit fast sämmtliche Geist= liche des Bisthums dem Bunde beigetreten waren.

Angesichts der traurigen Lage der ausgetriebenen Ordensleute, wie mit Rücksicht auf die sittlichen Gefahren, denen dieselben entgegengingen, wenn sie von dem heil. Zwange der Regeln entbunden waren, hatte der Car= dinal im Auftrage Roms eine Reihe von Vorschlägen beim heil. Stuhle vorgelegt, die dort den vollsten Beifall fanden. Vor Allem wurde darauf Bedacht genommen, die vertriebenen Mönche und Nonnen in die noch belassenen Convente, oder in neu anzukaufende Klöster, oder in Privat= wohnungen zu einem gemeinsamen Leben zu sammeln; in die Welt zurück= zukehren, wurde ihnen nur unter ausdrücklicher Genehmigung des Bischofs gestattet. Die Ordenspriester sollten auf Wunsch der Pfarrer überall in der Seelsorge aushelfen. In Betreff der Nonnen schreibt der Cardinal an den heil. Vater also: „Ich brauche nicht noch einmal auf die jammer= volle Lage hinzuweisen, in welche durch Betreiben ruchloser Menschen die gottgeweihten Jungfrauen gebracht worden sind. Deiner Heiligkeit ist dies ja bekannt und eine nochmalige Darlegung würde Deinem Herzen nur neuen Kummer bereiten. Lieber will ich darauf hinweisen, wie alle Nonnen in meiner Diöcese, obgleich sie ihrer sämmtlichen Einkünfte beraubt sind und in größter Dürftigkeit leben, und obgleich manche, aus ihrem Kloster vertrieben, mit Nonnen selbst von anderen Orden in einem engen Raume zusammenwohnen müssen, dennoch das Gelübbe, das sie ihrem göttlichen Bräutigam gegeben haben, unverletzt bewahren und mit größter Gewissenhaftigkeit die Pflichten des Ordenslebens beobachten. Ja, gerade aus der Härte ihrer Lage und der Wuth der Verfolgung haben sie neue Kraft und Begeisterung geschöpft, durch die genaueste Beobachtung ihrer Ordensgelübbe sich noch inniger dem Herrn zu verbinden und mit verdoppeltem Eifer zur Höhe der evangelischen Vollkommenheit emporzustreben." —

Um in den Herzen der Gläubigen zunächst die Liebe zu Jesus und zu seiner gebenedeiten Mutter mehr anzufachen beschloß er, seine Diöcese in feierlicher Weise dem heiligsten Herzen, sowie der unbefleckten Jungfrau zu weihen. Der Cardinal legte beide Acte auseinander, indem er im Jahre 1872 die Weihe an das göttliche Herz, im folgenden Jahre die an Maria vornahm. Beide Male machte er die Diecösanen zuvörderst durch einen Hirtenbrief auf Bedeutung und Zweck dieser Feier aufmerksam. In dem Pastoralschreiben vom 25. Juli 1872 heißt es: „Man bewirke, daß die Völker wieder tief von den religiösen Pflichten durchdrungen sind, und man wird sehen, wie in Mitten der Nationen von Neuem die Unterwürfigkeit gegen die Auctorität, die gegenseitige Liebe, die Achtung fremder Rechte, die Ruhe und der Frieden erblühen. Nach Gottes Willen kann den Völkern Heil und Heilung werden, allein unter der Bedingung, daß sie zu ihm zurückkehren, ihm sich unterwerfen. Verharren sie hartnäckig in der Auflehnung wider ihn, so überläßt hinwiederum er sie den Leidenschaften und der Unordnung." Aus dem Pastoralschreiben, durch welches er die zweite Feier ankündigte, heben wir folgende Stelle heraus : „Als ich im vergangenen Frühjahr (1873) nach Beendigung der sechsten Visitationsreise durch meine Diöcese mich nach Rom begab, bat ich den heil. Vater inständig, er möge mit Rücksicht auf die besondere Andacht, mit welcher die unbefleckte Empfängniß der seligsten Jungfrau in unserer Diöcese seit uralter Zeit verehrt wird, gestatten, daß das betreffende Fest in der Stadt und im Bisthum zu einem Feste erster Classe mit vorhergehender Vigilie erhoben werde. Der Papst gewährte meine Bitte durch Rescript vom 13. März unter der Bedingung, daß ich die Diöcese feierlich der Makellosen weihe. . . . Mein Herz findet noch immer einen großen Trost in der Erinnerung an die liebevolle Begeisterung und an die religiösen Feste, mit welchen fast ein volles Jahr lang in dieser Stadt und in der ganzen Diöcese die unbefleckte Empfängniß Mariä gefeiert wurde, nachdem der unfehlbare Lehrer im Vatican dieselbe als Glaubenssatz allen Katholiken

hingestellt hatte. Und ich weiß sehr wohl, daß diese Andacht und Frömmigkeit nicht erst in jüngerer Zeit unter euch aufgekommen, sondern daß sie
das Erbe eurer Väter ist." — Die Feier der Weihe an das Herz Jesu fand
am Sonntage den 11. August statt; ihr war eine dreitägige Andacht im Dom
mit Predigt am Abende voraufgegangen. Nach der General-Communion am
Morgen hielt der Cardinal das Pontifical-Amt, spendete die päpstliche
Benediction und nahm dann in Gegenwart des gesammten Stadtclerus,
sämmtlicher Bruderschaften und zahlreichen Volkes die feierliche Weihe vor.
Den ganzen Tag blieb das hochwürdigste Gut ausgestellt; Predigt, Te
Deum und Segen am Abende schloß die Feier. — Der Act der Consecration an die seligste Jungfrau geschah im Dome nach vorhergegangener
neuntägiger Andacht, am Vorabende des Festes ihrer unbefleckten Empfängniß. Bei der Feier war auf dem Hochaltar der Brautring Mariä
ausgestellt. Der Papst Pius IX. hatte durch eigenhändiges Schreiben
vom 26. October besondere Ablässe für die Theilnahme verliehen. Bereits im Jahre 1871 hatte Pius für jedes der vier Feste, an welchen alljährlich der Ring der seligsten Jungfrau ausgestellt zu werden pflegt, auf
Bitten des Cardinals einen vollkommenen Ablaß bewilligt.

Von großem Segen war die Einführung der gemeinschaftlichen ersten
heil. Communionen unter Feierlichkeiten, welche besonders geeignet waren,
den Kindern diesen Tag unvergeßlich zu machen. Während nämlich bisher
jede der verhältnißmäßig kleinen Pfarreien ihren eigenen Tag der ersten
Communion gehabt hatte, wurden nunmehr nach den Stadtvierteln die Erst-
communicanten aus mehreren Pfarreien zusammen an demselben Festtage
und in derselben Kirche zum Tische des Herrn geführt. Indem so eine
große Zahl von Kindern vereinigt ward, wurde für die innere Vorbereitung, wie für den äußeren Glanz des Festes ein ganz wesentlicher Vortheil
erzielt. Der Cardinal bestimmte dann noch gewisse Einkünfte, über welche
er zu verfügen hatte, dazu, daß nach der Feier die Kinder mit ihren Eltern
ein gemeinschaftliches Frühstück einnehmen konnten. Er selber aber fand
seine besondere Freude darin, den Kleinen die erste heil. Communion zu
reichen, und erschien dann auch nicht selten nachher in ihrer Mitte nach
dem Frühstück, um in seiner herzlichen und väterlichen Weise den Kindern
wie den Eltern ihre Pflichten ans Herz zu legen.

Das kirchliche Vereins- und Bruderschaftswesen hat der Cardinal in
seiner Diöcese in außerordentlicher Weise gefördert; insbesondere aber war
es der dritte Orden des heil. Franciscus, der durch ihn eine ungemeine
Ausbreitung erhielt. Schon am 20. December 1871 hatte er das Er-

scheinen des kirchlichen Kalenders benutzt, um seine Freude auszudrücken, daß die Zahl der Jünger des seraphischen Meisters sich von Jahr zu Jahr in seiner Diöcese mehre. In der That müsse Umbrien hierin den übrigen Gläubigen vorleuchten, da Franciscus der Sohn, der Ruhm und der Patron Umbriens sei. In einer besonderen Ermahnung wandte er sich an die Pfarrer, damit dieselben die Sodalitäten des heil. Franciscus in ihren Pfarreien ins Leben riefen und beförderten.

Die Erzbruderschaft des dritten Ordens hat ihren Sitz in Assisi, in der Kirche des heil. Vitalis. Pius IX., selber Tertiarier, kannte die besondere Andacht des Cardinals zum heil. Franciscus und ernannte ihn daher zum Protector jener Erzbruderschaft, sowie zum Protector des Klosters der Clarissen zu Assisi. So begab sich denn der Cardinal am 25. November 1873 von Perugia aus dorthin, um zunächst unter den vorgeschriebenen Feierlichkeiten das Protectorat über Kirche und Kloster der heil Clara zu übernehmen. Am folgenden Tage erschien er in der Kirche des heil. Vitalis, feierte die heil. Messe, während welcher er den Mitgliedern des dritten Ordens die Communion reichte und hielt dann eine herzliche und ergreifende Ansprache an dieselben.

Durch diese Ernennung zum Protector fühlte der Cardinal sich nun doppelt verpflichtet und angetrieben, den Orden in seiner Diöcese zu fördern, und so ließ er denn im folgenden Jahre 1874 durch Franciskaner und Kapuziner Missionen im ganzen Bisthum abhalten und allenthalben die Bruderschaften der Tertiarier errichten.

Außerdem rief der Cardinal mehrere andere fromme Vereine ins Leben, die Bruderschaft des heil. Herzens Jesu, den Gebetsapostolat, und für die einzelnen Stände den Verein der Kinder des heil. Joseph, der Töchter der unbefleckt Empfangenen und den der christlichen Mütter. Im besonderen wurden auf seine wiederholten Mahnungen in zahlreichen Pfarreien der Diöcese die Jungfrauen-Vereine unter dem Namen der Marienkinder eingeführt.

Allein mit den Uebungen der Frömmigkeit mußte der Unterricht des Volkes in den Heilswahrheiten Hand in Hand gehen, um den Angriffen des Unglaubens und den Stürmen der Leidenschaften erfolgreichen Widerstand entgegenstellen zu können. Er selber schrieb um diese Zeit mehrere Hirtenbriefe, welche eine Art dogmatischer Abhandlungen waren, und von denen wenigstens die eine oder andere uns unten näher beschäftigen sollen. Dann aber legte er im besonderen den Pfarrern die Verkündigung des göttlichen Wortes ans Herz. Er schreibt darüber von Rom aus in seinem

Fastenbriefe vom 16. Februar 1873 also: „Von tiefem Schmerz durch=
drungen beim Anblick so vieler Trümmer, und durch unser Hirtenamt ver=
pflichtet, in unserer Heerde die kostbare Hinterlage des Glaubens zu schützen
und zu bewachen, haben wir Ende vorigen Jahres eine Berathung mit den
Pfarrern, unseren Mitarbeitern, gehalten, in welcher beschlossen wurde, daß
ein fortlaufender Cursus von religiösen Vorträgen eingeführt werden solle,
eben in der Absicht, in unserm Volke das Licht des katholischen Glaubens
leuchtend zu erhalten in Mitten so vieler Finsterniß von Irrthum und Un=
wissenheit, womit es bedroht ist. Die Predigt des Wortes Gottes ist das
ordentliche Mittel, durch welches nach den Worten des Apostels der Glaube
erzeugt und genährt wird. Daher haben wir angeordnet, daß außer der
Erklärung des Evangeliums, welche jeder Pfarrer gewissenhaft an allen
Sonn= und Feiertagen vornehmen soll, und außer den üblichen Conferenzen
Sonntags im Dome, auch noch in den einzelnen Stadtvierteln eine zu=
sammenhängende Reihe catechetischer Unterweisungen und Erklärungen statt
haben soll und daß überhaupt bei allem Gottesdienst die Verkündigung
des göttlichen Wortes gepflegt und gemehrt werde." Die vorhin er=
wähnte Verordnung, durch welche der catechetische Unterricht, sowie auch
die Reihenfolge der Messen an den Sonn= und Feiertagen in den ver=
schiedenen Kirchen der Stadt geregelt und festgestellt wurde, datirte vom
31. October 1872; schon im September war in den fünf Stadtvierteln,
und zwar in den größten der dortigen Kirchen, an den Sonntag Abenden
jener Cyclus catechetischer Predigten eingeführt worden. — Zwei Jahre
später erging dann abermals ein Decret des Cardinals, durch welches er
in Betreff des catechetischen Unterrichts für die Erwachsenen neue Ver=
fügungen und Anweisungen gab. Schon früher hatte er für den Mai=
monat und für den dem heil. Joseph geweihten Monat März tägliche
Predigten im Dom eingeführt.

Es konnte aber dem Oberhirten nicht entgehen, von welcher Wichtig=
keit es ist, wenn neben der religiösen Thätigkeit des Pfarrclerus von Zeit
zu Zeit auch aus fremdem Munde das Wort Gottes verkündigt wird,
zumal wenn dies in Form von Missionen geschieht. Leider standen ihm
nicht mehr so die Ordensleute zur Verfügung, wie ehedem vor der Auf=
hebung der Klöster. Allein der eifrige Cardinal wußte Rath. Er grün=
dete im Jahre 1874 einen Verein von frommen und beredten Priestern,
die als „Arbeiter im Weinberge des Herrn" jenen Ausfall an Ordens=
geistlichen zu decken wußten. War irgendwo ein Pfarrer oder sein Hülfs=
priester erkrankt, so erschien ein „Arbeiter", um an dessen Stelle die Kanzel

19*

zu besteigen; manchmal sandte der Cardinal mehrere derselben, um ge=
meinschaftlich eine Mission abzuhalten; wo immer es überhaupt gewünscht
wurde, traten die „Arbeiter" ein, um den Samen des göttlichen Wortes
in die Herzen zu streuen. Auf Grund der gemachten Erfahrungen wurden
einige Statuten für den Verein entworfen, und man sieht aus den Be=
richten, welche der Cardinal darüber an den Papst sendete, welche Freude
ihm derselbe bereitete und wie reiche Hoffnungen er an dessen Wirksamkeit
knüpfte.*)

Wir haben früher die beiden Zeitschriften erwähnt, die der Car=
dinal ins Leben gerufen hatte, die Irrthümer des Tages zu bekämpfen
und die Angriffe gegen die Kirche und ihre Lehren zurückzuweisen. Leider
mußten die Blätter wegen Mangel an Theilnahme bald eingehen. Allein
die Nothwendigkeit lag auf der Hand, der kirchenfeindlichen Presse und
zumal ihrer Tagesliteratur entgegen zu treten, da von Rom, Florenz und
aus anderen Orten Perugia täglich mit liberalen Blättern überschwemmt
wurde. So gründete er denn im Jahre 1875 ein zweimal wöchentlich
erscheinendes Blatt, „il paese", „das Land", das, speciell für Perugia
und die Diöcese berechnet, den schlechten Zeitungen Concurrenz machen
sollte und dessen Leitung er mehreren Professoren des Seminars und
anderen tüchtigen Geistlichen anvertraute. Durch seine trefflich geschriebenen
Artikel, wie durch die Mannichfaltigkeit des Stoffes hat dieses Blatt sich
schnell Eingang zu verschaffen gewußt und so aus vielen katholischen
Familien die liberalen Blätter verdrängt.

Die Liebe des Volkes zur Kirche und zum Gottesdienste wird wesentlich
gefördert, wenn seine Gotteshäuser es durch den Glanz seiner Reinlichkeit
und den Schmuck, in welchen sie dem gläubigen Auge entgegentreten, an=
ziehen. Daher hat der Cardinal auf die Restauration der Kirchen stets
und überall aus allen Kräften gedrungen. Wo eine solche nothwendig
war, ergriff er gewöhnlich selber die Initiative, indem er bei seinen Visi=
tationsreisen die Kirchenvorstände zusammen berief und, nachdem er sie für
den Plan gewonnen hatte, sich persönlich zu den vermöglicheren Einwohnern
des Ortes begab, um sie zu bereden, durch Geld oder Hülfeleistung das
Unternehmen zu unterstützen. Auf diese Weise gelang es ihm, an vierzig

---

*) Coetus piorum operariorum institutus in eum finem, ut verbum Dei
per universum Dioecsim large diffundatur. Et jam idonea statuta proposita et
probata sunt, quibus haec societas ad finem suum consequendum convenienter
ordinetur.

Kirchen theils ganz neu aufzubauen, theils gründlich zu restauriren. Er selber ging im Dome mit gutem Beispiele voran. Nachdem in den vorhergehenden Jahren die Bruderschaft der „Madonna delle grazie" die Kathedrale hatte ausmalen lassen, kaufte er nach und nach manche alte und kostbare Gemälde auf, mit welchen er den Dom schmückte. Im Jahr 1874 beschloß das Capitel, auf seine Kosten die Taufkapelle zu erneuern, mit bunten Fenstern und mit einem neuen Taufstein zu schmücken und über diesem ein Gemälde, die Taufe Christi im Jordan, ausführen zu lassen. Auch die Sacramentscapelle erhielt über dem Altar ein gebranntes Fenster, nachdem bereits früher ein anderes Fenster mit den Bildnissen der Heiligen Joachim und Anna durch das Capitel zu Ehren des Cardinals geschmückt worden war. Er selber aber ließ im Jahre 1875 die Ausmalung der dem heil. Onophrius geweihten Chorcapelle in Angriff nehmen, indem er die Ausführung einem tüchtigen Meister aus Perugia, Domenico Bruschi, anvertraute. Die Gemälde des Gewölbes stellen die Hauptmomente aus dem Leben des genannten Heiligen dar; das Hauptbild zeigt ihn in seiner himmlischen Verklärung, während unten der Cardinal als Donator knieend und betend abgebildet ist. Dieser war bereits von Pius IX. zum Kämmerer der heil. Römischen Kirche ernannt und nach Rom übergesiedelt, als das Werk vollendet wurde, so daß er die Arbeit persönlich in ihrer Ausführung nicht mehr gesehen hat. — Um die Feier des Gottesdienstes im Dome zumal an den hohen Festtagen in ihrem früheren Glanze zu erhalten, was bei dem zunehmenden Mangel an Priestern nicht leicht möglich war, führte er in den letzten Jahren die sogenannten Ehrencanoniker ein, welche das Kleid der Domherren trugen und an gewissen Festen im Chore erscheinen mußten.

Eine neue, willkommene Gelegenheit, den religiösen Eifer seiner Diöcesanen anzuspornen, fand der Cardinal in dem Jubeljahr, welches Pius durch seine Encyclica am 24. December 1874 für das nächste Jahr 1875 ausgeschrieben hatte. Schon unter dem 5. Januar verkündigte der Oberhirt seinem Volke das Jubiläum; dann ließ er am 29. desselben Monats einen Hirtenbrief folgen, in welchem er den Gegenstand eingehend behandelt, indem er die Geschichte und Entstehung, die Bedeutung und den Nutzen eines Jubiläumsjahres den Gläubigen vor Augen stellt. Zugleich ermahnt er sie auf das eindringlichste, die gebotenen Gnaden recht eifrig zu benutzen, und erläßt weiterhin eine Reihe von Verordnungen, wonach das Jubiläum in feierlicher Weise, am 2. Februar, dem Feste Mariä Reinigung, eröffnet, die Predigten während des laufenden Jahres vermehrt und Allen in reichster Weise Gelegenheit geboten werden solle, aus den geöffneten Gnadenquellen der Kirche zu schöpfen.

Bald darauf folgte dann ein weiteres Circular, welches auf einen bestimmten Tag die gemeinsame Wallfahrt der Gläubigen zu den vorgeschriebenen Hauptkirchen anordnete. Hier aber stellten sich, von den liberalen Blättern aufgehetzt, die Herren im Staatsrock einmal wieder dem Cardinal in den Weg, indem sie „im Interesse der öffentlichen Ordnung" am Vorabende die Abhaltung einer Procession amtlich untersagten. Die Antwort darauf erfolgte von Seiten Sr. Eminenz am 24. Juli mittels eines Rundschreibens an die Geistlichkeit. Gegen die Behauptung, daß die öffentliche Ordnung durch den Bittgang gestört werden könne, erhebt der Cardinal energischen Widerspruch, da er die Wallfahrt zu so früher Morgenstunde angesetzt habe und die betreffenden Kirchen so nahe beim Dom und in so wenig frequenten Straßen lägen, daß Unordnung und Störung des Verkehrs unmöglich gewesen wären. „Allein die Kirche", fährt er fort, „als die Braut des göttlichen Erlösers, kann in dieser Welt nicht jenen Demüthigungen und Verachtungen entgehen, die er selber aus Liebe zu uns und uns zum Beispiel sowohl in den Straßen Jerusalems, als im Hofe des Pilatus erdulden wollte. Wir können daher, die Absichten der Vorsehung anbetend, nur der Fürbitte aller Gutgesinnten die armen, in Vorurtheilen befangenen Männer (poveri illusi) anbefehlen, die in den friedlichen Feierlichkeiten des katholischen Gottesdienstes Unternehmungen gegen die öffentliche Ordnung sehen." — Der Cardinal hatte sich von jenem Bittgange des ganzen Volkes reichsten Segen für das Seelenheil seiner Heerde versprochen; er konnte in dem Verbote einzig nur den Ausdruck der Bosheit und des Hasses gegen die Kirche, einen ruchlosen Angriff wider die Religion erkennen. Um dies zu sühnen und wieder gut zu machen, ordnete er eine dreitägige feierliche Sühneandacht an, welche am 30. und 31. Juli und am 1. August im Dom vor dem verehrten Crucifixe abgehalten werden sollte, das auf dem Hochaltar ausgestellt werden würde. „Dadurch wollen wir", wie der Cardinal beifügt, „die vielen Lästerungen wieder gut zu machen suchen, die täglich unserer heil. Religion angethan werden von einer bis zur Unverschämtheit ruchlosen und herausfordernden Presse und von den heuchlerischen, nur auf Unterdrückung bedachten Maßregeln so Vieler, die unter dem Namen von Katholiken und unter der Maske falschen Eifers sich nicht schämen, jede private und öffentliche Aeußerung der Frömmigkeit und christlichen Religion zu unterdrücken." — Jenes Verbot hatte alle Gutgesinnten schmerzlich berührt; das Triduum wurde daher unter einer so eifrigen Betheiligung der Gläubigen abgehalten, daß der Cardinal darin wenigstens einigen Trost fand für den Schmerz, den ihm der blinde Haß der Feinde Gottes bereitet hatte.

Neuntes Kapitel.

Der Bischof und Dichter.

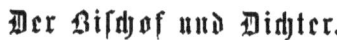

ir haben schon das Urtheil des Ministers Rattazzi kennen gelernt, der den Cardinal als einen der hervorragendsten Dichter des gegenwärtigen Italiens bezeichnete, indem er sich erinnerte, wie selbst König Leopold I. von Belgien Verse des Nuntius sich in das Gedächtniß geschrieben hatte und dieselben gern recitirte. Mit den alten classischen Dichtern, wie zumal mit Dante, war er ungemein vertraut und wußte den Virgil, wie die schönsten Gesänge der „göttlichen Comödie" halb auswendig; auch auf seinem Landaufenthalte pflegte er den Dante immer bei sich zu haben und zu seiner Erholung darin zu lesen: den Seminaristen empfahl er bei jeder Gelegenheit die Lectüre desselben. Bei festlichen Gelegenheiten bildeten die Dichtungen, welche einzelne Professoren des Seminars in lateinischer oder italienischer Sprache vortrugen, für ihn die angenehmste Würze des Mahles, und er selber liebte es, extemporirend, zumal in lateinischen Versen, ihnen zu antworten. Ueberhaupt besaß der Cardinal neben seiner tiefen theologischen Gelehrsamkeit die gründlichste classische Bildung; mit den ersten Latinisten Italiens, wie Valauri in Turin, Vitrioli in Reggio, Rossi in Faenza stand er in regelmäßiger Correspondenz und wechselte mit ihnen Gedichte, die an Eleganz der lateinischen Sprache, Reinheit des Versbaues und Schönheit der Gedanken gleich bewunderungswürdig sind. Mit feinem Ohr bemerkte er sofort den Fehler, wenn die Seminaristen in der sogenannten Academie, den öffentlichen Prüfungen, einen Schnitzer gegen die Prosodie machten. Bei einer solchen Gelegenheit begann einer der Zöglinge seine Dichtung mit einem lateinischen Hexameter, der einen Fuß zuviel hatte. Den Professoren war der Fehler entgangen, der Cardinal aber ließ nach der Declamation den Schüler zu sich kommen und verwies ihn auf seinen „überzähligen Fuß".

Von den Dichtungen unseres heil. Vaters mögen hier dem Leser drei vorgelegt werden; die beiden ersten sind bis jetzt noch nicht veröffentlicht und erscheinen hier zum ersten Male. Schicken wir zum Verständniß kurz Folgendes voraus. Am 20. December 1856 wurde der jetzige Bischof von Montefiascone, Aloysius Rotelli, vom Cardinal zum Priester geweiht. Mit ungemein glücklichen Anlagen ausgestattet, war der Knabe und Jüngling unter den Augen des Oberhirten und zu dessen höchster Freude aufgewachsen in seltener Tugend und Frömmigkeit; so wollte denn der Cardinal ihm beim Eintritte in das Heiligthum einen besonderen Beweis seiner väterlichen Gewogenheit geben und schenkte ihm daher am Tage seiner ersten heil. Messe ein Buch, auf dessen erstes Blatt er die nachfolgenden Verse schrieb, die er während der schlaflosen Stunden der Nacht gedichtet hatte. — Das zweite Gedicht ist an keine bestimmte Person gerichtet. Der Oberhirt denkt sich einen Priester, der in Gefahr ist, fahnenflüchtig seinem heiligen Berufe untreu zu werden, und wendet sich als Bischof an ihn mit dem Worte eindringlicher Ermahnung zur Umkehr. — Das dritte Gedicht auf den heil. Martyrer Herculanus, den Bischof und Schutzpatron Perugia's, dichtete der Cardinal im Jahre 1875 für dessen Festtag am 1. März. Herculanus, von dem sich eine kurze Lebensbeschreibung in den Werken des heil. Gregor des Großen findet (Dialog. Lib. III, Cap. 13), lebte um die Mitte des sechsten Jahrhunderts, zu der Zeit, wo der Gothenkönig Totilas, welcher der arianischen Irrlehre ergeben war, Italien verheerte. Nach tapferem Widerstande, den die Bürger, vom Bischof ermuthigt, dem Feinde geleistet hatten, mußte endlich die Stadt erliegen, wobei Herculanus den Martertod erlitt, indem er von den Ketzern erschlagen wurde. — Wir lassen den lateinischen Versen jedesmal den Versuch einer metrischen Uebersetzung folgen.

I.

J. C. P.

A. R. filio charissimo Mnemosynon.

Poma voluptatis si dulcia, plena veneno :
Haec vetita nunquam decerpam ex arbore poma,
Moribus angelicis enitar vivere in aevum.
Talia tu lacrymis oculos suffusus obortis
Nuper adorandas supplex ad Virginis aras
Grata Deo, o Lodovix, solvebas vota sacerdos.

Macte animo et vinces auxiliante Deo :
Instanter vigila, desidiamque fuge,
Vanaque virtutis spes procul esto tuae,
Neve Deum cesses sollicitare prece
Assidua atque humili ; carnis ad illecebras
Luctantis placido mens regat imperio.

Joachim Cardinal Perri.

Seinem geliebtesten Sohne (Aloysius Rotelli) zum Andenken.

Lockend winkt mir der Apfel der Lust ; doch birgt er Verderben.
Nein, ich pflücke sie nie, die Frucht des verbotenen Baumes :
Keusch will wandeln ich stets und den Engeln gleichen an Reinheit!
Also sprachst Du, das Auge benetzt mit perlenden Thränen,
Gestern am hehren Altare der Jungfrau, flehend mit Inbrunst,
Gott dein heiliges Priestergelübd', Aloysius, opfernd.

Muth denn, Muth, und du siegst : Gott steht helfend dir bei!
Wachend harre nur aus ; meide erschlaffende Ruh ;
Fern sei eitles Vertraun : schwach ist die eigene Kraft.
Lasse nicht ab vom Gebet ; rufe nur immer zum Herrn
Treu'n, demüthigen Sinn's. Reizt dich auch sinnliche Lust :
Siehe, dem streitenden Muth winkt ja der Lohn des Triumphs.

II.

In Didacum Sacerdotem *)
misere in vitia prolapsum

= Episcopi objurgatio =

Ah! qui sacrorum, Didace,
Oblivionis munerum,
Et labe foedi criminis
Pollutus in pejus ruis,

Si quando mente e nubilâ
Pulsans procul caliginem,
Divina lux affulgeat,
Atque ora suffundat rubor (ad pudor),

Cordis recessu in intimo
Horresce patratum scelus,
Utroque obortis lacrymis
Admissa vitae dilue —

---

*) Genau wiedergegebene Handschrift des Cardinals Pecci nach dem in unserm Besitz befindlichen Original.

Te qui fidelem qui pium
Lubens Deo spependeras
Puris flitare dexteris
Sacrata ad aram munera,
Delira quae mens impulit,
Seu stercore immunde mem,
Haerere limo, et putribus
Farcire ventrem glandibus?

Vides, ut alte te premat,
In castra conjectum sua,
Dura alligatum sub juge,
Infensa virtus daemonis —

Infensa virtus, inficit
Quae cor dolosa, et inditum
Caeleste Numen mentibus
Menti obumbrat halitu —

Perpende Christi judicii
Ante ora sistendum tibi;
Poenas ut irae vindici
Peccator aeternum luas —
Plectendum in igne quem furor
Divinus urit heu! miser!
At flamma adurens acrius
Eheu! Sacerdotem manet !!
Dum tempus, iram, Didace,
Desaevientem Numinis,
Fuge, et perenni criminum
Dolore noxas vindica —

Cunctaris anceps? Atropos
cruenta jam telum jacit,
Et pone pulsat ostium
Indeprecata Aeternitas ——

§ Indeprecata pro indeprecabilis:
Irreollini non ha questa voce;
conviene cambiarla, e dire p.e
Et pone pulsat ostium
Jam Ructuosa aeternitas —

An den in Laster versunkenen Priester Didakus
der mahnende Bischof. *)

Vergessen hast du, Didakus,
Des Priesteramtes Heiligkeit;
Schmachvoll bedeckt dich böse Lust,
Und immer tiefer sinkst du hin.

O, wenn den finstern Nebel je
Verscheuchend vom umflorten Blick
Das Licht der Gnade dir erstrahlt
Und Scham dein Angesicht bedeckt:

Bereue dann von Herzensgrund,
Was Schweres du begangen hast;
Mit heißen Thränen wasche ab
Des frühern Lebens große Schuld.

Hast du dich nicht zu Lieb' und Treu'
Freiwillig deinem Gott gelobt,
Mit reinen Händen am Altar
Die heil'gen Gaben ihm zu weih'n?

Welch' frevler Wahn berückt dich denn,
Zu wälzen dich in Schmutz und Koth
Und deiner Seele Hunger, ach,
Mit Träbern böser Lust zu still'n?

Sieh, wie in tiefer Kerkernacht
Geschmiedet an das harte Joch,
Des Dämons schreckliche Gewalt
Am Boden dich gefesselt hält, —

Die schreckliche Gewalt, die dich
Voll Trug bethört, und deinem Geist
Das gottverlieh'ne Himmelslicht
Durch gift'gen Athem's Qualm verhüllt.

Bedenke, stehen mußt du einst
Vor deines Heilands Richterstuhl,
Dem Zorn der Rache deine Schuld
Zu büßen in der ew'gen Qual.

Ja, büßen mußt du in der Gluth,
Die Gottes Grimm dir angefacht;
Und ach, du bist ein Priester! Dich,
Dich brennt die Flamme grimmer noch.

Noch hast du Zeit; o Didakus,
Entrinn' dem Zorn der Majestät
Und sühne deine große Schuld
Durch unabläss'gen Reueschmerz!

Du schwankst und zauderst? — Sieh, der Tod
Hält schon den Bogen dir gespannt,
Und vor der Thüre steht sie schon
Die Qual der ganzen Ewigkeit.

III. Der heil. Herkulan, Bischof und Martyrer. **)

Tutela praesens patriae
Salve Herculane: filiis
Adsis, precamur, annuo
Qui Te celebrant cantico.

Furens, Getarum ab algidis
Devectus oris, Totila
Turres Perusii et moenia
Hoste obsidebat barbaro.

O Herkulan, der Vaterstadt
Gewalt'ger Hort, die Kinder dein
Sie flehen: Hilf uns, die wir dir
An deinem Festtag Lieder weih'n. —

Von Norden naht in grimmer Wuth
Der Gothenherzog Totila,
Berennt mit seinem wilden Heer
Die feste Stadt Perugia.

---

*) Den lateinischen Text dieses Gedichtes findet der Leser unten in der eigenen Handschrift des Cardinals.

**) Abweichend vom Lateinischen haben wir in der Uebersetzung den Reim hinzugefügt, den zumal in solchen Dichtungen das Ohr nicht gern entbehrt.

Jam ingruebat arcibus
Clades suprema; angustiis
Urbs pressa ubique, civium
Ubique luctus personat.

At Pastor invictus vigil
Stas, Herculane; et anxio
Dolore fracta pectora
Metu et soluta roboras.

Ardens et ore: „pro fide
Pugnate avita, o filii:
Dux ipse vester; Numini
Servate templa et patriam."

Hac voce genti reddita
Insueta virtus et vigor:
Mens una cunctis: praelio
Certare forti et vincere.

Septem vel annis, Te duce,
Urbem stetisse, est proditum,
Et barbarorum copias
Caesas, retusos impetus.

Praecurris omnes; occidis
Spectandus invicta fide,
Virtute frangi nescia,
Et glorioso funere.

Namque urbe subjecta dolo
Non vi, occupatis moenibus,
Dulci pro ovili sanguinem
Vitamque laetus fundere:

Desaevientis Totilae
Jussu, sub ictum cuspidis
Procumbis insons victima
Auctus corona Martyrum.

Et nunc beata Coelitum
Regnans in aula, patriam
Pastor Patronus et Parens
Felix bonusque sospitas.

Laetare Etrusca civitas
Tanta refulgens gloria;
Attolle centum gestiens
Caput decorum turribus!

Kaum wehren Wall und Thürme noch
Dem nah'n Verhängniß; eng umringt
Der Feind die Stadt, und himmelwärts
Der Jammerruf der Bürger bringt.

Doch ungebeugten Sinnes stehst,
Ein treuer Hirt du, Herkulan,
Und fachst in der verzagten Brust
Des Volks den Muth von Neuem an.

Begeistert rufst du: „Söhne, schirmt
Der Väter Glaubensunterpfand!
Ich selber führ' euch; wahrt dem Herrn
Die Tempel und das Vaterland!"

Dein Wort erfüllt das bange Volk
Mit neuer Kraft und frischem Muth:
Ein Sinn beseelt es; freudig weiht's
Zum Kampf und Siege Gut und Blut.

So hältst du sieben Jahre lang
Die Stadt, und schlägst der Feinde Heer,
Und wirfst den Angriff ihrer Reih'n
Zurück in treuer Gegenwehr. —

Vorauf im Kampf den Deinen, fällst
Voll unbesiegten Glaube-s du,
Und ungebeugt, im Heldentod,
Gehst ein du in des Himmels Ruh.

Denn als Verrath, nicht Tapferkeit,
Das Thor erschließt, die Mauern bricht,
Da opferst gern dein Blut du hin
Und stirbst in treuer Hirtenpflicht.

Es rast und wüthet Totila,
Und unterm Schwert der Krieger sinkst
Du hin als Opfer, und um's Haupt
Den Kranz des Martyrthums du schlingst.

Verklärt in sel'gen Himmelshöh'n
Genießest jetzt du ew'ger Ruh
Und schirmst die theure Vaterstadt,
O Hirt, Patron und Vater du. —

Frohlocke laut, Perugia,
Umstrahlt von seiner Glorie Glanz;
Erhebe froh dein Haupt, geschmückt
Mit hundertfachem Thurmeskranz.

Novo impetita proelio	Von neuem Kampfe rings umstürmt,
Ausus repellas impios;	Wehr' ab der Feinde Frevelmuth,
Et usque fac reniteas	Und Herkulan, bewahre dir
Fide Herculani pulchrior.	Des alten Glaubens heilig Gut!
J. C. P. scribebat.	

Leo XIII. ist nicht der erste Dichterpapst auf dem Stuhle Petri. Der berühmteste unter seinen poetischen Vorgängern ist der heil. Damasus, der besonders die Gräber der Märtyrer mit seinen frommen Versen schmückte. Dann folgt Innocenz III., ein Landsmann unseres heil. Vaters, berühmt durch seine außerordentliche Gelehrsamkeit. Ihm werden unter andern die beiden Hymnen zum heil. Geiste, Veni Creator und Veni sancte Spiritus zugeschrieben. Leo X., ein Freund der Musen, wie keiner der Päpste, hat selber auch einige Verse gedichtet. Urban VIII. schrieb treffliche Verse in lateinischer und italienischer Sprache. Weiterhin sind zu nennen Alexander VII. und Clemens IX.; zumal die Gedichte des letzteren zeichnen sich durch Reinheit und Schönheit der Form aus. Pius IX. endlich hat als Erzieher im Waisenhause von Tata Giovanni mehrere Schauspiele für die Knaben gedichtet, welche damals mit großem Beifall aufgenommen worden sind. Das Gedicht „An den Dibacus" hat der heil. Vater vor etwa zehn Jahren verfaßt; dasselbe wurde in der Handschrift, wie er es selber geschrieben hatte, uns in Perugia freundlichst zur Verfügung gestellt, und so konnten wir dem Leser in der auf den Seiten 298—300 stehenden genauen Wiedergabe, die Handschrift des Carbinals Pecci aus jener Zeit vorlegen. Seine Heiligkeit hatte dann vor Kurzem die hohe Gnade, uns einen biblischen Spruch, von seiner Hand geschrieben, zu verehren, und es gereicht uns zu besonderer Freude, mit dem Leser unsern Schatz durch gleiche genaue Wiedergabe zu theilen.

Welch schönere Stelle hätte der Papst auswählen können, als die

Pater sancte, serva eos in nomine Tuo quos dedisti mihi ut sint unum (Joan. XVII, 9)

Leo P. P. XIII

Worte des Heilandes beim letzten Abendmahle: „Heiliger Vater, erhalte sie in deinem Namen, die du mir gegeben hast, damit sie Eins seien!" Ist das nicht auch ein Gebet im besonderen für das katholische Deutschland, dessen Glaubenstreue und Glaubenseinheit in den letzten Jahren so heftige

Anfechtungen erdulden mußte? Möge das Gebet des Hohenpriesters auf dem Stuhle Petri Erhörung im Himmel finden!

Zehntes Kapitel.

Die letzten Hirtenbriefe des Cardinals.

Der ehemalige italienische Unterrichtsminister Bonghi schrieb nach der Erhebung des Cardinals von Perugia auf den päpstlichen Stuhl einen Aufsatz über ihn — wir können uns denken, in welchem Geiste! — der die Gesinnung des neuen Papstes und seine Auffassung der Lage der Kirche sowie der Zeitverhältnisse, unter denen er zum Pontificate berufen ward, aus Hirtenbriefen des Cardinals zu entwickeln sucht. Er beschränkt sich dafür auf die drei jüngsten Pastoralschreiben von 1876, 1877 und 1878, die alle drei längere Abhandlungen sind. Das erste führt den Titel: „Die katholische Kirche und das 19. Jahrhundert", und ist von Rom aus datirt (12. Februar), wo der Cardinal sich damals längere Zeit aufhielt, die beiden anderen führen den gemeinsamen Titel: „Die Kirche und die Cultur", und betrachten die Kirche in ihrem Verhältniß zur materiellen Seite und zur moralischen Seite des Lebens. Ein späteres Hirtenschreiben hätte dann die Kirche in Bezug auf die geistigen Bestrebungen betrachtet, und so würden diese drei Abhandlungen ein ganzes Werk gebildet haben, das aber jetzt wohl unvollendet bleiben wird, da in päpstlichen Encycliken solche Abhandlungen nicht wohl vorkommen können.

Die Idee Bonghi's ist gewiß eine richtige, um die Auffassung des neuen Papstes in Betreff seiner Stellung und Aufgabe kennen zu lernen, insoweit er sie in seinen Pastoralbriefen ausgesprochen hat.*) Indem wir aber auf den Gedanken eingehen, nehmen wir noch das Hirtenschreiben von 1867, „Von den übernatürlichen Vorzügen der katholischen Kirche". und das von 1871, „Ueber den Vorrang des römischen Papstes", hinzu,

---

*) Der seichte und geschwätzige Bonghi benutzt die von ihm gemachten Auszüge aus den Hirtenbriefen, um als Professor dem Papste die mannichfaltigsten Lehren und seitenlange Instruktionen zu geben, mit der bescheidenen Drohung, die katholische Kirche werde zu Grunde gehen, wenn sie sich nicht nach den Anschauungen des ehemaligen italienischen Unterrichtsministers reformire!! (Nuova Antologia, II. Serie, Vol. VIII. p. 350.)

Leo XIII.

Cardinal Uma,
Staatssecretair.

Mons. Macchi,
Päpstlicher Oberkammerherr.

Card. Sacconi,
Prodatar.

Cardinal Asquini,
Secretair der Breven.

Mons. Ricci,
Päpstlicher Haushofmeister.

Cardinal Ferrieri,
Präfect der Congr. s. Negotiis Episco-
porum.

Mons. van der Branden,
Päpstlicher Oberkammerherr.

um damit in fünf Abhandlungen Das vor uns zu haben, was Leo XIII. früher in seinen Pastoralschreiben über die Kirche und den Apostolischen Primat und über ihre Beziehung zu den Bestrebungen und Anschauungen der Gegenwart gelehrt hat. Der enge Rahmen eines Capitels zwingt uns, auf eine Auswahl der schönsten und bezeichnendsten Gedanken uns zu beschränken.

„Um in einer einzigen Religion, in einem einzigen Glauben, die Geister, so mannichfaltig und verschieden in ihren Ansichten, zu vereinigen, gab der Herr für Alle das große Gesetzbuch seiner Offenbarung, das Evangelium; und um in Einer Liebe alle Herzen zu verbinden, die von so verschiedenen, sich widersprechenden und widerstreitenden Begierden getrieben werden, stellte er sich selber als lebendiges Beispiel brüderlicher Liebe dar, indem er sich als Sühnopfer für die Sünden Aller hingab und Allen Antheil verlieh an den Früchten seiner Erlösung.

„Betrachtet die bewunderungswürdige Constitution und Organisation der Kirche! Als wahrhafte Gesellschaft ist sie ein Verein vernünftiger Wesen, zu gemeinsamen und genau bestimmten Zwecken, mit den ent= sprechenden Mitteln ausgestattet, diese Zwecke zu erreichen, und mit einer Auctorität an ihrer Spitze, welche das Ganze belebt und regiert. . . . . Ohne ein Centrum, ohne einen obersten Richter und Lenker wäre Einheit im Glauben, Einheit in der Regierung weder je zu erreichen, noch zu behaupten gewesen. Wenn Christus daher auch allen Aposteln den Auftrag gegeben hat, den Völkern sein Evangelium zu verkündigen, so übertrug er doch allein auf Petrus das Amt, die Lämmer und die Schafe zu weiden, d. h. die Völker und ihre Hirten; ihm allein vertraute er die Schlüssel des Himmelreichs, ihn ernannte er zum Fundamentalfelsen der ganzen Kirche, zum fürstlichen Hirten seiner gesammten Heerde. Diese eminente Gewalt, eingesetzt zum gemeinsamen Wohle und zur dauernden Regierung der ganzen christlichen Gesellschaft, ging von Petrus auf seine Nachfolger im römischen Pontificate über; in Gleichem ging das Amt, an der Hirtenpflicht und Hirtensorge Petri Theil zu nehmen, von den Aposteln über auf die Bischöfe, die ihnen in der Leitung der einzelnen Kirchen folgen. Und zwar ohne irgend einen Nachtheil für die gesammte Einheit. Denn obwohl die Bischöfe die Würde wahrer Hirten bekleiden und ebenfalls auf göttliche Anordnung und im eigenen Namen das ihnen anvertraute christliche Volk regieren, so sind sie dennoch dem Papste als dem Ersten verbunden und untergeordnet, wie die kleineren Gestirne von dem größeren Planeten abhängen. Sie sind Hirten einer bestimmten

Heerde und empfangen die Sorge über diese Heerde von dem obersten Hirten, dem in der Person Petri durch Jesus Christus die universale Herrschaft über die ganze Heerde anvertraut worden ist. Die Einheit der einzelnen Kirchen wird constituirt von den Gläubigen eines bestimmten Districts in ihrer Vereinigung um den eigenen und besonderen Hirten; die Einheit der gesammten Kirche hat Angelpunkt und Centrum im Papste, der das Haupt ist und dem alle Völker in ihrer Vereinigung um die einzelnen Hirten unterstellt sind. So bildet sich aus sämmtlichen Gläubigen eine einzige, universelle Societät und ein einziger, ganzer Körper, in wunderbarem Organismus durch gegenseitige Bande und hierarchische Grade geeint mit dem unsichtbaren Haupte, welches der Stifter Jesus Christus selber ist.

„Leitet die Kirche unmittelbar von Gott ihren Ursprung, ihr Ziel, ihre Organisation her, dann folgt daraus, daß sie eine Institution ist, die über allen anderen steht, die von keiner irdischen Macht abhängt und menschlicher Aufsicht und Reform nicht unterworfen sein kann und darf. Ihre unendlich erhabene Aufgabe, die Ausbreitung der offenbarten Wahrheiten und die ewige Beseligung der Menschen, überragt weit, weit die Aufgabe einer jeden anderen, menschlichen Association. Sie unterscheidet sich wesentlich von diesen und darf in ihrer erhabenen Mission von denselben weder gestört noch beherrscht werden, da die zeitlichen Interessen den ewigen Zwecken untergeordnet, nicht übergeordnet sein dürfen. —

„Wo findet ihr eine Würde, erhabener als jene, der das unermeßlich hohe Amt anvertraut ist, auf Erden Gottes Stelle zum Heile einer ganzen Welt zu vertreten? Ihre Macht dehnt sich aus bis zu den äußersten Grenzen der Erde, wo sich auch nur ein einziger in Christus wiedergeborener Sohn der Kirche findet; ihr sind alle christlichen Fürsten und Völker ohne jede Ausnahme unterworfen; überallhin hat der Papst das Recht, die ganze Kraft seiner Gewalt in Anwendung zu bringen, um den wahren Glauben auszubreiten, die Reinheit des Glaubens und der Sitten aufrecht zu halten, die Disciplin zu regeln, Mißbräuche abzuschaffen, die Irrenden zu ermahnen und zum Heile zurückzuführen. Erheben sich wichtige Streitfragen im Schooße der Christenheit, so steht es ihm zu, sie vor seinen Richterstuhl zu ziehen und zu entscheiden, und wenn er mit seinem höchsten Urtheile eine Frage der Dogmatik oder der Moral entschieden hat, dann gibt es keine weitere Appellation, da es auf Erden keine höhere Auctorität gibt, als die seinige. Wer immerhin es wagen wollte, sich diesem höchsten Haupte schuldigen Gehorsam zu entziehen, würde durch dieses allein sich außerhalb des Weges stellen, der zum Heile führt, indem er dadurch sich selber als Rebellen wider Christus erklären würde, dessen Gewalt er in dessen Stellvertreter verachtet. *)

„Die Definition des vaticanischen Concils, welches eineLehre bestätigte, die immerdar die Erblehre der Väter und der hervorragendsten Schulen gewesen ist, die Unfehlbarkeit des Römischen Papstes nämlich in Glaubens- und Sittenlehren, hat mit Nichten Heerschaaren wider die Kirche erweckt, die uns Furcht einflößen könnten; wenige Unglückselige, in deren Brust der Hochmuth von langer Zeit her die Keime des Abfalls zur Reife gebracht hatte, belästigten die Welt mit einer lächerlichen Spaltung und verfielen dem Mitleid, das man demjenigen zollt, der durch eigene Schuld fällt. Allein die Kirche ist dadurch nicht geschädigt, noch irgendwie in Gefahr gebracht worden. Winzig an Zahl von Anfang an, lichten sich die Reihen Jener immer mehr, und weder der eigennützige Schutz der Mächtigen, noch das Gold, noch die lockenden Verheißungen, die man allen Lüsten und Leidenschaften machte, waren im Stande, Leben in diesen todten Körper zu bringen, den man den Altkatholicismus nennt.**)

Nachdem im Vorhergehenden uns die erhabenen Anschauungen des Cardinals über die Kirche und das Papstthum vor Augen getreten sind, betrachtet er in seinen drei jüngsten Hirtenbriefen die Kirche in ihrer Stellung zum Zeitgeiste der Gegenwart, und da werden seine Worte zu einer herrlichen Apologie, zu einer glänzenden Vertheidigung der Kirche gegen ihre modernen Widersacher. „Die Kirche ist durchaus nicht eine Gegnerin der Cultur und Civilisation, der Entwickelung und des Fortschrittes auf allen Gebieten menschlichen Könnens, Wollens und Wissens; von ihr ist im Gegentheil über alle Classen und Stände, über alle geistigen Bestrebungen Segen und Licht ausgegossen worden bis auf diesen Tag, und im 19. Jahrhundert ist sie nicht minder die Beglückerin der Völker, die Pflegerin der Bildung, die Mutter aller echten Civilisation, wie sie es in der ganzen Vergangenheit gewesen ist. Die Erziehung der Menschheit ihr aus den Händen nehmen, heißt die Pflanze aus ihrem Boden reißen: sie muß mit Naturnothwendigkeit verdorren, und die Erfahrungen der Gegenwart beweisen es nur zu klar, wohin man gelangt, wenn man die Völker ohne Christus und ohne Kirche sittigen und veredeln zu können vermeint.

„Die modernen, vom Unglauben angesteckten Schulen der Volkswirthschaft betrachten die Arbeit als höchste Aufgabe des Menschen, und

*) Aus dem Hirtenbriefe von 1871. Andere Stellen desselben sind bereits früher mitgetheilt worden.
**) Aus dem Hirtenbriefe von 1876.

schätzen ihn selber wie eine Maschine, die mehr oder weniger werthvoll ist, je nachdem sie sich zur Production brauchbar erweist. Daher die völlige Gleichgültigkeit gegen den sittlichen Werth des Menschen; daher der entsetzliche Mißbrauch der Armuth und der Schwachheit von Seiten Solcher, die es verstehen, sie zu ihrem Vortheile auszunutzen.... Einzig bedacht, die Menschen an das Irdische gekettet zu halten, sie darin zu versenken und zu begraben, stumpft man das Geistesleben ab in diesen armen Opfern der wieder heidnisch gewordenen Arbeit; Alles, was den Menschen erhebt, was ihn zu Dem macht, was er nach Gottes Willen sein soll, König der Schöpfung, Kind Gottes, Erbe des Himmelreichs, verschwindet dem Blicke und sinkt in Vergessenheit; dahingegen läßt man Allem, was im Menschen von sinnlichen und thierischen Trieben liegt, die Zügel schießen.... Nun, diese maßlose Gier, von der unsere Zeit getrieben wird, wer hemmt sie besser, als die katholische Kirche, die auf der einen Seite Alle zur Arbeit einladet, und auf der andern mit mehr als menschlicher Weisheit die zweckdienlichsten Mittel anwendet, den Mißbrauch der Arbeit zu verhindern?"

„Es würde ein langes und unnützes Unternehmen sein, eine schon tausendmal geschriebene Geschichte nochmals zu schreiben, um zu beweisen wie sehr die Kirche von den ersten Jahrhunderten an bemüht gewesen ist, das Loos aller Unglücklichen zu mildern. Ein berühmter neuerer Apologet (Hettinger) trug kein Bedenken, zu behaupten, daß derjenige, welcher die Geschichte der Nächstenliebe schreiben wollte, gleichsam ohne es zu wissen dahin käme, die Geschichte der Kirche zu schreiben. Es giebt keinen Winkel der Erde, kein noch so kleines Land, wo man nicht Personen findet, welche auf Annehmlichkeiten, Bequemlichkeiten und Alles, was das Leben Verlockendes hat, verzichten, um sich freudig dem mühsamsten Dienst zu widmen, zu wachen am Krankenbette, die Waisen und die Verstoßenen aufzunehmen, die Armen in ihren Hütten, und selbst in ihrem dunklen Kerker die Verbrecher aufzusuchen, welche die Gesellschaft aus ihrer Mitte ausscheiden mußte. *)

„Ist die Kirche die Begründerin jener Civilisation, welche für neunzehn in der Geschichte der Menschheit ruhmreiche Jahrhunderte ausgereicht hat, was ist denn plötzlich Neues eingetreten, daß man sie nunmehr für unfähig erklärt, das schöne Werk fortzusetzen, und sie anklagt, sie stehe der Erfüllung der Bedingungen hinderlich im Wege, durch welche

---

*) Aus dem Hirtenbriefe von 1877.

sich der Mensch in sittlicher Beziehung vervollkommnet? .... Wer den Lockungen der Sinnlichkeit sich hingeben will, dem ruft sie zu, daß selbst ein Blick und ein Gedanke verboten ist. Lasset dieses Gebot erfüllt werden, und mit den schlüpfrigen Sitten werden die schwächlichen und entnervten Körper schwinden, die eine Herberge sind für verkrüppelte, jeden Aufschwungs unfähige Seelen, und statt ihrer werdet ihr blühende Geschlechter haben, eine feste Schutzwehr der bürgerlichen Ordnung, werdet ihr keusche Seelen haben, die, ungehemmt von den Lockungen des Fleisches, die Wahrheit zu ihrer Braut erwählen, sich ihr ganz hingeben, und, von ihrem Glanze umkleidet, weithin Licht unter ihren Mitbrüdern verbreiten. — Dem Menschen, den die Habgier quält, ruft die Kirche zu, daß Geiz Knechtschaft ist, und daß man nicht Gott und dem Mammon zugleich dienen könne. Lasset diese Worte ein fruchtbares Erdreich in den Herzen finden und die Gesellschaft wird in ihrer Mitte keine Menschen mehr zählen, die unbarmherzig überall nur das eigene Interesse suchen, und aufhören wird Diebstahl, Betrug, falscher Bankerott und jammervolles Elend. — Den Stolzen mahnt die Kirche, daß nur, wer sich verdemüthigt, groß werden kann im Reiche Gottes. Goldene Worte, die nur gut aufgenommen zu werden brauchen, um sofort jenen Geist des Widerspruches zu brechen, der sich vor Nichts beugen mag und immer Einwendungen findet; jenes hartnäckige Festhalten an der eigenen, oft verkehrten und thörichten Meinung zu verbannen mit ihren bitteren Enttäuschungen und erschrecklichen Katastrophen. — Haben die Feinde der Kirche Mittel zur Hand, die mehr geeignet sind, all' die bösen Neigungen in uns zu unterdrücken, die dem Fortschritt der wahren Civilisation ewig als Hinderniß entgegenstehen werden?

„Welch ähnliche moralische Erfolge, wie die Kirche, haben denn die aufzuweisen, die eine Civilisation ohne Christenthum träumen, um sie an die Stelle derjenigen Civilisation zu setzen, welche durch die Bemühungen der Kirche zu so wunderbarer Höhe emporgeblüht ist? ... Oder sind etwa Mißgunst und Neid, die täglich mehr um sich greifen und das Herz der Armen und mit materiellen Gütern nicht Gesegneten wider die Reichen erfüllen, ein Zeichen veredelter Sitte? Ist jene Wuth der Tiger, sind jene Drohungen von Brandstiftung und Mord, die unsere Ohren verwunden, ein Beweis von brüderlichen und liebevollen Gesinnungen? Bieten die sich gegenwärtig mit bedauernswerther Häufigkeit mehrenden Duelle erfreuliche und tröstliche Aussichten dar? Fangen wir nicht an, wieder zu Barbaren zu werden, so hitzig wir auch für die Civilisation die Waffen schwingen?

„Gebet uns Eheleute, die auf der einen Seite bestrebt sind, den Absichten Christi zu entsprechen, und die auf der anderen Seite ihr Amt mit der väterlichen Liebe der Kirche ausüben, und die Interessen der Civilisation sind gewahrt. Die Söhne, welche aus solchen Familien erwachsen werden, um die Erde zu bevölkern, sie werden in ihren Herzen tief eingegraben tragen die Grundsätze der Gerechtigkeit, welche die Angelpunkte des öffentlichen Lebens sind; sie werden durch weise Uebung daran gewöhnt sein, die geziemende Unterordnung zu beobachten, die Obrigkeit zu ehren und die gerechten Gesetze zu befolgen. Unter den Händen solcher Eltern werden sich die kräftigen und festen Charaktere entwickeln, welche sich von den Winden verschiedener und frembartiger Lehren weder erschüttern noch hinreißen lassen. Aus diesen durch den Glauben und das gute Beispiel der Eltern geheiligten Familien werden die glücklichen Kinder Adel der Gesinnung, Redlichkeit im Verkehr, Treue im Halten des gegebenen Wortes in die Gesellschaft mitbringen. Es wird sich eine moralische Wiedergeburt vollziehen, ohne Lärm, aber mit bewunderungswürdiger Kraft. Und doch gab und giebt es noch Viele, welche die Ehe zu der kläglichen Rolle eines rein bürgerlichen Vertrages erniedrigen möchten und die gegen den Syllabus toben, weil er die Behauptung verurtheilt, man könne auf keine Weise die Lehren der Kirche dulden, daß Christus die Ehe zu der Würde eines Sacraments erhoben habe. —

„Die heidnischen Herrscher haben ihre Gewalt auf das schmählichste mißbraucht. Die Gewalt, wie sie sich aus den Lehren des Christenthums entwickelt, ist gemäßigt, thätig, bedacht das Gute zu fördern, gezügelt durch die Furcht vor den unvermeidlichen Strafen, welche in dem göttlichen Gericht alle Jene treffen, die ihre Macht mißbrauchen und schlecht regieren. — Ein Gehorsam, der uns durch die Nothwendigkeit des geordneten Bestandes der menschlichen Gesellschaft zur unerläßlichen Pflicht gemacht wird, verliert alle Bitterkeit und wird süß und leicht. Feige und vor Furcht zitternde Unterthanen werden nicht in den Armen der Kirche groß gezogen; nein, sie kommen nur vor außerhalb ihres Schooßes, in jenen Staaten, welche kein anderes Recht kennen, als die brutale Gewalt. — Möchten doch die Mächtigen, die, welche das Scepter und die Zügel der Herrschaft in den Händen halten, sich wiederum Jesu nähern, um sein Bild in sich aufzunehmen und ihr Leben nach dem seinigen einzurichten! *)

„Das ist von jeher die Art und Weise der Kirche, dieser guten Mutter,

---

*) Aus dem Hirtenbriefe von 1878.

gewesen, an ihrer Brust die belebende Milch selbst jenen widerspänstigen und gegen die Mutter frevelnden Kindern zu reichen, die ihrem Leben nachstellen. Wenn dieselben durch ihre Schuld Alles verloren haben, dann eilt sie ihnen entgegen und entnimmt aus ihrem wohl bewahrten Schatze, wessen jene bedürfen; sie tritt in die Schulen, um die Verderber der Jugend hinauszuweisen und diese in die erneuernde Wissenschaft der christlichen Lehren einzuführen; sie steigt auf den Lehrstuhl, um die Völker zu erleuchten und sie zur thätigen Ausübung der vergessenen Tugenden zurückzuleiten; sie ergreift die Feder und schreibt jene herrlichen Vertheidigungsschriften der Wahrheit, die uns fast über die ausgebrochenen Irrlehren trösten: so hell ist das Licht, das sie über die Wahrheiten des Glaubens ausgießen. — Das thut die Kirche, und darin beruht das Heil und die Rettung der Nationen; sie haben ja vor ihren Augen diesen himmlischen Leuchtthurm, auf den sie zusteuern können, wenn der Sturm sie zu verschlingen droht. Diese Kirche, welche die Verblendeten verkennen, sie ist der gesegnete Same, den Gott uns gelassen hat, damit über dem verderbten Geschlecht nicht der Untergang hereinbreche, der die Städte der Ruchlosigkeit vernichtet hat.*)

Elftes Kapitel.

Charakterzüge.

Jn der Lebensbeschreibung unseres heil. Vaters sind wir nunmehr bis zu dem Zeitpunkte angelangt, mit welchem seine Wirksamkeit in Perugia aufhört und ein höherer Befehl ihn nach Rom ruft, um dort binnen Kurzem zur höchsten Würde des Statthalters Gottes auf Erden erhoben zu werden. Da scheint uns nun jetzt der Platz zu sein, das Bild, welches wir im Vorhergehenden entworfen haben, durch eine Reihe kleiner Charakterzüge und durch einen Blick in das Privatleben Sr. Eminenz heller zu beleuchten und zu vollenden.

Was in der bischöflichen Wirksamkeit des Cardinals wie blüthenreiche

---

*) Aus dem Hirtenbriefe von 1876. Wir haben stellenweise die im Ganzen vortreffliche Uebersetzung von Liesen und Elz benutzt, die hiermit bestens empfohlen sein soll, da diese Hirtenbriefe eine Fülle von ungemein schönen und tiefen Gedanken enthalten.

Zweige hinauswuchs, die ganze Diöcese überschattend, was er für die Hebung des Clerus, die Veredelung seines Volkes, die Reinerhaltung des Glaubens, die Ausrottung der Laster that, das mußte seine Wurzel in der Tiefe eines von der Liebe zu Gott und zu den Seelen erfüllten Herzens haben, aus welcher das Alles in immer neuer Fruchtbarkeit herauswuchs. In seiner eigenen Brust mußte der lebendige Quell sprudeln, voll und reich, der seine belebenden Wasser in die Seelen seines Volkes ergoß. Und in der That erschließt uns der Blick in das Innere des Oberhirten eine solche Fülle ansprechender Züge, daß dadurch sein äußeres, großartiges Wirken erst seine vollständige Erklärung findet.

Seine tägliche Betrachtung hielt der Cardinal in der stillen Einsamkeit seiner Privatcapelle und las dann die heil. Messe, zu der er etwas über eine halbe Stunde brauchte; ungefähr ebenso lang währte die Danksagung. Das heiligste Sacrament besuchte er entweder in der Hauscapelle des Seminars, wohin er auf einer geheimen Treppe gelangen konnte, oder im Dom. Auch dorthin führte vom bischöflichen Palaste ein Gang auf ein Chörchen, wo er ungesehen und ungestört sich seiner Andacht hingeben konnte. Jeden fünften oder sechsten Tag beichtete er; früher that er es gewöhnlich zweimal in der Woche. Monatlich wählte er den einen oder anderen Tag aus, um sich ausschließlich dem Gebete hinzugeben. Alljährlich zog er sich zu den Vätern der Missionen auf mehrere Tage zu geistlichen Uebungen zurück. Es war im Jahre 1866 oder 1867, als er nach solchen Exercitien einen alten und höchstehrwürdigen Domherrn zu sich berief und ihn bat, in Zukunft auf das Thun und Lassen des Cardinals ein wachsames Auge zu haben und was er immerhin Verkehrtes an ihm finde, das offen und ungescheut ihm vorzuhalten; er unterwerfe sich ihm mit dem heutigen Tage wie seinem geistigen Rathgeber und Vater. Zu den Exercitien seiner Priester erschien der Cardinal regelmäßig, um einige Worte der Ermahnung an die versammelten Geistlichen zu richten und sie in ihren frommen Vorsätzen zu bestärken. Es war während solcher Exercitien im Jahre 1875, als im Kloster der Benedictiner bei St. Peter plötzlich der dortige Abt starb, ein Mann in der Blüthe seiner Jahre; man fand ihn morgens todt im Bette. Als der Cardinal die Nachricht erhielt, berief er sofort die Priester, theilte ihnen die Trauerkunde mit und knüpfte daran eine so eindringliche Mahnung, stets wachsam und bereit auf die Stunde des Todes zu sein, daß Alle auf das Tiefste davon ergriffen wurden. — Exercitien für die Priester, Missionen für das Volk, das, pflegte er zu sagen, seien die besten Mittel, eine Diöcese zu heiligen.

Zum bittern Leiden des Heilands hegte er eine innige Andacht; die Feier der Verehrung des heil. Kreuzes am Charfreitag nahm er jedesmal mit einer solch rührenden Innigkeit vor, daß er die Anwesenden dadurch aufs höchste erbaute. Ein rechtes Marienkind, hatte er zur seligsten Jungfrau ein unbegrenztes Vertrauen; die Liebe zu ihr suchte er auf alle Weise zu fördern. Außerdem waren der heil. Joseph und der heil. Franciscus von Assisi neben seinem Namenspatron die von ihm besonders verehrten Heiligen. — An den außerordentlichen Festen, welche in den Kirchen der Stadt begangen wurden, pflegte er stets persönlich Theil zu nehmen, indem er daselbst die heil. Messe las und die General-Communion spendete; er ermunterte auch die Pfarrer, Andachten und fromme Uebungen einzuführen und unterstützte sie darin auf alle Weise. In den wilden Zeiten nach 1848, 1859 und 1860 waren in mehreren Kirchen ruchlose Diebstähle verübt worden. Da gab er aus seinen eigenen Mitteln die Gelder her, um Sühne-Andachten zu veranstalten, und erschien selber dabei, dem Volke mit seinem Beispiele voran zu gehen.

Die Krankenhäuser besuchte er gern; selbst als im Jahre 1854 die Cholera ausgebrochen war, entzog er sich der Gefahr nicht, sondern tröstete durch sein Erscheinen und durch seinen Zuspruch, die Sterbenden, wie die Hinterbliebenen. Wenn ihm mitgetheilt wurde, daß ein Kind im Spital dem Tode nahe sei, so ging er hin, ihm die heil. Firmung zu spenden, damit dasselbe nicht ohne den Charafter dieses heil. Sacraments in die Ewigkeit hinübergehe.

Die Bettler von Profession und die Tagediebe, die nicht arbeiten, sondern vom Schweiße Anderer leben wollen, fanden an ihm keinen Gönner; wo dagegen wirkliche Noth war, spendete er reichlich. Welch ein warmes Herz er für die Armen hatte und wie er diese Liebe auch in den Herzen seiner Priester zu entflammen verstand, mögen uns die Worte lehren, die er in seinem Hirtenbriefe vom Jahre 1878 an seinen Clerus richtete: „O meine theuren Mitarbeiter im geistlichen Amte, ihr seid täglich Zeugen der vielen Leiden und Entbehrungen des Armen, von denen die Welt nichts weiß, oder richtiger gesagt, vor welchen sie ihre Augen verschließt, um sich nicht in ihren eiteln Freuden stören zu lassen. Ihr, die ihr so oft das euren eigenen Bedürfnissen nur karg zugemessene Brot mit den Armen theilt und vor Verlangen brennet, noch mehr für sie thun zu können, lenfet doch so oft es geschehen kann, ihre Augen auf den göttlichen Heiland, damit sie aus dem Blicke auf ihn wieder Kraft und Muth schöpfen. Indem ihr so den Seelen den Balsam des religiösen Trostes reichet, werdet ihr zugleich auch in hervorragender Weise die Interessen der Civilisation fördern. Ihr werdet die Leidenschaften dämpfen, die sich sonst, an einem uns vielleicht nicht fernen Tage, in Thaten der Gewalt und der Zerstörung verwandeln könnten. Ihr werdet Personen wieder aufrichten, welche die Armuth sonst in ihren eigenen Augen und in den Augen der Anderen entehrt und erniedrigt haben würde."

Die Canoniker des Domcapitels, die geistlichen Professoren des Seminars und die Pfarrer der Stadt erfreuten sich seiner besonderen väterlichen Huld; er verkehrte mit ihnen in gewinnender Herzlichkeit, welche sie jedoch nie die hohe Stellung und Würde vergessen ließ, die er bekleidete. Bei der langen Dauer seiner bischöflichen Amtsführung in Perugia war der größte Theil des Clerus von ihm erzogen und zum Priesterthum geweiht worden; so kannte er Alle genau, und sie hinwiederum liebten ihn, wie ihren Vater. Von dieser Anhänglichkeit waren wir selber Zeuge, als er wenige Tage nach seiner Erhebung auf den Stuhl Petri in der allgemeinen Audienz auch einen Geistlichen seiner Diöcese empfing. Als der Herr den heil. Vater kommen sah, übermannte ihn die Bewegung, unter lautem Schluchzen warf er sich dem Papste zu Füßen, und bedeckt dieselben mit seinen Küssen. — Seine Dienerschaft behandelte er mit Nachsicht und Güte; dennoch flößte sein ganzes Wesen ihnen eine solche Ehrfurcht ein, daß einer derselben, der ihm über zwanzig Jahre gedient hat, erklärte, so oft er vor Sr. Eminenz erscheine, fühle er sich jedesmal beklommen und befangen.

Als wir am Vorabende von Palmsonntag Sr. Heiligkeit verschiedene Adressen und schriftstellerische Huldigungen aus der Heimat zu überreichen die Ehre hatten und dabei bemerkten, der heil. Vater möge von der innigsten Anhänglichkeit der deutschen Katholiken überzeugt sein, antwortete er: „Vom ersten Tage meiner Erhebung an sind mir aus Deutschland, aus Frankreich, aus England, aus Spanien und nicht minder auch aus diesem Italien unzählige Beweise kindlicher Liebe zugeflossen. Ich kann das Alles nur auf diesen erhabenen Stuhl Petri beziehen, um den sich die Katholiken, dem Himmel sei es gedankt, in unwandelbarer Treue schaaren, und nehme jene Huldigungen entgegen für den Fürsten der Apostel, zu dessen Nachfolger der Herr mich Unwürdigen in seinen unerforschlichen Rathschlüssen berufen hat." Diese Worte sprach der Papst mit ungewöhnlicher Wärme und Ergriffenheit, und wenn uns Leo groß erschienen war an jenem Tage, wo er seinen Krönungszug in die Sixtina hielt, in dieser demüthigen Innigkeit seiner Worte erschien er uns noch weit größer. Aber diese Demuth ist ihm nicht erst auf dem Apostolischen Stuhle gekommen; er hat sie als schönsten Edelstein für sein Diadem mit nach Rom gebracht.

In seiner Gewissenhaftigkeit ließ er sich durch nichts von seiner pünktlichen Pflichterfüllung abhalten. Pius IX. hatte ihm schon vor mehreren Jahren gestattet, während der Wintermonate das rauhe Klima des hochgelegenen Perugia mit der milderen römischen Luft zu vertauschen. Allein der Cardinal machte nur höchstens die eine oder andere Woche von der Erlaubniß Gebrauch; dann eilte er wieder in seine Diöcese zurück. Die gleiche treue und pünktliche Pflichterfüllung erwartete er aber auch von allen seinen Untergebenen, in der Seelsorge, im Unterricht, in der Verwaltung. Einer der Professoren des Seminars liebte es, zu den Schulstunden zu spät zu kommen. Der Cardinal wußte es und begab sich daher eines Morgens persönlich in die Classe, ließ sich von einem Schüler ein Buch geben und begann den Unterricht. Etwa nach zehn Minuten erschien der Professor an der Thüre und war nicht wenig verwundert, wie ungemein stille heute die Schüler drinnen waren. Er öffnet — und sieht Se. Eminenz selber an seiner Stelle. Verlegen stammelt er einige Worte der Entschuldigung: allein der Cardinal antwortete freundlich: „Ich bin Ihnen sehr dankbar, daß Sie mir es ermöglicht haben, auch einmal ganz unerwartet die Leistungen Ihrer Schüler zu prüfen."

In der ersten Zeit seiner bischöflichen Wirksamkeit zu Perugia hatte er für die weltliche Verwaltung der Provinz einen Beamten an seiner Seite, der es nur zu häufig an der Erfüllung seiner Pflichten fehlen ließ. Der Bischof sah die Unordnungen mit tiefem Mißfallen; als seine wiederholten Mahnungen nichts fruchteten, setzte er in Rom die Abberufung des Beamten durch. Nachdem er den Stuhl Petri bestiegen hatte, wagte es auch jener Herr, sich dem Papste vorzustellen, indem er die Worte hinzufügte: „Heiligkeit, ich bitte um Vergessen des Vergangenen und um den Segen für die Zukunft." — „Die letztere Bitte gewähre ich Ihnen," erwiderte der Papst, und damit war der Herr entlassen.

In der Unterredung war der Cardinal stets gemessen, in seinen Worten sparsam. Selbst bei festlichen Tafeln, wo die Zunge sich löst und wo man im Besondern von ihm als dem Vornehmsten ein allseitiges Eingreifen in die Unterhaltung erwartete, hörte er lieber zu. Jene so glückliche Gabe leichteren Scherzes und blitzender Gedanken, die man an Pius IX. bewunderte, war ihm nicht gegeben. Seine Rede war langsam und wohl bedacht, wie sein ganzes Wesen ernst und gemeſſen. Doch fehlte ihm keineswegs die Gabe, dort, wo er es für nöthig erachtete, ein angenehmer Unterhalter zu ſein. Die Fremden, die ihn in Perugia beſuchten, rühmen einſtimmig ſeine Leutſeligkeit und Liebenswürdig= keit, mit der er ihnen entgegenkam. Wie Pius IX., ſo erfreute ſich auch ſein Nachfolger eines ungemein glücklichen Gedächtniſſes. Noch heute weiß er die Perſonen mit Namen zu nennen, mit denen er vor dreißig oder vierzig Jahren in gelegentliche Berührung gekommen. Als vor einigen Jahren der frühere Biſchof Pe= dicini von Benevent zum Biſchof von Bari befördert wurde, äußerte der Cardinal zu ſeiner Umgebung: „Ich kenne dieſen Prälaten ſehr gut; er war Vorſteher der erſten Claſſe des Seminars zu Benevent, während ich dort Legat war.“ Als Papſt wußte er ſich noch des Bruder Clemens zu erinnern, der ihn damals in ſeiner Krankheit gepflegt hatte.

In ſeinen Lebensbedürfniſſen war der Cardinal äußerſt einfach und anſpruchslos. Da er häufig an Schlafloſigkeit litt und kaum erſt in den Morgenſtunden ein wenig einſchlummerte, ſo pflegte er ſelten ſehr früh auf= zuſtehen. (Gegenwärtig als Papſt ſteht er um fünf Uhr auf und lieſt um ſechs Uhr die heil. Meſſe, obſchon man in der Regel noch um Mitternacht Licht auf ſeinem Arbeitszimmer ſieht.) Seine Tafel war höchſt mäßig und fern von jedem Ueberfluß: von vielen Gerichten wollte er nichts wiſſen; Suppe war ihm das liebſte. Obſchon Pius IX. gewiß einen ſehr frugalen Tiſch geführt hat, ſo verminderte Leo doch noch die dafür angeſetzte Summe. Trotz der ſtrengen Winterkälte, die in Perugia bei ſeiner hohen Lage im Gebirgszuge der Appeninen zu herrſchen pflegt, wollte der Cardinal ſelbſt in ſeinen ſpäteren Jahren keinen Ofen in ſeinem Zimmer haben. Er be= ſchränkte ſich auf ein ſogenanntes Feuerſtübchen von Porzellan, um ſich die Hände zu wärmen. Im Empfangsſaale dagegen, wo die große Zahl der ihn Beſuchenden den Einzelnen nicht ſelten zu langem Warten verurtheilte, brannte ein großer Ofen. Wenn er nach Rom kam und im belgiſchen Collegium abſtieg, ſo begnügte er ſich, gleich den dortigen Seminariſten, mit einem einzigen kleinen Zimmer mit nur Einem Fenſter und ohne jeden Luxus.

Um zehn Uhr Morgens begannen die Audienzen, wo Alle, die ein Anliegen hatten, vor ihm erſcheinen konnten. Gegen zwei Uhr ſpeiſte er. Am Nachmittage fuhr er vor das Thor hinaus und machte dann weite Spaziergänge, wobei er einen ſchnellen Schritt einhielt, da ihm dieſes von den Aerzten ſeiner Geſundheit wegen vorgeſchrieben war. Traf er Kinder auf ſeinem Wege, ſo rief er ſie zu ſich, fragte ſie über den Cate= chismus und ſchenkte ihnen, wenn ſie gut zu antworten wußten, Medaillen oder Heiligenbilder. Auch unterhielt er sich gern mit den Landleuten auf dem Felde und plauderte mit ihnen in herablassendster Leutseligkeit. Abends war er gerne allein, um sich mit Studien zu beschäftigen; nur der General-Vicar durfte kommen, mit welchem er sich dann über die Angelegenheiten seiner Diöcese unterhielt.

Bei aller Liebe zu seinen Verwandten war er doch weit entfernt von jenem Nepotismus, der die Angehörigen selbst auf Kosten der Kirche bereichern und versorgen zu müssen glaubt. Uebrigens haben Jene auch nie etwas von dem Cardinal beansprucht, und wenn sie es gewollt hätten, so kannten sie die Gesinnung Sr. Eminenz in dieser Hinsicht zu gut. Sein ältester Bruder Carl, ein Greis von 75 Jahren, ist vom Schlage gelähmt und kann sich nur mittels eines Rollstuhles von einem Zimmer in das andere bringen lassen. Er bat nun den neuen Papst, ihm zu gestatten, an Sonn- und Feiertagen in seiner Wohnung die heil. Messe lesen lassen zu dürfen. „Ich gestatte es unter zwei Bedingungen, lautete die Ant-wort; erstens, daß der Altar in einem besonderen Zimmer aufgerichtet werde, und zweitens, daß allein du das Privilegium benutzest; das übrige Hausgesinde soll in die Kirche gehen." — Ueberhaupt hielt der Cardinal streng an den kirchlichen Vorschriften. Wie er einen eigenen Lehrstuhl der Liturgik in seinem Seminar auf seine Kosten gegründet hatte, so be-obachtete er selber auf das gewissenhafteste die Rubriken. Das Gleiche galt von den andern Kirchengeboten. Eine sehr vornehme Dame bat den neuen Papst persönlich um Dispens vom Fasten und der Abstinenz. „Da es sich um ein Gebot unserer heil. Kirche handelt, erwiderte Leo, so wenden Sie sich unter Beifügung eines ärztlichen Zeugnisses an die Congregation, und ich werde gerne alle zulässige Erleichterung gewähren."

Zwölftes Kapitel.

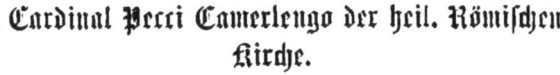

Cardinal Pecci Camerlengo der heil. Römischen Kirche.

Zweiunddreißig Jahre hatte Pecci die Kirche von Perugia regiert; er war ein Greis von nahezu achtundsechzig Jahren geworden und durfte hoffen, den Abend seines Lebens in friedlicher Ruhe in Mitte seiner geliebten Heerde sich senken zu sehen. Ein in der Nähe Roms gelegenes Bisthum hatte der Cardinal vor einigen Jahren ausgeschlagen; seinem Bruder hatte er im Winter 1876 auf 1877 seine Lebensbeschreibung in Versen geschrieben*); es mußten nur noch, so durfte er denken, von anderer Hand die letzten Verse hinzugefügt werden, welche seinen Tod und seine Beisetzung erzählten.

Und doch sollte es anders kommen.

Wir haben schon auf mehrere Andeutungen hingewiesen, die ihm bereits in seiner Jugend, wenn auch verdeckt, die erhabene Stellung voraus= sagten, zu der er berufen war. Als er Cardinal geworden, fand die Prophezeiung des Malachias, in Zusammenhang gebracht mit dem Stern im Wappen, sowie mit dem Kometen, der in Leo XIII. Geburtsjahre er= schienen war, von mancher Seite Deutung auf den Oberhirten von Perugia. Männer, wie Rattazzi und Bonghi, hielten seine Wahl auf den Stuhl Petri für sehr wahrscheinlich. Es war vor einigen Jahren, als eine ir= ländische Dame, auf ihrer Heimreise von Rom auch Perugia besuchte. Pius IX. hatte ihr einige Worte in ihr Gebetbuch geschrieben; sie erbat sich Audienz beim Cardinal und ersuchte ihn, auch seinerseits einen from= men Spruch hinzuzufügen. Se. Eminenz glaubte, der dringenden Bitte der Dame nachgeben zu können; kaum hatte sie das Buch zurückerhalten, als sie frohlockend ausrief: „Nun habe ich die Handschrift von zwei

---

*) „a Voi quasi ultimo ricordo l'avevo intitolato, ich habe sie Dir als An= denken gewidmet," schrieb der Cardinal seinem Bruder und setzte über die Dichtung die lateinischen Worte: „Josepho Peccio fratri carissimo mnemosynon, meinem vielgeliebten Bruder Joseph Pecci zur Erinnerung."

Päpsten, von dem jetzt regierenden und von dem zukünftigen!" Der Cardinal hielt diese Aeußerung für eine wenig feine Schmeichelei und drückte darüber sein Mißfallen aus, — und dennoch hat die Dame Recht gehabt.

Der Cardinal Philipp de Angelis, seither Camerlengo der heil. Römischen Kirche, war gestorben. Pius IX. fühlte sein Ende herannahen und mußte Bedacht darauf nehmen, für die Zeit der Sedisvacanz einen Stellvertreter zu ernennen, indem er das frei gewordene Amt des Camer= lengo einem anderen Cardinal übertrug. Nach allem menschlichem Er= warten gehörte der Cardinal Pecci zu denjenigen, auf welche die Wahl nicht wohl fallen konnte: an ihn hatte kaum Jemand gedacht, — war er ja fern von Rom, dazu Bischof einer Diöcese, die er mit seiner Ernennung zum Camerlengo hätte aufgeben müssen, nachdem er sie 32 Jahre lang verwaltet hatte. Zudem durfte es wohl scheinen, daß der Papst zunächst sein Auge auf irgend einen von jenen Cardinälen richten werde, die seit Jahren in Rom wohnend, mit der Leitung der Geschäfte bei der Curie vertrauter sein mußten, als eine auswärtige Eminenz. Allgemein war daher die Verwunderung in Rom, als Pius der IX. im Geheimen Consistorium am 21. September 1877 Pecci mit jener Würde bekleidete

Der Camerarius (Camerlengo, Kämmerer) der heil. Römischen Kirche hat seinen Namen von der Camera Apostolica, unter welchen Begriff man in alter Zeit alle die Angelegenheiten befaßte, die unmittelbar auf die Person des Papstes Bezug hatten. Dahin gehörte im Besonderen auch der Fiscus und die weltliche Regierung, und so war der Camerarius vor= züglich auch der Schatzmeister und Finanzminister Sr. Heiligkeit. Die ungemein ausgedehnte Machtsphäre, welche der Camerarius ehemals besaß, wurde besonders durch Pius VII. beschränkt; dennoch blieb sein Amt noch immer bedeutend; er war Präsident des Gerichtshofes der Aposto= lischen Kammer, Kanzler der Römischen Universität, in seine Hände hatten der Bürgermeister von Rom, die Delegirten der Provinzen, der General= Schatzmeister und andere hohe Beamte den Eid der Treue zu schwören u. s. w. Zur Zeit der Sedisvacanz aber lebt die alte Auctorität des Camerarius wieder auf. Sofort nach dem Tode des Papstes übernimmt er mit den drei ersten Cardinälen aus dem Range der Bischöfe, Priester und Diaconen im Namen des heil. Collegiums die oberste Leitung der kirchlichen Regierung; namentlich nimmt er Besitz vom Apostolischen Palast und bewahrt die Schlüssel der päpstlichen Gemächer; er läßt Münzen in Silber und Gold mit seinem Wappen und den doppelten Schlüsseln dar=

über prägen; er bestimmt den Architecten und die Baumeister für die Herrichtung des Conclave und zahlt ihnen die Löhnung; er unterschreibt alle Erlasse des heil. Collegiums, hat für die Schließung und Ueberwachung des Conclave's zu sorgen u. s. w. Die weiteren Vorrechte in Bezug auf die weltliche Regierung der Stadt und des Kirchenstaates haben selbstverständlich mit der Invasion vom 20. September 1870 aufgehört.

Die Uebertragung der Würde des Camerarius geschieht unter besonderen Feierlichkeiten und Ceremonien. Der Papst beruft dazu das ganze heilige Collegium der Cardinäle in den Consistorialsaal, wo auf einem Tische das äußere Zeichen des neuen Amtes, ein kurzer, mit rothem Sammt überzogener Stab, mit zwei goldenen Aepfeln oder Knäufen an seinen Enden, bereit liegt. Wenn alle Eminenzen versammelt sind, erscheint der Papst auf seinem Throne und hält dann eine lateinische Ansprache ungefähr folgenden Inhalts: „Da durch den Tod des Cardinals . . . . . . das Amt des Kämmerers der heil. Römischen Kirche vacant ist, und wir dasselbe unserem geliebten Sohne, dem Cardinal . . . . . . dessen bewährten Glauben, dessen Sittenreinheit und Geschäftserfahrung, Eigenschaften, die auch Euch allen bekannt sind, Wir im nahen Verkehr mit ihm kennen gelernt haben, — so fragen wir Euch um Eure Meinung — und in der Machtvollkommenheit des Allmächtigen Gottes, der heiligen Apostel Petrus und Paulus und der Unserigen erwählen Wir den vorhin genannten Cardinal . . . . . . zu Unserem und der heil. Römischen Kirche Kämmerer, und als solchen ernennen, erklären und beordern Wir ihn Zeitlebens mit sämmtlichen Befugnissen, Vorrechten, Vollmachten u. s. w., unter all den Klauseln, Bedingungen und Erklärungen, die dabei gebräuchlich sind, wie es weitläufig und in seiner ganzen Ausdehnung in den Apostolischen Bullen enthalten ist, die ihm darüber zugestellt werden sollen, und unter Bestätigung alles dessen, was er seither (an Würden und Ehren) besaß, sowie der Vollmachten, deren er sich bis dahin erfreute. Im Namen des Vaters, des Sohnes und des heil. Geistes. Amen." Dann hat der Neugewählte den Amtseid in die Hände des Papstes abzulegen, der hinwiederum ihm jenen Stab überreicht, mit den Worten: „Nimm hin den Stab Deiner Gerechtsame und Gewalt und sei Kämmerer der heil. Römischen Kirche." Eine doppelte Umarmung von Seiten des Papstes schließt die Ceremonie.

Als Pius IX. dem Cardinal Pecci die Würde übertrug, war er bereits seit Monaten krank; es mußten daher die vorhin beschriebenen

Förmlichkeiten in etwa vereinfacht werden. — Ju demſelben Conſiſtorium erhielt der Erzbiſchof Garcia Gil von Saragoſſa den Cardinalshut; weiter wurde eine Anzahl neuer Biſchöfe für Italien, Frankreich und Amerika ernannt und dem Erzbiſchofe von Fermo das Pallium ertheilt.

Nach dem Tode des Cardinals De Angelis hatten die Miniſter Victor Emanuels es als ein Recht der Krone beanſprucht, für den Fall der Erledigung des päpſtlichen Stuhles ihrerſeits die proviſoriſchen Ver waltungsfunctionen zu übernehmen, welche vor dem Sturze der weltlichen Herrſchaft der Cardinal-Camerlengo zur Zeit der Sedisvacanz ausgeübt hatte. Im beſondern wurde es ausgeſprochen, daß die Regierung den Vatican zu beſetzen, die Zimmer des verſtorbenen Papſtes zu verſiegeln und die Maßnahmen zur Sicherſtellung der Freiheit des Conclave's zu treffen habe. Pius IX. ging über ſolche Anmaßungen mit verächtlichem Schweigen hinweg und ernannte Pecci zum Camerlengo.

Die mannichfaltigen Geſchäfte, die mit dem neuen Amte zumal in der erſten Zeit verbunden waren, machten es wünſchenswerth, daß der Cardinal für die nächſten Monate ſeine dauernde Wohnung in Rom nahm. Auch die Sorge für ſeine eigene Geſundheit ließ dies räthlich erſcheinen, da der Cardinal doch von Jahr zu Jahr mehr die Nothwendigkeit fühlte, von der ihm längſt vom Papſt gewährten Erlaubniß Gebrauch zu machen und zur Winterszeit das mildere Klima der ewigen Stadt mit dem kalten und ſtürmiſchen Perugia zu vertauſchen. Damit er aber für die Zeit ſeiner Ab- weſenheit völlig ruhig ſein konnte in Betreff der regelmäßigen Verwaltung ſeiner Diöceſe, ſo ernannte auf Bitten Sr. Eminenz der Papſt zum Admini- ſtrator des Bisthums an Stelle des Cardinals deſſen Weihbiſchof Carl Lorenzi, den jener kurz vorher, am Feſte der Geburt des heil. Johannes, zu Rom in ſeiner Titelkirche des heil. Chryſogonus zum Biſchof conſecrirt hatte. Pecci nahm einſtweilen ſeine Wohnung im Palaſt Falconieri, wo auch ſein Freund, Cardinal Bartolini, wohnte; er gedachte, beim Herannahen des Frühlings wieder nach Perugia zurückzukehren, da ſein Amt als Camerlengo nicht gerade eine ſtete Anweſenheit in Rom erheiſchte, da auch ſein Vorgänger Erzbiſchof von Fermo geblieben war.

Die erſte und wichtigſte Aufgabe des Cardinal-Camerlengo beſtand darin, ſich eine vollkommen genaue Kenntniß all' der Obliegenheiten und Pflichten anzueignen, in die er mit dem Monate, wo der Papſt die Augen ſchloß, einzutreten hatte. Nun lagen aber die Verhältniſſe gerade dies- mal ungemein ſchwierig. Zunächſt fand ſich kein Cardinal oder Prälat mehr, der am Conclave zur Wahl Pius IX. einen leitenden Antheil genommen hätte. Wohl existiren in dieser Hinsicht die genauesten Apostolischen Constitutionen; allein dieselben hatten bisher stets in der Erfahrung vom vorhergehenden Conclave her ihre baldige und zuverlässige Erklärung gefunden. Vor allem aber mußte der Camerlengo die Möglichkeit ins Auge fassen, daß das Conclave nicht in Rom, sondern an einem andern Orte statthaben werde, und auch in diesem Falle mußte er vollkommen instruirt dastehen, um Alles bis ins Kleinste sofort bestimmen und anordnen zu können. So hat denn Pecci während dreier Monate nicht nur die bezüglichen Apostolischen Constitutionen, sondern auch die Geschichte der früheren Conclaven studirt, im Besondern die des zu Venedig abgehaltenen, in welchem Pius VII. gewählt wurde. Es ist ein Actenstoß von mehreren hundert Bogen, den der Cardinal über alle diese Punkte geschrieben hat, — ohne Zweifel das reichhaltigste und werthvollste Material über die Conclaven. Wie vollkommen er sich in seinen Gegenstand hineingearbeitet hatte, bewies die glänzende Art und Weise, in welcher er nach dem Tode Pius IX. mit sicherster Hand die Leitung der Geschäfte geführt hat.

Die Verschlimmerung im Befinden des heil. Vaters während des November mußte diesen selber drängen, diejenigen Vorkehrungen und Maßregeln zu treffen, welche nach seinem Tode die möglichst ruhige und geordnete Entwickelung der dann folgenden Ereignisse ermöglichten. Daher hielt auf seinen Befehl eine Anzahl von Cardinälen, zu denen regelmäßig auch der Cardinal-Camerlengo gehörte, beim Staatssecretär Simeoni Sonntags Morgens gemeinschaftliche Berathungen und Besprechungen über diese Angelegenheiten.

Uebrigens blieb Pecci zu seiner Diöcese fortwährend in innigster Beziehung. Das ergibt sich nicht nur daraus, daß er noch am 10. Februar 1878 seinen letzen Fastenhirtenbrief an seine Gläubigen erließ, sondern auch aus einem anderen, weniger bekannten Vorfall. Im vorhergehenden October war in der Kirche des heil. Dominicus zu Perugia ein frevelhafter Kirchenraub verübt, und unter anderem waren die Pretiosen entwendet worden, mit welchen ein dortiges, hochverehrtes Muttergottesbild geziert war. Der Cardinal verordnete nun für den dritten Sonntag im Januar eine dreitägige Sühneandacht, zu welcher er die Gläubigen mit väterlichen Worten einlud; zugleich erwirkte er dazu vom Papste besondere Ablässe. Pius IX. aber wollte dem Cardinal sein ganz besonderes Wohlwollen dadurch an den Tag legen, daß er selber den geraubten Silberschmuck jenes Madonnabildes ersetzte, indem er eine Krone für die Mutter und eine andere für das Christkindlein, sowie Scepter und Weltkugel, alles von Silber, dem Cardinal zum Geschenk machte. — War es eine Vorbedeutung, daß Pius IX. wenige Wochen vor seinem Tode seinem dereinstigen Nachfolger die Insignien der Herrschaft, Krone, Scepter und Weltkugel, überreichte, damit er sie der Verherrlichung der Himmelskönigin und ihres göttlichen Kindes weihe?*) —

Einen schmerzlichen Verlust erlitt der Cardinal von Perugia in dieser Zeit durch den Tod des Cardinal-Erzbischofs Riario Sforza von Neapel, den er auf das höchste verehrte, dem er geistesverwandt und innigst befreundet war. Bald darauf drohte ihm ein zweiter Verlust, indem sein Freund, der Cardinal Bartolini, im October schwer, und wie es schien, hoffnungslos erkrankte. Eine glückliche Operation des Professors Ceccarelli, des päpstlichen Leibarztes, den Pius IX. zu dem Kranken gesandt hatte, rettete diesem das Leben.

Der jedesmalige Camerlengo ist zugleich Kanzler der römischen Universität der Sapienza. Mit dem Einmarsch der Piemontesen war die Hochschule dem kirchlichen Einflusse entzogen, die theologische Facultät aufgehoben worden; der Versuch Pius IX., letztere im Palast Altemps neu zu begründen, war durch ein Verbot der italienischen Regierung hintertrieben worden. Bei seiner lebhaften Begeisterung für die Studien mußte Cardinal Pecci es in ernstliche Erwägung ziehen, in welcher Weise sich die Facultät wieder ins Leben rufen lasse und er hatte dieserhalb wiederholte Berathungen mit den Professoren, wie mit dem Papste selber. Seine unerwartet schnelle Erhebung auf den Stuhl Petri brachte einstweilen eine Stockung in die Ausarbeitung der Pläne; allein die Ernennung des Cardinals Di Pietro zum Camerlengo, eines Mannes, der zu den geistreichsten und begabtesten des ganzen heil. Collegiums gehört, läßt die Erwartung begründet erscheinen, daß der von Pecci geplante Aufschwung der Studien durch di Pietro unter dem Segen Leo XIII. zur Ausführung kommen werde.

---

*) Ein mir eben von Perugia zukommender Brief enthält über diesen Vorfall noch eine interessante Mittheilung. In Gegenwart des Cardinals Bonaparte nämlich überreichte Pius jene Geschenke dem Camerlengo mit den merkwürdigen Worten: „Eminenz, nehmen Sie die Krone und das Scepter, ich bin schon so alt: was soll ich noch damit machen?" Durch diese Worte wurde der symbolische Act in seiner Vorbedeutung noch charakteristischer.

Der Cardinal von Perugia war bei seiner Creirung verschiedenen kirchlichen Congregationen zugetheilt worden, nämlich der des Trienter Concils, der Bischöfe und Ordensleute, der kirchlichen Immunität, der Riten und der klösterlichen Disciplin.

An den Arbeiten dieser Congregationen nehmen die auswärtigen Cardinäle thätigen Antheil nur dann, wenn sie in Rom anwesend sind. Jetzt, wo der Cardinal Pecci wenigstens fürs erste seine dauernde Wohnung in der ewigen Stadt genommen hatte, erschien er regelmäßig in jenen Congregationen, und obschon der Gang der Geschäfte und Verhandlungen in denselben ihm nicht fremd war, so war es doch für seine mehr erhabene Bestimmung von besonderem Werthe, über eine Reihe von Fragen, die dem päpstlichen Stuhle zur Entscheidung vorlagen, bereits aus den Congregationen vollkommen orientirt zu sein. — Mehrere der genannten geistlichen Körperschaften, zu welchen der Cardinal von Perugia gehörte, sind für die Regierung der Kirche von weittragendster Bedeutung; vor die Congregation des Concils gehören z. B. die Prüfung und Genehmigung der Acten der Provincial-Synoden, die Berichte der Bischöfe über den Stand ihrer Diöcesen, die Entscheidung über Rechtsfragen zwischen den Bischöfen und ihren Capiteln, über Gültigkeit oder Ungültigkeit der Ordensgelübde, der heil. Weihen, der Ehegelöbnisse u. s. w.; die Congregation der Bischöfe und Ordensleute hat zu entscheiden in etwaigen Klagen, welche gegen einen Bischof erhoben werden, über Gründung neuer Orden, Aenderung der Regeln, Errichtung neuer Klöster, über Beschwerden der Religiosen gegen ihre Obern, Austritt aus dem Orden u. s. w.; die Congregation der Riten umfaßt die sämmtlichen gottesdienstlichen Angelegenheiten und alle hierher gehörigen Fragen, Facultäten und Dispensen, im besondern aber die Selig- und Heiligsprechungs-Processe. Die beiden übrigen Congregationen, denen der Cardinal Pecci als Mitglied angehörte, haben vorwiegend italienische Verhältnisse im Auge und sind an sich von minderer Bedeutung. Man sieht aber, welche Reihe der mannichfaltigsten und wichtigsten Angelegenheiten der Mitentscheidung des Cardinals unterbreitet wurden, und wird es als eine besondere Fügung anerkennen, daß er zunächst mehrere Monate gleichsam der näheren praktischen Vorbereitung zur Gesammtregierung der Kirche widmen sollte, bevor er den Stuhl Petri bestieg.

Der Aufenthalt in Rom machte ihn weiterhin auch mit den besonderen Verhältnissen der Stadt, mit ihrem Clerus und ihrer Prälatur, wie mit den Beziehungen zwischen dem Vatican und der italienischen Regierung im Quirinal genauer bekannt. Im Frühjahr 1877 war der berüchtigte fran-

zöfifche Minifter Jules Simon in Rom gewefen und hatte mit den italienifchen Miniftern conferirt; nach feinem bald darauf erfolgten Sturze war
Waddington ans Ruder getreten, der fich auch, wie fein Vorgänger, mehr
als nöthig war, mit dem künftigen Conclave befchäftigte; Gambetta's Be-
fuch in Rom hatte denfelben Gegenftand zum Zwecke. Die andauernde
und zunehmende Krankheit des Papftes, deffen Tod man mit wachfender
Begierde erhoffte, drängte zu beftimmten Abmachungen und Entfchliefungen;
vielleicht nicht minder drängte dazu der Mann an der Spree, der die
italienifchen und franzöfifchen Minifter als feine Handlanger benutzte.

Der neue Cardinal-Camerlengo war von all diefen Umtrieben näch-
fter Augenzeuge; er fah auch die unerwarteten Ereigniffe, durch welche
die Hand der Vorfehung die gefponnenen Netze der Diplomaten wie
Spinnengewebe zerriß, um die Freiheit des Conclave's gegen jeden poli-
tifchen Eingriff ficher zu ftellen. Der ruffifch-türkifche Krieg wurde in
Folge der Siege des Sultans aus einer vermeintlichen Morgenpromenade
des Czaren nach Conftantinopel zu einem Kampfe, der das lebhaftefte In-
tereffe von Europa in Anfpruch nahm. In Frankreich hielten die Wahlen
und die fpäter aus ihnen fich ergebenden Umwälzungen Volk und Regierung
befchäftigt; die Frage über die nächfte Zukunft nach dem Falle Plewna's
am 10. December gaben den Cabinetten von Wien, Berlin und London
vollauf zu thun; Italien, das am 3. November die revolutionäre Men-
tana-Feier erlebte, das wochenlang in der Krifis um ein neues Minifterium
lag, mochte feine bedenkliche Lage nicht durch Einmifchung in kirchliche Angelegenheiten noch verwickelter machen; eben dort ftand ein Ereigniß vor
der Thüre, welches derartig die gefammte Thätigkeit der Regierungsorgane
in Anfpruch nahm, daß Italien am allerwenigften fich verfucht fühlen
konnte, eine großartige Action gegen den Vatican zu unternehmen. Während nämlich das Befinden des heil. Vaters feit Anfang December fich
befferte, ward plötzlich und unerwartet der Mann vom Schauplatze abge-
rufen, der eben das Decret für die Leichenfeierlichkeiten Pius IX. unter-
fchrieben hatte. Der Schlag war zu gewaltig, als daß man fich im Quirinal fchon hinlänglich ermannt hätte, um bei dem rafch erfolgenden Hin-
fcheiden des Papftes die projectirten Maßnahmen gegen den Vatican in
Ausführung zu bringen. —

Wir haben unfer Buch begonnen mit der Schilderung der letzten
Stunden eines heiligen Papftes; bringen wir am Schluffe als Gegenftück
die Schilderung des Todes eines Königs, der den traurigen Ruhm hat,
der ftete Verfolger und während fieben Jahre der Kerkermeifter Pius' IX.

gewesen zu sein, der seinem Sohne das verhängnißvolle Erbe hinterließ, das Gleiche bei Leo XIII. zu sein.

In dem Apostolischen Palast des Quirinal ist seit Jahrhunderten das Conclave abgehalten, vom Balkon desselben herab ist eine ganze Reihe von Päpsten der katholischen Welt proclamirt worden; der Raubzug wider Rom brachte ihn in die Gewalt des Königs Victor Emanuel, der ihn als Antheil an der ruchlosen Beute erhielt. Aber eine unüberwind= liche Scheu ließ den König den Palast meiden, so viel er konnte: seine Verbindung mit Freidenkern hatte ihn nicht abgehalten, sich mit Wahr= sagern in Beziehung zu setzen, und ihr Spruch hatte ihm vorher ver= kündigt, daß er im Quirinal sterben werde. Doch die Stellung eines Königs bringt Pflichten mit sich, denen er sich nicht entziehen kann, und so sah sich Victor Emanuel genöthigt, in den letzten Tagen des December 1877 zur Entgegennahme der Neujahrsgratulationen nach Rom zu kommen. Mit einem Galadiner am Sonntag den 6., dem Feste der heil. Dreikönige, sollte sein Aufenthalt abschließen; es drängte ihn mit ahnungsvoller Hast, mittels Extrazuges noch an demselben Abende nach Turin abzureisen, um sich zu seiner schwer erkrankten Frau, der Gräfin Mirafiore, zu begeben.

Am 3. Januar hatte er Gambetta empfangen; am Abend vor Dreikönigen hatte er das Decret wegen der Leichenfeier Pius IX. unter= schrieben; — drei Tage vor seinem eigenen Todestage. Die Nacht vor dem Festtage verbrachte er sehr unruhig; doch stand er am Morgen auf, um in der nahen Kirche der heil. Messe beizuwohnen. Das Unwohlsein nahm zu, und gegen Mittag legte er sich nieder mit dem Befehl, ihn nach zwei Stun= den zu wecken; er gedachte dann eine Spazierfahrt zu machen, dem Gala= diner des diplomatischen Corps beizuwohnen und dann sofort abzureisen. Allein die Ruhe brachte keine Besserung, und der gerufene Arzt constatirte das römische Fieber und Lungenentzündung.

Schon am Abende hatte man im Vatican Nachricht von dem schweren Erkranken des Königs. Am nächsten Morgen ließ Pius IX. seinen eigenen Beichtvater, den Bischof Marinelli, rufen und sagte zu ihm: „Nehmen Sie einen Wagen und fahren Sie zum Quirinal. Sagen Sie, daß Sie in meinem Auftrage kommen, und verlangen Sie den König zu sprechen. Ich gebe Ihnen alle nothwendige Vollmacht, ihn von den kirchlichen Strafen zu lösen." — Der Bischof kam gar bald wieder: es war ihm nicht möglich gewesen, bis zum Könige zu gelangen. — „Die Unseligen!" rief Pius voll Schmerz, „sie gönnen ihm nicht die Verzeihung des Himmels, und dieser arme König ist auf seinem Todesbette ebenso wenig frei, wie auf seinem Thron!"

Als Victor Emanuel fühlte, daß die Krankheit bedenklich wurde, rief er ein um das andere Mal: „Bringt mich weg von hier; ich will nicht im Quirinal sterben!" Allein es war schon zu spät, und die Aerzte, ohne es zu wollen, Werkzeuge der göttlichen Gerechtigkeit, hielten ihn zurück. Bei seinem ersten Erscheinen in Rom hatte er erklärt: „Wir sind in Rom, und werden dort bleiben." Dies Wort mußte ihm jetzt wider seinen Willen in Erfüllung gehen.

Trotz der Abweisung, die der Bischof im Quirinal erfahren hatte, gab der Papst dem Aumönier des Königs, dem Canonicus Anzino, Befehl, dem Kranken, wenn er es verlange, die heil. Sacramente zu spenden, unter der Bedingung, daß derselbe einen schriftlichen Widerruf leiste wegen Dessen, was er gegen die Kirche gesündigt habe. Allein der Priester wurde zu dem Sterbenden nicht eher hinzugelassen, als bis dieser dem Tode schon ganz nahe und also für die Politik nichts mehr zu befürchten war aus einer „Ceremonie", die in den Augen der Minister keinen anderen Zweck haben sollte, als bei dem frommen italienischen Volke einen befriedigenden Eindruck zu machen. „Wäre doch", klagte Pius, „die gute Prinzessin Clotilde rechtzeitig angekommen; sie hätte auf das Herz ihres armen Vaters eingewirkt!" Der Beichtvater gab auf seinen Priestereid die schriftliche Erklärung ab, daß der König ihn beauftragt habe, Sr. Heiligkeit seine Reue über die Vergangenheit auszusprechen und ihn um Verzeihung zu bitten: während der Spendung des Sacraments starb Victor Emanuel. Seine letzten Worte in piemontesischem Dialect waren.: „Mi povr om! Cam despias lassé l'Italia in cost pastiss; ich armer Mensch, welchen Kummer macht es mir, daß ich Italien in solch verwickelter Lage lasse!" Am 9. Januar, an demselben Tage, an welchen Napoleon III. gestorben, mußte Victor Emanuel, erst 58 Jahre alt, vor seinem ewigen Richter erscheinen.

Etwa drei Monate vorher hatte der König von Turin aus die Familiengruft zu Superga besucht und die Arbeiten, welche dort eben vorgenommen wurden, in Augenschein genommen. Dabei hatte er auf einen Platz neben der Gruft des Königs Carl Albert hingewiesen mit den Worten: „Meine Freunde, dort werde ich eines Tages beigesetzt werden." — Turin und die Piemontesen beanspruchten die Leiche für die Ahnengruft zu Superga; der Sohn, König Humbert, wünschte dem Willen des Vaters, wie seiner angestammten Unterthanen zu entsprechen; allein der Minister Crispi, ein Sicilianer, gab der Deputation von Turin in bissiger Form zur Antwort, der König gehöre Italien an und müsse mithin in Rom begraben werden. Armer Victor Emanuel! Auf dem Throne warst du Sclave und Werkzeug deiner Minister; du warst es auf deinem Sterbebette; und selbst im Tode mußt du dich gehorsam ihrem Willen fügen! Im Leben bist du die Marionette der Revolution gewesen, und deine Königsleiche hat ihr zur Aufführung einer nationalen Comödie dienen müssen. Mit scheuem Widerwillen hast du Rom gemieden, und in Rom fern von deinem angestammten Volke, fern von der Gruft deiner Väter mußt du dein einsames Grab finden, — der Nachwelt zum mahnenden Zeugniß an Gottes Strafgerichte und an die Wahrheit des alten Satzes, daß Rom allen denen verhängnißvoll ist, die ihre Hand wider den Gesalbten des Herrn erheben.

Schlußwort.

Ein langes Leben, reich an Ereignissen, an Kämpfen und Leiden, an apostolischem Wirken liegt nunmehr aufgerollt vor uns, von den Tagen seiner Kindheit bis zu seinem Greisenalter; wir haben einen Mann kennen gelernt, der mit seltenen Gaben des Geistes und Herzens von Gott aus= gestattet, uns einen jener leuchtenden Charaktere zeigt, welche der Stolz der Menschheit, welche im Priesterthum die Glorie der Kirche sind. Feind, wie Freund haben wir sein Lob verkündigen gehört; es war ein wohl= verdientes. Ein untadelhafter Wandel, eine Fülle der edelsten Eigenschaften, eine Hochherzigkeit, die der Erfolg nicht übermüthig macht, Trübsal und Widerwärtigkeiten nicht niederbeugen, eine Liebe zu den Seelen, die er= finderisch immer neue Wege zu dem einen höchsten Ziele findet, eine Würde der Erscheinung, die selbst dem Gegner imponirt und ihn mit Scheu und Ehrfurcht erfüllt, das Alles machte den Oberhirten von Perugia, trotzdem er fern von Rom in einer abgelegenen Provinzialstadt wirkte, zu einem der hellsten Sterne in jener leuchtenden Schaar der Cardinäle, die sich, glänzend an Tugend und Gelehrsamkeit, um die Sonne des Papstthums gruppirt. So bezeichneten den Cardinal Pecci die italienischen Staats= männer mit Besorgniß längst als den muthmaßlich nächsten Papst; so nannte die allgemeine Stimme in Rom, sobald der Stuhl Petri erledigt war, ihn als den wahrscheinlichsten Nachfolger.

In einem der kürzesten Conclaven, die je gehalten worden sind, ver= einigten sich schnell die Stimmen der Väter auf ihn als den würdigsten und tüchtigsten, der nach dem glorreichen Pontifikate des großen Pius den Hirtenstab des Erdkreises ergreife. Mit Seufzen und mit Thränen in den Augen unterwarf er sich der Wahl und nahm das Erbe seines Vor= gängers, das Kreuz, auf seine Schultern.

Damit ist ein Leben und Wirken, das in sich nahezu abgeschlossen zu sein schien, plötzlich zur bloßen Einleitung und Vorbereitung für ein Leben und Wirken geworden, das fortan von der erhabenen Höhe des apostolischen Thrones seine Strahlen in die Welt hinaussenden soll. Aber die Vergangenheit gab uns von vorne herein die Gewähr und Bürgschaft, daß die Wahl eine wahrhaft vom heil. Geiste geleitete gewesen, und was Leo seitdem gesprochen und gethan hat, bestärkt uns in der erhebenden Freude, daß der große Pius einen seiner würdigen Nachfolger gefunden. „Meine Hoffnung", so schrieb uns Herr Domkapitular Molitor aus Speyer unter dem 9. April, „meine Hoffnung steht felsenfest auf Leo XIII. Die Geschichte seiner Erhebung auf den Apostolischen Stuhl ist zu bezeichnend, als daß man nicht, selbst mit dem blödesten Auge, die Hand Gottes darin erkennen sollte. Dazu ist Alles, was man von dem neuen Papste hört, so groß, so vielversprechend! Ex ungue Leonem!"

Heute, den 21. Juni, wo wir dieses schreiben, würde Pius IX. den 33. Jahrestag seiner Krönung feiern, wenn er noch lebte. Nach mensch= lichem Ermessen wird Leo schneller die Last des Pontifikates in die Hände seines göttlichen Meisters zurückgeben dürfen. Allein wie lange oder wie kurz er auch das hehre Amt bekleiden mag, die Verhältnisse der Kirche und der großen Politik liegen so, daß selbst wenige Jahre ausreichen werden, um einem Manne, wie Leo XIII., eine Wirksamkeit zu eröffnen, welche sich mit großen Zügen in die Blätter der Geschichte eintragen wird.

Merkwürdig! So gefürchtet der Cardinal von Perugia bei den Libe= ralen war, so haben sie doch, gleich den Katholiken, seine Erhebung mit Befriedigung begrüßt und zumal in Italien auf sein Pontifikat ihre Hoffnungen gebaut. Nun, ihre Erwartungen, als ob Leo andere Wege wandeln werde, als diejenigen, welche Pflicht und Eid ihm vorzeichnen, sie sind bereits zu Schanden geworden. Wir Katholiken aber schauen mit unwandelbarem Vertrauen auf unsern obersten Hirten: der ihm die Tiara auf das Haupt setzte, der wird ihn auch mit Kraft und Weisheit bekleiden, seines hohen Amtes zu reichstem Segen der Kirche zu walten. In treuester Liebe zu ihm, dem Vater der Christenheit, in demüthiger Unterwerfung unter ihn, den Träger der apostolischen Vollgewalt, in freudigem Gehorsam gegen den unfehlbaren Lehrer auf dem Stuhle der Wahrheit, schaaren sich um ihn die Söhne aller Nationen und Zonen in Einem Glauben und Lieben, und Millionen und Millionen Hände und Herzen sind zum Himmel erhoben in dem einmüthigen Gebete: Gott erhalte, Gott segne, Gott verherrliche unsern heil. Vater, Papst Leo XIII.!

Die wichtigsten Daten aus dem Leben unseres heiligen Vaters.

Inhaltsverzeichniß.

Druck von Fischer & Wittig in Leipzig.